인생 사용자 사전

LIFE: A USER'S MANUAL

100년도
못 사는데

1000년의
근심을
안고 사는
인간을 위한

인생 사용자
사전

줄리언 바지니, 안토니아 마카로 지음 | 신봉아 옮김

위즈덤하우스

일러두기

1. 본문의 주는 모두 옮긴이주입니다.
2. 저자가 원문에서 강조한 부분은 고딕체로 표기했습니다.
3. 이 책에서 소개하는 도서 중 국내에 출판된 작품은 번역된 제목으로 표시했고, 미번역
   작품은 원어 제목을 병기했습니다.

한국의 독자들에게

우리 책이 한국에 소개되어 기쁩니다. 2008년, 세계철학자대회 참석차 한국에 방문할 기회가 있었고 많은 분들의 환대에 감명을 받았습니다. 그 행사에서는 철학이 진정 세계적인 주제인가, 아니면 서로 다르지만 겹치는 부분이 있으며 동일한 이름으로 불리는 지적 전통의 집합체인가에 관한 질문이 제기되었습니다. 최근까지 서양 철학자들은 '글로벌 철학'의 개념을 진지하게 받아들이지 않았습니다. 그들은 고대 그리스인과 그 계승자인 유럽인, 신대륙 정착민만을 연구했고 유교, 불교, 베단타, 이슬람 철학 같은 전통은 종교, 인류학, 또는 관련 분야를 연구하는 교수들에게 맡겨졌습니다.

세계철학자대회에서 우리는 그곳에 모인 철학자들에게서 세계 각지로부터 배우고자 하는 의지를 확인할 수 있었습니다. 하지만 여전히 한 가지 의문이 남습니다. 모든 민족, 모든 시대, 모든 문화에 적합한 삶의 철학이라는 것이 존재할까요? 아리스토텔레스의 추종자인 우리 철학자들은 늘 잘못된 양극단 사이의 어딘가에 해답이 놓여 있다고 믿습니다. 한편에서는 모든 진리와 가치가 순전히 지역적이며 그 범위를 벗어나면 유효하지 않다는 절대적인 문화상대주의를 거부합니다. 다른 한편에서는 '모든 상황에 적용할 수 있는 해결책'이 있다는 생각과 더불어, 전통, 상황, 역사는 좋은 삶을 규정하는 데 어떤 역할도 하지 않는다는 주장을 거부하고 있습니다.

여기서 중간 입장은 어떻게 사는 것이 최선인지에 관한 다원주의가 존재한다고 믿는 것입니다. 세상에는 단 하나의 좋은 삶이 아니라 다양한 형태의 좋은 삶들이 존재합니다. 따라서 우리가 모르는 외부의 전통에서 배우는 것이 아주 중요합니다. 폭넓은 견해를 받아들이면 새로운 가능성이 열릴 뿐 아니라 우리에게 익숙한 삶의 방식을 낯선 시선으로 바라보며 그것을 더 잘 이해할 수 있게 될 것입니다.

서양 문화와 교육의 산물인 우리의 철학적 견해는 대부분 서양 사상가들에 의해 형성되었습니다. 하지만 우리는 다른 문화권의 사상으로부터도 많은 것을 배웠고, 유교, 도교, 불교를 비롯해 많은 내용을 이 책에 소개했습니다. 독자들이 이 책에 소개된 개념을 얼마나 유익하게 받아들이느냐는 어떤 사상과 더 친숙한지에 따라 달라질 것입니다. 어떤 독자에게는 난해하게 느껴지는 개념이 다른 독자에게는 받아들이기 쉬울 수 있고, 물론 그 반대도 성립합니다. 이 책을 통해 제안하는 것은 하나의 좋은 삶을 위한 뚜렷한 청사진이 아니라 일종의 도구 상자이며, 여러분이 각자 판단에 따라 취사선택할 수 있는 철학적 원천의 모음집입니다. 인생에서 길을 잃었을 때 이 책이 모쪼록 유용하게 쓰이길 바랍니다.

인생에는 사용설명서가 따라오지 않는다

'인생에는 사용설명서가 따라오지 않는다'라는 속담이 있는 데에는 그럴 만한 이유가 있다. 전화, 의자, 수플레 등을 만든 사람들은 그것이 무엇인지, 어떤 기능이 있는지, 어떻게 만들어지고 사용되어야 하는지 정확히 알고 있었다. 창조자와 발명가들은 그들의 지식을 기반으로 사용자를 위한 설명서를 만든다.

인간의 경우는 다르다. 우리는 미리 정해진 목적을 가지고 창조된 것이 아니다. 마르틴 하이데거의 절묘한 표현에 따르면, 우리는 세상 속에 '던져진' 존재다. 20세기 프랑스 실존주의 철학자 장 폴 사르트르는 인간의 경우 '실존이 본질에 앞선다'라고 했다. 우리는 우리가 어떤 존재인지, 어떻게 살아야 하는지 정확히 알기 이전에 이미 존재한다는 것이다. 따라서 우리의 목적은 스스로 알아내야 하는 것이지, 그냥 주어지는 것이 아니다.

하지만 우리가 참고할 수 있는 한 종류의 사용자 users's 사전이 있다. 여기에는 작지만 아주 중요한 아포스트로피 위치의 변화가 필요하다. 그것은 **사용자들의** users' 사전, 다시 말해 사용자들에 의한, 사용자들을 위한 사전이다. 사용자이자 저자인 이 사람들은 고대 중국, 인도, 그리스부터 오늘날에 이르기까지 수천 년 동안 인간의 조건에 대해 고민해온 철학자들이다.

죽은 철학자들의 말이 수 세기가 지난 지금도 유효한 이유는 인간에게 공통점이 아주 많기 때문이다. 인간에게는 보편적인 욕구가 있고, 우리는 살면서 공통적인 상황에 놓이곤 한다. 인간은 눈송이처럼 각기 다른 모양이며 사회와 상황도 다를 수밖에 없다. 하지만 우리는 인류에 관한 보편적 지식에 기대어 각자가 처한 상황을 바라볼 수 있다.

물론 인간이 창조주 신에 의해 목적을 갖고 만들어졌고, 신은 해당 종교의 경전을 통해 인간에게 인생 사용설명서를 제공한다고 믿는 사람도 많다. 하지만 그런 사람들 역시 다른 철학 전통에서도 배울 것이 있으며 세상의 가장 위대한 철학자들에게 얻을 것이 많다는 데 동의할 것이다.

이 사전은 그들의 지혜를 담은 개요서다. 여느 전통 철학서와 달리, 이 책은 철학자 이름이나 학파, 추상적 개념이 아니라 삶의 상황에 따라 정리되어 있다. 사람들은 사는 게 막막하다고 느낄 때 위대한 사상가들이 의무론적 윤리나 선험적 원리, 실체와 속성의 차이에 관해 무슨 말을 했는지 (이 모든 것들이 실제로 유익할 수 있음에도 불구하고) 찾아보지 않는다. 그 대신 철학자들이 인간관계, 일, 질병, 절망에 관해 무슨 말을 했는지 알고 싶어한다.

철학과 이러한 질문의 관련성은 다양하게 나타난다. 고대 철학 학파들에게는 '어떻게 살 것인가?'가 너무 중요한 질문이었던 반면, 현대 철학자들은 삶의 지혜와 관련된 내용을 아예 혹은 거의 다루지 않았다. 하지만 지난 20~30년 동안, 대중에게 철학의 이미지는 난해한 스콜라철학에서 우리에게 실제로 유용한 학문으로 바뀌었다. 특히 삶을 위한 실질적 조언이 많은 스토아철학은 엄청난 인기를 얻었다. 스토아철학자들은 균형감과 명확성이 뛰어나며, 그들의 조언은 이 책에도 많이 소개된다.

이러한 변화에 기여한 많은 사람들은 이것이 철학의 역사적 사명으로 되돌아가는 것이며, 고대 철학은 심리 테라피의 한 형태였다고 주장한다. 합리적 정서행동요법을 개발한 앨버트 엘리스와 인지행동요법을 개발한 아론 벡은 둘 다 스토아철학의 영향을 받았다. 그들은 특히 "사람은 사물이 아니라, 사물에 대한 관점 때문에 마음이 어수선해진다"라고 말했던 에픽테토스의 사상에 빚을 졌다고 인정했다. 이 사상은 우리의 생각은 기분에 영향을 미치므로, 생각을 바꾸면 기분을 바꿀 수 있다는 내용을 담고 있다.

리처드 소랍지에 따르면 심리 테라피로서의 철학 개념은 기원전 5세기로 거슬러 올라간다. 당시 데모크리토스는 "의술은 몸의 병을 치료하고 지혜는 영혼을 감정으로부터 해방시킨다"라고 했다. 이러한 견해는 스토아학파, 회의학파, 에피쿠로스학파에 의해 계승되었다. 에피쿠로스는 "그 어떤 (인간의) 고통도 테라피하지 못하는 철학자의 말은 헛되다"라고 했다. "몸의 질병을 몰아내지 못하는 약이 쓸모없듯이, 마음의 고통을 몰아내지 못하는 철학도 쓸모없다." 스토아 철학자들도 철학이 '영혼을 위한 의술'로 여겨져야 한다고 강력히 주장했다.

하지만 철학과 테라피의 관계는 생각만큼 명확하지 않다. 앞서 언급한 것처럼 일부 철학 학파가 다른 학파보다 일상생활과의 연관성이 훨씬 높다는 점과 더불어, 시대가 흐르면서 혹은 번역을 거치면서 의미가 변질될 위험이 존재한다. 고대인들이 말한 '테라피therapy'는 오늘날 우리가 사용하는 의미와 완벽히 일치하지 않는다. 특히 고대인들은 철학 공부를 우리의 기분을 나아지게 하기 위한 기술로 여기지 않았다. 그들은 철학을 통해 사물의 명확한 모습을, 더 중요하게는 사물의 참된 모습을 볼 수 있다고 생각했다. 나아가 세속적 집착처럼 거짓된 믿음과 가치가 가져오는 고통에서 '치료될cure' 터였다. 이것은 기분을 나아지게 만들 테지만, 나아진 기분 자체가 철학의 목적은 아니었다.

스토아학파를 예로 들어보면, 사물의 참된 모습은 인간이 일상에서 추구하는 많은 것들, 이를 테면, 부, 인기, 성공 같은 것들이 지닌 가치의 한계를 깨닫게 한다는 데 동의할 것이다. 하지만 어떤 믿음과 가치를 수용해야 하는지에 관한, 스토아학파의 구체적인 조언을 받아들이는 것은 만만찮은 일이다. 스토아학파 특유의 침착과 평온을 얻기 위해서는 미덕만이 유일하고 참된 선이며 충동, 욕망, 집착 등 거의 모든 감정은 그릇된 망상이라는 점을 인정해야 한다. 또한 그럴 준비가 되어 있다 할지라도 독서, 반복, 암기, 자기반성 등 많은 노력과 훈련을 거쳐야만 망상으로부터 스스로를 '치료cure'할 수 있다.

이런 철학의 개념은 오늘날의 학문적 관습이나 테라피에 관한 일반적 이해와는 동떨어져 있다. 현재 테라피의 목표는 불안감이나 우울감 같은 증상 완화와 기능 개선이다. 오늘날 심리 테라피는 범위가 넓고, 그중 일부는 자기반성과 자기계발에 더 많은 관심을 쏟는다. 하지만 일반적으로 가치체계를 철저하게 재정비하는 것은 이러한 영역에 들어가지 않는다.

하지만 가장 동떨어진 느낌이 드는 현대 철학을 비롯해 모든 철학이 넓은 의미에서는 테라피적인therapeutic 효과를 지니고 있다. 이 책의 많은 부분은 우리 삶에 닥친 여러 문제와 딜레마를 더 잘 이해하기 위한 도구로서의 철학에 초점을 맞춘다. 예를 들어, 윤리적 이론들은 도덕적 딜레마에 어떻게 대응해야 할지 알려준다. 자유의지에 관한 보다 섬세한 견해는 책임의 범위에 관한 이해를 돕는다. 아주 딱딱해 보이는 논리는 우리를 길 잃고 헤매게 하는 추론상의 오류를 발견하게 해준다. 사람들은 철학적 상담을 통해 이 과정을 더 발전시키고 훌륭한 삶에 관한 가치, 가정, 생각을 점검한다. 이런 종류의 테라피는 기분을 변화시킬 수도 있고 아닐 수도 있지만, 루트비히 비트겐슈타인의 말처럼 "유리병에 갇힌 파리에게 병에서 빠져나오는 법을 알려주도록" 우리를 도울 수 있다면 제 역할을 다하는 셈이다.

이 책에는 다양한 견해가 소개되지만, 일상에 더 나은 조언을 했다고 여겨지는 철학자들, 특히 아리스토텔레스와 흄을 각별히 많이 인용했다. 물론 우리가 이 책에 소개된 철학자들의 모든 사상에 동의하는 것은 아니며, 그중 오늘날 가장 유효한 내용만을 선별했다.

어떤 조언을 채택할지는 당신의 몫이다. 하지만 마치 사탕을 골라 담듯이 마구 뒤섞어 받아들이는 접근방식은 경계해야 한다. 철학에는 다양한 선택지가 있지만 모든 조합이 조화롭지는 않은 뷔페에 가깝다. 각각의 개념들은 어느 정도 일관된 전체 안에서 서로 연결된다. 특히 인성, 만족, 정체성, 가치, 지혜 등의 항목에서 반복적으로 등장하는 사상을 보면 우리가 선호하는 조합을 대충 눈치챌 수 있을 것이다. 우리의 견해를 애써 숨기거나 그것이 진실인 것처럼 소개하지는 않았다. 우리의 생각은 언제든 수정될 수 있고, 당신은 언제든 의문을 제기할 수 있다.

　인생 사용자 사전은 지시사항의 나열이 아니다. 본래 설명서는 제품의 작동 방식과 제대로 작동하지 않을 때의 수리 방법을 알려준다. 이것은 알고리즘의 집합, 즉 문제를 해결하기 위한 규칙 기반의 선형적인 과정이다. 반면 인간의 삶에는 그런 알고리즘이 존재하지 않는다. 만약 그런 게 있었다면 누군가 진작 그 알고리즘을 알아내서 모두가 아무 문제없이 잘 살고 있었을 것이다.

　철학적인 사전은 당신이 더 잘 살 수 있도록 돕는 도구일 뿐, 규칙과 지시사항의 목록이 아니다. 안타깝지만 쉬운 답을 원한다면 잘못 찾아왔다. 철학은 해답을 찾는 것만큼이나 좋은 질문을 던지는 방법에 관한 문제다. 철학적 지혜는 우리가 갈림길에서 선택해야 할 방향을 일일이 알려주는 지식이 아니라 우리 스스로 방향을 찾아갈 수 있게 돕는, 우리 자신과 세상에 대한 사고와 추론의 한 방법이다.

읽을거리
피에르 아도, 『삶의 방식으로서의 철학』

차례

가면증후군 | Impostor syndrome

어느 철학자에게나 자신이 하는 일과
가치 있다고 생각하는 일이 실은
바람 속에서 빙글빙글 도는 것, 아무 의미 없는 것,
혹은 뭔가 나쁜 일을 하는 것에 불과하다는 사실을
인정해야 하는 불편한 순간이 찾아온다.

– 사이먼 글렌디닝

당신에게 지금 하고 있는 일을 할 만큼의 능력, 재능, 자격이 없다는
불안감을 느껴본 적이 있는가? 이처럼 스스로가 무능하게 여겨지는
기분은 종종 남들이 조만간 나의 부족함을 알아차리고 내가 거짓말쟁
이, 사기꾼이라는 사실이 발각될 것이라는 두려움을 수반한다.

가면증후군이 정신질환으로 분류되지 않는, 아주 흔한 증상이라면
위안이 되겠는가? 연구에 따르면 한 의학대학의 거의 모든 학생들이
가면증후군을 겪었고, 그중 절반은 심각한 수준이었다고 한다. 스스로
가 부족하다는 두려움은 남녀가 비슷한 수준이었다.

우리가 충분히 훌륭하고, 다른 사람들 역시 늘 유능하고 자신감 넘
치는 건 아님을 떠올리는 것만으로는 충분하지 않다. 때로는 의심의
목소리에 더 귀를 기울여야 한다.

그런 경우 중 하나는 당신이 충분히 훌륭하다고 확신할 방법이 없을

때다. 철학자들은 이런 기분을 잘 안다. 사이먼 글렌디닝은 "어느 철학자에게나 자신이 하는 일과 가치 있다고 생각하는 일이 실은 바람 속에서 빙글빙글 도는 것, 아무 의미 없는 것, 혹은 뭔가 나쁜 일을 하는 것에 불과하다는 사실을 인정해야 하는 불편한 순간이 찾아온다"라고 했다. 글렌디닝은 직업 철학을 엄격하고 진실된 학문으로 비추기 위해 여러 방법이 개발되었지만, 그러한 자기타당은 실수라고 생각했다. 그는 '해방될 수 없는 무엇으로부터 자신들은 해방되었다고 생각하는 것'은 철학자들에게 '무익하다'라고 했다.

또 다른 경우는 자신의 분야에서 본인이 다른 사람보다 뛰어나지 않다는 것을 깨달았을 때다. 시몬 드 보부아르는 세 살 연상의 장 폴 사르트르와 대학 시절 끝없는 토론을 나눴다. 보부아르는 자서전을 통해 "매일매일, 하루 온종일, 나는 사르트르와 맞섰다. 우리의 논쟁 속에서 그와 나와 급이 달랐다"라고 회고했다.

보부아르는 자신이 사르트르만큼 훌륭하다고 스스로를 속이려 하지 않았지만, 그렇다고 낙담하지도 않았다. 대신 이런 결론을 내렸다. "내 호기심은 나의 자존심보다 더 컸다. 나는 뽐내는 것보다 배우는 것이 더 좋았다." 보부아르의 미래는 험난하지만 동시에 더 활짝 열린 것처럼 보였다. "아무것도 이루어지지 않았다. 하지만 모든 것이 가능했다." 이 방법은 통했다. 보부아르는 적어도 사르트르와 대등한 수준으로 성장했다.

글렌디닝과 보부아르는 가면증후군이 단순히 우리가 맞서 싸워야 하는, 본인의 부족함에 대한 그릇된 인식은 아니라는 점을 알려준다. 그것은 때로는 우리의 잠재력을 완전히 드러내려면 아직 갈 길이 멀다고, 혹은 우리가 하는 일이 옳다거나 성공으로 이어질 보장이 없다고 경고해준다. 이러한 신호에 귀를 기울여야 한다. 살면서 가면증후군을 한 번도 겪어보지 않은 사람은 본인이 하는 일의 가치와 본인의 능력, 혹은 이 두 가지 모두에 대한 자신감이 지나친 것이다. 자기 자신의 부족함과 실패 가능성을 인식한다면, 더 준비되고 단호한 자세로 최선을 다할 수 있다.

함께 보면 좋은 주제

경쟁Competition, 권위Authority, 불안감Insecurity, 시기Envy, 완벽주의Perfectionism, 자신감 Self-confidence

읽을거리

시몬 드 보부아르, 『순종적인 딸의 회고록Memoirs of a Dutiful Daughter』

가상세계 | Virtual life

사물과 사람에 대한 현실감각과 그것들과의
효과적인 상호작용 능력은 우리의 몸이
그 배경에서 묵묵히 움직이는 방식에 달려 있다.

– 휴버트 드레이퍼스

온라인에서 충분한 시간을 보내지 못하거나 스마트폰을 들여다보는 시간이 부족해서 불만이라는 소리는 거의 못 들어봤을 것이다. 대부분의 경우 우리는 작은 스크린에 쏟아붓는 시간이 늘어나는 것만 걱정한다. 영국 방송통신규제기관 오프콤Ofcom에 따르면 영국인은 평균적으로 일주일 중 하루를 온라인에서 시간을 보내며, 앞으로 그 시간은 점점 더 늘어날지도 모른다. 우리는 여기에 대해 우려해야 할까? 아니면 모든 사회적 변화에 뒤따르기 마련인, 가장 최근의 도덕적 공황상태로 여겨야 할까?

심리학자들은 가상세계가 우리의 삶에 얼마나 유익한지에 관한 상반되는 보고서를 내놓았다. (결론부터 말하자면, 중요한 건 전자기기의 이용 시간이 아니라 이용 방식이다.) 하지만 철학적 관점에서 가장 시급한 질문은, 그로 인해 우리가 현실과의 접점을 잃어가는지 여부다.

인터넷의 보급화가 시작된 새 천년의 새벽, 휴버트 드레이퍼스는 인터넷의 한계를 경고하는 책을 썼다. 드레이퍼스의 요점은 인간이 본질적으로 체화된 존재라는 것이다. "사물과 사람에 대한 현실감각과 그것들과의 효과적인 상호작용 능력은 우리의 몸이 그 배경에서 묵묵히 움직이는 방식에 달려 있다."

이로 인해 발생하는 한 가지 결과는 육체가 제거된 방식으로 이루어지는 교류는 불완전하다는 것이다. 일례로 우리의 육체가 뒤로 물러나 있을 때, 우리는 덜 취약하다고 느낀다. 얼핏 장점처럼 들리기도 하지만, 우리는 자신을 취약하게 만드는 방식을 통해서만 열린 마음으로 깊은 우정을 쌓을 수 있다. | 취약성Vulnerability 참조 | 따라서 가상의 관계에는 비인간적인 면이 있다.

육체를 배제하여 얻을 수 있는 장점도 있다. 많은 사람들은 비대면 상태에서 (좋든 나쁘든) 더 개방적이고 솔직해진다. 또한 소통하는 사람의 피부색, 나이, 성별, 체형을 알 수 없을 때 편견으로부터 자유로워질 수 있다. 물론 우리는 모든 사회적 관계에 자신의 전부를 내보이지는 않는다. 많은 사람들은 직장에서의 페르소나와 가정에서의 페르소나가 다르다.

드레이퍼스의 기본 전제에는 논쟁의 여지가 없지만, 그는 온라인을 오프라인 생활의 대체물이 아니라 오프라인 생활의 부속물로 사용하는 현상이 일반화될 것이라고는 예상하지 못했다. 놀랍게도 현재 3분의 2 이상의 커플들이 온라인에서 만남을 시작한다. 오프라인에서 온라인으로 손쉽게 전환하는 우리의 능력은 드레이퍼스의 예상을 훌쩍 뛰어넘는 듯하다. 사이버 공간은 물리적 공간의 대안이 아니라 그것의 확장일 때 가장 잘 작동한다.

그렇다고 해서 드레이퍼스가 파멸론을 퍼뜨리는 사람은 아니었다. 그의 주장은 온라인에서 더 많은 시간을 보내는 것의 위험성을 경고하고 우리가 그 위험을 피하도록 돕는다는 의미에서 가치 있다. 그의 결론은 그때만큼이나 지금도 유효하다. "교육의 효율성보다는 경제성, 사물과 인간과의 관계에서 현실보다는 가상, 삶에 대한 헌신보다는 익명성이 강조되는 최악의 비대칭성에도 불구하고, 우리가 계속해서 몸의 존재를 인식하는 한, 인터넷은 우리에게 유용할 수 있다." 가상세계는 위대한 잠재력으로 가득하다. 우리가 우리 몸으로 돌아와 현실감각을 유지하기만 한다면.

함께 보면 좋은 주제
관계Relationships, 데이트Dating, 몸The body, 신뢰Trust, 우정Friendship, 취약성Vulnerability

읽을거리
휴버트 드레이퍼스, 『인터넷의 철학』

가십 | Gossip

그 말은 진실인가? 이로운가?
다른 사람을 기쁘게 하는가?

– 불교의 담론 중에서

아무도 자신이 가십을 퍼뜨리는 사람이라고 생각하지는 않을 것이다. 누군가 없는 자리에서 그 사람의 이야기를 하는 것은, 특히 부정적인 평가일수록 껄끄럽다. 그렇긴 하지만, 맙소사, 세상에 이런 잡담보다 더 재미있고 자연스러운 일이 또 어디 있을까.

진화심리학은 가십이 존재하는 데에는 타당한 이유가 있다고 본다. 선사시대 조상들은 집단 협력에 의존했으므로, 어떤 구성원이 믿을 만하고 자기 몫을 다하는지에 대한 정보가 중요했다. 이것은 사회적 유대를 강화하고, 사회적 상호작용의 필수적인 부분이기도 했다. 그래서 지금까지도 우리의 대화는 대부분 가십으로 이루어진다.

하지만 일부 철학자들은 타인에 관한 잡담과 같은 가벼운 대화에 강경한 입장을 보였다. 일례로 에픽테토스는 이렇게 말했다. "대체로 침묵하고 꼭 필요한 내용만 짧게 말하라. 말을 아끼고 필요할 때만 입을 열며 어쩌다 나온 주제에 대해서는 침묵하라. 검투사나 경마 시합, 운동선수, 음식과 술, 늘 반복되는 주제, 무엇보다도 다른 사람에 대해 말하지 말라. 그것이 칭찬이든 비난이든 비교든 간에."

부처도 침묵을 옹호하고 쓸데없는 잡담을 경계했다. 여기서 쓸데없는 잡담이란 '왕, 강도, 장관, 군대, 위험, 전투, 음식, 술, 옷, 침대, 화환, 향수, 친척, 마차, 마을, 도시, 나라, 여자, 영웅, 거리, 우물, 죽은 사람, 사소한 일에 관한 이야기'를 말한다. 아마도 부처는 정수기 옆에서 〈왕좌의 게임〉에 관해 수다 떠는 장면을 떠올렸던 듯싶다.

정말 이렇게까지 고결한 태도를 받아들여야만 할까? 이 충고를 문자 그대로 받아들인다면 아마 입도 벙긋하기 힘들 것이다. 그게 과연 좋은 일인지 아닌지는 당신의 판단에 맡긴다.

가십을 전부 거부하기보다는, 잘못된 **종류**의 가십을 피하는 것이 더 중요한 문제일 수도 있다. 이와 관련해 불교의 또 다른 담론을 살펴보자. 다음 세 가지 질문은 우리의 발언이 올바른지 그렇지 않은지를 평가한다. '그 말은 진실인가? 이로운가? 다른 사람을 기쁘게 하는가?'

엠리스 웨스타콧이 더 최근에 내놓은 가십과 관련된 논의는 첫 번째와 두 번째 질문에 살을 붙인 형태다. 진실성의 경우, 웨스타콧은 타인에 대한 악의적인 루머를 고의로 퍼뜨리는 것 이상의 문제라고 주장한다. 진위 여부를 파악하지 않은 채 잠재적으로 해가 될 수 있는 정보를 퍼뜨리는 것도 비윤리적이다.

유익함의 경우에는 정보 공유가 가져오는 해악과 이익 중에 어느 것이 더 큰지를 따지는 것이 중요하다. 그는 심각한 마약 중독자를 베이비시터로 고용하려는 사람에게 언질하는 것을 예로 들었다(물론 모두 사실임을 확인한 다음에). 미리 고려해야 할 해악에는, 사람들이 자신의 어떤 부분이 알려졌을 때 받게 될 상처도 포함된다.

J. L. 오스틴의 발화행위 개념도 이와 연관이 있다. 오스틴은 어떤 발언은 단순히 정보를 전달하는 것이 아니라 어떤 행동을 일으킨다고 주장한다. 조롱하는 말은 피해자를 배척할 수 있고, 직장 내 성차별 발언은 여성을 억압할 수 있다. 가십은 대상의 위상이나 신뢰도를 떨어뜨림으로써 실질적인 해를 끼칠 수 있다. 가십의 가벼움 때문에 말에는 힘이 있고 비난에는 결과가 따른다는 점을 간과하기 쉽다.

불교의 담론은 우리의 말이 진실성, 유익함, 유쾌함이라는 세 기준을 전부 통과해야 하는 건 아니라고 인정한다. 가령 정직하고 이롭지만 유쾌하지 않은 말의 경우에는 그 말을 해야 한다. 사람은 때로는 듣기 싫은 말을 들어야 할 때도 있지만, 그것은 등 뒤가 아니라 면전에서 말할 때에만 정당화될 수 있다.

은둔자처럼 살 계획이 아니라면 가십을 완전히 포기하는 것은 별로 도움이 되지 않는다. 가십은 심지어 사회적 교류에도 긍정적인 역할을 한다. 하지만 앞서 설명한 기준을 통해 대화의 단골 주제들을 걸러봄으로써 우리가 나누는 가십이 무해한 종류인지 점검할 필요가 있다.

함께 보면 좋은 주제
거짓말Lying, 명성Reputation, 사내 정치Office politics, 신의Loyalty, 침묵Silence

읽을거리
엠리스 웨스타콧, 『우리 악덕의 미덕The Virtues of Our Vices』

가족 | Family

신성한 것이 점점 줄어드는 세상에서 가족은 여전히 존중의 대상이다. '가족 소유' 기업은 왠지 신뢰가 가고, 정치인들은 '근면성실한 가족들'을 칭송한다. 그와 동시에 많은 사람들은 가족 문제를 겪는다. 우리가 나고 자란 가족이든, 새롭게 꾸렸거나 꾸릴 예정인 가족이든, 가족은 왕왕 분열되고 충돌한다. 동화에 나오는 햇살 아래 영원히 행복한 가족이 허상임을 안다고 해서, 우리 가족이 화목하지 않다는 걱정이 쉽게 사라지진 않는다.

가족에 대한 만국 공통의 경외심은 가족을 삶의 중심으로 여기지 않는 사람들에게는 특히 더 불편하다. 그들은 자신에게 뭔가 문제가 있는 건 아닌가 걱정한다. 하지만 이제부터 이런 체제 거부자들refusenik은 자신들이 위대한 사상가들의 지지를 받고 있다고 주장할 수 있다. 기독교에서 설파하는 가족에 대한 미사여구에도 불구하고, 예수는 가정적인 것과는 거리가 멀었다. 예수는 이렇게 말했다. "나를 따르면서 너희 가족을 떠나지 않는다면 너는 나의 추종자가 될 수 없다. 너는 나를 네 아버지, 어머니, 아내, 자녀, 형제, 자매보다 더 사랑해야 한다."

서구 철학 전통에서 플라톤, 데카르트, 로크, 스피노자, 흄, 칸트, 쇼펜하우어를 비롯해 많은 사상가들이 단 한 번도 결혼하지 않았다. 니체는 모든 철학자가 자녀의 탄생에 대해 '나를 위한 족쇄가 만들어 졌구나'라는 반응을 보여야 한다고 믿었다. 물론 과장된 발언이지만 중요한 포인트가 있다. 가정을 꾸리는 것은 진지한 약속이며, 꼭 철학 자가 아니더라도 당신이 완전한 관심을 쏟아야 하는 소명과는 잠재적 으로 양립할 수 없다. | 관계Relationships 참조 |

우리는 대부분 소크라테스, 아리스토텔레스, 헤겔 같은 철학자들처럼 각자의 가정을 꾸리고 싶어한다. 하지만 항상 우리가 원하는 방식 대로 흘러가지는 않는다. 어쩌면 가족에 대해 훨씬 긍정적인 비서구권 철학자들에게 도움을 구해야 할지도 모르겠다.

예를 들어, 유교는 효孝를 몹시 중시한다. 원래 효에는 엄격하고 전통적인 역할이 포함된다. 가족 내의 중요한 세 관계(아버지와 아들, 남편과 아내, 형과 동생)는 사회 내의 중요한 두 관계(군주와 백성, 친구와 친구)와 한 묶음을 이룬다. '가화만사성'이라는 고사성어가 말해주듯, 가정과 사회의 조화는 밀접하게 연결되어 있다.

하지만 효의 핵심은 가족관계가 더 유동적으로 변한 시대에도 여전히 적용할 수 있다. 효의 중요성은 우리가 다른 사람과 적절한 관계를 맺으면서 책임과 의무를 다해야 한다는 데 있다. 이것은 핵가족 시대에도 충분히 할 수 있는 일이다.

사실 비서구권 철학자들은 가족 개념을 더 폭넓게 이해하는 경우가 많았다. 윤리伦理는 '친족과의 관계에서 보이는 패턴'을 뜻한다. 직계가족은 복잡한 인간관계 속에서 하나의 마디에 불과하다. 철학이 발달한 많은 문화권에서 친족은 모든 삶, 심지어 환경으로까지 확장되는 중심 개념이다. 이를 반영하는 것이 '나는 강이고, 강은 나다'라는 마오리족의 속담이다.

흔히 오늘날 현대사회를 위한 가족 형태가 재창조되는 중이라고 말한다. 친구는 가족처럼 바뀌고, 의붓부모와 의붓형제자매의 관계도는 더 복잡해진다. 다른 관점에서 보자면 핵가족이 진정한 재창조였고, 지금 우리는 더 넓은 사회 및 네트워크와 더 긴밀하게 연결된 가족의 개념으로 회기 중이라는 것이다. 어쩌면 우리가 가족을 제대로 이끌어가는 데 실패한 것이 아니라, 우리의 모델이 우리를 실패로 이끈 것인지도 모른다. 성공적인 가족생활을 위해서는 우리의 머릿속에 떠오르는 정상가족의 정의에 대해 의문을 품어야 한다.

함께 보면 좋은 주제
공동체 Community, 결혼 Marriage, 애완동물 Pets, 자녀 양육 Parenthood, 집 Home

읽을거리
공자, 『효경』

가치 Values

우리가 인간 세계에서 행동해야 할 운명이라면,
어떤 상황과 행동이 더 좋거나 나쁜지
평가를 내려야만 한다.

— 사이먼 블랙번

이 책을 읽고 있다면 당신은 아마도 자기계발을 중요하게 생각하는 사람일 것이다. 그렇다면 본인의 특성, 강점, 핵심 능력, 장기 목표는 물론, 심리적·정신적 약점과 취약성도 이미 파악했을지도 모른다. 하지만 이 과정에서 종종 배제되는 중요한 요소가 있다. 바로 가치관에 대한 철저한 조사다.

가치는 우리가 하는 모든 일의 원동력이다. 사이먼 블랙번은 "가치관에 대한 암묵적 인식 없이 인간의 삶이 진행되는 것을 상상하기는 어렵다"라고 했다. 하지만 많은 사람들은 가치관에 대해 진지하게 생각해보지 않은 채 평생을 산다.

그렇다면 가치란 무엇인가? 어떤 것에 가치를 부여한다는 것은 그것이 좋은지 나쁜지, 중요한지 그렇지 않은지 판단하는 일이다. 여기에는 다른 어떤 것들에 대한 부정적인 판단이 수반된다. 예를 들어,

당신이 자유에 가치를 부여한다면 자유를 박탈당하는 일은 나쁜 것이 된다.

우리가 인생에서 직면하는 큰 결정은 어느 정도, 때로는 상당 부분 우리의 가치에 달려 있다. 일례로 새로운 직장을 구할 때 연봉과 경력을 우선시할지, 삶의 질을 우선시할지 가치 판단을 해야 한다. 결혼생활에서 같은 문제를 겪는 부부라 해도 한쪽은 가족의 유대를, 다른 한쪽은 개인의 행복을 중요시하면 서로 다른 결정을 내릴 수 있다. 우정의 경우, 의리와 정직함의 상대적인 가치가 시험대에 오를 수 있다.

요즘에는 어떤 것을 좋거나 나쁘거나 옳거나 그르다고 말하는 것이 '함부로 판단하는 것'으로 여겨져 모종의 거부감이 있다. 하지만 애초에 그런 판단이 없는 인생은 불가능하다. 블랙번은 이런 글을 썼다. "우리가 인간 세계에서 살아가야 할 운명이라면, 어떤 상황과 행동이 더 좋거나 나쁜지 평가를 내려야만 한다."

가치와 관련해 명심해야 할 점은 가치가 사실과 같지 않다는 것이다. 도덕적 가치를 예로 들어보자. 흄은 도덕성이 '이해를 통해 발견되는 사실 안에 존재하는 것이 아니다'라고 했다. 1+1=2, 혹은 청산가리가 독이라는 것을 증명하는 방식으로, 살인이 나쁘다는 것을 증명할수는 없다. 삶에 최고의 가치를 부여하는 것은 사실 증명이 아니라 가치 판단이다. 블랙번은 "어떤 것의 가치 평가가 그것에 대한 **설명**으로 이해되어서는 안 된다"라고 말했다.

가치가 이의를 제기할 수 없는 의견의 문제에 지나지 않는다는 의미일까? 그렇지는 않다. 가치는 현실과 동떨어져 있어서는 안 된다. 우리의 가치가 종종 잘못된 방향을 향하는 이유는 사실에 대한 잘못된 가정에 기초하기 때문이다. 사람들이 돈이 많으면 행복해진다고 생각해 돈에 가치를 두거나, 여자가 남자보다 덜 똑똑하다고 생각해 직장 내 여성 인력을 낮게 평가하는 경우처럼 말이다.

우리의 가치는 사실에 의거해 형성되므로, 이해의 폭이 넓어지면 가치관이 달라지기도 한다. 일상적인 예를 들자면, 당신은 동물성 성분이 없는 아몬드 우유가 환경 친화적이라고 생각해 높은 가치를 부여할 수 있다. 하지만 그 아몬드 우유가 많은 농업용수를 필요로 하고 농약을 많이 친 캘리포니아의 작물로부터 만들어진다는 것을 알면 생각이 바뀔 것이다.

따라서 가치를 검증하는 것은 진지하고도 시간을 많이 잡아먹는 작업이다. 우리가 무엇을, 왜 가장 가치 있게 여기는지, 그 이유가 타당한지 자문하는 것에서부터 출발해야 한다. 이러한 '가치 감사value audit' 에 따르는 보상은 어마어마할 수 있다. 우리의 가치를 명확하게 이해하면 우리의 목적도 명확히 파악할 수 있고, 인생에서의 중요한 결정을 위한 건전한 판단 기준을 얻게 된다. 그것보다 더 가치 있는 일이 어디 있을까?

함께 보면 좋은 주제
동기Motivation, 딜레마Dilemmas, 양가감정Ambivalence, 인성Character, 진실함Integrity, 진정성Authenticity

읽을거리
사이먼 블랙번, 『열정 다스리기Ruling Passions』

감사 | Gratitude

살아 있는 동안 삶을 만끽하지 못하고,
죽음에 직면해 죽음을 두려워한다.
이보다 더 비논리적인 일이 어디 있을까?

– 요시다 겐코

'자기가 누리는 것에 감사하라count your blessing'라는 오래된 격언은 최근 긍정 심리학자들의 지지를 받고 있다. 그들이 내놓은 행복을 위한 조언은 다음과 같다. 매일 감사한 것들에 관한 일기를 쓰면 당신은 더 행복하고, 더 건강하고, 틀림없이 더 매력적인 사람이 될 것이다.

감사가 당신을 더 행복하게 해준다는 이유로 감사하는 마음을 가져야 한다는 생각이 들지 않을 수도 있다. 당신은 이런 질문을 할지도 모른다. 무엇에 대해, 혹은 누구에게 감사하고, 왜 그래야만 하는가?

가장 간단한 감사는 다른 사람에 대한 감사다. 호의를 베푼 사람에게 감사하는 것이 어렵게 느껴지진 않을 것이다. 더 문제가 되는 것은 무엇에 대한 감사다. 사람 사이의 감사와 달리, 이 경우는 단지 좋은 일이 일어났거나 좋은 것이 존재한다는 사실을 인지하는 것이다. 우리는 단풍이 고와서, 여행 당일에 비가 내리지 않아서 감사할 수 있다.

감사의 마음을 바칠 신을 믿지 않으면, **진정한** 감사gratitude가 아니라
는 주장도 있다. 어쩌면 **감상**appreciation의 한 형태일 수도 있다. 하지만
이는 감사를 지나치게 문자 그대로, 좁게 해석한 경우다. 직접적으로
그 감사를 받을 대상이 없다 할지라도 감사가 어떤 좋은 것에 대해 고
맙게 여기는 마음이라는 것을 모르는 사람은 없다.

더 강력한 반대 의견은 살아 있음에 감사할 일이 거의 없다는 것이
다. 데이비드 베나타르는 이렇게 주장한다. "우리 모두는 존재하게 됨
으로써 피해를 입었다. 그 피해는 가벼운 수준이 아닌데, 최고라고 여
겨지는 삶조차도 피폐하고 많은 사람들의 생각보다 훨씬 열악하기 때
문이다." 우리가 이 사실을 부정하는 이유는 도저히 인정할 수 없어서
다. 이런 관점에 따르면 감사는 삶이 실제보다 괜찮은 척하는 행동일
뿐이다. 페르난두 페소아의 말처럼 '세례를 받아 케이크라고 여겨지는
빵 부스러기로 연명'하는 것과 같다.

베나타르의 비관적인 평가는 삶은 고통이라는 불교적 견해와 일맥
상통한다. 이는 우리가 살아 있는 매 순간마다 고통을 느낀다는 뜻이
아니라, 모든 것은 일시적이며 지속적인 만족을 가져다주는 것은 없다
는 뜻이다. ‖ 고통Suffering 참조 ‖ 그렇다고 해서 우리가 주변의 세계를 감
상하는 일을 멈추어야 하는가? 사실 인간의 무상함에 대한 인식과 자
연의 덧없는 아름다움에 대한 감탄 사이에는 연관성이 있다.

일본의 승려 요시다 겐코는 이런 글을 썼다. "우리의 삶이 무덤의 이
슬이나 소각장의 연기처럼 사라지지 않고 영원히 계속된다면, 세상이
우리를 감동시킬 일은 얼마나 적을 것인가. 사물을 아름답게 만드는
것은 그것의 덧없는 본성이다."

모든 것은 놀라운 속도로 사라진다. 하지만 덧없음은 삶에 감탄하는

일을 멈추게 하는 게 아니라, 그것을 제대로 음미할 수 있도록 해준다. 커피를 마시면서 이것이 당신이 마실 수 있는 마지막 한 모금이라고 상상해보자. 아마도 그 맛을 훨씬 깊게 음미할 수 있을 것이다.

겐코는 "살아 있다는 기쁨을 매일 만끽하지 않고 사는 것이 어떻게 가능할까?"라고 물었다. 그는 사람들이 잘못된 목표를 좇다가 선로를 이탈한다고 말한다. "어리석은 사람은 이 기쁨을 망각한 채 다른 것을 찾아다닌다. 이미 가진 재산을 망각한 채 새로운 재산을 향한 탐욕에 목숨을 건다." 이것은 끊임없이 노력하는 문화와도 관련이 있다.

겐코는 자신의 삶을 최대한 만끽하지 못하는 사람들을 비판했다. "살아 있는 동안 삶을 만끽하지 못하고, 죽음에 직면해 죽음을 두려워한다. 이보다 더 비논리적인 일이 어디 있을까?" 매일매일은 일상의 단순한 기쁨을 인식함으로써 삶을 만끽할 기회로 가득하다. 여기에는 자연과 계절이 제공하는 기쁨뿐 아니라, 친구와 음식을 나눠 먹거나 좋아하는 라디오를 듣는 기쁨도 포함된다.

우리가 가진 것에 감사하는 것은 삶의 불완전함을 부정하는 것이 아니다. 솔직히 인정하자. 삶은 언제나 불완전할 것이다. 감사는 모든 것이 다 괜찮은 것처럼 행동하는 것이 아니다. 이 결점 많고 달콤 쓸쓸한 세상 안에서 기쁨을 발견해가는 것이다.

함께 보면 좋은 주제

단순함Simplicity, 마음챙김Mindfulness, 만족Contentment, 멜랑콜리Melancholy, 완벽주의Perfectionism, 취약성Vulnerability, 카르페 디엠Carpe diem, 통제Control

읽을거리

요시다 겐코, 『쓰레즈레구사』 중 〈여가의 수확〉

감정 Emotions

인생에서 최고의 순간 중 일부는 강렬한 감정의 순간들이다. 갓 태어난 아기를 처음 만났을 때, 박진감 넘치는 스포츠 경기를 지켜볼 때, 산 정상에 오를 때. 이런 순간이 없다면 인생은 훨씬 따분할 것이다.

하지만 느낌feelings과 감정emotions은(여기서는 서로 바꿔서 쓸 수 있는 용어로 사용했다) 때로 삶을 힘들게 한다. 우리는 종종 질투나 후회처럼 불쾌한 감정에 사로잡힌다. 또는 잘 알지도 못하는 사람과 결혼한다거나 무고한 사람을 유죄로 확신하며 분노를 터뜨리는 등 섣불리 하지 말아야 할 일을 감정적으로 저지른다.

어떻게 보면 이런 상황은 이상하다. 감정이 진화한 이유는 인간이 스스로에게 (그리고 인간의 번식에) 긍정적이거나 부정적인 영향을 미칠 수 있는 환경을 알려줌으로써 삶을 수월하게 만들기 위함이라고 알려져 있기 때문이다. 유쾌한 감정은 우리를 영양가 풍부한 음식과 잠재적인 파트너같이 이로운 것으로 이끈다. 불쾌한 감정은 우리가 상한 음식과 형편없는 파트너같이 해로운 것을 멀리하도록 한다.

하지만 인간의 진화는 오랜 세월을 거쳤고 이제 감정은 신뢰하기 어려워졌다. 욕망이 시키는 대로 바람을 피우는 것이 좋은 생각일까? 어려운 일을 포기하게 만드는 두려움은 어떤가? '우리의 감정을 신뢰하자 trust our feelings'라는 대중적인 믿음에도 불구하고, 감정은 종종 어리석은 행동을 유발한다.

언제 감정을 믿고 언제 감정과 거리를 둬야 하는가? 이를 구별하는 것은 매우 어려운 일이다. 감정을 관리하기 위해 우선 감정이 무엇인지 명확히 알아야 한다. '감정'이라는 단어는 그것이 하나의 단순한 무엇을 지칭한다는 착각을 불러일으킬 수 있다. 사실 감정은 일련의 중첩된 현상들인데, 일반적으로 생리반응(심박수 변화, 가슴 답답함, 장의 이완 등), 인지 평가(좋고 나쁨, 안전함과 위험함의 판단), 느낌과 행동, 또는 특정 방식으로 행동하는 성향(도망치고, 울고, 누군가를 끌어안는 등)이 포함된다. 이 모든 반응이 모든 감정에 동시에 나타나지는 않고, 강도도 천차만별이다. 어떤 사람은 몸이 먼저 강하게 반응하는 반면, 어떤 사람은 아무 신체 변화도 느끼지 못한다. 사람에 따라 행동 표현을 할 수도, 안 할 수도 있다. 감정은 일반적으로 더 흐릿한 단계인 기분과 중첩될 때 더욱 강화된다. 게다가 감정은 문화적 변수이기도 한데, 사회적 차원의 감정인 수치심이 대표적인 예다.

일부 철학자들은 감정의 인지적 측면을 강조해왔다. 일례로 스토아 학파는 감정을 가치 판단으로 봤다. 그들은 유쾌한 감정에는 어떤 것이 좋고 가질 만한 가치가 있다는 판단이, 불쾌한 감정에는 어떤 것이 나쁘고 피해야 한다는 판단이 내포되어 있음을 간파했다. 하지만 감정을 통한 판단은 완전하고 정확한 믿음이 아니다. 단지 어떤 사건이 우리나 우리의 안녕과 관련하여 지니는 의미에 대한 첫인상 정도다.

다른 철학자들은 감정의 생리적 측면을 강조해왔다. 윌리엄 제임스는 직관과는 정반대로, 감정은 신체 반응에 대한 인식이라고 주장했다. 산에서 곰을 만났을 때, 먼저 공포에 질린 다음에 식은땀을 흘리는 것이 아니다. 그보다는 곰을 인지하자마자 신체적 변화가 나타난다. 뇌의 편도체가 시상하부를 자극해 뇌하수체를 작동시키고, 뇌하수체에서 분비된 부신피질자극호르몬이 혈액으로 흘러든다. 심박이 빨라지고 피부 혈관이 수축하고 근육이 긴장하고 소름이 돋고 머리털이 곤두선다. 이러한 변화를 인지하는 것이 우리가 공포라고 부르는 감정이다. 몸이 먼저 움직이고 주관적 경험이 뒤따른다. 슬퍼서 우는 게 아니라, 눈물이 나서 슬픔을 느끼는 것이다.

양쪽 이론에는 각각의 문제가 있지만, 받아들일 만한 약간의 진실도 담겨 있다. 첫째, 감정은 인지적 요소를 포함하므로 그것이 진짜인지 왜곡된 것인지, 곧이곧대로 믿어야 할지 말아야 할지 고민해볼 수 있다. 아리스토텔레스는 우리가 감정을 오인할 수 있음을 알았다. 용기에 관한 글에서 그는 이렇게 설명했다. "우리가 할 수 있는 한 가지 실수는 잘못된 것을 두려워하는 것이고, 두 번째 실수는 잘못된 방식으로 두려워하는 것이고, 세 번째 실수는 잘못된 때에 두려워하는 것이다."

우리는 스스로에게 질문할 수 있다. 우리는 적절한 것에 대해, 적절한 방식으로, 적절한 타이밍에 감정을 느끼는가? 잘못된 감정을 인지한다고 해서 그것을 자동적으로 바로잡을 수 있는 건 아니지만, 적어도 감정을 이해하고 대응하는 일은 수월해진다.

감정에는 신체적·행동적 요소가 포함되므로, 때로는 이를 먼저 다스리는 것이 낫다. 예를 들어, 극도의 불안 상태에서는 이렇게까지 불안해할 필요가 있는지 스스로에게 묻기보다 심호흡으로 마음을 가라앉히는 것이 더 효과적일 수 있다.

　각기 다른 감정에는 각기 다른 접근법이 필요하다. 하지만 아리스토텔레스는 일반적인 원칙을 잘 이해했다. 감정을 억누르지도, 무작정 찬양하지도 말아야 한다. 그보다는 감정과 그 감정이 시작된 가치 체계를 잘 뜯어보고, 필요한 경우 그에 대한 우리의 반응을 수정해야 한다. 쉬운 일은 아니다. 하지만 중요한 일이다. 너무 성급하게 감정을 신뢰하다가는 차분히 되짚어봤을 때 중요한 가치를 훼손할 수 있기 때문이다.

함께 보면 좋은 주제

가치Values, 균형Balance, 무드Moods, 습관Habits, 자제력Self-control, 직관Intuition, 합리성Rationality

읽을거리

윌리엄 제임스, 『심리학의 원리The Princeples of Psychology』

거짓말 | Lying

'파티에 못 가서 미안해, 몸이 안 좋았어.' '그 셔츠 너한테 잘 어울린다.' '네가 잘돼서 너무 기뻐!' 이런 거짓말을 원활한 인간관계를 위한 약간의 기름칠 이상으로 보는 사람은 거의 없으리라. 하지만 때로는 진실을 말할지 말지에 관한 결정에 도덕적 무게가 실리는 경우도 있다. 당신은 도저히 괜찮아질 것 같지 않은 사람에게 '괜찮아질 거야'라고 말하는가? 단 한 번의 불륜을 비밀로 남겨두는가? 부정을 저지른 동료를 고발하는가?

우리가 확신할 수 있는 몇 안 되는 것들 중 하나는, 단 한 번도 거짓말을 한 적 없다고 말하는 사람은 거짓말쟁이라는 사실이다. 그 외에는 모든 것이 다소 복잡하다. 이마누엘 칸트는 '모든 발언에 있어 진실하다는 것은 그 어떤 편의에 의해서도 제한받지 않는, 무조건적으로 적용되는 이성의 신성한 명령이다'라고 주장하며 이러한 복잡성을 완화해보려고 했다. 정직함은 절대적 의무이며 거짓말은 결코 정당화되지 못한다. 칸트와 동시대인이었던 뱅자맹 콩스탕은 여기에 담긴 문제를 파악했다. 그는 '우리의 친구를 쫓고 있으며 그 친구가 우리 집에 숨었는지 묻는 살인자에게 거짓말을 하는 것은 죄악'이라는 주장을 굽히지 않았던 칸트를 비난했다. 칸트의 답변은 이후 학자들에게 조목조목 비판받았다. 칸트가 이러한 비난에 대해 애매하게 부인하지 않았다는 것만 알아두자.

우리가 거짓말에 대해 절대주의자가 아니라고 가정할 때, 문제는 언제 거짓말을 해도 되느냐, 혹은 거짓말을 해야만 하느냐. 공리주의의 간단한 답변은, 거짓말이 진실을 말하는 것보다 더 나은 결과를 가져올 때 정당화된다는 것이다. 공리주의의 창시자 중 한 명인 존 스튜어트 밀은 아무래도 칸트와 콩스탕을 염두에 두고 정당화되는 거짓말의 예를 다음과 같이 든 것 같다. "어떤 사실을 공개하지 않는 것(특히 악당에게 정보를 주지 않거나 위중한 사람에게 나쁜 소식을 전하지 않는 것)이 거대하고 부당한 악으로부터 (자기 자신이 아닌) 개인을 구해줄 수 있을 때, 그리고 사실을 공개하지 않는 것이 오직 부인하는 행동을 통해서만 가능할 때."

밀마저도 인정했던 공리주의적 접근법의 문제점은, 사람들이 정직할 것이라는 일반적인 믿음이 사회적으로 필수요소라는 것이다. 사람들이 더 좋은 결과가 예상될 때마다 습관적으로 거짓말을 한다면 진실을 말하는 관습 자체가 무너진다. 밀은 이렇게 말했다. "그 어떤, 심지어 의도치 않은 진실로부터의 일탈도 인간의 주장에 대한 신뢰를 무너뜨리는 데 큰 역할을 한다. 신뢰는 현존하는 모든 사회적 안녕의 주된 버팀목일 뿐 아니라, 신뢰 부족은 문명, 미덕, 인간의 행복과 관련된 중요한 모든 것을 그 무엇보다도 심각하게 억누른다."

공자와 아리스토텔레스는 아마도 밀의 발언에 환호했으리라. 그들은 훌륭한 인간이 되는 열쇠는 선한 인격을 기르는 것이라고 믿었다. 여기에는 정직하고 믿음직한 사람이 되는 것도 포함된다. 공자는 "진실을 아는 것은 좋아하는 것만 못하고, 좋아하는 것은 즐기는 것만 못하다"라고 했다. 그런 인간이 되는 방법은 정직함을 연습함으로써 그것이 습관이 되도록 하는 것뿐이다. 물론 한 치의 예외도 허용치 않는 맹목적인 정직함은 피해야 한다. 다만 거짓말과 관련해 너무 공리주의적 입장이 되면, 인간의 상호작용에 대해 계산적인 접근을 하게 된다. 그것은 인격을 갉아먹는다.

어떤 거짓말이 정당화될 수 있는지 점검할 때 어떤 원칙을 참고할 수 있을까? 어쩌면 심리학자 캐럴 길리건이 발전시킨 돌봄의 윤리의 원칙이 답이 될지도 모르겠다. 길리건은 남성 중심의 서구 윤리학은 남성적 합리성이라는 고정관념에 부합하는 규칙과 원칙에 의해 특징지어진다고 주장한다. 그래서 여성, 특히 어머니와 연관성이 높은 돌봄의 미덕이 무시되어왔다. 돌봄의 윤리는 관계, 특히 돌봄을 제공하고 돌봄을 받는 사람들의 관계가 도덕성의 중심이 된다고 주장한다.

돌봄의 윤리는 융통성 없는 규칙을 중요시하는 대신, 거짓말을 해야 할지 고민할 때 중요한 질문을 제공한다. 이 상황에서 가장 사려 깊은 행동은 무엇일까? 여기에 대답하려면 주의 깊고 사려 깊은 생각과 절대적인 정직함이 필요하다. 우리는 종종 누군가를 진실로부터 차단함으로써 그들을 돕는다고 착각하지만, 실은 자신에게 편한 선택인 경우가 많다. 또한 타인에게 무엇이 가장 도움이 되는지 지레짐작하지 않도록 주의해야 한다. 진정한 돌봄은 타인의 욕망과 가치를 존중하는 것을 뜻한다.

　돌봄의 윤리는 거짓말의 가장 끔찍한 효과 중 하나가 인간관계에 가해지는 피해임을 일깨워준다. 거짓말을 들으면 그 거짓말이 아주 심각한 문제에 관한 것이 아니라 할지라도 큰 상처를 받을 수 있다. 그것은 신뢰관계를 약화시킬 뿐 아니라, 당하는 입장의 사람에게는 진실을 감당할 능력이 없음을 암시한다는 측면에서 오만하게 느껴진다.

　거짓말 없는 삶은 불가능할 뿐 아니라 잔인할 것이다. 하지만 진실에 대한 가정이 없는 삶은 더 견디기 어려울 것이다. 모든 학파의 도덕 이론가들이 정직을 가장 중요한 미덕으로 여기고, 아주 사소하고 무해한 경우 혹은 절대적으로 필요한 경우에만 거짓말을 해야 한다고 말하는 데는 다 이유가 있다.

함께 보면 좋은 주제
습관Habits, 신뢰Trust, 신의Loyalty, 옳고 그름Right and wrong, 진실Truth

읽을거리
캐롤 길리건, 『침묵에서 말하기로』
알래스데어 매킨타이어, 『진실, 거짓, 윤리학자Truthfulness, Lies, and Moral Philosophers』

걱정 | Worrying

> 일어날 수 있는 최악의 상황에 대해 진지하게, 곰곰이
> 생각해보라. 이 불행의 가능성을 정면으로 마주한 다음,
> 설마 그렇게까지 끔찍한 재앙이 펼쳐지는 않을 거라고
> 믿는 이유들을 떠올려보라.
>
> – 버트런드 러셀

로저 하그리브스의 동화책『걱정 씨 Mr. Worry』에서 주인공 걱정 씨는 자신을 괴롭히는 그 무엇도 진짜 걱정거리가 아니라는 것을 서서히 배워나간다. 그렇다면 책의 결말에서 그는 행복해졌을까? 아니다. 그는 걱정거리가 없는 것을 걱정했다.

유아들에게 가르치기에는 놀랍도록 심오한 심리학적 진실이다. 우리는 거의 모든 것에 대해 걱정할 수 있지만, 재정, 경력, 관계, 외모, 타인의 평가 등 특히 더 걱정되는 분야들이 있다. 우리는 걱정 씨보다 나을까?

걱정은 기본적으로, 우리 삶을 끔찍하게 만들 수 있는 일종의 두려움이다. 앞일에 대한 예상과 최악의 시나리오는 마치 야생동물처럼 머릿속을 헤집어놓는다. 버트런드 러셀은 사람들이 '걱정스러운 문제에 대해 아무런 조치도 취할 수 없으면서 계속 그 생각을 떨치지 못하는

것'이 문제라고 했다.

여기에 대한 철학적 해결책은 무엇일까? 러셀의 첫 번째 추천 방법은 스토아학파의 철학에서 빌려온 것이다. | 비관주의Pessimism 참조 | 그는 우리에게 잠재적인 불행이 다가온다면 이렇게 대응해야 한다고 말했다. "일어날 수 있는 최악의 상황에 대해 진지하게, 곰곰이 생각해보라. 이 불행의 가능성을 정면으로 마주한 다음, 설마 그렇게까지 끔찍한 재앙이 펼쳐지지는 않을 거라고 믿는 이유들을 떠올려보라." 그는 최상의 효과를 얻기 위해 이 과정을 몇 차례 반복할 것을 권한다.

러셀에 따르면 우리는 늘 그 어떤 것도, 심지어 아주 끔찍한 시나리오도 그렇게 지독하지 않다고 생각할 만한 이유를 찾을 수 있다. 그것은 '진짜 최악의 순간이 오면 우리에게 벌어진 그 어떤 일도 별로 중요하지 않기 때문이다.' 하지만 이 사실이 우리에게 큰 위안이 되진 않을 것이다.

이것은 단순하고 암울한, 오히려 역효과를 불러올 수 있는 '최악을 예상하기' 전략이 아니다. 이 전략에는 최악의 상황이 올 수도 있다는 수용과 결국 잘 헤쳐 나갈 것이라는 확신을 포함한다. 이 과정을 마치고 나면, 우리는 그 최악의 시나리오가 어쨌거나 가장 가능성 높은 시나리오는 아니란 걸 깨닫게 될지도 모른다.

러셀은 이 방법의 효과에 대해 매우 자신했지만, 이 방법이 늘 통하는 건 아니다. 가끔은 걱정이 우리를 완전히 지배할 때가 있다. 그럴 때는 상황이 이미 틀어졌을 경우에 러셀이 추천한 해결책, 이른바 '딴 짓하기'를 한번 시도해볼 수 있다. 그는 구체적으로 체스 두기, 추리소설 읽기, 천문학이나 고고학에 관심 갖기 등을 언급했다. 우리의 생각을 걱정거리가 아닌 다른 대상으로 옮길 수만 있다면 무엇이든 다 도움이 된다.

흄은 자신의 철학적 고민을 완화시키기 위해 비슷한 전략을 이용했다. "나는 식사를 하고, 백개먼Backgammon 게임을 하고, 친구들과 대화를 나누며 즐거운 시간을 보낸다. 서너 시간쯤 뒤에 철학 문제로 돌아오면, 그 문제들은 너무 차갑고 억지스럽고 터무니없어 보여서 더 이상 깊이 빠져들기가 어렵다."

철학은 삶을 이해하도록 돕지만, 철학자들조차도 때로는 생각을 멈출 필요가 있다. 인생 사용자 사전을 늘 한손에 든 채로 삶을 살아갈수는 없다. 공부를 마친 뒤에는 책을 내려놓고 그냥 살아야 한다.

함께 보면 좋은 주제

두려움Fear, 만족Contentment, 불안Anxiety, 불확실성Uncertainty, 비관주의Pessimism, 스트레스Stress, 우주적 보잘것없음Cosmic insignificance, 취약성Vulnerability, 평온Calm

읽을거리

로저 하그리브스, 『걱정 씨』

건강과 질병 Health and Illness

건강은 참여하고, 세상의 일부가 되고,
타인과 어울리고 일상 업무를 적극적이고
보람차게 수행할 수 있는 상태다.

– 한스 게오르크 가다머

데카르트를 비판하는 사람들은 많지만, '건강이 이 삶에서 최고의 축복이자 다른 모든 축복의 근간'이라는 그의 주장에 반대할 사람은 없을 것이다. 사람들의 건강을 해치는 생활방식을 보면 간혹 의심이 생기긴 하지만, 분명 우리 모두 건강을 원한다. 하지만 건강이 무엇인지, 무엇이 정상이고 비정상인지, 언제 이상과 불편함이 질병으로 발전하는지는 불분명하다.

세계보건기구WHO는 건강을 '신체적, 정신적, 사회적으로 완전한 웰빙 상태이며 단순히 질병이나 병약함이 없는 상태만을 의미하지 않는다'라고 정의한다. 이러한 관점에서 건강은 더 넓은 의미의 웰빙과 구분하기 어려워진다. 이런 게 건강이라면 대부분의 사람에게는 닿을 수 없는 것처럼 보일 것이다. 그들의 정의는 완전한 웰빙 상태가 우리가 얻을 수 있고 얻어야만 하는 표준이라는, 그다지 도움이 되지 않는 기대를 만들어낸다.

또 다른 문제는 우리가 자신의 건강에 어느 정도까지 책임이 있느냐 하는 점이다. 물론 우리가 각자 최대한 건강해지기 위해 할 수 있는 일에 대해 책임지는 것은 좋다. 하지만 때로는 이것이 지나치게 강조된 나머지, 마치 아픈 것이 자기 잘못이고 스스로 자초한 일처럼 느껴지기도 한다.

수전 손택은 질병이 우리가 지은 죄에 대한 벌이라는 오래된 생각은 억압된 감정이 암 같은 질병으로 발현된다는 더 최근의 생각으로 발전했다고 주장한다. 이것이 사실이라면 우리는 각자의 병에 대해 책임이 있다. 손택은 환자들에 대한 이런 비난에 강력히 반박하는 글을 썼다. 그는 고통스러운 감정과 과거의 트라우마는 암에 걸린 사람만큼이나 안 걸린 사람에게도 영향을 미친다고 지적했다.

덧붙이자면, 건강한 식단, 활동적인 몸과 마음 상태, 긍정적인 생각을 유지해왔지만 치매, 심장질환, 관절염에 걸리는 사람도 많다. 우리는 건강이라는 복권에 당첨될 확률을 높이기 위해 스스로를 돌보지만, 그런다고 당첨이 보장되는 건 아니다.

우리는 정비공이 자동차를 받아들이는 것처럼 건강을 받아들이는 실수를 저지른다. 몸을 관리만 잘하면 완벽하게 작동하는 기계처럼 여기는 것이다. 하지만 건강이 장기의 상태에 관한 문제가 아니라, 우리가 무엇을 할 수 있는지에 관한 문제라면 어떨까? 이것은 한스 게오르그 가다머가 제안한 현상학적 관점의 핵심이다. 그는 건강이 '참여하고, 세상의 일부가 되고, 타인과 어울리고, 일상 업무를 적극적이고 보람차게 수행할 수 있는 상태'라고 주장한다.

건강의 주된 정의가 세상에 관여하는 것이라면, 병의 존재는 건강으로 가는 길을 가로막는, 극복할 수 없는 장애물이 아니다. 장애인들이 할 수 없는 많은 일들은 설계상 문제에 따른 결과일 뿐, 생물학적 결과가 아니다. 장애에도 불구하고 자기 삶을 살 수 있도록 사회가 돕는다면, 그들은 가다머의 정의에 따른 '건강'을 누릴 수 있다.

이와 비슷한 맥락에서 하비 카렐은 건강과 질병이 정반대가 아니라 연속체 혹은 혼합체라고 했다. 그가 제시한 건강−질병 이분법에 대한 의문은, 두 상태 간의 관계가 우리 생각보다 훨씬 복잡한 경우가 많다는 것을 보여준다. 그는 "건강한 가운데에서 간헐적으로 질병이 발생하는 것처럼, 질병을 겪는 가운데에서 건강을 경험하기도 한다. 이것은 종종 간과되기는 하나 가능한 현상이다"라고 했다. 건강은 우리에게 단적으로 있거나 없는 것이 아니므로, 생리적 기능이 손상된 상황에서도 번창한 삶은 가능하다.

함께 보면 좋은 주제
몸The body, 정신건강Mental health, 통증Pain

읽을거리
한스 게오르그 가다머, 『건강의 수수께끼The Enigma of Health』
하비 카렐, 『질병Illness』

경쟁 | Competition

인생은 경쟁의 연속이고 그 경쟁에서 대부분 지고 있다고 느끼는가? 오늘날 세상은 실로 초경쟁 사회로 바뀌었다. 대학 진학이나 구직에는 늘 경쟁이 존재했다. 하지만 요즘 우리는 소셜미디어, 데이팅 사이트 같은 곳에서도 관심과 인정을 얻기 위해 경쟁한다. 심지어 여행지에서도 조심해야 한다. 호텔과 택시기사뿐 아니라 투숙객과 승객도 온라인에서 등급이 매겨지기 때문이다.

사실 그다지 새로운 현상은 아닐지도 모른다. 1920년대에 버트런드 러셀은 '일반적으로 받아들여지는 인생철학, 즉 삶은 승자만을 존중해주는 경연이자 경쟁이라는 생각'에 불만을 표했다.

러셀은 '정신의 경쟁적인 습관'이 한번 정착되면 '그것이 속하지 않은 영역까지 쉽게 침범한다'라고 했다. 일례로 친구를 초대해 식사를 대접하는 것은 다른 사람들보다 더 훌륭한 음식을 차려내야 한다는 부담을 느끼는 일종의 요리 대회로 변질된다. 철학도 이런 경쟁 심리의 영향을 받을 수 있다. 논쟁에서 이기고자 하는 욕망이 종종 진실을 발견하고자 하는 욕망을 압도하기도 한다.

러셀은 "경쟁에서의 승리가 행복의 주요 원천으로 지나치게 강조되고 있다"라고 생각했다. 잘하는 것만으로는 부족하다. 동료들보다 더 잘해야 한다. 이런 사고방식의 해악은 서머싯 몸의 원칙으로 이어진다. "개인적 성공을 거두는 것만으로는 부족하다. 거기에 더해 가장 친한 친구가 실패해야만 한다."

여기에 대한 해결책은 간단하다. 경쟁이 아닌 것을 경쟁으로 만들지 않는 것이다. 인생은 늘 제로섬게임이 아니고, 당신이 잘되기 위해 다른 사람이 실패해야 할 필요는 없다. 무엇이 다른 사람보다 더 낫거나 부족한지가 아니라 당신의 삶에서 좋은 것에 집중하라. 그렇게 하면 러셀이 말한, 끊임없는 경쟁으로 얼룩진 '너무도 암울하고 너무도 집요한' 삶에서 해방될 것이다.

함께 보면 좋은 주제
명성Reputation, 성취Achievement, 시기Envy, 실패Failure

읽을거리
버트런드 러셀, 『행복의 정복』

고독 Solitude

언론 보도에 따르면, 현대의 삶은 만성적인 외로움이라는 아주 치명적인 전염병을 낳았다. 수백만 명이 자신이 혼자라는 생각에 시달리고 있으며, 이것은 건강에 치명적인 악영향을 끼친다고 한다. 어떤 사람들은 이런 기사를 읽고 자기만 외로운 게 아니라는 사실에 위안을 받을 수도 있다. 하지만 이전에는 행복했던 다른 사람들은 자신이 처한 상황이 좋지 않다는 것, 실제로 조기사망을 유발할 가능성도 있다는 사실에 스트레스를 받을 수도 있다.

하지만 혼자 있음aloneness과 외로움loneliness은 같은 말이 아니다. 혼자 있음은 단순히 환경적 상태를 설명하는 말이지만, 외로움은 내면의 고립감과 연결에의 갈망을 지칭한다. 이 두 가지가 늘 함께 움직이는 건 아니며, 심리와 건강에 영향을 미치는 것은 외로움이다. 외로움은 혼자 있을 때만 발생하는 게 아니다. 군중 속에서 외로움을 느끼는 일도 흔하다. 외로움을 호소하는 많은 사람들은 그렇지 않은 사람들만큼 이나 타인과의 접촉이 많다.

외로움은 완전히 제거될 수 없다. 실존주의 철학자들은 인간의 조건과 떼려야 뗄 수 없는 근본적 고립감에 관한 글을 써왔다. 폴 틸리히는 이렇게 말한다. "살아 있다는 것은 몸을 가진다는 뜻이고, 몸을 가진다는 것은 다른 몸들로부터 분리된 상태라는 뜻이다. 그리고 분리된다는 것은 혼자라는 뜻이다." 우리는 타인의 생각과 감정을 절대 온전히 이해할 수 없다. 우리 자신과 타인 사이에는 완전히 이어질 수 없는 틈새가 존재한다. 따라서 어느 정도의 외로움은 인간에게 주어진 조건의 일부로 받아들여야 한다.

외로움에 대처하는 한 가지 방법은 고립을 적극적으로 추구할 가치가 있는 긍정적인 상태로 인식하는 것이다. 데카르트, 뉴턴, 로크, 파스칼, 스피노자, 칸트, 라이프니츠, 쇼펜하우어, 니체, 키르케고르, 비트겐슈타인 등 많은 철학자들은 대부분 혼자인 삶을 살았다. 또한 철학자들은 고독을 견디는 힘을 기를 것을 추천했다.

일례로 몽테뉴는 '우리의 행복이 우리 자신에게 의존하도록' 해야 하며 '진실로, 진정으로 혼자'인 상태에 만족해야 한다고 했다. 하지만 그는 혼자가 되기 전에 준비할 것이 있다고 조언하기도 했다. "당신이 자신을 어떻게 다스려야 할지 모를 경우, 스스로에게 자신을 맡기는 것은 미친 짓이다."

우리 모두가 은둔자가 되어야 한다는 뜻은 아니다. 고독을 옹호하는 사람들도 극단적으로 혼자인 삶을 추천하는 경우는 드물다. 대다수 철학자들은 혼자인 삶과 함께하는 삶을 섞으라고 조언한다. 세네카는 이런 글을 남겼다. "혼자인 삶과 함께하는 삶은 잘 섞이고 교대로 바뀌어야 한다. 전자는 사람에 대한 그리움을, 후자는 우리 자신에 대한 그리움을 낳을 것이며, 각각의 상태는 그 반대 상태에 대한 치료제가 될 것이다. 혼자인 삶은 사람에 대한 혐오를 치유하고, 함께하는 삶은 고독에 대한 염증을 치유할 것이다."

따라서 외로움을 느끼는 사람에게는 두 가지 전략을 권할 수 있다. 첫 번째 전략은 흔히 듣는 조언처럼 밖으로 나가 사람을 만나는 것이다. 동호회에 가입하거나 수업을 들으며 자주 외출을 하면 된다. 이것은 훌륭한 조언이다. 우리는 군중 속의 외로움을 느끼기도 하므로 완벽한 처방이 될 수는 없겠지만, 자신이 얼마나 타인에게 개방적이고 신뢰할 만한 사람인지 스스로 확인해보는 과정도 필요하다.

두 번째 전략은 꼭 필요한 정도의 인간관계에 대한 기대치를 조정하는 것이다. 어느 정도의 외로움이 자연스럽고 불가피한 것이라면, 함께 있을 사람을 찾으려는 실질적인 노력과 더불어 혼자 있을 줄 아는 능력을 키우는 것이 도움이 된다. 혼자 있는 경험이 우리의 태도에 따라 달라질 수 있다는 점을 인정해야 한다. 라르스 스벤젠은 우리가 자신의 외로움에 대해 책임을 져야 한다고 주장한다.

무엇보다도 자기 자신과의 관계를 잘 발전시켜 혼자라는 경험을 긍정적으로 인식할 수 있도록 해야 한다. 몽테뉴는 영혼이 '자기 자신의 좋은 벗이 될 수 있다'라고 했다. 또한 '우리 자신과 함께 자신에 관한 이야기만 나눌 수 있는, 너무 비밀스러워서 바깥 세계의 그 어떤 거래나 대화도 끼어들 틈이 없는' 공간을 따로 마련해두라고 조언했다. 누구에게나 인스타그램 금지구역이 필요한 것이다.

고독을 견디는 우리의 능력은 자신과의 내적 대화를 바탕으로 한다. | 정신적 삶inner life 참조 | 이 내적 대화는 주변에 널려 있는 오락거리와

의 기술적 연결로 약화되는 반면, 깊은 생각, 명상, 독서, 산책으로 강화된다. 스벤젠은 이렇게 말한다. "우리 시대의 가장 큰 문제는 어쩌면 과도한 외로움이 아니라 너무 부족한 고독이 아닐까." 우리 자신과의 관계 강화는 주체할 수 없는 외로움을 만족스러운 고독으로 바꾸는 데 도움이 될 수 있다.

함께 보면 좋은 주제

공동체Community, 관계Relationships, 우정Friendship, 자기애Self-love, 정신적 삶Inner life

읽을거리

라르스 스벤젠, 『외로움의 철학』

고통 | Suffering

> 태어나는 것도 고통, 늙는 것도 고통,
> 병드는 것도 고통, 죽는 것도 고통이다.
>
> — 부처

쇼펜하우어는 젊은 시절에 대해 이렇게 말한다. "우리는 극장 커튼 앞에 앉은 어린아이들처럼 과연 어떤 일이 펼쳐질 것인가에 대한 행복한 기대와 팽팽한 긴장감을 안고 우리 앞에 놓인 삶과 마주한다. 다행히도 우리는 무엇이 나타날지 모른다." 우리를 기다리고 있는 건 고통과 갈등, 쇠약, 노화, 죽음이다.

쇼펜하우어는 여러 인도 종교의 영향을 받았다. 그중 불교는 괴로움이 핵심이다. 부처는 이렇게 말한다. "비구들이여, 이것이 고^苦의 고귀한 진실이다. 태어나는 것도 고통, 늙는 것도 고통, 병드는 것도 고통, 죽는 것도 고통이다. 싫은 것을 만나는 것도 고통, 좋은 것과 헤어지는 것도 고통, 원하는 것을 얻지 못하는 것도 고통이다."

여기서 '고통'으로 번역된 원어는 '두카dukkha'다. 이 단어의 다른 번역어는 '불만족'이다. 이 표현이 보다 명확하고 바람직한데, 우리가 실제로 항상 고통을 느끼는 건 아니기 때문이다. 그저 모든 것은 끊임없이 변화하고 마침내 끝이 찾아올 것이다. 따라서 보통 우리를 행복하게 해준다고 믿는 것들도 절대 영원한 만족을 줄 수는 없을 것이다.

이것은 정확해 보인다. 우리는 실존이라는 피할 수 없는 사실로 인해 고통받는다. 우리의 몸은 늙고 병들고 죽는다. 우리는 살아 있는 동안 규칙적으로 귀찮은 일들을 해결해야 하고, 사랑하거나 아끼는 것들을 얻지 못하거나 잃는다. 우리가 이러한 상실, 실망, 노화로 인해 오랫동안 괴로워한다는 데에는 이견이 없다.

데이비드 베나타르는 이렇게 말한다. "우리는 (권태를 포함한) 고통을 멀리하기 위해 지속적으로 노력해야 하고 그 일을 불완전하게 할 수밖에 없다. 불만족은 삶에 만연해 있고 또 그래야만 한다. 만족의 찰나, 혹은 만족스러운 시간이 있을 수는 있겠지만, 그건 불만족스러운 노력을 바탕에 깔고 생겨난다."

여기서 질문이 떠오른다. 이런 깨달음에서 무엇을 얻을 수 있는가? 우리가 불교와 쇼펜하우어로부터 얻을 수 있는 조언은 욕망을 채우기 위해 애쓰기보단 흘려보내는 게 낫다는 것이다. 이 세상에서 우리의 상황이 어떻게 바뀔지 크게 신경 쓰지 않는다면, 고통이 덜어질 가능성이 크다.

우리 삶에 의미와 기쁨을 주는 대부분의 것들에서 벗어나는 건 너무 과한 조치일지도 모른다. 보다 성취 가능한 목표는 인생이 근본적으로 불완전하고 우리를 고통에 빠뜨리며 우리는 그것을 묵묵히 견딜 수밖에 없다는 본질적인 교훈을 얻는 것이다.

쇼펜하우어는 삶의 비참함에도 불구하고, 삶의 경험은 예술, 음악, 자연을 감상하는 순간으로 인해 일시적으로 변화한다고 했다. 그런 순간, 우리는 투쟁을 중단하고 그저 눈앞에 놓인 아름다움에 심취하게 된다. 이건 좋은 소식이다. 나쁜 소식은 이런 순간이 그야말로 순식간이라는 것이다.

니체는 고통에 대해 다르게 접근했다. 그는 불가피한 경우, 고통을 자기 개선의 기회로 삼는 것이 중요하다고 했다. 그는 이런 질문을 던졌다. "가장 성공적이고 생산적인 사람의 삶을 살펴본 다음, 악천후와 폭풍 없이 어린 나무가 당당하고 키 큰 나무로 성장할 수 있을지 자신에게 물어보라. 불행과 외부 저항, 미움, 질투, 고집, 불신, 몰인정, 탐욕, 폭력은 그것들 없이는 위대한 미덕의 성장이 불가능하다는 측면에서 호의적인 조건이 아닐까?"

여기에는 약간의 진실이 담겨 있다. 어떤 사람들은 인간적으로 성장하기 위해 불행을 기꺼이 받아들여야 한다고까지 말한다. 하지만 고난이 모든 삶의 일부이며 우리가 그것을 성장 발판으로 삼아야 한다는 사실을 깨닫기 위해 고난이 찾아오기를 기도하거나 그것을 미화할 필요는 없다.

함께 보면 좋은 주제

건강과 질병Health and illness, 멜랑콜리Melancholy, 문제Problems, 정신건강Mental health, 취약성Vulnerability, 통증Pain, 회복력Resilience

읽을거리

아르투어 쇼펜하우어, 『의지와 표상으로서의 세계』

공감 | Empathy

우리가 타인의 슬픔으로부터 종종
슬픔을 느끼는 것은 너무 명백한 사실이라서
따로 증명 사례가 필요하지 않다.

— 애덤 스미스

더 나은 사람이 되고 싶다면 어디에 가장 중점을 두어야 할까? 오늘날 많은 사람들은 공감, 즉 타인의 감정을 이해하고 공유하는 능력이라고 답할 것이다. 대통령 시절, 버락 오바마는 사회의 '공감 결핍'이 연방 재정 적자나 국가 부채보다 더 심각한 문제라고 말하며 이 부분을 강조했다. 그는 우리에게 가장 필요한 것은 '타인의 입장에서 생각할 수 있는 능력, 즉 다른 사람의 눈으로 세상을 보는 능력'이라고 했다.

동류의식이 아주 중요하다는 생각은 사실 새로울 게 없다. 스코틀랜드 계몽주의의 주역인 애덤 스미스와 데이비드 흄은 윤리가 논리나 신의 명령이 아니라, 스미스가 일명 '도덕적 동정moral sympathy'이라고 명명한 것에 기초한다는 관점을 지지했다. 그는 "우리가 타인의 슬픔으로부터 종종 슬픔을 느끼는 것은 너무 명백한 사실이라서 따로 증명 사례가 필요하지 않다"라고 말했다.

오늘날 동정sympathy과 공감empathy은 맥락에 따라 약간 다른 의미로 쓰인다. 하지만 스미스와 흄이 사용한 '동정'은 오늘날 우리가 흔히 말하는 '공감'에 가까운 의미임에 틀림없다. 이들에게 있어 공감이 우리에게 필요한 전부라는 생각은 지나치게 단순했다. 공감은 윤리의 출발점일 뿐, 윤리의 전부는 아니다. 도덕적 결정은 어떤 감정적 버튼이 작동하느냐에 따라 매우 달라지는 경우가 많다.

이는 심리학과 철학의 경계를 연구해온 조슈아 그린과 같은 사상가들이 증명했다. 냉정하고 이성적으로 사고할 때 우리는 최대 다수의 사람에게 최선의 결과를 가져올 수 있는 도덕적 선택을 선호한다. 일례로, 열 명의 목숨을 구하기 위해 한 명의 목숨을 희생해야 한다면 동의할 가능성이 높다. 하지만 여러 사람을 구하기 위해 희생될 한 명을 가까이에서 지켜보라는 요청을 받으면 곧 그 판단이 옳지 않음을 깨닫고 나머지 열 명이 죽게 내버려두는 쪽을 택한다. 그린의 견해에 따르면, 이것은 공감이 도덕적 판단을 왜곡하는 경우다. 당신이 열 명을 위해 한 명을 희생하는 것이 진짜 잘못되었다고 믿는다면, 그린의 말에 동의하지 않을 것이다. 하지만 적어도 이러한 예는 공감과 도덕성의 방정식을 문제화한다.

공감이 도덕적 판단을 왜곡하는 다른 상황은 자선적 기부다. 사람들에게 어린아이나 귀엽고 털이 복슬복슬한 동물이 고통받는 이미지를 보여줬을 때 더 많이 기부한다는 것은 잘 알려진 사실이다. 윤리학자들은 우리가 마음이 이끄는 대로 행동하는 것을 거부하고 좀 더 이성적일 필요가 있다며 '윤리적 이타주의'를 옹호했다. | 자선Charity 참조 | 회충을 치료하는 다소 시시해 보이는 자선단체에 돈을 기부한다면, 너도 나도 돕겠다고 난리라서 이미 돈이 넘치는 유명 어린이병원에 같은

돈을 기부했을 때보다 더 큰 효과를 거둘 수 있다는 것이다.

마지막으로, 공감은 우리가 그것을 진정으로 느낄 때에만 좋은 것이다. 우리는 흔히 타인과 똑같은 감정을 느낀다고 생각하지만, 실은 타인의 기분을 다 안다고 믿는 착각일 수 있다. '네가 어떤 기분인지 정확히 알아'라는 말은 우월감과 오만함이 담긴 거짓말인 경우가 많다. 또한 우리의 공감능력은 신뢰할 만한 것이 아니라서, 본인의 괴로움을 전시하는 사람을 더 가엾게 여기고 자제력을 발휘하는 사람은 덜 신경 쓰게 된다.

공감은 중요하다. 우리는 타인의 감정에 민감하게 반응할 필요가 있다. 하지만 철학은 본능적 반응을 너무 쉽게 믿지 말라고 경고한다. 우리에게는 감정적 공감 외에도 인지적 공감이 필요하다. 인지적 공감이란 타인의 감정 상태를 인식하고 이해하고, 우리의 추정이 옳은지, 우리의 반응이 도움이 될 만한지, 혹은 그냥 자연스럽게 겉으로 드러나는지 점검하는 의식적인 노력이다. 감정이 없으면 도덕이 있을 수 없다. 하지만 생각이 없으면 순진한 도덕밖에 있을 수 없다.

함께 보면 좋은 주제

감정 Emotions, 이타주의 Altruism, 자선 Charity, 직관 Intuition

읽을거리

조슈아 그린, 『옳고 그름』
애덤 스미스, 『도덕감정론』

공동체 | Community

당신이 진정한 공동체 의식이 존재하는 곳에 산다면 공동체를 긍정적으로 여길 가능성이 아주 높다. 반면 공동체 의식이 없는 곳에서 산다면 손해라고 생각할 것이다. 우리 중 다수는 숨막히는 공동체에 대한 경험이 있다. 자유로움을 가진 사람은 도저히 붙어 있기 힘든 작은 마을이라든지, 성 정체성이나 종교, 심지어 헤어스타일만 조금 달라도 소외당하고 배척당하는 편협한 사회라든지.

공동체에 대한 이런 모호한 태도는 언뜻 보기에 정반대인 갈망, 즉 개별성과 소속감 간의 긴장관계를 반영한다. 요즘 사람들이 공동체의 억압보다 공동체의 부재를 한탄하는 일이 더 흔한 이유는 그간 개별성이 부상했기 때문이다. 세상은 자율성의 획득이 곧 소속감의 상실임을 깨닫고 있다.

우리는 개인인 동시에 더 넓은 사회의 일부이므로 이러한 긴장관계는 실재한다. 숲속의 나무처럼 우리의 독특한 성질도 우리가 나고 자란 환경에 뿌리를 두고 있다. 서양 사상은 여기에서 우리의 독자적인 정신과 영혼에 주목하고 개인적인 부분을 강조한다. 동양 사상은 관계적인 측면, 다시 말해 우리의 정체성이 가정 및 사회 내에서의 역할에 의해 결정되는 방식에 주목한다.

서양의 기존 견해에 대한 수정을 주도적으로 이끈 철학자들을 폭넓게 공동체주의자communitarian라고 하는데, 알래스데어 매킨타이어, 마이클 샌델, 찰스 테일러, 마이클 왈저 등이 포함된다. 그들은 그 누구도 외부와 단절된 채 존재할 수 없고, 당신이 누구인지 알기 위해서는 지금의 당신을 만든 공동체를 (혹은 공동체들을) 알아야 한다며 지나친 개별성 강조를 비판해왔다. 테일러는 "내가 누구인지 아는 것은 내가 어디 서 있는지 아는 것과 같다"라고 했다.

공동체주의냐, 자유주의냐에 관한 논쟁은 개별성과 공동체 간의 더 일반적인 갈등을 드러내는 것처럼 보일지도 모른다. 하지만 우리는 대부분 둘 다 원한다. 이런 바람은 불가능한 것일까? 아마도 아닐 것이다. 개별성에 대한 동양의 대안은 집합주의collectivism가 아니라, 사람들이 서로 어떻게 연결되고 의존하는지에 관한 더 폭넓은 감각이라는 것을 기억해야 한다. 우리의 독특한 정체성은 타인의 개별성과의 상관관계 속에 존재할 수밖에 없다. 하지만 이 사실을 인정하기 위해 자기 정체성을 포기할 필요는 없다.

가장 유명한 철학 공동체 중 하나는 에피쿠로스가 아테네에 있는 자신의 집과 정원에 세운 공동체다. 그의 추종자들은 그곳에서 함께 살고 공부했다. 하지만 이 공동체는 개별성을 억압하기보다는 오히려 더 장려했던 듯하다. 에피쿠로스도 그곳에서 독창성과 개성이 담긴 글을 썼다. 디오게네스 라에르티오스에 따르면 에피쿠로스는 300개가 넘는 두루마리에 글을 남겼다(안타깝게도 그중 지금까지 전해지는 건 거의 없다). 라에르티오스는 "거기에는 다른 작가들을 인용한 내용은 전혀 없고 그가 직접 쓴 내용뿐이다"라고 전한다.

공동체와 개별성 간의 대립은 불가피한 것이 아닐지도 모른다. 이 두 가지는 조화롭게 공존하며 심지어 서로에게 힘을 실어줄 수도 있다.

함께 보면 좋은 주제

관계Relationships, 관용Tolerance, 신의Loyalty, 정체성Identity

읽을거리

디오게네스 라에르티오스, 『위대한 철학자들의 삶The Lives of the Great Philosophers』
찰스 테일러, 『자아의 원천들』

> 결혼한 철학자는 코미디의 영역에 속한다.
>
> – 프리드리히 니체

니체에 따르면 '결혼한 철학자는 코미디의 영역에 속한다.' 쇠렌 키르케고르를 예로 들자면, 그렇게 웃기지는 않다. 그는 약혼 당일에 약혼을 취소했고, 그렇게 해야 자신의 결정을 더 쉽게 받아들일 거라 생각하며 약혼녀에게 잔인하게 굴었다. 그는 상대가 평생 혼자 살며 슬퍼해야 한다고 생각했는지 그의 일기장에는 다른 사람과 결혼한 전 약혼녀에 대한 악의적인 말들이 담겨 있었다. 그는 상대방을 위해 약혼을 깼다고 늘 말했지만, 실은 결혼과 자신의 학문적 야망 중에서 하나를 선택해야 하는 상황이었다고 말하는 편이 더 솔직했을 것이다.

　키르케고르의 연애 실패담은 극단적이지만, 그는 연애에 실패하거나 아예 쭉 혼자였던 수많은 철학자 중 한 사람일 뿐이다. │자녀 양육 Parenthood 참조│ 하지만 눈에 띄게 예외적인 두 사례가 있다. 시몬 드 보부아르와 장 폴 사르트르는 평생을 함께한 파트너이며, 현재 파리의 몽파르나스 공동묘지에 나란히 묻혀 있다. 그들의 관계의 비결은 정직함과 낮은 기대치였다. 서로 자유로운 연애를 인정했고 그 부분을 적극적으로 활용했다. 종종 골치 아픈 사건이 생기기도 했지만, 그들의 관계는 자유로운 연애가 성공한 드문 사례였다.

더 전통적인 경우는 존 스튜어트 밀과 해리엇 테일러 밀의 관계였다. 그들은 해리엇이 첫 남편 존 테일러와 결혼한 상태일 때 처음 만났다. 따라서 그들의 교제 기간은 길고 진득했다. 그들은 존 테일러가 죽은 뒤에도 2년을 기다린 끝에 결혼했다. 그들의 관계가 성공적인 이유 중 하나는 각자의 일을 방해하지 않고 서로에게 유익했기 때문이다. 해리엇은 분명 재능 있는 철학자였고 많은 글을 남겼다. 많은 학자들에 따르면 밀의 작품 중 상당수는 해리엇이 공동 집필했을 것이라고한다. 이처럼 서로의 관심사가 겹치는 경우는 드물기 때문에 관계와 직업을 성공적으로 결합하는 어떤 공식이 될 수는 없다. 더 흔한 경우는 한쪽이 (주로 여성이) 다른 쪽의 성공을 위해 희생하는 것이다. 이러한 상황은 조화보다는 분노를 야기하기 쉽다.

철학자들은 무지함을 아는 것이 지혜의 기초이며 그 누구도 모든 것을 다 알 수는 없음을 늘 명심한다. 따라서 관계에 관해서라면, 철학자들이 최고의 조언자가 아니라는 점을 겸허히 인정하는 바이다.

함께 보면 좋은 주제
자녀 양육Parenthood

읽을거리
클레어 칼리슬, 『심장의 철학자Philosopher of the Heart』

관용 | Tolerance

사람이 본인의 믿음에 대한 자신감을 정당화할 수 있는
유일한 방법은 자신의 의견과 행동에 대한 비판에
열린 태도를 유지하는 것, 그리고 비난을 경청하는
습관을 통해 적절한 교훈을 얻는 것뿐이다.

– 존 스튜어트 밀

우리는 대체로 자신과 다른 의견을 가진 사람들에 대한 개방성과 포용을 중요시한다. 동시에 우리가 혐오감을 느끼는 견해를 밝히거나 눈살이 찌푸려지는 행동을 하는 사람을 보면 분개한다. 그렇다면 우리는 얼마나 관용적이어야 할까?

철학은 일반적으로 관용을 정치의 문제로 다뤄왔다. 특히 자유민주주의 국가들은 불관용을 얼마나 관용해야 할지에 관한 도전에 직면해 있다. 이를테면 동성애가 죄라고 생각하는 사람은 차별 금지법에 따라 처벌받아야 마땅할까?

이런 문제는 개인적 차원에서도 펼쳐진다. 당신이 자신의 진보적이고 관용적인 가치를 자랑스럽게 여길 경우, 당신 눈에는 편협해 보이는 타인의 견해도 존중해야 할까? 반대로 당신의 견해가 전통적이고 보수적일 경우, 당신은 더 자유분방한 타인의 견해를 받아들여야 할까?

이 문제와 관련해 가장 도움이 될 만한 자료 중 하나는 기원전 3세기 인도 아대륙 북쪽의 돌에 새겨진 글이다. 아소카 칙령은 불교의 사회철학에 관한 아소카 왕의 해석을 전파하기 위한 목적으로 만들어졌다. 이 칙령에서 가장 유명한 구절 중 하나는 "모든 종파는 모든 곳에서 거주할 수 있다. 그들은 모두 자기통제와 마음의 순수를 원하므로"이다. 아소카는 자기 왕국의 백성들이 서로 다른 종교를 믿고 있으며 평화와 조화에는 상호존중이 필요함을 알았다. 종교에 관한 아소카의 발언은 모든 종류의 종교 및 가치체계에 적용할 수 있다.

그렇다고 뭐든 다 허용된다는 뜻은 아니다. 첫째, 이런 존중과 자유를 얻기 위해 모든 사람이 따라야만 하는 핵심 원칙들이 있었다. 아소카는 스스로 관용적인 사람이 되라는 요구와 더불어 "내 영토에서는 살아 있는 존재를 도살하거나 제물로 바쳐서는 안 된다"라는 명령에 따를 것을 요구했다.

아소카의 구체적인 핵심 가치는 독특하지만, 그게 무엇이 됐든 핵심 가치가 있다는 사실을 통해 다름에 대한 관용이 작동하려면 공통된 가치가 중요하다는 점을 알 수 있다. 이런 핵심 가치를 무시하거나 거부하는 사람들에게 맞서는 것은 편협한 행동이 아니다. 진정한 관용을 위해 꼭 필요한 무엇을 고집하는 것이다.

이것은 아소카의 관용이 가진 두 번째 중요한 특징과 연결된다. 관용이 제대로 작동하려면 상호적이어야 한다는 것이다. 다시 말해, 우리는 조화로운 관계를 위한 우리의 역할을 잘 알고 있어야 한다. 아소카는 우리가 해야 할 일을 이렇게 설명했다. "말을 조심해야 한다. 즉, 타당한 이유 없이 본인의 종교를 칭찬하거나 남의 종교를 비난해서는 안 된다. 비난의 사유가 있더라도 부드럽게 비난해야 한다."

모든 사람에게는 자기검열 없이 원하는 말을 다 할 권리가 있다는 의미로 관용을 오인하는 경우가 많다. 하지만 자신의 말이 남들에게 어떤 영향을 미칠지 생각해보는 건 진정으로 관용적인 사회, 회사, 모임, 또는 가정을 위한 제2의 천성이나 다름없다.

아소카의 관용이 가진 세 번째 특징은 실질적으로 관용을 넘어서달라는 요청이다. 관용은 개인적으로 성가신 무언가를 참고 견디는 느낌이다. 아소카는 우리가 이런 단계를 넘어서 우리와 다른 이들을 이해하고, 심지어 사랑하도록 노력해야 한다고 했다. "다른 종교의 교리를 경청하고 존중해야 한다." 이는 우리가 그 교리에 늘 동의해야 한다는 의미가 아니다. 그 교리가 사회의 공통된 가치와 충돌한다면 거기에 저항해야 할지도 모른다. 하지만 종교가 다른 사람들이 서로의 단점보다 장점을 보려고 노력한다면, 관용을 넘어 서로의 존재에 감사하는 단계로 발돋움할 수 있다.

아소카는 우리의 가치를 위한 최선은 가치가 도전을 향해 열려 있도록 하는 것이라는 중요한 통찰을 가지고 있었다. 우리의 가치를 의심 없이 칭찬하면 우리는 독단적이고 경직된 인간, 본인의 약점을 보지 못하는 인간이 된다. "과도한 신앙심으로 본인의 종교를 찬양하고 남의 종교를 비난하는 사람은 자신의 종교에 해가 될 뿐이다."

2000년 후에 태어난 존 스튜어트 밀도 비슷한 생각을 했다. 그에 따르면 사람이 본인의 믿음에 대한 자신감을 정당화할 수 있는 유일한 방법은 '자신의 의견과 행동에 대한 비판에 열린 태도를 유지하는 것', 그리고 '비난을 경청하는 습관을 통해 적절한 교훈을 얻는 것'뿐이다.

종합해보면 아소카 칙령은 우리에게 성공적인 관용을 위한 세 가지 교훈을 제시한다. 첫째, 다름을 참으려고 애쓰기보다는 공감하고 이해하려고 노력하라. 둘째, 상대의 행동을 평가하기에 앞서 자신이 어떻게 행동해야 할지 고민하라. 셋째, 모든 것이 용인될 수는 없으며, 공통된 핵심 가치는 조화를 위협하는 요소가 아니라 전제조건임을 기억하라.

함께 보면 좋은 주제
공감Empathy, 공동체Community, 사내 정치Office politics, 시위Protest, 의무Duty, 자유 Freedom, 종교Religion

읽을거리
존 스튜어트 밀, 『자유론』
아소카 칙령

교육 Education

목적 없는 배움은 매우 중요하다.

– 버트런드 러셀

좋은 교육의 가치에 대해서는 논란의 여지가 없다. 하지만 좋은 교육의 정의에 대해서는 많은 논란이 있다. 어떻게 아이들을 교육하고 평생 교육을 이어나갈지에 관한 고찰의 한 방법은 교육이 무엇을 위한 것일까 생각해보는 것이다. 그것이 명확해져야만 우리 자신을 위한 다양한 교육 방법을 평가할 수 있게 된다.

플라톤에게 교육의 주요 기능은 훌륭한 시민 양성이었고, 따라서 교육은 국가의 책임이었다. 그가 제안한 시스템에 따르면, 모든 사람은 동등한 위치에서 교육에 입문하되 능력에 따라 누군가는 전사로, 다른 누군가는 공예가로, 최고의 학생들은 통치자로 길러져야 했다.

오늘날 많은 이들에게 플라톤의 시스템은 원래 취지를 반영한 이상향이 아니라 권위주의의 악몽처럼 보인다. 아이들을 직장생활에 대비시키는 것이 교육의 역할 중 하나라는 사실은 대부분 동의할 테지만,

학교가 학생의 운명을 정해준다는 생각은 선을 넘었다. 하지만 불행히도, 이것은 많은 학교들이 간접적으로 하고 있는 작업이다. 영국 인구의 7퍼센트만이 학비를 내는 사립학교에 가지만, 이 소수의 학생들은 나중에 고위 군 장교의 71퍼센트, 판사의 74퍼센트를 구성한다. 부모는 이 특권층 게임에 뛰어들지 말지를 고민해야 한다. 시민으로서 우리는 이런 상황이 계속되도록 방치할지에 대해 고민해야 한다.

플라톤의 교육 시스템이 오늘날 충격적인 한 가지 이유는 우리가 개별성과 자율성을 키워야 한다고 믿기 때문이다. 장 자크 루소의 교육 이론들도 결을 같이한다. 루소는 '문명화'가 인간의 선천적인 선함을 해친다고 믿었다. "조물주의 손을 떠날 때는 모든 것이 선하다. 타락하는 건 모두 인간의 손 안에서다." 결국 교육의 역할은 아이들이 타고난 선함을 최대한 유지하면서 사회로 진입할 수 있도록 준비시키는 것이다. 따라서 그는 아이들이 경험과 실험을 통해 스스로 배우고 세계와 더 많은 교감을 나누는 방식을 강조했다.

미국 실용주의자 존 듀이는 아이들에게 적극적인 학습이 필요하다고 강조한 루소에 동의했다. "한 단체가 제공하는 교육은 구성원들을 사회화하는 경향이 있지만, 그 사회화의 품질과 가치는 단체의 습관과 목적에 달려 있다." 유사하게 유교의 철학도 교육의 사회화 역할을, 특히 훌륭한 인격 형성이라는 목적을 강조했다. 맹자는 교육받은 사람만이 '흔들림 없는 마음을 유지할 수 있다'라고 했다.

듀이와 루소는 아이의 타고난 호기심을 키워주는 것이 중요하다고 믿었지만, 아이에게 모든 것을 맡기는 초자유주의적 접근을 선호하지는 않았다. 반면 버트런드 러셀은 한발 더 나아갔다. 그는 '복종은 권위의 대응물'이라고 믿으며, 아이들이 무엇이든 원하는 대로 할 수 있는 학교인 비컨 힐을 설립했다. 이는 옹호자들의 기대만큼 성공을 거두지도, 비판자들이 예상했던 만큼의 참혹한 결과를 낳지도 않았다. 러셀은 나중에 이 학교의 결함을 인정하며 '아이들은 어느 정도의 질서와 규율 없이는 행복할 수 없다'라는 결론을 내렸다.

이 모든 관점을 종합해보면 통일된 여론이 나타난다. 첫째, 교육은 사회화다. 따라서 우리는 아이들이 어떤 교육을 받을지, 어떻게 성격을 키워나갈지, 어떤 시민으로 자라게 할지에 대해서 선택하게 된다. 둘째, 훌륭한 교육은 질서 및 규율과 자유 및 창의성 간의 균형을 유지한다. 너무 경직되지도, 너무 혼란스럽지도 않은 것이 최적의 환경이다. 셋째, 책임감 있는 부모라면 싫든 좋든 아이들이 받는 교육이 그들의 취업에 중요한 역할을 한다는 사실을 무시할 수 없다.

아동 교육에 초점을 맞추는 경향 탓에 우리는 성인으로서의 삶을 준비시키는 교육만 생각하지만 교육은 단순히 준비과정이 아니다. 최고의 교육은 그 자체로 가치 있다. 러셀은 "목적 없는 배움은 매우 중요하다"라고 했다. 많은 이들은 배움 그 자체를 위한 배움을 통해 깊은 만족감을 느낀다. 평생 교육은 단지 급변하는 노동시장에서 최신 기술을 업데이트하는 것이 아니다. 정신을 기민하게 유지하고 인간의 삶을 인간답게 하는 지적 능력을 사용하는 것이다.

함께 보면 좋은 주제
권위Authority, 자녀 양육Parenthood, 지식Knowledge

읽을거리
장 자크 루소, 『에밀』
버트런드 러셀, 『러셀의 교육론』

권위 Authority

투쟁 상태인 국가에서 옳고 그름, 정의와 불의의 개념은
설 자리가 없다. 그런 곳에는 예술, 학문, 사회가 없고,
공포와 죽음의 위험이 존재하며,
인생은 외롭고 가난하고 끔찍하고 짧다.

– 토머스 홉스

권위와 관련된 문제가 나타나는 방식은 다양하다. 타인의 권위를 인정하지 못하는 경우, 자신이 원하는 만큼의 권위를 얻지 못하는 경우, 자신의 권위를 당당히 행사하지 못하는 경우 등등. 권위가 부정적인 단어가 된 것도 문제라면 문제다. 훌륭한 권위주의자 따윈 없다.

어떤 사람들에게 권위는 필요악이다. 토머스 홉스는 국가에는 강력한 군주가 필요하다고 믿었다. 강력한 군주만이 사회가 무정부주의적 투쟁, 즉 '만인의 만인에 대한 투쟁' 상태에 빠지는 걸 막을 수 있기 때문이다. 투쟁 상태인 국가에서 '옳고 그름, 정의와 불의의 개념은 설 자리가 없다. 그런 곳에는 예술, 학문, 사회가 없고, 공포와 죽음의 위험이 존재하며, 인생은 외롭고 가난하고 끔찍하고 짧다.'

보다 온화한 권위는 유교 사상에서 발견된다. 공자에게 권위는 다른 사람을 지배하는 것보단 개개인이 적절한 역할을 수행하는 사회적, 정

치적 분업에 가까웠다. 부모의 권위는 자녀를 통제하기 위한 것이 아니라 자녀가 안전하고 건강하게 자랄 수 있게 하는 것이고, 통치자의 권위는 백성을 억압하기 위한 것이 아니라 그들이 평화롭고 질서 있는 사회에서 번영할 수 있게 하는 것이다. ▎의무Duty 참조 ▎

이런 관점에 따르면 권위는 필요악이라기보다는 필요선이다. 단순히 권력의 문제가 아니라 책임의 문제다. 더구나 권위 있는 지도자일수록 권위에 의존하는 일이 줄어든다. 사람들은 강요 없이도 훌륭한 지도자를 따르기 때문이다. 스스로 모범을 보이는 지도자만이 이 일을 해낼 수 있다. 폭군은 사람들의 지지를 얻기 위해 괴롭힘이나 꼬드김, 위협에 의존해야 하며, 이는 권위가 아니라 권위의 부재를 보여준다. 권위는 적절하게 사용되었을 때 모두에게 유익하다.

공자는 권위와 관련된 문제를 고민해볼 방법을 제시한다. 권위자들과 마찰을 겪을 경우, 우리는 그들이 권위를 남용하고 있는지 우리가 그들의 정당한 권위를 인정하지 못하고 있는지 자문해볼 수 있다. 우리의 권위가 부족하다고 느껴질 경우, 그건 우리가 권위를 행사하지 않고 있기 때문인가? 아니면 아직 얻지 못한 권위를 휘두르고 싶은 욕심인가? 마지막으로 자신의 권위가 불편하게 느껴질 경우, 그 역할에 따르는 적절한 책임을 회피하고 있는 건 아닌지 자문해봐야 한다.

함께 보면 좋은 주제

가면증후군Impostor syndrome, **사내 정치**Office politics, **의무**Duty, **자녀 양육**Parenthood

읽을거리

공자, 『논어』

권태 | Boredom

권태는 먹잇감을 노리는 맹금처럼
모든 안전한 삶 위를 맴돈다.

– 아르투어 쇼펜하우어

일반적으로 권태는 별로 흥미로울 게 없다. 그건 우리가 하던 일을 바꿔야 한다는, 혹은 우리를 지루하게 만드는 일이 무엇인지 살펴봐야 한다는 신호에 불과하다. 특히 만사에 대한 만성적인 권태는 우리가 세상과 온전히 연결되는 것을 막으므로 더 심각한 문제다.

깊고 만연한 형태의 따분함과 지루함은 예로부터 영혼의 병으로 여겨졌고 '권태'와 '나태'라는 특별한 이름으로 불렸다. 일례로 키르케고르는 '권태는 악의 근원'이라고 생각했다. 그에게 권태는 자극이나 할 일의 부재가 아니라, 의미의 부재이자 공허함이었다. "권태는 얼마나 끔찍한가. 얼마나 끔찍하게 권태로운가." 이런 종류의 권태는 어떤 일을 하는 것으로는 끊어낼 수가 없다. 인생의 의미가 사라져버린 이유를 이해하고 의미를 되찾을 방법을 찾아야 한다. | 의미Meaning 참조 |

포르투갈의 작가 겸 시인 페르난두 페소아는 심오한 권태의 다른 원인을 발견했다. 그는 이것을 '다른 무엇도 아닌 자아의 단조로움'이라고 설명했다. 그의 '이명(異名, 그가 온전한 캐릭터로 발전시킨 자아의 일면)'인 베르나르두 소아레스는 '오늘은 어제가 아니므로' 삶의 모든 순간이 특별하다는 것을 알고 있다. 하지만 그는 여전히 자아의 지긋지긋한 동일성에서 벗어날 수 없다.

쇼펜하우어는 더 비관적이었다. 그는 권태가 인간 조건의 필연적 결과라고 보았다. 그에게 있어 삶이란 우리의 불만을 잠재우고 우리를 행복하게 만들어준다고 여겨지는 것들을 좇는 끝없는 과정이었다. 하지만 목표가 달성되는 순간 우리는 기뻐하기보단 권태에 사로잡히고 만다. 그의 표현에 따르면 권태는 "먹잇감을 노리는 맹금처럼 모든 안전한 삶 위를 맴돈다." 그러다 우리는 새로운 목표를 세우고 이 과정을 되풀이한다. 우리는 도저히 이길 수 없다. 권태롭지 않을 때는 불만스럽고, 만족스러울 때는 권태로울 테니까. | 고통Suffering 참조 |

쇼펜하우어가 지나치게 비관적인 걸지도 모르겠으나 그의 말에는 일리가 있다. 권태를 물리치려고 더 야심찬 목표를 세우는 것은 일종의 덫이다. 그런 목표로는 절대 우리가 원하는 곳에 다다를 수 없을 것이다. 우리는 권태가 일상적이고 벗어나기 힘든 상태라는 그의 의견에 동의하지 않을지도 모른다. 허나 실제로 막상 목표를 달성했을 때보다 목표를 향해 노력하는 시기에 더 에너지 넘치는 경우가 많고, 목표 달성 후에는 공허함만 남기도 한다.

권태에 관한 키르케고르, 페소아, 쇼펜하우어의 분석은 각각 아주 다르지만 중요한 공통점도 있다. 권태는 단순히 할 일 없는 상태가 아니다. 그것은 세상이나 우리 자신, 혹은 양쪽 모두가 따분하고 무의미하고 무가치하다는 태도에 뿌리를 두고 있다. 여기에 대응하기 위해 괜히 바쁘게 움직이는 것은 그저 문제 회피일 뿐이다.

버트런드 러셀은 행복한 삶에는 권태에 대한 어느 정도의 인내가 요구된다고 생각했다. "흥분 넘치는 삶은 소모적인 삶이다. 그런 삶에는 쾌락의 필수 요소로 여겨지는 스릴을 얻기 위해 끊임없이 더 강한 자극이 필요하다." 활동은 세상과 우리 자신을 있는 그대로 받아들이는 고통을 무디게 하는 마약과 같다.

러셀에 따르면 행복한 삶은 새로움과 흥분에 대한 욕구가 줄어든, 대체로 조용한 삶이다. 그는 새로움과 흥분 대신에 지속적인 불만과는 반대의 즐거움을 추구해야 한다고 조언한다. 그중에서 가장 중요한 것은 자연과의 접촉을 통한 즐거움이다. 그는 우리가 '땅의 창조물'이며 '다른 동식물들처럼 땅으로부터 영양분을 얻는다'라고 했다.

잘못된 권태를 피하기 위해 쉴 틈 없이 움직이거나 새로운 경험에 집착할 필요는 없다. 우리에게 필요한 건 가장 가치 있는 것에 충실하고 세상의 질감과 리듬에 민감하게 반응하는 삶이다.

함께 보면 좋은 주제
고통Suffering, 루틴Routine, 목적의식Purpose, 분주함Busyness, 성취Achievement, 여가 Leisure, 카르페 디엠Carpe diem

읽을거리
페르난두 페소아, 『불안의 책』
아르투어 쇼펜하우어, 『에세이와 아포리즘Essays and Aphorisms』

균형 Balance

쾌락에 몰두하는 것은 열등하고 저급하고 비열하고
천박하고 졸렬하고 무익하며, 자학에 몰두하는 것은
고통스럽고 졸렬하고 무익하다.

– 부처

할 일이 너무 많고 쉴 시간이 부족한가? 근무 시간에 인터넷 서핑을
너무 많이 하는가? 운동을 너무 많이 하는가, 아니면 너무 적게 하는
가? 식습관은 너무 관대한가, 아니면 너무 엄격한가?

현명한 사람이라면 양극단 사이의 균형점을 발견할 수 있다는 생각
은 전 세계 철학사에서 오랫동안 이어져온 믿음이다. 불교에서 균형은
'중도'에 내포되어 있다. 부처는 지나친 관능적 만족과 지나친 금욕을
모두 경계해야 한다고 조언했다. "정욕의 대상에게서 얻는 쾌락에 몰
두하는 것은 열등하고 저급하고 비열하고 천박하고 졸렬하고 무익하
며, 자학에 몰두하는 것은 고통스럽고 졸렬하고 무익하다."

서양 철학에서 이 원리에 관한 고전적인 해석은 아리스토텔레스에
게서 출발했다. 그는 "공포, 자신감, 식욕, 분노, 연민, 그리고 일반적
인 쾌락과 고통은 너무 크거나 작게 느껴질 수 있으며 양극단은 모두

좋지 않다"라고 했다. 무엇보다 중요한 건 이런 감정을 '적절한 시점에, 적절한 대상에, 적절한 사람들을 향해, 적절한 결과를 이끌어내기 위해, 적절한 방식으로' 표현하는 것이다.

아리스토텔레스는 양극단 사이의 이상적인 지점을 '중용'이라고 했다. 일상의 많은 부분에는 '과도함, 부족, 중용'이 있으며, 드문 예외로는 '악의, 뻔뻔스러움, 시기가 있고 행동 중에서는 간통, 절도, 살인' 등이 있다. 이런 것들은 적당한 정도라는 게 없다. 공자는 놀랍도록 비슷한 견해를 가지고 있었으며, 심지어 『중용』이라는 책도 있다.

중용은 모든 상황에 적용할 수 있는 아주 실용적인 원칙이다. 예를 들어 성격이 너무 급할 경우 인내심을 길러야겠지만 그렇다고 수동적이고 꾸물대는 사람이 되어서는 안 된다. 자신감이 부족해 다른 사람들이 너무 만만하게 생각한다면 더 단호해져야겠지만, 그렇다고 공격적인 수준까지 가서는 안 된다.

중용은 단조로운 온건함이 아니다. 아리스토텔레스는 자신이 말하고자 하는 것은, 0과 10의 중간 값이 5인 것과 같은 산술적인 중용이 아님을 강조했다. 중용은 때로는 가운데가 아니라 한쪽으로 치우치기도 한다. 중용이 모두에게 동일한 것도 아니다. 중용은 각각의 사람과 상황에 따라 상대적이다. 예를 들어, "5킬로그램의 음식이 너무 많은 양이고 1킬로그램은 너무 적은 양이라고 해서 트레이너가 모든 사람에게 3킬로그램의 음식을 처방할 수는 없다. 한 사람이 먹기에 너무 많을 수도, 너무 적을 수도 있기 때문이다."

무모함과 소심함, 관대함과 쩨쩨함, 게으름과 무리한 노력 사이에 만인에게 적용되는 중용이란 없다. 이 상대적인 스펙트럼 위에서 우리가 어떤 위치에 있는지, 우리가 처한 상황에서 중용은 무엇일지 고민해봐야 하고, 그러려면 자기 이해와 성찰이 필요하다.

　이러한 이해를 어떻게 일상에 적용할 수 있을까? 아리스토텔레스는 중용이 무엇인지 확실히 모를 때 쓰면 유용한 두 가지 법칙을 알려준다. 하나는 더 해로운 극단에서 멀어지는 것이다. 이를테면 부주의함에는 보통 신중함보다 더 큰 위험이 따르므로 그 경우에는 신중함 쪽으로 치우치는 게 낫다는 것이 아리스토텔레스의 조언이다. 다른 하나는 천성적으로 선호하는 쪽에서 멀어지는 것이다. 예를 들어 자신이 평소 인색하다고 느껴왔다면 더 많이 베풀려고 노력해야 한다.

　여기서 중요한 조언은 중용의 길을 걷기 위해 올바른 습관을 길러야 한다는 것이다. 이해와 통찰의 힘만으로 급격한 변화를 기대할 수는 없다. 단정적인 성향을 줄이고자 한다면, 일상의 작은 사건 속에서 자신을 관찰하고 부드럽게 접근하는 노력을 해야 한다. 삶에서 올바른 균형을 잡는 것은 줄타기만큼이나 어렵고, 따라서 최소한 줄타기만큼의 연습을 필요로 한다.

함께 보면 좋은 주제
감정Emotions, 습관Habits, 인성Character, 자기애Self-love, 지혜Wisdom

읽을거리
아리스토텔레스, 『니코마코스 윤리학』

금욕 Asceticism

주변에서 보이는 과소비나 지나친 탐닉은 때때로 좀 더 간소한 생활방식에 대한 갈망을 낳는다. 우리가 수도승처럼 살기는 어렵지만, 적당히 절제하며 과잉에 맞서야 할 필요를 느낀다. 그래서 술 없는 1월 운동dry january, 단식, 심지어 찬물 샤워를 시작한다. 건강상의 이유로 이런 '깨끗한 삶clean living'에 입문하기도 한다. 그렇게 함으로써 우리는 2000년 전부터 이어진 금욕적 전통에 발을 담그게 된다.

부처가 활동하던 당시 인도에서는 대규모 금욕운동이 일어났다. 이 금욕주의자들이 행한 일부 훈련은 아주 극단적이었다. 미동도 없는 상태로 끼니를 중단하거나 호흡을 참기도 했는데, 결과는 불 보듯 뻔했다. 부처도 처음에는 이 운동에 합류했지만, 나중에는 좀 더 온건한 방법이 깨달음으로 가는 더 나은 길이라고 결론 내렸다.

3세기 무렵에는 기독교 은둔자들이 있었는데, 이들은 금욕, 단식,

가난, 침묵, 고독, 겸허, 기도 등의 고행을 통한 정화를 꿈꾸며 이집트 사막으로 밀려들었다. 이 사막의 고행자들의 삶은, 그들이 사탄의 계략이라고 여긴 온갖 유혹을 거부하려는 노력으로 점철되었다. 한 은둔자는 먹는 것으로부터 얻는 기쁨을 피하기 위해 음식을 마구 돌아다니면서 먹었다. 아가토라는 다른 은둔자는 묵언 수행을 위해 3년간 입안에 돌을 물고 있었다. 다른 은둔자는 어머니를 안고 강을 건널 때 손에 망토를 감았는데, 어머니의 몸을 만졌다가 여성에 대한 욕망이 깨어날 수 있었기 때문이다.

왜 이렇게까지 엄격한 삶을 받아들이는 걸까? 금욕주의자들은 몸은 고통의 근원일 뿐이며 영적인 깨달음의 방해물이라고 믿었다. 따라서 영적 해방을 얻기 위해 육체적 쾌락과 욕망을 억제해야 했다.

영적인 성향이 덜한 철학자들은 금욕주의를 고민할 시간이 별로 없었다. 일례로 유교나 도교에서는 금욕주의가 거의 언급되지 않는데, 유교는 조화로운 사회를 목표로 하고 도교는 자연에 순응하는 삶을 추구한다. 마찬가지로 아리스토텔레스도 몸을 우리의 중요한 일부로 받아들였다. 그는 "인간의 본성은 사색만으로 만족할 수 없으며, 반드시 건강한 몸과 음식과 다른 보살핌을 필요로 한다"라고 했다. 그는 '적당한' 수준의 육체적 쾌락(훌륭한 음식과 와인, 성관계)을 허용하는 것이 훌륭한 삶이라고 생각했다. 해로운 것은 지나친 탐닉뿐이었다.

미셸 드 몽테뉴도 적당한 수준의 육체적 쾌락을 즐길 것을 권했다. 육체적 쾌락을 거부하지 말고(이것은 체화된 존재로서 인간 본성을 거부하는 것이므로), 극대화하지도 말아야 한다고 했다(고통만 가져올 것이므로). 무엇보다 그는 '인간의 생식활동'이 자연스럽고 필요한 일이라고 했다. 몽테뉴는 우리가 정신적인 것과 육체적인 것의 불가피한 혼합체라는 결론을 내렸다. 다시 말해, 우리 안의 그 어떤 것도 '순수하게 육체적이거나 순수하게 영적이지 않으며 살아 있는 인간을 그런 식으로 쪼개는 것은 해로울 뿐이다.'

이런 면에서 가장 비타협적인 인물은 흄이었다. 그는 '금욕, 단식, 속죄, 고행, 극기'와 같은 수도자다운 미덕을 비판하는 글을 썼다. 흄은 이런 미덕이 '그 어떤 목적도 달성하지 못한다'라고 말하며 오히려 악덕에 가깝다고 보았다. 그는 이것이 '이해력을 떨어뜨리고, 마음을 굳게 하고, 욕망을 모호하게 하며, 성격을 괴팍하게 만든다'라고 덧붙였다. 또한 금욕적인 성인들을 비꼬는 글을 썼다. "이 우울하고 어리석은 금욕주의자는 죽은 뒤에 달력에 이름을 남길지 모른다. 하지만 그는 자신만큼이나 정신이 오락가락하고 비참한 사람들을 제외하면 살아생전에 친밀한 관계를 맺거나 사회에서 인정받은 적이 거의 없다."

자기수양과 절제처럼 약간의 수도자다운 미덕은 현대인의 과도한 탐닉을 견제하는 역할을 할 수 있다. 하지만 그 적당한 수준이 신체적 고행으로 넘어가는 순간, 우리의 물질성을 부정하고 그에 따라 우리의 본질적 정체성을 부정하게 된다.

함께 보면 좋은 주제

고독Solitude, 단순함Simplicity, 몸The body, 소비주의Consumerism, 속도 늦추기Slowing down, 식음료Food and drink, 욕망Desires, 자제력Self-control, 침묵Silence, 카르페 디엠Carpe diem, 쾌락Pleasure

읽을거리

데이비드 흄, 『도덕의 원칙에 관한 탐구』

미셸 드 몽테뉴, 『수상록』. 특히 〈베르길리우스의 시구에 관하여〉와 〈경험에 관하여〉

기분 | Moods

당신이 내리는 가장 중요한 결정은
기분이 좋은 것이다.

— 볼테르

하이데거에게 기분이란 우리가 흔히 생각하는 것처럼 분노 혹은 기쁨 등의 감정으로 표현되는 주관적인 정신 상태가 아니다. 기분은 우리와 세상의 관계에서 생겨나며, 이것은 지속적이기 때문에 '우리는 절대 기분에서 자유로울 수 없다.' 따라서 기분은 '외부'에서 오는 것도 아니고 '내부'에서 오는 것도 아니며, 이 세상에 존재함으로 인해 발생한다. 기분은 경험의 배경이 되므로, 역설적이게도 '잿빛 나날들을 철저히 지배하는 흐리멍덩한 분위기의 부재'도 여전히 하나의 기분이다.

　이런 기분은 우리가 세계를 인식하는 데 필터로 작용해, 각기 다른 순간마다 우리의 눈에 세상이 다르게 보이도록 한다. 예를 들어, 우리는 지루함을 느낄 때 어떤 특징들을 알아차리고 나머지 특징들은 걸러낸다. 기분을 뜻하는 독일어 단어 'Stimmung'은 악기 조율과 관련이 있는데, 이것은 우리의 감각이 특정한 방식으로 세상에 주파수를 맞춘다는 의미다.

기분은 어떤 것들을 드러내지만 다른 것들을 걸러낸다. 우리가 기쁠 때에는 세상이 긍정적으로 보이고, 우울할 때 안 보이던 것들이 눈에 들어온다. 우리 눈에 세상이 온통 우울해 보일 경우에는 그 반대가 된다. 세상을 경험하는 방식은 다양한데, 우리가 지금 느끼고 있는 기분도 그중 하나라 할 수 있다.

기분이 우리의 통제 밖이라고 생각하는 경향이 있지만, 하이데거는 우리가 기분에 그렇게 수동적이지 않다고 주장했다. 그는 우리가 기분을 '통제할 수 있고 반드시 통제해야 한다'라고 썼다. 우리는 늘 이런저런 기분 속에 있으므로, '우리는 반대 방식으로 기분을 통제할 수 있다'라고 제안한다. 우리가 하나의 기분에서 멀어지려면 다른 기분에 초점을 맞춰야 한다. 따라서 자신이 딱히 도움이 안 되는 기분 속에 있다고 느껴지면, 지금의 기분을 지워버리고 다른 필터를 통해 세상을 보려고 노력할 수 있다. 그렇게 하면 세상은 다르게 보일 것이고, 그에 따라 당신의 기분도 바뀔 것이다.

함께 보면 좋은 주제
감정Emotions, 멜랑콜리Melancholy, 자제력Self-control

읽을거리
마르틴 하이데거, 『존재와 시간』

기억 | Memory

대부분의 사람들이 **전화**라는 물건을 들고 다니게 된 것은 아주 얄궂은 역사적 우연이다. 요즘 우리는 그 전화에서 전화 기능을 제일 덜 사용한다. 이 물건의 더 정확한 이름은 아마도 **기억 수집 장치**가 아닐까. 어떤 행사장이나 관광지에 가면 사진이나 동영상을 촬영하는 사람들을 흔히 볼 수 있다. 때때로 그들은 실제 주변의 풍경보다 작은 화면에 더 집중하는 것처럼 보인다.

더 많고, 더 흥미로운 기억은 물건을 뛰어넘어 자본주의 경제의 최대 시장으로 발돋움했다. 축제, 디톡스 여행 상품, 허스키 개썰매 같은 체험 기반의 여행 상품의 가격을 보면 이 업계가 얼마나 수익성이 좋은지 단번에 알 수 있다.

우리가 이토록 기억을 소중히 여기는 데에는 중요한 이유가 있다. 기억은 우리를 구성하는 중요한 부분이고 어쩌면 가장 큰 부분일지도 모르기 때문이다. 존 로크는 오랜 시간에 걸쳐 당신이 한 명의 인간인 이유는, 동일한 몸이나 동일한 영혼을 가졌기 때문이 아니라(본질적으로는 그럴 수도 있겠지만) '동일한 의식'을 가졌기 때문이라고 했다. 이로 인해 인간은 '자신을 자신으로, 즉 서로 다른 시간과 장소에서 사고하는 동일한 존재'로 인식하게 된다.

여기에서 기억은 필수적이다. 당신이 과거 다른 시간과 장소에서의 자신을 기억해야만 오랜 시간에 걸친 동일한 의식을 가질 수 있고, 따라서 동일한 인간일 수 있기 때문이다. 기억상실증에 걸린 사람은 말 그대로 자신이 누구였는지 잊게 된다.

따라서 우리의 기억을 돕기 위해 기술을 사용하는 것은 가치 있는 목적에 기여한다. 앤디 클라크와 데이비드 찰머스는 인간이 정신의 기능을 확장하기 위해 신체 외부의 물건을 늘 이용해왔다고 주장한다. 가령 종이 노트는 기억과 계획을 더 안정적으로 두뇌 외부에 저장하는 역할을 한다. 디지털 사진과 동영상도 뇌의 저장 용량을 늘리는 방편으로 볼 수 있다. 또한 이제 컴퓨터뿐 아니라 인간들도 클라우드에 정보를 저장한다.

하지만 많은 철학자들이 개인의 정체성을 위해 기억이 필요하다고 인정하면서도 그것만으로는 부족하다고 주장한다. 알래스데어 매킨타이어에 따르면 '삶에서의 내러티브 통일성'도 필요하다. 당신의 기억과 경험은 인생이 펼쳐질 때 일관성 있게 살아가도록 서로 잘 맞물려야 한다는 것이다.

이러한 정체성 관점에서 한 가지 중요한 것은 우리가 어느 정도는 우리 자신의 내러티브의 저자라는 것이다. 우리의 경험이 나름의 인과관계가 있고 나중에 돌아봤을 때 단순히 단편적인 사건의 연속이 아니었다고 볼 수 있는 인생을 사는 것은 우리에게 달린 일이다.

이러한 내러티브 견해에 대한 비판도 있지만, 여기에는 어느 정도 진실이 녹아 있다. 그 진실은 그저 기억을 축적하느라 바쁜 사람들에게 경종을 울린다. 메모리를 채우는 것은 '나는 아주 많은 일을 해낸 사람이야'라는 몹시 단순한 개인적 내러티브를 만들어낸다. 물론 그것만으로 충분할 수도 있다. 하지만 가장 풍요롭고 의미 있는 삶에는 프로젝트와 발전의 감각이 포함되는 경우가 많다.

이야기의 전개 속에서 가장 강력한 경험들이 어떻게 자리 잡는지 살펴보자. 훌륭한 밴드의 공연은 언제 들어도 환상적이겠지만, 당신이 이 그룹을 꾸준히 지켜보고 그들의 음악을 열심히 들어온 팬이라면 그 감동이 더 커질 것이다. 미슐랭 맛집에서 올린 인스타그램 게시물은 인상적이겠지만, 당신이 안목 있는 요리사이자 미식가가 아닌 이상 그 맛을 충분히 음미하지는 못할 것이다.

끝없는 스냅사진과 셀카는 또 다른 문제를 낳는다. 기억력을 최대치로 끌어올리려면 그 현장에 최대한 집중해야 한다. 역설적이게도, 나중을 위한 경험 수집에 매달리면 그 경험의 강렬함이 희석되면서 기억에 흐릿하게 남을 수밖에 없다.

우리가 뇌 바깥에 저장해둔 엄청난 양의 자료 때문에 기억을 되살리기가 거의 불가능해지는 경우가 많다. 우리는 사진이 너무 많아서 그 사진을 다시 보지 않는다. 반대로 우리의 유기적인 메모리 회로는 너무 적게 사용한 탓에 퇴화할 위험에 처해 있다.

후기 자본주의 경제에 이르러, 경험은 상품을 대체할 소비 대상이 된 걸지도 모른다. 그런데 우리는 늘 많으면 많을수록 좋다는 낡은 소비지상주의적 오류를 또다시 범할 위험에 처해 있다. 삶에 대한 만족스러운 내러티브를 만들기 위해 우리의 기억을 좀 더 세심하게 정리하고 우리의 이야기 속에 잘 배치해야 한다. 잠깐 보기에 멋진 게 아니라 시간이 흘러도 계속 의미 있는 방식으로.

함께 보면 좋은 주제
성취Achievement, 소비주의Consumerism, 정체성Identity, 카르페 디엠Carpe diem, 쾌락Pleasure

읽을거리
줄리언 바지니, 『에고 트릭』

낙관주의 Optimism

도덕적 세계의 포물선은 길지만
그것은 정의를 향해 휘어 있다.

— 마틴 루터 킹

대중문화에서 일반적으로 낙관주의는 착한 사람, 비관주의는 악당으로 묘사된다. 빙 크로스비에 따르면 우리는 긍정적인 것을 강조하고 부정적인 것을 제거해야 한다. 하지만 지식인의 세계에서는 그 반대가 진실로 통한다. 진지한 사상가는 냉철하고 우울한 사람이다. 웃음은 얄팍함의 상징으로 여겨진다.

낙관주의가 실현 가능한 모든 세계 중 우리가 가장 훌륭한 세계에 살고 있다고 믿는다는 의미라면, 그것은 놀림감이 되기 쉽다. 이는 볼테르의 풍자소설에 등장하는 '형이상학-신학-우주학-머저리학' 교수인 팡글로스Pangloss의 세계관이기도 하다. 그는 이 세계관에 너무 심취해 모든 증거를 거부하는데, 거기에는 '주민 3만 명을 폐허 속에 묻어버린 리스본 지진'도 포함된다. 팡글로스는 생존자들을 위로하며 '일어난 모든 일이 최선'이었다고 말한다. 물론 아무도 납득하지 못한다.

스티븐 핑커는 팡글로스의 세계관은 더 이상 나아질 것이 없음을 암시하므로 실은 아주 비관적이라고 지적한다. 진정한 낙관주의자는 세계 인구의 절반이 3000원 정도로 하루를 버티고 7억 5천만 명이 깨끗한 식수를 구하지 못하는 세상을 우리에게 허락된 최선이라고 믿지 않을 것이다. 모든 것은 필연적으로 나아질 수밖에 없다는, 조금 덜 극단적인 세계관 역시 그다지 신뢰가 가지 않는다.

당신은 이렇게 생각할지도 모른다. 지금 상황이 얼마나 좋은지, 혹은 앞으로 얼마나 좋아질 것인지에 대해 과대평가하는 게 비이성적이라 하더라도, 그게 뭐 어때서? 실험 심리학자들은 적당히 비관적인 사람이 상황을 더 정확하게 인식한다고 말하지만, 긍정심리학은 낙관적인 사람이 더 행복하고 건강할 수 있다고 하지 않았던가? 정확함과 행복함 중에 하나를 택해야 한다면, 굳이 진실을 택할 이유가 있을까?

답을 하자면 우리는 진실의 가치를 높이 평가하고 행복한 바보가 되는 쪽을 택하지는 않으리라는 것이다. 또한 진실을 모르는 것이 장기적으로 봤을 때 우리에게 도움이 될지 의심스럽다. 이것은 로저 스크루턴이 너무도 위험하다고 비판한 다른 종류의 낙관론자들을 떠오르게 한다. 바로 완벽하고 이성적인 사회, 모든 불평등이 사라진 유토피아적 미래에 대한 헛된 꿈을 꾸는 이상주의자들이다. 스크루턴에 따르면, 인간 이성의 힘으로 이상적인 사회를 설계할 수 있다는 과도한 믿음은 전체주의와 관련된 역사상 모든 악몽의 시발점이었다.

다행히도, 더 나은 미래를 믿는 대다수 사람들은 생각의 오류에 빠지지 않는다. 그들은 상황의 개선을 저절로 떨어지는 필연이 아니라, 노력해야 얻을 수 있는 하나의 가능성으로 본다. 존 듀이는 이러한 견해를 '사회개량론meliorism'이라 명명했으며 이것은 낙관주의 대신에 더 많이 쓰여야 할 용어다. 사회개량론은 적어도 우리의 삶과 그 안의 조건에는 선량함이 존재한다는 충분한 근거가 있으므로 우리는 사고와 진지한 노력을 통해 더 나은 상황을 만들려고 지속적으로 노력해야 한다는 사상이다. 듀이는 낙관주의가 '현재 상황에 대한 숙명론적인 만족'을 부추긴다고 비판하며 '정말 필요한 것은 악을 최종 결과로 받아들이기 위해서가 아니라, 악을 바로잡을 힘을 얻기 위해서 그 존재를 솔직히 인정하는 자세'라고 했다.

듀이가 비난하는 맹목적 낙관주의를 지지하는 것 같은 많은 사람들도 따지고 보면 사회개량론자들이다. 마틴 루터 킹은 유명한 말을 남겼다. "도덕적 세계의 포물선은 길지만 그것은 정의를 향해 휘어 있다." 그의 인생을 들여다보면, 그는 인간들의 노력 없이 역사가 알아서 그 일을 해낼 것이라고 믿지 않았다.

낙관주의에 관한 과도한 수사는 종종 자극과 격려를 보내기 위해, 보다 현실적인 사회개량론 위에 덧입혀진 광택제와 같다. 인간에게 목적이 명확한 집단행동을 통해 세상을 더 나은 곳으로 만들 능력이 있다고 믿는 것을 두고 순진하다거나 멍청하다고 말할 수는 없다. 그러한 성공이 필연적으로, 혹은 아무런 대가 없이 찾아온다고 믿지만 않는다면 말이다. | 희망Hope 참조 |

최고의 낙관주의는 어쩌면 인간이 처한 조건에 대한 다소 암울한 시각에 기반을 두고 있을지도 모른다. 홀로코스트를 겪고 살아남은 유대인 심리학자 빅터 프랭클은 일명 '비관적 낙관주의'를 옹호했다. 이는 삶에 필연적으로 수반되는 고통, 죄책감, 죽음이라는 '세 가지 비극'에도 불구하고 삶을 긍정하는 것을 의미한다. 이러한 긍정은 '삶의 부정적 측면을 긍정적이거나 건설적인 무엇으로 전환하는 인간의 창의적 능력'에 기반한다.

　가장 존경할 만한 낙관주의자는 사실 세상을 있는 그대로 보는 사회 개량론자다. 이들은 상황이 아주 좋을 경우, 반쯤 채워진 유리잔을 최대한 활용할 줄 아는 능력을 갖고 있다. 반면 상황이 아주 나쁠 경우, 반쯤 비어 있는 유리잔을 다시 채울 만한 좋은 것을 알아볼 줄 아는 능력도 갖고 있다.

함께 보면 좋은 주제

감사Gratitude, 비관주의Pessimism, 삶에 대한 애정Love of life, 완벽주의Perfectionism, 카르페 디엠Carpe diem, 통제Control, 행복Happiness, 희망Hope

읽을거리

빅터 프랭클, 『죽음의 수용소에서』

로저 스크루턴, 『긍정의 오류』

볼테르, 『캉디드』

노화 | Ageing

나에게 다시 살고 싶은 인생의 시기를 하나 고르라고
한다면 지금 이 마지막 단계를 고를 것이다.

– 데이비드 흄

노화의 공포는 너무 강력해서 한참 어린 나이일 때부터 미리 걱정하는
사람이 많다. 열여덟 살이나 스물한 살이 된 사람이 "난 너무 늙었어!"라
고 한탄하는 소리를 들어봤을 것이다. 서른이나 마흔 고개를 넘을 때
정신적 충격을 받는 사람도 많다.

노년이 어떻게 묘사되는지 살펴보면 이런 두려움은 새삼스럽지 않
다. T. S. 엘리엇의 시에 나오는 J. 알프레드 프루프록의 경우, 그의 지
평은 쪼그라들어 가장 심각한 고민거리는 가르마를 어떻게 탈 것인지,
복숭아를 먹을 것인지 정도에 불과하다. 셰익스피어의 희곡 『뜻대로
하세요』에 나오는 유명한 연설인 '인생 7막'에 따르면 제6막은 '줄어든
정강이'를 가진 '슬리퍼를 끄는 빼빼 마른 노인네'로, 마지막 제7막은
'제2의 유년기이자 완전한 노망, 이도 없고 보이지도 않고 입맛도 없고
아무것도 없는 단계'로 묘사된다. 쇼펜하우어도 일반적 통념에서 크게

벗어나지 않는 글을 남겼다. "오늘은 안 좋고, 내일은 더 안 좋을 것이다. 최악의 순간까지 계속 그런 식일 것이다."

아, 최악의 순간이라니. 점진적인 육체적 쇠퇴 위에 매일 한 발짝씩 무덤에 가까워지고 있다는 인식까지 더해진다. 하지만 기운을 내자! 다 나쁘기만 한 건 아니니까. 예를 들어, 오늘날과 같은 육욕의 시대에 우리는 호르몬이 폭발하는 10대의 성욕을 최대한 오래 유지하는 것이 바람직하고 자연스럽다고 믿어왔다. 하지만 소크라테스에게 성적 충동이 사그라드는 것은 노화의 장점 중 하나였다. 그는 소포클레스를 인용해 "나는 야만적인 미치광이 주인에게서 벗어난 것 같다"라고 했다. 이건 단순히 섹스 이야기가 아니다. 그는 "의심의 여지없이 노년은 우리에게 이런저런 열정으로부터의 진정한 휴식과 자유를 가져다준다"라고 했다. 속도가 느려지는 것이 장점이 될 수도 있다.

유교에서 노인은 동정보다는 존경의 대상이었다. 거기에는 다양한 이유가 있었다. 우선 공자는 새로운 것을 선호하지 않았다. 모든 위대한 지식은 고대에서 온 것이었고, 따라서 노인은 최고의 지식 창고였다. 다른 이유는 중국의 여러 사상가와 마찬가지로 공자 역시 경험이 지식의 필수 조건이라고 믿었기 때문이다. 공자가 남긴 유명한 말 중 하나는 다음과 같다. "나는 15세에 학문의 뜻을 두었고, 30세에 학문의 기초를 세웠고, 40세에는 판단에 혼란이 없었고, 50세에는 하늘의 뜻을 알게 되었고, 60세에 들리는 대로 이해하게 되었고, 70세에는 마음 가는 대로 행동해도 법도를 넘는 일이 없었다." 젊은이들도 지식을 배울 수는 있지만, 지혜는 그렇게 쉽게 얻어지지 않는다. 마지막 이유는 위계를 중시하는 유교 윤리 속에서 노인들에게는 늘 어떤 권위가 주어지기 때문이다. 이런 견해가 세계적으로, 그리고 역사적으로, 노년을 부정적으로 보는 시각보다 훨씬 흔하다.

일부 철학자들은 노골적인 설교보다는 본보기를 통해 노후의 장점을 홍보했다. 죽음을 몇 달 앞둔 데이비드 흄은 "나에게 다시 살고 싶은 인생의 시기를 하나 고르라고 한다면 지금 이 마지막 단계를 고를 것이다"라고 썼다. 당시 그는 치명적이고 치료 불가능한 장 질환으로 고통받고 있었음에도 말이다. 흄의 유쾌함은 타고난 기질의 영향도 있겠지만, 죽음에 대한 수용, 인생에서 최고의 것들은 단순하며 젊은이들만이 즐길 수 있는 게 아니라는 깨달음의 영향도 있다. "당신이 당신의 화롯가와 시간의 주인으로 남아 있는 한, 결코 불행하다거나 다른 상황이라면 더 즐거웠을 거라는 생각 따위 하지 말라."

병으로 힘들어하던 흄은 세네카가 보낸 편지에 아마 고개를 끄덕였으리라. "이보게, 자네는 오래 살기를 바랐으면서 자네가 바란 게 결국 이런 거였다는 걸 몰랐나?" 긴 인생에는 많은 문제가 따르지만 어쨌든 짧은 인생보단 낫지 않은가.

함께 보면 좋은 주제

감사Gratitude, 건강과 질병Health and illness, 속도 늦추기Slowing down, 은퇴Retirement, 죽음Death, 중년의 위기Midlife crisis, 필멸Mortality

읽을거리

데이비드 흄, 『나의 인생My Own Life』

세네카, 〈편지 96Letter 96〉

논쟁 |Argument

성마른 세상과 가정에서 우리가 가장 원하지 않는 것은 추가적인 논쟁일 것이다. 하지만 화를 가라앉히고 서로를 이해하고자 한다면 사실 더 많이 논쟁하는 법을 배워야 한다. 다만 더 잘 논쟁할 줄 알아야 한다.

이 말이 이상하게 들린다면 그건 지난 수 세기에 걸쳐 '논쟁argument'의 의미가 바뀌었기 때문이다. 오늘날 논쟁은 과열된 말싸움이나 다툼을 뜻하지만, 이 단어의 라틴어 어원인 '아르구멘툼argumentum'은 '논리적 주장'을 의미하며, '명확하게 하다' 혹은 '증명하다'를 의미하는 동사 '아르구에레arguere'에서 파생했다. 논쟁하는 것은 싸움을 거는 것이 아니라, 이성적이고 가능하다면 침착하게 자기 주장을 펼치는 것이다.

철학은 (논쟁의 여지가 있지만) 온통 논쟁에 관한 학문이다. 우리가 현재 철학이라고 부르는 것은 고대 그리스, 중국, 인도에서 발생했다. 당시 사람들은 신화와 권력자들의 선언에 기반한 세계관을 버리고 이성과 증거를 바탕으로 본인의 믿음을 진지하게 뜯어보기 시작했다. 아리스토텔레스의 『오르가논Organon』 같은 일부 초기 철학서는 논쟁 그 자체의 성격에 관한 내용을 담고 있다.

가장 눈에 띄는 서적 중 하나는 기원전 6세기와 기원후 2세기 사이에 악샤파다 가우타마Akshapada Gautama가 썼다고 알려진 『니야야 수트라Nyaya Sutra』이다. 그 책에서 가우타마는 적절한 논쟁의 원칙을 아주 자세히 설명한다. 그는 하나의 사실을 기반으로 새로운 사실을 입증할 때 이용하는 세 가지 추론 방법을 구분했다. 첫째, 우리는 원인에 대한 지식으로부터 결과에 대한 지식을 끌어낸다. 가령 몰려오는 비구름을 보며 비가 올 것이라고 생각한다. 둘째, 우리는 결과를 관찰함으로써 원인을 추론한다. 길이 젖은 것을 보고 비가 왔었다고 짐작한다. 마지막으로, 우리는 흔히 따라오는 것에 관한 지식을 바탕으로 존재를 추론한다. 구멍가게가 보이면 거기서 과자를 팔 것이라고 짐작한다.

이러한 추론이 다 들어맞는 건 아니다. 비구름은 흩어질 수 있고, 호스로 길에 물을 뿌린 것일 수 있고, 구멍가게에는 과자가 없을 수 있다. 하지만 이것은 현실 세계의 모든 귀납적 논쟁, 다시 말해 우리의 경험에 기반한 논쟁의 본성이다. 확실성은 오로지 개념의 의미에 의존하는 연역적 논쟁, 이를테면, 2 더하기 2는 4라는 수학적 주장, 혹은 '모든 결혼한 사람에게는 배우자가 있다'라는 진리에서만 가능하다. 어떤 것이 다른 무언가를 유발한다고 알려주는, 반박의 여지가 없는 논리 원칙 같은 건 없다. 데이비드 흄의 주장처럼, 우리는 인과관계를 관찰할 수조차 없다. 하나의 현상에 뒤이어 다른 현상이 발생하는 것을 볼 수 있을 뿐이다. 이러한 연속현상이 규칙성을 보일 때 우리는 인과성을 떠올리지만, 그 인과성의 존재는 눈으로 확인한 것도 아니고 연역한 것도 아니다. 따라서 허술한 기반 위에 남겨진다. 버트런드 러셀은 우리의 곤경을, 매일 아침 해가 뜨면 모이를 얻기 때문에 앞으로도 계속 그럴 거라고 믿는 닭에 비유한다. 하지만 그 닭은 이러한 규칙성 중 한 요소만이 믿음직한 자연의 법칙에서 기인했음을 깨닫게 될 것이다. 모이를 얻는 대신 목이 비틀리는 바로 그 순간에.

'귀납법의 문제'는 14세기 인도 차르바카 사상가 마드바차리야Madhvacharya에 의해서도 제기되었다. 이 문제는 단 한 번도 만족스럽게 해결된 적이 없으며, 이는 곧 어떤 일이 과거에 늘 그랬기 때문에 미래에도 계속 그럴 것이라는 가정을 할 때는 조심해야 한다는 점을 일깨워준다. 훌륭한 귀납적 논쟁은 결론에 대해 수긍할 만한 이유들을 제시하지만, 의심의 여지가 전혀 없는 건 아니다.

가우타마는 무엇이 훌륭한 논쟁인지를 더 깊이 파고든다. 그는 진실을 파악하기 위해 논쟁과 관련된 두 가지 이상의 주장을 채택하는 것을 논의discussion라고 정의한다. 반면 언쟁wrangle은 누가 옳은지와 관계없이 단지 이기기 위한 논쟁이다. 트집 잡기cavil는 이길 마음조차 없이 상대편의 흠을 들추려고만 하는 것이다.

우리가 알고 있는 논의의 상당 부분은 사실상 언쟁이나 트집 잡기에 불과하지만, 그건 토론자들이 진실되지 못하기 때문만은 아니다. 우리는 종종 이기려는 욕망 혹은 남의 흠을 들추려는 욕망이 진실을 밝히고자 하는 욕망보다 강하다는 것을 알아차리지 못한다.

우리의 논증 능력이 얼마나 뛰어나든 간에, 주장의 근간이 되는 진술, 즉 전제가 진실이 아니라면 모든 노력은 무효가 된다. 그 때문에 가우타마조차도 다소 의심스러운 논쟁을 펼칠 수밖에 없었다. 예컨대 그는 논파confutation라 불리는 형태의 논쟁에 대해 언급했는데, 이것은 "불가능한 요소를 모두 제거한 뒤에 남는 것은 아무리 확률이 낮아 보이더라도 진실일 수밖에 없다"라는 셜록 홈즈의 원칙으로 잘 요약된다. 이것은 훌륭한 원칙이다. 한계를 지닌 인간의 머리로 모든 불가능한 요소를 완전히 제거하는 건 절대 불가능하다는 사실만 염두에 둔다면.

하지만 가우타마가 이와 관련해 내놓은 예시는 인도 정통 사상의 기본 교리를 믿지 않는 사람에게는 별로 설득력이 없다. 그는 영혼이 영원한지 그렇지 않은지 질문을 던지면서 영혼이 영원하지 않다면 '영혼의 환생과 영원한 해방'도 불가능하다고 했다. 하지만 그것은 절대 말이 안 되는 일이며, 그러므로 "우리는 영혼이 영원하다는 것을 인정해야 한다"라고 결론을 내렸다. 하지만 '영혼이 존재한다'라는 전제를 인정하지 않는 사람에게는 이 논증이 애초에 성립할 수 없다.

철학적인 논쟁은 신경질적이고 경쟁적인 논쟁에 대한 최고의 예방책이다. 무작정 믿음을 주장하는 대신 그 믿음에 대한 근거를 제안하기 때문이다. 이는 장엄한 승리보다 진실에 관한 탐구를 가능하게 한다. 가장 중요한 건 철학적 논쟁에 겸손이 뒤따라온다는 사실일지도 모른다. 제대로 논쟁할 줄 아는 사람은 불확실한 세계에서 확실한 것은 드물다는 점을 알고 있기 때문이다. 진실된 논쟁자들은 늘 새로운 견해를 받아들이고 본인의 생각을 바꿀 준비가 되어 있다. 언쟁과 트집 잡기가 판치는 오늘날에는 바로 그런 사람들이 필요하다.

함께 보면 좋은 주제

증거Evidence, 지식Knowledge, 직관Intuition, 진실Truth, 합리성Rationality

읽을거리

악샤파다 가우타마, 『니야야 수트라Nyaya Sutra』

단순함 | Simplicity

당신의 업무가 100가지 혹은 1000가지가 아니라
두세 가지가 되게 하라.
100만이 아니라 대여섯까지만 세고,
계산은 엄지손가락만으로 끝낼 수 있도록 하라.

— 헨리 데이비드 소로

최근 들어 단순함에 대한 열망이 커진 것은 어쩌면 현대 사회의 복잡함 때문일지도 모른다. 정리정돈, 업사이클링, 심지어 스칸디나비아식 데스클리닝✣까지 유행하고 있다. 오염되지 않은 건강한 식사와 생활 트렌드 역시 이러한 이상의 일부처럼 보인다. 가진 물건을 모두 버리고 동굴로 들어갈 사람은 없겠지만, 많은 사람들이 삶의 규모를 줄일 정도로 큰 영향을 받았다.

미니멀리즘은 예술운동으로 시작해 하나의 라이프스타일로 발전했다. 새로운 미니멀리스트들은 우리에게 삶을 단순화해서 정말 중요한 것들을 위한 공간을 확보하라고 말한다. 이를테면 관계, 개인적 관심사, 자기 수양, 사회적 기여 같은 것들 말이다.

✣ death cleaning. 죽음을 앞두고 물건을 정리하는 일.

이러한 트렌드의 대표적인 선구자는 헨리 데이비드 소로다. 그는 1845년 고향 마을인 매사추세츠주 콩코드 인근 숲속의 오두막으로 거처를 옮겼다. 그곳에서 약 2년 동안 단순한 삶을 살면서 자신의 생각과 경험을 기록해 『월든』이라는 책을 남겼다. 월든 시절에 대한 그의 묘사에는 약간의 각색이 포함되었다는 것이 중론이다. 일례로 고향 마을에 살았던 그의 어머니는 아들의 빨래와 요리를 도와주었다. 그럼에도 불구하고, 그의 글은 단순함을 추구하는 후세대들에게 지속적으로 영감을 불어넣고 있다.

그의 조언은 아주 현대적으로 들린다. "단순함, 단순함, 단순함! 제발 바라건대, 당신의 업무가 100가지 혹은 1000가지가 아니라 두세 가지가 되게 하라. 100만이 아니라 대여섯까지만 세고, 계산은 엄지손가락만으로 끝낼 수 있도록 하라."

소로는 현실적이라서 그의 단순한 삶이 모든 사람에게 적합하다고 생각하지는 않았다. 그는 "내 말만 듣고 나와 같은 삶의 방식을 택하는 사람이 없기를 바란다"라고 썼다. 대신 모든 사람은 '단순하고 현명한' 삶을 위한 각자의 방식을 찾아야 한다고 했다.

이 말은 현실에서 무엇을 의미할까? 이런 맥락에서 단순함의 의미는 그리 단순하지 않고 다양한 갈래를 포함한다. 최소한의 비용으로 자족적인 삶을 사는 것, 불필요한 물건과 활동을 줄이는 것, 자연과 가까워지는 것, 일상의 작은 기쁨을 누리는 것 등등. 단순함에 관한 다른 견해는 그것을 최소한으로의 축소가 아니라 무언가의 핵심에 도달하는 과정으로 보는 것이다. 한 잔의 커피처럼 훌륭하고 '심플한' 무엇이 성립되기 위해서는 최소한의 재료가 아니라, 훌륭한 품질의 적절한 재료와 기술과 정성이 필요하다.

오늘날의 연결된 기술 사회에서 본질을 파악하기란 쉽지 않다. 엠리스 웨스타콧은 우리에게 이런 질문을 던진다. "옷과 침대보를 손빨래하는 것과 세탁기에 돌리는 것 중에 어느 쪽이 더 단순한가?" 비슷한 질문은 다양하게 적용될 수 있다. 장작을 직접 모으고 쪼개서 피운 불로 요리를 하는 것과 가스레인지로 요리하는 것 중에 어느 쪽이 더 단순한가? 직접 편지를 배달하는 것과 전화를 하는 것 중에 무엇이 더 단순한가? "기반시설과 기술에 대한 의존도를 줄이는 것은 어떤 의미에서 우리 삶을 단순하게 만들어주고 더 자족적일 수 있지만, 다른 의미에서 우리 삶을 더 복잡하게 만든다. 그로 인해 기본 노동이 더 어렵고 고생스러워지며 많은 시간이 소모되기 때문이다."

웨스타콧은 철학자들이 단순한 삶을 권했던 이전 시대와 오늘날의 세상은 다르다고 지적한다. | 필요Needs 참조 | 기본으로 돌아가기 위해 포기해야 할 것들이 훨씬 많아졌다. 원래부터 단순한 세상에서 단순한 삶을 택하는 것은 쉬운 일이지만, 이미 너무 복잡한 세상에서 단순한 삶을 사는 것은 완전히 다른 문제다.

여기에 돈까지 계산에 포함시키면 상황은 훨씬 더 복잡해진다. 단순함과 돈의 복잡한 관계를 아이러니하게 보여주는 것은 단순한 삶을 찬양하는 아름답게 디자인된 잡지 한 권이 만 원이 넘고, 전기가 안 들어오는 한적한 오두막이나 통나무집에서 하룻밤 보내는 비용이 몇 십만 원이 넘는다는 사실이다. 숲속 오두막 혹은 그 오두막을 짓기 위한 땅은 절대 싸지 않다.

설사 모든 최신 설비를 버리고 기본으로 돌아갈 준비가 되었다고 해도, 텐트를 칠 땅이나 먹고살기 위한 돈이 필요하다. 이런 라이프스타일을 유지한다면 삶이 단순해지긴커녕 더 복잡하고 피곤해질 수 있다.

소로는 숲에서의 경험을 마친 뒤, 파트타임으로 토지 측량을 하면서 남는 시간에 취미생활과 글쓰기를 하는 쪽으로의 타협을 선택했다.

소로는 나중에 단순함이 또 다른 의미에서 복잡하다고 인정했다. "세상에는 두 종류의 단순함이 있다. 하나는 어리석음에 가깝고 다른 하나는 지혜에 가깝다. 철학자의 생활방식은 외적으로는 단순하지만 내적으로는 복잡하다." 우리는 라이프스타일을 최대한 단순화하기 위해 노력해야 하지만, 내적인 삶은 복잡한 상태를 유지해야 한다.

단순하게 살기는 쉽지 않다. 최선의 방법은 인생의 본질적 요소를 파악하고 그것이 우리의 모든 선택에 방향을 제시할 수 있도록 늘 의식하는 것이다. 숲속 오두막은 어디까지나 옵션일 뿐이다.

함께 보면 좋은 주제
금욕Asceticism, 소비주의Consumerism, 속도 늦추기Slowing down, 욕망Desires, 필요Needs

읽을거리
헨리 데이비드 소로, 『월든』

당혹감 | Embarrassment

아무것도 필요로 하지 않는 것은 신들의 특권이고
아주 적은 것을 필요로 하는 것은
신과 닮은 인간의 특권이다.

— 시노페의 디오게네스

이 책을 공공장소에서 읽던 중에 바지 지퍼가 열린 것을 발견하면 어떤 기분일까? 책의 내용을 누군가에게 설명해주다가 그리스 철학자 이름의 발음이 틀렸다는 지적을 받는다면? 혹은 열차 화장실 변기에 앉아 있던 중에 문이 저절로 열린다면?

많은 사람은 너무 쉽게 당혹감을 느끼고, 혹시 실수를 한 건 아닌지, 사람들이 나를 어떻게 생각할지, 거절당하지는 않을지 계속 걱정한다. 남들의 생각이 별로 중요하지 않다는 걸 알아도, 이 불편한 마음은 놀랍도록 이성의 지배를 거부한다.

고대 그리스 키니코스학파의 목소리에 귀를 기울인다면 얼굴 빨개질 일이 조금 줄어들지도 모르겠다. 키니코스학파의 창시자는 안티스테네스로 여겨지지만, 가장 유명한 인물은 와인통 속에서 살았다고 알려진 시노페의 디오게네스Diogenes of Sinope다. 키니코스 철학자들에 관한 정보는 그들의 글이 아니라, 그들의 흥미진진한 삶에 관한 소문과 일화를 통해 전해진다. 그들은 윤리를 이론이 아닌 일상의 습관으로 봤으므로 어찌 보면 당연한 일이다.

키니코스 철학자들의 가장 중요한 원칙 중 하나는 자연에 순응하는 단순한 삶을 사는 것이었다. 『그리스 철학자 열전』의 저자 디오게네스 라에르티오스에 따르면 그들 중 일부는 채식주의자에 차가운 물만 마셨고 냉소주의자 디오게네스처럼 모든 형태의 거처(혹은 통)에도 만족했으며, 디오게네스는 "아무것도 필요로 하지 않는 것은 신들의 특권이고 아주 적은 것을 필요로 하는 것은 신과 닮은 인간의 특권"이라고 말했다.

훌륭한 삶에 대한 이러한 비전은 사회적 관습을 버릴 것을 요구한다. 사회적 관습은 남의 기대에 부응하기 위해 불필요한 일을 하게 함으로써 자족을 방해하기 때문이다. 키니코스 철학자들은 순응 대신 뻔뻔함의 정신을 채택했다. 그들은 보통 사적인 공간에서 행해지는 활동, 이를테면 성행위 같은 것을 공개된 자리에서도 꺼리지 않는 듯했다. 이것은 좋게 받아들여지지 않았으며 플라톤에 따르면 냉소주의자 디오게네스는 '미쳐버린 소크라테스' 같았다.

다른 헬레니즘 학파들처럼, 키니코스 철학자들은 그들이 택한 생활 방식도 연습이 필요하다고 믿었다. 그들의 뻔뻔함 훈련은 미국 심리치료사이자 합리적 정서행동요법의 창시자인 앨버트 엘리스를 떠오르게 한다. 그는 일명 '수치심 깨뜨리기 연습'을 옹호했는데, 여기에는 이상한 옷을 입고 밖에 나가는 것과 목줄을 채운 개처럼 바나나에 줄을 달고 다니는 것이 포함된다. 이런 훈련의 근거는 키니코스학파의 가치와 일맥상통한다. 즉, 어떤 끔찍한 일도 일어나지 않을 거라고 우리 자신에게 증명해 보임으로써 궁극적으로 남의 의견에 신경을 덜 쓰게 되는 것이다.

이 모든 것은 만만치 않다. 당신이 시노페의 디오게네스처럼 공공장소에서 자위를 하는 수준까지 가긴 힘들겠지만(이건 어떻게든 말리고 싶다), 쉽게 당혹감을 느끼지 않도록 훈련하는 덜 극단적인 방법이 있다. 우선 작은 훈련 기회들을 노려볼 수 있다. 회식 장소에서 노래를 부른다든지, 콤플렉스 때문에 늘 가리고 다녔던 신체 부위를 노출한다든지, 어떤 대화 주제에 대해 그냥 잘 모른다고 솔직히 인정한다든지. 이때 당연히 불편함을 느낄 수 있다. 하지만 그건 지나친 당혹감에서 자유로워지기 위해 지불해야 할 대가다.

함께 보면 좋은 주제

명성Reputation , 죄책감과 수치심Guilt and shame, 진정성Authenticity

읽을거리

디오게네스 라에르티오스, 〈시노페의 디오게네스Diogenes of Sinope〉

대상화 | Objectification

'대상화'라고 하면 최근에 만들어진 페미니스트적 개념이라고 생각할 수도 있다. 하지만 이 개념의 핵심 원칙에 관한 근본적인 언급은 18세기 이마누엘 칸트의 글에 등장한다. "너는 너 자신의 인격과 다른 모든 사람의 인간성을 단지 수단이 아니라 항상 목적으로 대하라." 이 규칙을 어길 때, 우리는 인간을 목적 달성을 위한 수단으로 대하게 되고 그들을 주체가 아닌 객체로 전락시킨다.

인간의 역량과 근본적인 인간성을 부정하지 않는 한, 점원에게 커피를 주문하는 것과 같은 거래는 문제될 것이 없다. 중요한 점은 사람을 단지 수단으로 대하지 않는 것이다. 이러한 명령은 성적 관계의 영역에서 특히 까다롭다. 칸트는 순수한 성적 욕망이 타인을 그저 성욕의 대상으로 만들고 그들의 인간성, 필요, 욕구를 무시한다고 말했다. "일단 성적 욕망이 충족되면, 그 사람은 즙을 짜낸 레몬처럼 버려진다."

칸트는 성을 단순히 거래의 대상으로 전락시키는 거래에 반대했다. 그는 매춘에 반대했는데 '인간에게는 영리 목적으로 자기 자신을 물건처럼 타인에게 제공해 그들이 성적 만족을 얻도록 해줄 자격이 없기' 때문이었다. 만약 그렇게 되면 우리는 우리의 인간성을 훼손하게 된다. 심지어 그는 영리와 상관없는 축첩 관계도 반대했다. 이 관계에서도 한쪽은 물건처럼 여겨지고, '양자 간의 권리가 평등하지 않기' 때문이었다.

칸트에 따르면 성적 충동은 결혼 제도 안에서 적절히 충족될 수 있다. 부부 사이의 성적 욕구는 애정과 함께 존재하며, 상호 호혜적인 계약에 따라 '당사자는 상대방에게 성뿐만 아니라 자신의 전부를 내어주기 때문'이다. 성이 동등한 개인 간의 진정한 관계로 자리매김할 수 있는 맥락이 결혼만 존재하는 것은 아니므로, 칸트의 견해는 이상적인 동시에 지나치게 제한적이다. 하지만 그 기본 원칙은 발전을 거쳐 진보적인 시대까지 살아남았다.

그렇기 때문에 많은 현대 페미니스트 사상가들은 칸트의 전통적인 가족 가치를 거부하면서도 그 주장의 본질에 동의해왔다. 일례로 안드레아 드워킨은 칸트 느낌이 물씬 풍기는 글을 썼다. "대상화는 인간이 사회적 수단에 의해 덜 인간적인 것, 사고 팔 수 있는 물건이나 상품으로 바뀔 때 발생한다." 하지만 대다수 페미니스트들은 가부장 사회에서는 칸트가 깨달은 것보다 대상화 현상이 훨씬 만연하다고 본다.

자발적인 경우라면 스스로를 타인을 위한 대상으로 만들 권리가 있다고 주장하는 이들도 있다. 하지만 칸트는 '인간은 자기 자신을 마음대로 처분할 수 없다'라고 주장하며 이에 반대했다. "이윤을 목적으로 자기 자신이 타인의 성적 만족을 위해 사용되도록 하는 것과 자신을 수요의 대상으로 만드는 것은, 자신을 물건 취급하는 것이자 욕구 충족을 위한 대상으로 전락시키는 것이다. 마치 식욕을 달래기 위해 스테이크를 먹는 것처럼."

최근 페미니즘과 관련된 담론에서 중요한 질문은 여성이 대상화에 대해 진짜 동의하는 게 가능한지다. 마르크스의 '허위의식' 개념을 차용해, 여성은 멋지게 차려입음으로써 자신의 의지를 드러낸다고 생각할지 모른다. 하지만 그것은 실은 정치적 의식 수준이 더 높았다면 애초에 받아들이지 않았을 가부장적 가치를 내면화했기 때문이라는 주장이 있다. 이는 영향력 있는 주장이지만, 일부 여성들은 자신에게 무엇이 최선인지 모른다는 암시라며 불편해하는 사람도 많다.

이것은 우리가 자기도 모르게 스스로를 대상으로 보는 것이 가능한지에 관한 질문과도 연관된다. 시몬 드 보부아르는 우리가 스스로를 타인의 시선으로 볼 때 자기 대상화가 일어난다고 주장한다. 그는 『제2의 성』에서 "사회는 심지어 여성에게 스스로를 에로틱한 대상으로 만들 것을 요구한다"라고 했다. 이는 여성에게 특정한 방식으로 비춰질 것을 요구하는 압력에서 가장 명확히 드러나며, 이로 인해 여성은 자신을 남성을 만족시키기 위해 설계된 대상처럼 취급하게 된다. "여성이 집착하는 패션의 목적은 스스로를 독자적인 개인으로 드러내는 것이 아니라 남성이 지닌 욕망의 먹잇감으로 내어주는 것이다. 패션은 여성의 과업을 충족시키는 것이 아니라 오히려 그것을 좌절시키는 역할을 한다."

물론 남녀 불문 자신의 외모에 지나치게 신경 쓰는 사람들이 있고, 최근 남성들의 외모 관리가 흔해지면서 이런 문제에서 성별 격차는 좁혀지고 있다. 하지만 더 큰 압력을 받는 쪽은 여전히 여성이다. 자신을 아름답게 가꾸는 일은 개인에게 힘을 실어주는 듯하지만 실은 개인을 노예로 만들고 있는 건지도 모른다.

좀 더 근래의 철학자들은 매력적으로 보이고자 하는 욕망을 변호해왔다. 재닛 래드클리프 리처드는 남녀가 동등한 조건에서 남성이나 여성이 '상대방을 만족시키려고 노력하는 것'은 잘못된 일이 아니라고 했다. 문제는 이것이 개인의 선택이 아니라 사회의 강요가 되는 순간이다. 이때 개인의 선택은 불평등하게 이루어지고, 이것이 바로 여성을 성적 대상으로 취급했던 역사의 일부다. 중요한 질문은 평등, 존중, 동의가 보장되는지, 누군가의 인간성이 부정당하지 않는지다.

대상화라는 문제는 칸트의 원칙에 나타난 것처럼 단순하지 않다. 어쩌면 어떤 제한된 상황 속에서 우리 자신과 타인을 대상으로 인식하고 취급하는 것이 가능할지도 모른다. 하지만 칸트와 페미니스트 철학자들이 타인을 우리의 욕망의 도구로, 혹은 우리를 타인의 욕망의 도구로 바꾸는 상황의 위험성을 경고하는 건 너무 당연한 일이다.

함께 보면 좋은 주제
섹스Sex, 소비주의Consumerism, 자기기만Self-deception, 자유의지Free will, 진정성 Authenticity, 타인Other people

읽을거리
시몬 드 보부아르, 『제2의 성』

데이트 Dating

> 결혼으로부터 기대되는 이로움이 싱글로 남을 때나
> 다른 배우자 후보를 찾으러 나설 때의 이로움을
> 넘어설 때 인간은 결혼을 결심하게 된다.
>
> – 게리 베커

과거의 위대한 철학자들은 데이트에 대해 할 말이 많지 않았다. 데이트 자체가 현대의 발명품이라는 단순한 이유에서다. 나이가 지긋한 영국인들은 젊었을 때 데이트라는 걸 해본 적이 없다. 그들은 그저 밖에서 한번 만나자고 요청했고(혹은 요청을 받았고), 아니면 누군가와 '만나고 있었다.'

물론 사람들은 태곳적부터 이성을 유혹해왔지만, 데이트는 뭔가 더 구체적이다. 그것은 짝짓기의 과정을 공식화하여 애매한 부분을 없애고, 상대방을 잠재적 파트너로서 철저히 조사할 수 있도록 한다.

온라인 데이트는 쇼핑과 비슷한 부분이 많다. 준비된 상품들(온라인 프로필)을 훑어보고, 써보고 싶은 물건을 선택하고, 재고가 있다면(상대도 나를 만날 의사가 있을 경우) 100퍼센트 환불이 가능한, 안전한 시범 사용 기간을 얻을 수 있다. 그 상품을 꼭 구입할 의무는 없다. 품질 보증기간 안에 반품만 하면 된다(보통 세 번의 데이트가 최대 기간으로 여겨진다). 심지어 동시에 여러 상품을 사용해볼 수도 있다.

이 시스템은 효과가 있는 것처럼 보여서 인기가 높아졌다. 많은 나라에서 온라인 데이팅은 연인들이 만나는 흔한 방법이 되었다. 많은 커플들이 사이버 세계에서 연을 맺었다. 하지만 이 과정을 끔찍이 싫어하는 사람도 많은데, 대체로 자기 자신을 팔아야 하기 때문이다.

마이클 샌델은 그 이유를 이해하는 데 도움을 준다. 그는 '시장의 가치가 이전에 없던 방식으로 우리 삶을 지배하게 된 경위'와 그로 인한 부정적 영향에 관한 글을 썼다. 거의 모든 것의 가치는 이제 시장의 기준에 의해 결정된다. 다시 말해, 사람들이 (돈이나 다른 자원으로) 기꺼이 지불할 만한 비용, 그리고 수요와 공급의 힘에 의해 결정된다.

샌델은 영향력 있는 경제학자 게리 베커의 말을 인용해 이러한 시장화가 우리의 가장 친밀한 관계에까지 영향을 미친다고 했다. 사람들이 사랑해서 결혼한다고들 생각하지만, 베커는 "결혼으로부터 기대되는 이로움이 싱글로 남을 때나 다른 배우자 후보를 찾으러 나설 때의 이로움을 넘어설 때 인간은 결혼을 결심하게 된다"라고 말했다. 로맨스는 다 죽었다고 누가 말했던가?

결혼에 관한 베커의 설명은 너무 냉정하게 들릴지도 모른다. 하지만 이것을 데이트에 적용해보면 소름 끼칠 정도로 맞아떨어진다. '두 번째 데이트로부터 기대되는 이로움이 싱글로 남을 때나 다른 배우자 후보를 찾으러 나설 때의 이로움을 넘어설 때 인간은 두 번째 데이트를 결심하게 된다.' 데이트라는 게임에서는 시장 논리가 왕이다.

어쩌면 그리 나쁜 일이 아닐지도 모른다. 데이트가 짝을 만나는 가장 흔한 방법이 된 이유는 그게 가장 효과적인 방법처럼 보이기 때문이다. 데이트의 거래적인 측면에 발끈할 수도 있으나, 모든 요인을 감안했을 때 대다수 사람들은 운명의 상대를 우연히 만나려고 저녁 수업이나 술집에 가는 것보다는 데이트가 낫다고 생각한다.

따라서 우리에겐 두 개의 선택지가 있다. 하나는 데이트를 거부하는 것이다. 그 대안이 훨씬 불편하고 비싸다는 걸 알면서도 슈퍼마켓에서 쇼핑하기를 거부하는 사람처럼, 우리가 생각하는 관계의 가치와 데이트는 잘 맞지 않으므로 다른 곳에서 기회를 찾으려 결심할 수 있다.

다른 선택지는 데이트의 장점은 취하면서 단점은 버리려고 노력하는 것이다. 데이트를 하되 판매와 구매의 심리에 굴복하지 않도록 애써야 한다. 데이트를 할 때 우리는 서로에게 끌릴 수도, 안 끌릴 수도 있는 두 사람이라는 점을 기억해야 한다. 자기 자신과 데이트 상대를 상품이 아니라 인간으로 존중해야 한다. 우리는 충분히 이렇게 할 수 있다, 데이트 에티켓이 얼마나 교묘하게 이런 것을 어렵게 하는지만 잘 이해한다면. 샌델의 조언처럼, 다른 많은 것은 물론 데이트와 관련해서도 우리는 '우리의 사회적 관행, 인간관계, 일상생활 속에서 시장의 역할과 범위에 대해 다시 생각해야 한다.'

함께 보면 좋은 주제
관계Relationships, 고독Solitude, 대상화Objectification, 사랑Love, 섹스Sex, 소비주의Consumerism

읽을거리
마이클 샌델, 『돈으로 살 수 없는 것들』

동기 Motivation

> 목적을 위해 애쓰는 것은 수단을 위해 애쓰는 것이다.
>
> – 이마누엘 칸트

당신은 외국어를 배우고 싶거나 마라톤을 완주하고 싶거나 주방 인테리어를 바꾸고 싶다. 하지만 어쩐 일인지 그 일은 자꾸 미뤄진다. 어쩌면 의지박약의 문제일 수 있다. ┃자제력Self-control 참조┃ 혹은, 당신에게 동기가 충분하지 않다고 인정하는 것이 더 정직할지도 모른다.

동기는 알쏭달쏭한 것이다. 플라톤은 당신이 무엇이 좋은지 안다면 자동적으로 그 일을 하도록 동기가 부여될 것이라고 주장했다. 따라서 그는 무엇이 좋은지 알면서 그 일을 하지 않는 건 불가능하다는 결론에 이르렀다.

플라톤은 인간의 마음이 작동하는 방식에 대해 너무 단순하게 생각한 것 같다. 오늘날 우리는 자기 안의 욕망과 믿음들이 종종 충돌하며 각자 우위를 차지하기 위해 내적 다툼을 벌인다는 것을 인정한다. 동기가 부족할 때 어떤 일이 벌어지는지 이해하기 위해 이 싸움의 전개

양상을 살펴볼 필요가 있다.

첫 번째 질문. 나는 내가 하고 싶다고 말하는 일을 정말 하고 싶어할까? 우리가 무언가를 '하고 싶다'라고 말할 때 그 속뜻은 '해야 한다고 생각한다'가 아닐까? 아마도 정작 스스로는 동의하지 않지만 주변에서 다들 그렇게 말하니까. 어쩌면 내게 직업 훈련을 받을 의욕이 없는 이유는, 그것이 내 취업 전망을 밝게 해줄 수 있을지는 몰라도 내 삶을 더 낫게 만들어줄 거라는 확신이 없기 때문일지도 모른다.

만약 당신의 욕망이 진짜라고 확신할 경우, 다음 질문은 이것이다. 나에게는 이것과 대립되는 다른 욕망이 있는가? 진심으로 외국어를 배우고 싶지만, 얼마 안 되는 여가 시간에 그냥 가만히 쉬고 싶기도 하다면? 어떤 동기가 그와 힘은 비슷하고(혹은 더 강하고) 방향은 반대되는 다른 동기와 충돌할 때, 가장 가능성이 높은 결과는 아무것도 하지 않는 것이다.

세 번째 질문. 나는 목적 그 자체로 인해 동기부여를 받는가, 아니면 목적을 위한 수단에 의해 동기부여를 받는가? 어떤 일들은 본질적으로 동기부여가 된다. 그 일 자체를 위해 그것을 하고자 한다. 하지만 동기부여가 되는 다른 많은 일들은 그렇지 않다. 술을 줄여서 더 건강해지고 싶다면, 이때 술을 자제하는 것은 단지 목적 달성을 위한 수단이다. 이런 경우 실천에 옮기고 싶다면 궁극적인 동기가 무엇인지 계속해서 떠올려야 한다.

마지막 질문. 나에게는 원하는 것을 얻기 위해 뭐든 다 할 만큼의 충분한 동기가 있는가? 칸트는 '목적을 위해 애쓰는 것은 수단을 위해 애쓰는 것'이라고 주장했다. 진정 무언가를 원한다면 그것을 얻기 위해 무슨 일이라도 할 각오가 되어 있어야 한다. 마라톤 결승선을 통과하는 순간을 상상하면서 실제 훈련은 게을리한다면, 당신이 가진 동기의 진정성이 의심스러울 수밖에 없다.

스스로에게 이런 질문들을 던져보면 우리의 동기가 생각했던 것만큼 강하지 않다는 사실을 깨닫게 될 것이다. 그럼에도 불구하고 모든 것을 감안했을 때 여전히 행동에 나서고 싶다면, 욕망을 행동으로 바꿀 방법을 찾아야 한다. 그중 하나는 약한 동기에 힘을 실어주기 위해 진정한 동기를 유발하는 욕망을 적극 활용하는 것이다. 궁극적으로 동기가 효과를 발휘하려면 그 욕망을 위한 수단이 아니라 우리의 욕망에 뿌리 내려야 한다.

함께 보면 좋은 주제

가치Values, 딜레마Dilemmas, 양가감정Ambivalence, 욕망Desires, 우유부단Indecision, 인내Perseverance, 자기인식Self-knowledge, 자제력Self-control, 헌신Commitment

읽을거리

안토니아 마카로, 『이성, 미덕 그리고 심리치료Reason, Virtue and Psychotherapy』

동의 Consent

'박스에 체크하시오.' '여기 서명하시오.' 우리는 거의 매일 이런 지시를 받는다. 물론 재미있어서 이 일을 하는 사람은 없다. 이것은 정보를 공유하고, 위험이 뒤따르는 치료를 받고, 계약서 약관을 따르는 것과 관련해 우리의 법적 동의를 구하기 위함이다. 동의는 개인적 영역에서도 중요하다. 섹스 전에 계약서에 서명하는 사람은 거의 없겠지만(물론 그러한 동의를 구하는 데 사용하는 애플리케이션도 있긴 하지만), 동의 없는 섹스는 강간이 된다.

동의는 분명 중요하다. 하지만 우리가 제대로 동의하거나 동의를 받았는지가 늘 명확한 건 아니다. 제대로 동의한다는 건 어떤 의미일까? 우리가 하는 모든 일이 합의하에 이루어지는 사회가 현실적으로 가능할까?

동의가 왜 중요한지부터 생각해보자. 윤리학자들은 일반적으로 두

가지 설명을 내놓는다. 부정적인 이유는 보호다. 동의를 구하는 것은 우리를 착취와 학대로부터 보호해준다. 긍정적인 이유는 자율성과 관련이 있다. 자신을 위한 모든 중대한 결정은 스스로 내려야 하므로 그 누구도 나의 동의 없이 결정을 대신 내릴 수는 없다.

자율성이 그토록 중요하다면 동의는 **정보에 입각한**informed 것이 아닐 때 무의미해진다. 실제보다 그 위험성을 축소해서 설명한 의료 시술에 내가 동의했을 경우, 나는 사실상 그 수술에 진정으로 동의한 게 아니다.

일반적 관점에서 정보에 입각한 동의를 요구하는 것은 명확하고 필수적인 일처럼 보인다. 하지만 실상을 따져보면 아주 골치 아프다. 예컨대 우리의 능력은 상황에 따라 제한적일 수 있다. 의료행위에 대한 동의를 생각해보자. 내가 엄청난 고통에 시달리고 있다면 어떻게 이 문제를 해결할 것인지에 대한 침착한 판단이 어렵고, 의식불명이라면 아무 생각도 할 수 없다. 의사들이 우리의 자율성을 적당히 제한해주는 것이 도리어 고마운 상황도 있다. 오노라 오닐은 의료계의 동의에 관한 실용적이고 명쾌한 논의를 통해 "전문가의 요령 있는 강압과 속임수가 때로는 환자에게 도움이 되고 환자의 건강에 긍정적 영향을 미친다"라고 했다.

동의에 관한 우리의 판단은, 특히 강한 감정에 휩싸여 있을 때 왜곡될 수도 있다. 정보력이 뛰어난 일부 부모들이 아직도 근거 없는 주장을 바탕으로 자녀의 백신 접종을 거부한다는 사실을 통해 감정적 사안에 대해 명확히 사고하는 것이 얼마나 힘든지 알 수 있다. 또한 많은 유능한 판매원들은 고객의 감정을 교묘하게 자극해 계약서 서명을 유도한다.

그렇다면 내가 얼마나 정보에 입각해야 하는지에 관한 질문이 떠오른다. 내가 투자 전문가 혹은 의학 전문가가 아닐 경우, 해당 분야에서 나의 동의는 완벽하게 정보에 입각하지 않았다는 느낌을 지울 수 없다. 오닐이 말한 것처럼 "완전한 정보 공개는 정의될 수도 없고 달성될 수도 없다. 설령 그렇다고 해도 그것이 완벽하게 이해될 가능성은 거의 없다." 과잉 정보는 유의미한 동의를 우회하는 한 방법이 될 수도 있다. "우리는 당신에게 마케팅 정보를 보낼 것입니다"라고 적힌 온라인 양식의 박스에 체크를 한다면, 그것만으로 충분히 명확하다. 몇 페이지씩 되고 그 누구도 제대로 읽지 않는 계약서 약관을 전부 읽었다는 박스에 체크하는 것은 정보에 입각한 선택과는 거리가 멀다.

다른 문제는 모든 동의가 늘 명백한 건 아니라는 점이다. 대표적인 경우가 섹스인데, 보통 사람들은 본인의 의사를 말이 아닌 행동으로 드러내기 때문이다. 물론 거의 모든 경우, 섹스 상대가 진심으로 동의하는지 그렇지 않은지는 명백해야 한다. 하지만 동의의 암시적인 성격 탓에 (어쩌면 자기기만에 근거한 것일지 모를) 단단한 오해가 빚어지거나 애매모호함이 '데이트 강간'에 대한 핑계로 이용될 수 있다.

따라서 우리는 약간의 딜레마에 빠져 있는 듯하다. 정보에 입각한 동의가 필수적이라고 생각하지만 그러한 동의가 늘 명백한 건 아니고, 매번 그런 동의를 제공할 수도 없고, 완벽한 정보를 제공받는 경우가 드물거니와 관련 정보에 접근할 능력도 없다.

이때 완전하고 정보에 입각한 동의와 제한적인 현실 사이의 간극을 메우기 위해 필요한 건 신뢰다. 신뢰가 있기 때문에 우리는 완벽하게 이해할 수 없는 의료행위에 동의하고, 착취에 대한 걱정 없이 섹스 상대에게 우리 자신을 허락하고, 상황이 여의치 않을 때 우리에 관한 결정을 타인에게 일임할 수 있다. 오닐은 완벽하고 명백한 동의에 대한 집착은 신뢰를 조금 더 공식적이고 법적인 무엇으로 치환함으로써 사실상 신뢰를 해칠 수 있다고 주장한다.

신뢰에 의존하는 것이 만족스럽지 않아 보일 수 있다. 많은 경우, 동의를 제공하는 대상에 신뢰가 가지 않는 건 당연한 일이다. 소비자가 그저 동의할 수밖에 없는 계약서 약관을 제공하는 초대형 기술기업과 다국적 기업을 당신은 신뢰하는가? 이때 신뢰는 간접적이다. 우리는 국가의 법이 우리를 속임수로부터 보호해줄 것이라고 가정해야 한다. 법이 늘 정의로울 것이라거나, 전문가들이 늘 옳을 것이라거나, 친구나 가족이 늘 우리에게 가장 이익이 되는 선택을 내려줄 것이라고 확신하지 않는다면, 그들의 손에 운명을 맡기기 전에 잠시 고민하는 습관을 들이자.

정보에 입각한 동의는 중요하지만, 그것은 우리가 가까워질 수 있는 이상일 뿐 우리가 온전히 제공하거나 제공받을 수 있는 무언가가 아니다. 우리는 정보에 입각한 동의가 신뢰를 완벽히 대체하는 것이 아니라 신뢰에 의존한다는 것을 받아들여야 한다. 또한 동의가 중요하고 신뢰가 부재한 경우, 동의에 앞서 아주 신중해야 한다.

함께 보면 좋은 주제

건강과 질병Health and Illness, 대상화Objectification, 섹스Sex, 신뢰Trust, 조력 자살Assisted Dying, 포르노Pornography

읽을거리

오노라 오닐, 『생명윤리에 관한 자율성과 신뢰Autonomy and Trust in Bioethics』

두려움 Fear

살아 있다는 것은 취약하다는 것이다.
두려움은 분노와 마찬가지로 세상과의 관계 맺기다.

– 로버트 솔로몬

생리학자이자 심리학자인 월터 브래드포드 캐넌은 '투쟁–도피 반응'을 처음 설명한 인물이다. 두려움의 철학은 이런 한 쌍의 반응과 연관이 있지만, 그 방식은 상당히 다르다. 이때 이런 질문을 던질 수 있다. 우리는 두려움에 맞서야 할까? 아니면 두려움의 대상으로부터 도망쳐야 할까?

일반적 통념에 따르면 두려움은 정복해야 할 대상이다. 우리는 대담해지라는 요구를 받고, 두려움 그 자체 외에는 두려워할 게 없다는 말을 듣는다. 하지만 이 마지막 슬로건의 출처를 살펴보면 그렇게 간단한 문제가 아님을 알 수 있다. 1933년 취임연설에서 프랭클린 루스벨트가 말한 두려움은 '이름도 없고 이성적이지 않고 이유가 없는 공포'였다. 루스벨트는 우리에겐 두려워할 권리가 있고, 만약 아무것도 두려워하지 않는 사람이 있다면 '그는 일종의 미치광이이거나 감각이 없는 사람일 것'이라고 했던 아리스토텔레스의 말에 동의했을 것이다.

문제는 두려워할지 말지가 아니라, **무엇을** 두려워하고 **어떻게** 두려움에 대응할 것이냐다. 그런데 두려움은 대체 무엇일까? 아리스토텔레스는 두려움이 '악에 대한 예감'이며 '파괴 혹은 고통이 따르는 긴박한 위험에 대한 상상에서 기인한 일종의 고통 혹은 심란함'이라고 설명했다.

'예감'과 '상상'이라는 단어에는 많은 것이 내포되어 있다. 잘못된 예감 혹은 지나친 상상에 기댄다면 두려움은 부적절할 것이다. 일부 철학자들은 두려움이 대부분 이런 식이라고 주장해왔다. 가장 눈에 띄는 스토아 철학자들은 죽음, 질병, 가난은 전혀 나쁘지 않으므로 그것에 대한 두려움은 비이성적이라고 생각했다. 스토아 철학자들이 유일하게 양보한 부분은 난파선에 갇힌 사람이라면 초반에 심란함을 느껴도 된다는 것이었다. 어디까지나 최대한 빨리 평정을 되찾기만 한다면 말이다. 오로지 도덕적 미덕만을 가치 있게 여겼던 스토아 철학자들의 견해에 동의하지 않는다면 이런 주장에 설득되지 않을 것이다.

나쁜 일이 벌어질 가능성이 존재하는 한, 그게 무엇이든 간에 두려움은 불가피하다. 로버트 솔로몬은 두려움이 보편적인 이유는 세상이 위험한 곳이기 때문이라고 했다. "살아 있다는 것은 취약하다는 것이다. 두려움은 분노와 마찬가지로 세상과의 관계 맺기다." 두려움은 다양한 위험에 대해 경고함으로써 우리를 돕고, 삶의 위험 요소들을 헤쳐나가는 데 꼭 필요한 귀한 도구다.

물론 두려움은 비이성적일 수 있지만, 솔로몬은 다 그런 건 아니라고 믿었다. 혼자 나선 하이킹에서 회색곰을 만날까 두려워하거나, 소득을 낮게 신고하고서 세무당국에 적발될까 두려워하는 것은 비이성적이지 않다. 일반적이고 합리적인 두려움과 구분되는, 비정상적이고 비이성적인 두려움을 설명하기 위해 공포증phobia이라는 개념이 따로 있다.

그렇다고 해서 각자의 두려움에 대한 우리의 평가가 늘 정확하다는 뜻은 아니다. 그것이 정확한지 확인하기 위해 가장 일반적인 공포의 대상, 어떤 대가를 치르더라도 피하고 싶거나 오랜 시간 걱정하는 것이 무엇인지부터 파악해야 한다. 그런 다음 스스로에게 아리스토텔레스의 질문들을 던져 현실을 파악해야 한다. 이것은 심각한 위험인가? 임박한 위험인가? 둘 다 해당된다면, 우리가 할 수 있는 일은 무슨 일이 벌어지더라도 최선을 다해 대응하겠노라 다짐하는 것뿐이다. 때로는 '이것도 견뎌낼 것이다'보다 더 나은 말을 찾을 길이 없다.

자신의 반응을 스스로 살피다 보면, 두려움 쪽으로 기우는 성향을 발견하게 될지도 모른다. 라르스 스벤젠은 다른 감정과 마찬가지로, 두려움도 상황 속에서 어떤 무서운 특징들을 알아차리는 습관으로 봐야 한다고 제안했다. 우리는 두려울 때 '살면서 만나는 모든 것 속에 숨겨진 잠재적 위험요소에 습관적으로 주목한다.' 그게 사실이라면, 두려움을 다스리기 위해 행동 및 관심과 관련된 습관을 기르려는 노력을 해볼 수 있다. | 습관Habits 참조 | 아리스토텔레스도 이에 찬성할 것이다.

두려움에 대한 철학자의 접근에는 한계가 있다. 내 두려움이 이성적인지 자문하는 것은 좋지만, 비이성적인 두려움은 태생적으로 이성과 증거를 거부하는 경향이 있다. 어떤 두려움에 대해 근거가 없다는 판단이 섰다 할지라도, 두려움은 쉽게 우리를 떠나지 않는다. 비행기가 차보다 안전하다는 걸 알면서도 사람들은 차를 운전할 때보다 비행기가 이륙할 때 더 긴장한다. 피터 골디는 이런 현상을 감정의 '인지 불가해성cognitive impenetrability'이라고 불렀다. 두려움의 대상을 자세히 들여다볼수록 이성의 힘으로 두려움과 그 대상을 떼어놓는 것은 더 힘들어진다. 따라서 두려움을 없애기로 결심했다면, 우선 두려움을 자극하는 상황부터 피하는 게 좋다.

함께 보면 좋은 주제
감정Emotions, 걱정Worrying, 미신Superstition, 불안Anxiety, 불확실성Uncertainty, 비관주의Pessimism, 습관Habits, 위험Risk, 취약성Vulnerability, 희망Hope

읽을거리
피터 골디, 『감정The Emotions』
로버트 C. 솔로몬, 『우리의 감정에 충실하기True to Our Feelings』

딜레마 Dilemmas

인생은 딜레마의 날카로운 뿔들 사이에서
끊임없이 진동하는 것이다.

— 헨리 루이스 멩켄

대부분의 딜레마는 골치 아프지만 철학적으로 흥미롭지는 않다. 월급을 많이 주는 회사를 다녀야 할까, 집에서 가까운 회사를 다녀야 할까? 설레지만 모르는 부분이 많은 새 애인과 만나기 위해 믿음직한 지금 애인과 헤어져야 할까? 이에 대한 답은 어려운데, 단지 어떤 결과가 나올지 알 수 없기 때문이다. 모든 선택에는 늘 위험이 따른다.

더 흥미로운 것은 **도덕적 딜레마**다. 이것은 무엇이 더 나은지가 아니라, 무엇이 도덕적으로 옳은지에 관한 문제다. 당신이 도덕적 딜레마를 겪고 있다면, 사실상 양립할 수 없는 두 가지 일을 해야 할 도덕적 이유들이 있으며 그 충돌하는 사항들 사이에서 갈팡질팡한다는 것을 의미한다. 친구 애인의 외도 현장을 목격했을 때, 당신은 솔직함과 친절함 사이에서 갈등하게 된다. 친구에게 솔직히 말해줘야 한다는 마음과 친구에게 상처 주기 싫은 마음이 공존하는 것이다. 이는 본질적으로 양립할 수 없는 마음은 아니다. 다만 이 상황에서는 친구에게 솔직히 사실을 털어놓는 동시에 친구를 고통으로부터 보호해줄 수는 없다. 어떤 가치를 우선시할지 선택해야 한다.

어떤 딜레마 상황에서는 하나의 도덕적 조건이 다른 도덕적 조건을 압도한다. 플라톤이 『국가론』에서 논한 것처럼, 제정신이 아닌 사람에게 무기를 돌려줘야 할지에 관한 결정이 그런 예에 해당한다. 소크라테스는 빌린 것을 갚는 것이 도덕적으로 중요하지만, 다른 사람들을 안 다치게 하는 것이 더 중요하다고 했다. 어떻게 보면 이것은 진짜 딜레마라고 할 수도 없다.

더 복잡한 딜레마는 한쪽이 더 나은 선택임을 확실히 증명할 길이 없을 때다. 영화 〈소피의 선택〉을 살펴보자. 영화 속의 어머니는 나치에 의해 수용소로 끌려가면서 자신의 두 아이 중 누구를 가스실로 보내고 누구를 살릴 것인지 선택해야 한다. 이것은 '도덕적 비극'의 사례다. 우리가 어떻게 하든, 어떤 면에서는 '잘못된' 선택일 테니까. 물론 〈소피의 선택〉은 극단적이고 예외적이지만 좀 더 일상적인 상황도 많다. 비윤리적인 회사에 잔류해 회사를 뜯어고치려고 노력할 것인지, 아니면 빨리 손 털고 떠날 것인지의 문제가 그런 경우다.

그렇다면 어떻게 도덕적 딜레마를 해결할 수 있을까? 첫 단계는 우리가 도덕적 의무라고 인식하는 것이 진짜인지 확인하는 것이다. 때때로 우리는 불필요한 일에 책임감을 느낀다. 일례로 우리는 어떤 친척을 자주 방문해야 한다는 의무감을 느낄 수 있다. 그는 전혀 신경 쓰지 않는데도 불구하고. 나를 아끼지 않는 사람을 애써 돌볼 필요가 없음을 깨닫는 순간, 큰 안도감이 찾아온다.

어떤 딜레마가 진짜인지 알기 위해 우리는 어떤 방식으로 행동하는 도덕적 이유들을 구체적으로 살펴봐야 한다. 세상에는 여러 종류의 의무가 있으며 그것들은 충돌할 수 있다. 이를테면 직업상의 비밀 유지 약속과 국가에 정보를 공개해야 할 의무 사이에서 갈등하는 경우라면 어떤 것이 더 중요한 부분인지 가늠하려고 노력해야 한다.

도저히 답이 안 나올 경우에는 평소 옳지 못하다고 생각했던 일을 피해갈 수 없음을 받아들여야 한다. 폭발 사고로 치명상을 입은 낯선 아이를 치료할 것인지, 사라진 자신의 아이를 찾으러 다닐 것인지 고민하는 의사를 떠올려보자. 이건 도덕적으로 불가능한 선택이다. 자기 자식을 돌보는 의무를 저버리는 것도 옳지 않지만, 자기 아이 때문에 다른 아이를 희생시키는 것도 옳지 않기 때문이다. 이와 같은 선택을 내리면서 우리는 죄책감이나 후회를 느끼곤 한다. 충분히 이해되는 일이다. 하지만 우리가 어떤 선택을 했더라도 안타까움이 남았으리라는 점을 스스로 기억해야 한다. | 책임Responsibility 참조 |

불편한 마음은 불가능한 상황에 대한 필연적 결과일 뿐, 도덕적 과실의 상징이 아니다. 어떤 도덕적 딜레마는 해결될 수 없다. 그저 한쪽을 선택하고 그에 대한 결과를 받아들이는 수밖에 없다. 후회는 남겠지만 비난은 생략된 채로.

함께 보면 좋은 주제

만약What if, 불확실성Uncertainty, 선택Choice, 양가감정Ambivalence, 우유부단Indecision, 죄책감과 수치심Guilt and shame, 책임Responsibility, 후회Regret

읽을거리

리사 테스먼, 『옳은 일을 하는 것이 불가능할 때When Doing the Right Thing Is Impossible』

루틴 Routine

> 습관이라고는 아무것도 없어서 매 선택마다
> 망설이는 것만큼 끔찍한 인간은 없다.
>
> – 윌리엄 제임스

루틴은 종종 억압적이고 숨 막히는 것, 새롭고 창의적인 일을 하려면 벗어던져야 하는 것으로 여겨진다. 물론 루틴에는 편안하고 안심이 되는 측면도 있다. 그래서 기존의 루틴을 버리고 변화를 시도하는 것이 그토록 어려운 것이다.

많은 철학자들은 (또한 많은 작가와 예술가들은) 우리가 상상할 수 있는 가장 틀에 박힌 삶을 살았다. 일례로 칸트는 마흔 살이 되던 해부터 정해진 시간표를 철저히 따랐다. 새벽 5시에 일어나 차를 마시면서 담배를 피우고, 강의 준비와 글쓰기를 하고, 7시에서 11시 사이에 강의를 하고, 점심을 먹고, 산책을 하고, 가장 친한 친구를 찾아가 몇 시간 대화를 나누고, 집으로 돌아와서 업무와 독서를 계속하다가 밤 11시에 잠자리에 들었다.

쇼펜하우어는 프랑크푸르트에 살던 27년 동안 더 엄격한 하루 일과를 지켰다. 아침 7시 기상, 목욕, 커피, 12시까지 글쓰기, 30분간 플루트 연습, 잉글리쉬 호프에서 점심, 오후 4시까지 독서, 날씨와 관계없이 2시간 산책, 도서관에서 《타임스》 읽기, 연극이나 콘서트, 저녁 외식, 밤 9~10시 사이에 귀가, 잠자리 들기.

독일 남성 철학자들만 꽉 짜인 삶을 살았던 건 아니다. 시몬 드 보부아르의 일상은 사교 행사가 잡히지 않을 경우 차 마시기, 혼자 일하기, 친구들과의 점심 외식, 사르트르 옆에서 몇 시간씩 조용히 일하기의 반복이었다.

비슷한 예는 더 많다. 요점은 이러한 철학자들에게 창의성을 가능하게 했던 것이 바로 루틴이라는 것이다. 루틴은 일상의 자잘한 문제로부터 해방시킴으로써 진짜 중요하게 여기는 것, 여기서는 그들의 철학에 오롯이 집중할 수 있도록 했다.

루틴의 가치를 완전히 인정하면서도 루틴을 어렵게 여겼던 윌리엄 제임스는 '질서정연한 습관'의 중요성에 대해 이렇게 설명했다.

"우리 일상의 세부사항이 자동화되어 더 수월하게 관리할 수 있어질수록, 지성의 힘은 그만큼 더 자유로워져서 우리를 위한 올바른 일에 사용될 수 있다. 습관이라고는 아무것도 없어서 매 선택마다 망설이는 것만큼 끔찍한 인간은 없다. 그런 사람에게는 담배에 불을 붙이고, 음료를 한 잔 마시고, 깨어나거나 잠들고, 어떤 일을 시작하는 매 순간이 명백한 심사숙고의 대상이다."

그렇기 때문에 비트겐슈타인은, 존 메이너드 케인스의 증언에 따르면, '늘 똑같은 음식이기만 하다면 자신이 무엇을 먹는지는 중요하지 않다'고 선언했는지도 모른다.

루틴을 바꿔야 할지 고민하고 있다면 그 루틴이 우리 삶을 풍요롭게 하는지, 아니면 삶을 망가뜨리는지 살펴야 한다. 우리를 숨 막히게 하는지, 우리의 에너지와 활력을 빨아들이는지, 아니면 창의적 활동에 필요한 발판 역할을 하는지 알아야 한다. 변화가 필요하다는 판단을 내렸다고 해서 루틴을 전부 폐기하고 완전히 즉흥적인 삶을 살아야 하는 건 아니다. 일상의 퍼즐 조각들을 잘 맞춰보는 것만으로도 더욱 만족스러운 삶을 위한 루틴을 발견할 수 있다.

함께 보면 좋은 주제

권태Boredom, 변화Change, 분주함Busyness, 습관Habits, 인성Character

읽을거리

메이슨 커리, 『리추얼』

마음챙김 Mindfulness

마음챙김은 이제 최신이라고 말할 수도 없는 거대한 흐름이며, 건강, 부, 평온, 행복, 최대 성과, 성공 등 우리가 생각할 수 있는 거의 모든 세속적 목표 달성을 위한 수단으로 널리 알려져 있다. 마음챙김이 일시적 걱정으로부터 거리를 두기 위한 영적인 수행에서 출발했다는 것을 감안하면 참 아이러니한 일이다. 마음챙김이 기업의 이익이나 경제적 이익을 목적으로 이용되는 방식에 주목해 이 명상 대용품을 '맥마인드풀니스McMindfulness'라고 부르기도 한다.

그렇다고 해서 마음챙김이 윤회의 고리를 끊으려는 형이상학적 목표를 추구하는 열성적인 불교신자들에게만 중요한 문제여야 한다는 뜻은 아니다. 또한 실제적 목표를 위해 세속적인 마음챙김 기술을 채택하는 것이 가치 없다는 뜻도 아니다. 일상에서 그런 기술을 익히는 것은 분명 바람직하다. 하지만 마음챙김을 그런 용도로만 활용하면 그것의 가장 중요한 측면을 놓칠 수도 있다.

이 모든 것의 출발점인 부처의 이야기부터 시작해보자. '마음챙김'이라는 단어는 팔리어語 '사티 sati'를 번역한 것이다. 초기 불교 경전에서 이 단어는 경험에 대한 관찰이 됐든, 자비심을 기르는 일이 됐든, 죽음에 대한 성찰이 됐든, 명상 수행에 마음을 쏟는 것을 의미했다.

일반적인 사건 과정에서 우리는 그렇게까지 마음을 챙기지 않는다. 그저 우리를 둘러싼 것들에 대해 자동적으로 반응하고 좋아 보이는 것을 뒤쫓고 안 좋아 보이는 것에서 멀어지려고 한다. 우리의 판단이 옳은지 혹은 우리가 하려는 일이 바람직한지 잠시 고민해볼 정신적 여유조차 없이 말이다.

마음챙김 훈련을 통해, 즉 우리의 경험에 세심한 주의를 기울임으로써 우리의 끝없는 충동과 행동 사이에 틈새를 만들어낼 수 있다. 초기 불교 경전에서 마음챙김은 멀리서 소를 지켜보는 소몰이꾼, 혹은 성문 안으로 들어오는 사람을 감시하는 문지기에 비유된다.

스토아 철학자들은 주의와 관련하여 이와 비슷한 비유를 했다. 에픽테토스는 철학자가 '매복 중인 적을 감시하듯 자기 자신을 지켜봐야 한다'라며 '주의를 늦추지 않음으로써 단 몇 가지의 실수라도 피할 수 있다면 충분하다'라고 했다. 불교의 가르침처럼, 우리의 행동을 일반적으로 규정하고 심지어 통제하는 욕망과 혐오를 잘 인식한다면, 그 욕망과 혐오의 노예로 전락하지 않고 더 현명한 선택을 하게 될 가능성이 높아진다.

양쪽 학파의 철학에 따르면, 마음챙김을 실천하는 것은 우리가 좋거나 나쁜 인상을 받을 때 그 사실을 곧바로 인식함으로써 우리의 욕망에 내재된 가치에 의문을 제기할 기회를 얻는 것이다. 욕망, 시기, 불안, 혹은 나중에 돌이켜보면 후회할 만한 다른 어떤 충동에 따라 행동하려고 할 때 그것을 알아차리게 된다. 마음챙김을 훈련한다면, 생각 없이 습관적 패턴에 따라 행동하는 대신 이성적 반응을 보일 여지를 얻게 된다. 우리가 본격적인 명상을 하든 그렇지 않든 간에, 좀 더 성찰하고 자주적인 인간이 되고 싶다면 필요한 것은 마음챙김이다.

함께 보면 좋은 주제

분주함Busyness, 속도 늦추기Slowing down, 욕망Desires, 자제력Self-control, 정신적 삶Inner life, 침묵Silence, 평온Calm

읽을거리

안토니아 마카로, 『행복 그 이상More than Happiness』

만약 What if

현재의 세계는 무한한 가능세계들 중에서
신의 선택을 받은 것이다.

– 고트프리트 빌헬름 라이프니츠

만약 우리가 다른 직업을 선택하고, 다른 사람과 결혼하고, 진작 여행을 떠났다면 어땠을까? 이제껏 살아온 인생과 비교해 어떻게 달라졌을까? 이런 질문들은 종종 후회로 얼룩져 있다. |후회Regret 참조| 인생이 어떻게 달라졌을까 궁금해하는 것은 현재에 완전히 만족하지 않기 때문이다.

인생이 지금과 달랐을 수도 있다는 이 감질나는 생각을 어떻게 받아들여야 할까? 가능세계possible worlds의 철학을 통해 한 가지 관점을 얻을 수 있다. 이것은 고트프리트 빌헬름 라이프니츠가 만들어낸 용어로, 그는 우리의 현재 세계는 무한한 가능세계들 중에서 신의 선택을 받은 것이라고 믿었다. 20세기 후반에 활동한 데이비드 루이스는 모든 가능세계가 실재한다는 더 확장된 사상을 내놓기도 했다.

이런 개념을 단순히 대안적인 시나리오에 관한 사고방식으로 받아들이면 실용적인 활용이 가능하다. 여기서 가장 유용한 것은 분기점이 되는 사건이 발생하기 직전까지 현실 세계와 모든 것이 똑같은 '가능세계'다. 예컨대 우리가 '사표를 쓰고 여행을 갈 수도 있었다'라고 말할 때, 우리가 그렇게 행동한 가능세계가 있다고 표현함으로써 그 생각을 전달한다.

우리가 꿈꾸는 가능세계가 실제 세계와 얼마나 비슷한지 살펴보는 건 유익할 수 있다. 만약 우리가 마음속에 소중히 품고 있는 대안적 시나리오가 실제 현실과는 아주 동떨어진 가능세계에서만 발생할 수 있는 일이라면 왠지 안심이 된다. 어쩌면 그 세계에서 우리는 완전히 다른 성격을 가지고 있거나, 전혀 다른 환경에서 자란 사람일지도 모른다. 그런 희박한 가능성에 연연하는 것은 무의미하다.

반면 가능세계가 실제 세계와 아주 비슷할 때는 훨씬 까다롭다. 하나의 결정만 달라졌어도 그 가능세계가 현실이 됐을지도 모른다. 어쩌면 심사숙고 끝에 그 길을 선택하기 직전까지 갔다가 다른 선택을 했을 수도 있다. 이처럼 결과가 다른 가능세계가 한때 손에 잡힐 듯 가까웠다는 사실은 고통스러울 수 있다.

우리는 그 가능세계가 어떤 모습일지에 대해 생각보다 훨씬 무지하다는 것을 기억해야 한다. 우리는 지금의 삶에서 하나의 순간을 바꾸면 그 부분만 달라지고 나머지는 거의 비슷한 상태로 유지될 것이라고 상상한다. 하지만 현실에서 작은 변화는 거대한 파급효과를 불러일으킬 수 있고, 우리가 지금의 현실과 비교해 그 총체적인 변화의 결과에 만족할지는 알 수 없다. 레이 브래드버리의 단편 「우렛소리」는 공룡 시대로의 시간여행을 다룬 이야기다. 이 소설에서 주인공이 시간여행을 하는 중에 실수로 작은 나비를 밟는 바람에 미래의 현실이 몰라보게 달라진다.

　가능세계에 대해 추측하는 건 재미있을 수 있지만, 현실이 가능세계의 그림자에 잠식될 만큼 지나쳐서는 안 된다. 과거의 큰 사건은 고사하고 작은 사건 하나만 바뀌어도 현실이 얼마나 달라질지 우리로서는 알 길이 없다. '그때 그렇게 했으면 좋았을걸' 하는 후회에 대한 가장 좋은 해결책은 실제로 그렇게 했더라도 어떤 일이 벌어졌을지 알 수 없다고 받아들이는 것이다.

함께 보면 좋은 주제
불확실성Uncertainty, 손실Loss, 시기Envy, 실수Mistakes, 실패Failure, 운명Fate, 중년의 위기 Midlife crisis, 회복력Resilience, 후회Regret

읽을거리
레이 브래드버리, 『태양의 황금 사과』 중 「우렛소리」

만족 Contentment

모든 순간이 즐거울 수는 없다. 모든 날이 행복한 날일 수는 없다. 하지만 적어도 대체로 만족할 만한 수준에 도달하는 것은 가능하지 않을까? 만족은 이게 최선일 거라는 가능성에 대한 낙관이다. 이러한 만족은 바람직하고 이룰 수 있는 것일까?

만족을 얻기 위한 대부분의 조언은 무엇을 개선하려고 애쓰기보다는 있는 그대로 받아들이는 것에 기초한다. │통제Control 참조│ 스토아 철학자인 에피쿠로스는 "원하는 일이 일어나기를 바라지 말고 일이 일어나는 대로 일어나기를 바란다면 삶은 순조로울 것이다"라는 명쾌한 격언을 남겼다. 따라서 원치 않는 상황에 빠진다면 우리는 그 상황을 이해하는 방식을 새로 짜야 한다. "혼자 있을 때는 그것을 평화와 자유라고 부르며 자기 자신을 신과 비교할 수 있어야 한다. 사람들과 함께 있을 때는 그것을 군중, 소란, 성가신 것이 아니라 잔치이자 축제라고 여기며 모든 것을 만족스럽게 받아들여야 한다."

큰 실수를 저질렀거나 이웃집 개가 짖어 밤잠을 설칠 때에는 이런 전략을 취하기 어려울 수 있다. 하지만 좋든 나쁘든 모든 것을 있는 그대로 받아들이면 만족이 뒤따라온다. 행복이 경쾌하고 흥분되는 감정을 의미한다면 우리는 행복하지 않을 수도 있다. 인생에 완전히 만족하지 못할 수도 있다. 우리가 원하는 것, 이를테면 애정 넘치는 관계 같은 것을 얻는 축복을 누리지 못할 수 있고, 어떤 이유로든 우리의 잠재력을 충분히 발휘하지 못했음을 깨달을 수 있다. 하지만 이 모든 것이 사실임에도 불구하고, 만족할 수도 있다.

일부 철학자들은 만족을 의심해왔다. 그것이 세상에 대한 적극적인 참여보다는 수동적인 수용을 암시한다는 이유에서다. 밀은 만족이란 당신이 쉬운 사람임을 보여주는 것이라고 믿었다. 그는 "만족하는 바보보다는 불만을 가진 소크라테스가 더 낫다"라는 글을 남겼다. 그는 행복이 더 가치 있다고 생각했는데, 온전히 인간적인 방식으로 행복해지려면 예술, 음악, 대화 같은 더 높은 수준의 쾌락을 얻어야 하기 때문이다. | 쾌락Pleasure 참조 |

만족하는 사람들에 대한 니체의 혐오는 더 강렬했으며, 그는 만족하는 사람들을 행복한 사람들과 하나로 묶었다. 그의 견해에 따르면 우리는 행복을 추구해서는 안 된다. 이로 인해 최선의 자아를 얻기 위한 고된 노력을 피하게 하기 때문이다. 그는 인간의 목표는 '만족이 아니라 더 큰 힘'이라고 말했다. 여기서 힘은 타인을 향한 권력이 아니라, 우리의 잠재력에 대한 완전한 개발과 극기를 의미한다.

니체와 밀의 주장은 일리가 있다. 지나친 수용의 결과는 분명 수동성일 것이다. 이것은 도움이 되는 태도일 수 없다. 이 세상과 우리의 성취에 대한 기대치가 낮은 것은 현명한 일이지만, 최선을 다하기 위해 높은 목표를 잡고 스스로에게 많은 요구를 해야 한다.

하지만 불만스러운 상황을 바꾸면 행복해질 것이라는 가정에는 이의를 제기해야 한다. 현실세계에는 이상세계와 다른 부분이 늘 존재하므로, 어떤 변화가 있기 전까지 우리의 삶이 제대로 굴러가지 않을 거라는 느낌은 자칫 영구적인 결핍 상태가 될 수 있다. 또한 우리의 기대치가 높을수록, 개선할 수 있는 부분에 집중할수록, 우리의 만족감은 낮아진다. 반면 수용은 종종 안도와 평온을 불러온다.

따라서 우리에게는 과도한 묵인을 피할 줄 아는 올바른 만족이 필요하다. 실생활에 적용해보면, 만족은 상황을 낫게 만들려는 노력과 상황을 있는 그대로 받아들이는 자족 간의 균형을 의미한다. 무엇보다 삶의 불완전함이 우리가 일상에서 고마워하고 즐거워하는 것들을 뒤덮지 않도록 하는 것을 의미한다.

함께 보면 좋은 주제

감사Gratitude, 단순함Simplicity, 성취Achievement, 완벽주의Perfectionism, 욕망Desires, 통제Control, 평온Calm, 행복Happiness

읽을거리

프리드리히 니체, 『우상의 황혼』

멜랑콜리 Melancholy

우울은 매력이 제거된 멜랑콜리다.

– 수전 손택

요즘 기분이 '멜랑콜리하다'라고 말하는 사람을 만나는 건 드문 일이다. 대신 우리는 기분이 별로다, 혹은 우울하다는 말을 자주 쓴다. 우리는 말이 중요하다는 것과 우리의 경험을 설명하는 방식이 각자의 감정에 영향을 미친다는 것을 잊곤 한다. 우울하다는 말을 할 때 실제 감정은 가벼운 분노 혹은 약한 슬픔에 불과할지라도 그 표현을 통해 우리 자신이 병적인 상태라는 진단을 내리게 된다.

우울한 감정의 종류는 우리가 사용하는 일상적인 어휘보다 훨씬 다양하다. 일례로 키르케고르는 불행과 정신적 절망을 구분했다. 그는 자신에 관한 글에서 '나는 어린 시절부터 나를 거의 미치기 직전까지 몰아붙인 온갖 고통에 시달려온, 가장 깊은 의미에서 아주 불행한 인간이다'라고 했다. 하지만 이상하게도 그는 이것이 '내 정신과는 무관하고 내 정신은 오히려 보기 드문 회복력을 얻었다'라고 했다.

그의 이야기에서 흥미로운 점은, 우리가 흔히 뭉뚱그려 인식하는 현상들을 키르케고르가 분리했다는 것과 이러한 분리가 우리에게 도움이 될 수 있다는 것이다. 그는 심리적으로 불행하면서 동시에 정신적인 회복력을 갖는 것이 가능하다고 생각했다. 우리는 이런 접근법을 발전시켜 다른 개념들, 즉 불행, 슬픔, 멜랑콜리, 우울의 엉킨 실타래를 풀어볼 수 있다.

우리가 우울하지 않은 상태에서도 슬프거나 불행할 수 있듯이, 멜랑콜리와 우울함도 항상 한 덩어리로 묶일 필요는 없을지도 모른다. '멜랑콜리'라는 단어는 고대의 체액론에서 유래했으며, 지나치게 많은 흑담즙으로 유발된 두려움과 슬픔의 심리 상태를 뜻한다.

하지만 단어의 의미는 바뀌기 마련이라서 멜랑콜리도 다양한 시대에 걸쳐 다양한 방식으로 사용되었다. 때로는 우울과 하나로 뭉쳐지고 때로는 우울에서 떨어져 나왔으며, 우울이라는 말 역시도 여러 변화를 거쳤다. 이를테면 수전 손택은 '우울은 매력이 제거된 멜랑콜리'라고 정리했다.

물론 멜랑콜리와 우울은 겹치는 부분이 있다. 하지만 근본적으로, 멜랑콜리한 모든 상태가 병적인 것은 아니다. 우리는 세상을 향한, 절망과는 무관한 멜랑콜리의 본뜻을 되살릴 수도 있다. 이를테면 일종의 실존적 불안, 인간의 조건과 삶에 필연적으로 따라오는 고통에 대한 슬픔 같은 것들 말이다. 놀랍게도, 이러한 정서를 인정하는 것이 반드시 세상과의 단절을 야기하거나 동기부여와 즐거움, 삶에 대한 열정을 저해하지는 않을지도 모른다.

예술, 음악, 자연과 관련된 멜랑콜리를 살펴보면 그 점을 더욱 명확히 알 수 있다. 슬프고 감동적인 음악은 때로 즐거움이 될 수 있다. 성

찰과 사색을 유발하는 모든 달콤 쓸쓸한 기분은 우리의 경험을 피폐하
게 만들기보단 풍요롭게 만들 수 있다.

함께 보면 좋은 주제

감사Gratitude, 고통Suffering, 완벽주의Perfectionism, 통증Pain

읽을거리

쇠렌 키르케고르, 『페이퍼와 저널Papers and Journals』

명성 | Reputation

많은 사람들은 남들이 자기를 어떻게 생각할지 걱정하고, 또 그만큼 많은 사람들은 평판에 너무 신경 쓰는 걸 멍청한 짓이라고 생각한다. 이 두 부류는 겹치는 경우가 많다. 우리가 이런 성가신 태도를 쉽게 버리지 못하는 데는 그럴 만한 진화론적 이유가 있다. 선사시대의 우리 조상들에게는 집단의 일원으로 받아들여지는 것이 생존을 위해 중요한 문제였다. 따라서 인정받고자 하는 욕구는 일종의 본능이 되었다.

그렇다고 해서 대부분의 철학자들이 우리가 이러한 충동의 노예로 전락하는 것을 멈출 수 있고 그래야만 한다는 주장을 철회한 것은 아니다. 평판, 명성, 대중으로부터의 인정에 대한 욕구 등 어떤 형태로 발현되든 간에, 이런 충동은 거짓된 가치이며 우리는 그걸 걱정하느라 너무 많은 시간을 허비해서는 안 된다.

거기에는 여러 이유가 있다. 우선 평판은 믿음직한 가치 측정의 도구가 아니다. 아리스토텔레스는 일명 '존경'이라는 개념이 '얄팍하다'라고 생각했는데, 그것이 '존경받는 당사자보다는 존경을 표현하는 사람을 더 많이 반영'하기 때문이었다. 그가 의미하는 바는, 사람들이 우리를 얼마나 높이 평가하느냐는 우리의 진정한 가치와는 무관한 온갖 요인에 달려 있다는 것이다. 이를테면 운, 대중의 취향, 드러나 보이는 외모 등이 평가의 기준이 되고, 그 사람이 진짜 존경받을 만한지가 판단의 주요 요인으로 작용하는 경우는 드물다.

또한 명성은 장기적인 관점에서 봤을 때 찰나에 불과하고 공허하며, 명성을 얻기 위한 노력은 허영에 의해 촉진된다. 이 부분을 마르쿠스 아우렐리우스보다 잘 설명한 사람은 없다. "당신을 괴롭히는 것이 당신의 명성인가? 하지만 우리 모두가 얼마나 빨리 잊히는지 보라. 끝없는 시간의 심연은 모든 것을 집어삼킨다. 박수치는 손들은 얼마나 공허한가. 우리를 칭찬하는 사람들은 얼마나 변덕스럽고 제멋대로인가. 이 모든 일이 펼쳐지는 무대는 또 얼마나 작은가."

우리는 명성에 너무 신경을 쓰는 나머지 남의 비위만 맞추려고 하는 인간이 되지 않도록 주의해야 한다. 세네카는 높은 지위에 오르는 사람들에게는 이것이 흔한 일이라고 생각했다. "계속해서 관복을 입는 사람, 혹은 대중에게 잘 알려진 사람을 시기하지 말라. 그런 화려함은 삶을 희생함으로써 얻어지므로." 몽테뉴는 명성을 '현재 유통 중인 가장 무용하고 헛된 위조 화폐'라고 비판했는데, 이것은 철학계의 전반적인 의견의 요약본에 가깝다.

이런 주류 의견에 반대하며 명성의 장점에 대해 말하는 몇몇 목소리도 있다. 자신의 앞선 경고에도 불구하고, 아리스토텔레스는 충분히 합당한 이유로 좋은 평판을 얻었다면 기뻐하는 것이 마땅하다고 주장

했다. | 프라이드Pride 참조 | 이것은 평판에 신경 쓰는 것이 유익할 수도 있음을 보여준다. 사람들이 진정으로 존경받게 되는 이유를 고민해보는 것은 명성을 얻기 위한 자질을 파악하는 데 도움이 된다.

우리는 칭찬 그 자체보다는 칭찬을 불러오는 자질에 초점을 맞춰야 한다. 맹자는 말했다. "실체가 없는 명예와 존경을 받을 때, 군자는 그 공허한 표현을 견딜 수 없다." 마르쿠스 아우렐리우스는 당신이 다른 사람에 대해 걱정하느라 시간을 낭비하면 '쓸모 있는 일은 하나도 할 수 없게 된다'라고 했다. 그는 우리에게 말한다. "그 누구도 알아보지 못하는 가운데 좋은 사람이 되는 것은 충분히 가능하다." 중요한 건 옳은 일을 하는 것이다. 남들이 그걸 알아주는 건 보너스일 뿐이다.

함께 보면 좋은 주제
성취Achievement, 죄책감과 수치심Guilt and shame, 프라이드Pride

읽을거리
마르쿠스 아우렐리우스, 『명상록』

목적의식 Purpose

우리 자신보다 더 큰 무엇 속에서 우리 역할을 찾으려
하는 것은 그 대상 자체가 의미 있지 않다면 의미를 획
득할 수 없다.

– 토머스 네이글

삶에서 많은 것들이 무의미해 보인다. 그 사실은 우리를 의기소침하고 상심하게 한다. 해결책은 무엇일까? 그것 말고 다른 무언가를 하는 것이다. 하지만 삶 자체가 무의미해 보인다면? 삶의 반대편을 선택하는 것은 받아들일 만한 대안이 아니다. 거기에는 그 어떤 목적도 없기 때문이다. 따라서 긍정적인 유일한 선택지는 보일 듯 보이지 않는 삶의 의미를 찾으려 애써보는 것이다.

이때 사람들은 보통 자신보다 더 큰 무엇과 운명을 같이하려 하는데, 이것은 그들의 삶에 목적성과 중요성을 부여해준다. 이를테면 신의 섭리, 혹은 인류의 진보 같은 것들이다. 토머스 네이글은 이러한 전략에 주의를 당부한다. 그에 따르면 우리 존재를 정당화하기 위해 '우리 자신보다 더 큰 무엇 속에서 우리 역할을 찾으려 하는 것은 그 대상 자체가 의미 있지 않다면 의미를 획득할 수 없다'라고 했다. 그는 사고

실험을 통해 이것을 설명한다. '우리가 인육을 좋아하는 다른 존재들의 먹잇감이 되기 위해 길러지고 있고, 그들은 고기가 너무 질겨지기 전에 우리를 기름에 튀길 계획이다'라고 가정해보자. 이것이 우리 삶에 의미를 부여할 수 있을까? 우리는 **그들의** 삶의 목적에 대해 전혀 모르고 있으므로, 답은 '그렇지 않다'이다. 이 경우, **그들의** 목적을 달성하는 것이 어떻게 **우리의** 목적이 될 수 있는지 분명하지 않다.

네이글의 핵심은 목적이 의미를 얻는 것은 그것이 그 자체로 가치 있는 명분에 기여한다는 믿음이 있을 때뿐이라는 것이다. 따라서 과학적 진보나 인권 향상 같은 특정한 이상을 발전시키기 위해 노력하는 것은 우리 삶에 그런 의미를 부여할 수 있다.

하지만 우리는 어떤 최종목표 없이도 의미를 얻을 수 있다. 궁극적인 가치를 지닌 무언가와 교감하는 것만으로 가능하다. 아르네 네스가 말한 것처럼 삶의 풍요로움과 다양함, 그리고 구속받지 않는 자연의 풍경과의 교감을 예로 들어보자. 그 즐거움의 일부는 우리의 자아보다 더 큰 무엇, 수백만 년의 세월을 견뎌왔고 앞으로 또 수백만 년 동안 삶을 이어나갈 무엇과의 친밀한 관계를 인식하는 것에서 시작된다.

목적의식은 더 큰 무엇 속에서의 역할이나 기능을 필요로 하지 않는다. 식물 돌보기, 고양이 밥 주기, 훌륭한 책 완독하기 등 당신이 가치 있다고 여기는 일거리가 있다면 매일 아침 목적의식을 가지고 잠에서 깰 수 있다. 네이글에 따르면 우리의 행동은 그 안에서 찾을 수 있는 가치에 의해 정당화되며, 그런 가치를 일상의 소소한 활동 속에서 찾지 말라는 법은 없다.

우리 자신보다 더 큰 무언가에 뛰어드는 것은 목적의식을 회복하는 자연스러운 방법이다. 하지만 이 전략은 우리와 그 자체로 가치 있다고 여겨지는 대상, 사람, 활동을 연결해줄 때만 제대로 작동한다. 따라서 중요한 것은 우리가 가치 있다고 여기는 동시에 목적을 지닌 행동이다. 이것이 결혼이나 소설 쓰기 같은 분명한 목표일 필요는 없다. 이런 목표는 달성되자마자 목적의식이 소진되기 때문에 우리는 체크 표시를 남긴 다음 넘어가게 된다. 반면 창의적인 사람 되기 혹은 다정한 사람 되기 같은 가치는 우리의 행동을 끝없이, 지속적으로 그 방향으로 이끌어준다.

함께 보면 좋은 주제

가치Values, 동기Motivation, 성취Achievement, 우주적 보잘것없음Cosmic insignificance, 의미Meaning, 중년의 위기Midlife crisis

읽을거리

토머스 네이글, 『도덕적 질문Mortal Questions』

몸 The body

> 몸이 제대로 기능할 때
> 몸은 세상과 우리 사이의 투명한 막이 된다.
>
> – 드루 레더

주 7일, 24시간 내내 어떤 것과 함께해야 한다면 문제가 생길 수밖에 없다. 우리 몸을 생각해보자. 당신은 자기 외모를 끔찍하다고 여기지 않을지도 모르겠지만, 한 언론사의 설문조사에 따르면 여성의 56퍼센트와 남성의 43퍼센트가 본인의 외모에 불만이 있다고 한다. 복부, 체중, 근육 형태가 불만인 경우가 가장 많았고, 코, 눈썹, 귀, 무릎 같은 특정 부위에 불만을 가진 사람도 많았다.

우리는 우리의 몸과 어려운 관계를 맺고 있다. 하지만 이 표현에는 한 가지 문제가 있다. 우리가 '우리의 몸'이 '우리'와 동일한 존재가 아닌 것처럼 생각하는 데 익숙해져 있다는 것이다. 우리의 몸은 우리가 탑승해 있는 일종의 탈것이며, 돌아다니기 위해 필요하지만 실존의 본질적인 부분은 아니다.

많은 철학적 전통에서 이런 사고방식은 실제 자아를 '내부'에 존재하

는 일종의 비물질적 영혼으로 보는 이론에 의해 지지를 받았다. 플라톤과 데카르트는 이런 이원론dualist 사상을 강조했고, 이는 서양 철학에서 중요한 자리를 차지하게 되었다. | 사후세계Afterlife 참조 |

다만 이러한 큰 그림은, 심지어 많은 이원론자들이 보기에도, 몸과 마음의 분리가 불가능한 현실과 명백히 충돌했다. 데카르트는 이 점을 솔직히 인정했다. "나는 선원이 배에 타듯 내 몸 속에 있는 것이 아니다. 그보다는 몸과 밀접하게 결합되고 혼합되어 있으며, 말하자면 내 몸과 나는 하나의 유닛으로 구성되어 있다." 하지만 그의 철학은 어떻게 이것이 가능한지 설명하지는 못했다.

대다수 인도 사상가들도 육체와 영혼의 본질적 차이를 주장해왔다. 서양 철학과 한 가지 다른 점이 있다면, 대부분의 인도 학파는 영혼을 육신의 껍데기로부터 해방시키기 위해서 요가처럼 몸 쓰는 훈련이 필요하다고 믿었다. 일례로『카우쉬타키 우파니샤드Kaushitaki Upanishad』에 소개한 '6단계 요가sixfold yoga'에는 '호흡 억제, 감각 제거, 명상, 집중, 사색, 흡수'라는 신체적, 정신적 훈련이 포함된다.

인간을 완전히 다른 두 부분으로 분리하는 방식에 저항한 사상가들도 많다. 아리스토텔레스는 영혼을 비물질적 실체가 아니라, 유기체에 생명을 부여하는 구성 원리로 봤다. 이것은 본질적으로 현대 과학의 관점과 일치한다. 정신과 의식이 얼마나 신비롭든 간에, 그것은 유기적이고 물질적인 것들의 산물일 뿐 그 이상도 이하도 아니다.

육체를 인간 경험의 중심부에 놓으려는 가장 강력한 시도는 20세기 프랑스와 독일의 현상학자들에 의해 이루어졌다고 할 수 있다. 그들에게 육체는 세상에 존재하는 또 하나의 객체가 아니라, 살아 있는 경험의 주체다.

우리는 이 부분을 상기할 필요가 있다. 우리의 몸이 정상적으로 작동하고 있을 때, 몸은 우리의 의식에서 사라지고 대신 주변 환경으로 의식이 쏠리기 때문이다. 드루 레더의 말처럼, 몸이 제대로 기능할 때 '몸은 세상과 우리 사이의 투명한 막이 된다.' 역설적이게도, 우리의 몸은 늘 존재하기에 눈에 보이지 않는다. 우리의 의식에서 몸이 부각되는 것은 마음먹은 대로 몸이 움직이지 않을 때, 혹은 성적 흥분과 같은 강렬한 육체적 자극이 있을 때뿐이다.

우리의 육체성을 가장 강렬하게 의식하는 순간은 몸이 말썽을 부릴 때다. 하비 카렐은 우리가 보통 육체를 '프로젝트의 실행에 묵묵히 기여하는 건강한 기능적 요소로 당연시하지만, 아플 때는 몸이 전면에 등장한다'라고 말한다. 그에 따르면 우리가 아플 때 장애를 겪는 것은 신체적 기능뿐만이 아니다. 한 인간이 세상에 존재하는 모든 방식이 달라진다. 이러한 경험은 평소 우리 몸의 투명한 상태와는 너무도 달라서 기묘하게 느껴진다. 레더는 몸이 '기능 상실로 인해 불투명한 상태가 되면 우리는 몸을 이질적 존재로 인식하게 된다'라고 했다.

이것은 일상생활에서 우리의 신체 경험과 관련해 무엇을 의미할까? 독감을 앓을 때 이 문제를 생각해봐야 한다. 메를로 퐁티의 말처럼 몸은 '세상을 경험하는 우리의 일반적인 매개체'임을 깨닫는 계기가 될 것이다. 몸에 대하여 우리가 어떻게 생겼는지, 어디가 잘생기고 어디가 못생겼는지 피상적으로 생각할 게 아니라, 우리의 육체적 경험에 관심을 기울인다면 삶이 풍요로워지고 이해의 폭도 넓어진다. 몸에 관심을 기울임으로써 우리가 세상의 존재를 인식하는 기적 같은 과정을 더 잘 이해할 수 있다.

이것을 깨닫기 위해 아름다운 석양이나 놀라운 육체적 성취가 필요한 건 아니다. 한쪽 손 위에 얹어진 반대쪽 손의 감촉, 코끝으로 느껴지는 찬바람처럼 일상적인 감각으로도 충분하다. 우리가 육체를 통해 세상을 만난다는 사실은 실로 기적이다.

무의식 Unconscious

원인은 실험을 통해 발견될 수 있지만,
실험은 이유를 만들어내지 못한다.

─ 루트비히 비트겐슈타인

"왜 그랬어?" 이것은 당신이 남에게, 아마도 불신, 분노, 호기심의 어조로, 묻거나 받게 될 질문이다. 대답에는 우리가 무엇을, 왜 했는지에 관한 설명이 포함된다. 날이 어두워져서 불을 켰다, 날이 추워서 점퍼를 입었다 등등. 하지만 우리는 어떤 일을 하게 된 진짜 이유를 파악하는 게 가능하다는 생각에 점점 더 의심을 품고 있다. 그 대신 우리가 대부분 무의식적 동기에 의해 움직인다는 것이 새로운 상식이다. 이러한 주장은 정신분석학, 사회심리학, 신경학에서 출발했다. 많은 심리학 연구는 우리가 자신의 성격 특성, 동기, 감정과 행동적 습관, 자신에 대한 타인의 인식, 그 외 수많은 것들에 관한 통찰이 부족하다는 것을 보여준다. 마이클 가자니가의 표현을 빌리자면 "우리의 의식적인 부분은 무의식적 과정이라는 빙산의 일각에 불과하다"라는 것이 신경과학자들의 중론이다.

우리가 자신에 대해 얼마나 알 수 있는지에 대해 회의적인 태도를 취하는 것은 옳다. 하지만 우리의 행동을 설명하기 위해 무의식적 기제에 너무 많이 의존하지 않도록 주의해야 한다. 비트겐슈타인은 프로이트가 그러한 실수를 저질렀다고 생각했다. 프로이트의 실수는 이유reason와 원인cause을 혼동한 것인데, 비트겐슈타인의 견해에 따르면 이것들은 '사물에 관한 두 종류의 다른 질서'였다.

원인을 상정하는 것은 가설을 세우는 것이고, 이 가설은 경험적 조사에 의해 적절하게 정립된다. 가령 균열로 인해 다리가 붕괴했다는 주장은 공학적으로 검증될 수 있다. 행동과 심리 상태의 원인은 보통 감춰져 있으며 많은 경우 추측의 영역이다. 누군가 자신의 계부를 좋아하지 않는 이유는 오이디푸스적 문제일 수도 있지만 아닐 수도 있다. 어떤 이의 분노는 저혈당 때문일 수도 있지만 뇌에 침투하는 기생충 때문일 수도 있고 완전히 다른 것 때문일 수도 있다.

우리의 행동과 심리 상태에 원인이 있다고 해서 그것을 이해하는 데 필요한 이유를 찾지 않아도 되는 건 아니다. 이유를 찾는 것은 우리가 왜 어떤 행동을 했는지, 무엇을 느끼고 생각하고 말했는지에 대해 질문해보는 것이다. 여기에는 깊은 고민이 필요한데, 그 이유들은 바로 눈에 보이기보다는 암시적인 경우가 많기 때문이다. 앞의 예에서 계부를 싫어하는 이유에 대해 고민하다 보면, 그 사람 안에 있는 질투심, 계부가 저지른 실수, 혹은 이 두 가지와 다른 이유들의 조합을 발견하게 될지도 모른다. 비슷한 이치로, 어떤 음악을 듣고 감동받았을 때 우리는 그 음악이 특정한 감정을 불러일으키는 이유에 대해 생각해볼 수 있다.

이런 종류의 생각에는 주의와 정직함이 요구된다. 우리의 행동을 합리화하거나 행동에 대한 거짓 이유를 만들어내기 쉽기 때문이다. 우리가 찾았다고 생각한 이유가 진짜 이유인지는 결코 알 수가 없다. 하지만 진정한 이유라는 게 있다고 믿지 않는다면, 그건 인간이 믿음과 욕망의 영향을 전혀 받지 않는 기계와 같다고 말하는 것과 같다.

비트겐슈타인의 견해에 따르면 이유를 생각하는 것과 원인을 찾는 것 사이에는 큰 차이가 있다. "원인은 실험을 통해 발견될 수 있지만, 실험은 이유를 만들어내지 못한다." 인과적 설명만이 유일하게 적절한 설명이고 이유는 착시라고 여기는 것은 오산이다.

비트겐슈타인은 복잡한 현상을 훨씬 간단한 무엇을 바탕으로 설명하고 싶은 유혹을 충분히 이해했다. 그는 '이건 정말 이거일 수밖에 없어'라고 자신 있게 말하고 싶은 유혹은 가히 '압도적'이라고 했다. 그가 탐탁지 않게 여겼던 한 가지 예는, 아름다운 꽃에 관한 꿈을 '사실상' 섹스에 관한 것이라 했던 프로이트의 해석이다.

무의식이 우리 삶에서 큰 역할을 한다는 것은 부인할 수 없다. 우리가 어떤 일을, 왜 하는지에 관한 모든 것을 이유가 설명해줄 수 있다고 믿는 것은 오만하고 어리석다. 하지만 이유는 우리의 행동과 타인의 행동을 설명하는 데 필수적인 역할을 한다. 행동에 대한 이유가 없다면 인간의 행동은 정말이지 앞뒤가 맞지 않을 것이다.

함께 보면 좋은 주제
자기기만 Self-deception, 자기인식 Self-knowledge, 자유의지 Free will, 직관 Intuition

읽을거리
루트비히 비트겐슈타인, 『비트겐슈타인의 강연: 케임브리지, 1932~1935 Wittgenstein's Lectures: Cambridge, 1932~1935』

문제 | Problems

긴 인생에는 온갖 불행이 포함되어 있다.
긴 여정에 먼지, 진흙, 비가 포함되듯이.

— 세네카

문제는 다양한 모양과 형태로 나타난다. 병, 노화, 갈등, 실업, 외로움, 비가 새는 천장, 미끄러운 철로. 이 모든 것은 부처가 정의한 불만족의 두 가지 범주로 정리된다. 원하지 않지만 강제로 주어지는 것, 혹은 원하지만 얻을 수 없는 것. | 고통Suffering 참조 | 이 두 범주를 한 덩어리로 뭉칠 수도 있다. 세상이 우리 마음대로 되지 않는 것. 세상이 우리가 원하는 대로 움직일 이유가 전혀 없음에도 불구하고, 이런 상황을 받아들이기란 쉽지 않다. 이런 수용을 가로막는 큰 장애물은 우리에게 벌어진 일이 실은 일어나지 말았어야 한다는 어떤 느낌이다. 약간의 운, 노력, 긍정적 사고, 명상만 추가된다면 이런 귀찮은 문제들을 피해 가며 인생을 순조롭게 항해하는 것도 가능할 것만 같다.

하지만 그건 불가능하다. 세네카는 이 점을 제대로 지적하는 데 능했다. 그는 한 친구에게 이런 편지를 보냈다. "자네는 전에도 방광 통

159

증에 시달렸고, 걱정스러운 편지들을 받았고, 자네의 손실은 전부터 계속되었네." 그는 친구에게, 그리고 우리에게 그게 우리 눈에 어떻게 보이든 간에 문제는 반드시 일어난다고 일깨워준다. 불행은 살아 있는 존재의 평범하고 필연적인 일부이기 때문이다. "긴 인생에는 온갖 불행이 포함되어 있다. 긴 여정에 먼지, 진흙, 비가 포함되듯이."

우리가 긴 인생을 꿈꾼다면 거기에는 많은 문제가 뒤따를 것이며 그건 선택의 문제가 아님을 명심해야 한다. 세네카는 이렇게 말했다. "우리를 힘들게 하고 겁먹게 하는 것들은 그저 인생의 세금일 뿐이다. 우리만 세금을 면제받게 될 것이라고 생각하는 건 터무니없다."

세네카에 따르면 냉혹하고도 유일한 선택은 그걸 받아들이든지 아예 포기하든지 둘 중 하나다. "우리는 삶이 그런 식으로 펼쳐지는 세상에 태어났다. 그러므로 그 조건을 받아들여 순응하든지, 거부하고 당신이 원하는 길을 찾아 나서야 한다."

모든 수단을 동원해 문제 해결을 위해 노력하되, 문제 해결 후의 평온은 짧다는 것을 명심하자. 곧 새로운 문제가 찾아올 테니까. 죽는 그 순간까지 문제는 죽지 않고 계속 찾아올 테니, 지금 닥친 어려움들을 살아 있음의 증거로 받아들이는 건 어떨까.

···

함께 보면 좋은 주제
걱정Worrying, 건강과 질병Health and illness, 고통Suffering, 노화Ageing, 만족Contentment, 스트레스Stress, 좌절Frustration, 통증Pain, 회복력Resilience

읽을거리
세네카, 『편지Letter』

미덕 |Virtue

전 세계 어떤 국가도, 어느 나라의 그 어떤 개인도,
이제까지 도덕적 감정이 완전히 결여된 경우는 없었다.

– 데이비드 흄

오랫동안 '미덕'은 유행에서 크게 벗어난 것, 착한 체하고 경건한 체하는 것으로 여겨졌다. 철학에서 '덕 윤리virtue ethics'가 부활하면서 이 개념이 어느 정도 활력을 되찾긴 했지만, 미덕을 갖춘 사람이 되는 것을 신년 목표로 삼는 사람은 과거에도 거의 없었고 지금도 마찬가지일 것이다. 하지만 미덕의 의미를 제대로 이해하기만 한다면, 그런 목표를 세우는 사람은 많아질 것이고 또 많아져야만 한다.

미덕에 대한 근본적인 개념은 꽤 단순명쾌하다. 그것은 번영하는 삶에 도움이 되는 인간적 자질과 성격이므로, 그러한 삶을 원한다면 당연히 미덕을 쌓아야 한다. 미덕 없이는 번영할 수 없다. 도대체 미덕이란 무엇인가?

이에 대해 사상가들마다 각기 다른 목록을 제시한다. 플라톤은 주요 미덕으로 용맹, 절제, 정의, 신중을 꼽았다. 이것들은 초기 기독교에

의해 '주덕主德'으로 알려졌으며, 이후 믿음, 희망, 자비와 함께 기독교
의 일곱 가지 미덕으로 자리매김했다.

아리스토텔레스는 인성의 미덕과 사고의 미덕을 구분했다. 사고의
주요 미덕은 실천적 지혜, 다시 말해 구체적인 상황 속에서 지혜로운
결정을 내리는 능력이었다. | 우유부단Indecision, 지혜Wisdom 참조 | 인성
의 핵심적인 미덕은 용맹, 절제, 아량, 위엄, 영혼의 위대함, 기백, 다
정함, 정직함, 재치, 정의, 우정이었다. 이 중 대부분은 오늘날에도 미
덕으로 여겨지지만, 아주 낯설게 느껴지는 것, 가령 '영혼의 위대함'
같은 것도 있다. 이러한 미덕을 키우는 과정에는 습관과 성향을 쌓는
훈련이 포함된다. | 균형Balance, 습관Habits 참조 |

우선 훌륭하게 처신할 수 있게 하는 성격과 주어진 상황에서 정확한
요구에 따라 반응을 조절할 수 있는 판단 능력을 길러야 한다. 이때 습
관적 반응과 의식적 성찰을 두루 활용해야 한다. 그러기 위해 미덕을
추구하도록 동기부여를 받아야 하는데, 우리의 번영이 미덕에 달려 있
음을 일단 깨달으면 자극은 받을 수밖에 없다.

필수적인 미덕의 궁극적 목록은 아직 완성되지 않았지만, 그런 게
있다고 하더라도 맥락에 따라 적용 방식이 달라진다. 흄은 "전쟁과 무
질서의 시기에는 군사적 미덕이 평화의 미덕보다 찬양받고 인류로부
터 더 많은 존경과 관심을 받는다는 것은 놀랍지 않다"라고 했다.

시대, 장소, 상황에 따라 사회가 달라지므로, 미덕은 문화적으로도
가변적이다. 패트리샤 처칠랜드는 정직함이 폴리네시아 문화보다 이
누이트 문화에서 훨씬 더 중요한 미덕임을 확인했다. 북극의 혹독한
환경에서는 신뢰와 협동이 생존에 필수적이기 때문이다. "물개 한 마
리만 놓쳐도 굶주림이 기다린다. 따라서 부족 전체가 누군가의 거짓말

을 믿고 사냥에 나서면 귀한 에너지와 자원을 낭비하게 된다."

그렇다고 해서 보편적이고 기본적인 미덕의 목록이 아예 없다는 뜻은 아니다. 단지 시대와 장소에 따라 각기 다른 무게를 지니고 다른 방식으로 표현된다. 용맹, 정직, 친절, 아량이 악덕으로 여겨지는 사회는 상상하기 어렵고, 탐욕, 기만, 잔혹함이 미덕으로 여겨질 경우 그 누구도 번영할 수 없다. 흄은 도덕적 감정의 자연스러움에 대해 주장하면서 "전 세계 어떤 국가도, 어느 나라의 그 어떤 개인도, 이제까지 도덕적 감정이 완전히 결여된 경우는 없었다"라고 했다.

마사 누스바움이 설명한 것처럼, 미덕의 문제가 모든 사람에게 영향을 미치는 이유는 우리 모두가 고민하는 사안, 즉 '인간의 취사선택이 비선택적이고 다소 문제가 많은 영역'과 관련 있기 때문이다. 이를테면 죽음, 육체, 쾌락과 고통, 한정된 자원 배분, 위험에 대한 대응, 사회적 상호 관계 같은 것들 말이다.

물론 미덕은 정도의 문제다. 미덕이 완전히 결여된 사람도 없고 완벽한 미덕의 화신도 없다. 이것은 늘 개선의 여지가 존재한다는 뜻이다. 스스로 만족스럽고 인정받는다는 느낌을 얻기 위해서가 아니라 더 충만한 삶을 살기 위해서. 미덕은 새해 목표를 세울 때뿐만 아니라 우리가 항상 갖추려고 다짐해야 할 무엇이다.

함께 보면 좋은 주제

균형 Balance, 습관 Habits, 우유부단 Indecision, 인성 Character, 자제력 Self-Control, 지혜 Wisdom, 직관 Intuition

읽을거리

아리스토텔레스, 『니코마코스 윤리학』

미신 | Superstition

기우제를 올리지 않아도 어차피 비는 온다.

– 순자

이성적이고 지적인 사람 중에도 숫자 13을 피하는 등의 여러 징크스를 갖고 있는 경우가 많다. 우리는 미신을 떨쳐버리지 못하는 자신을 부끄러워해야 할까? 데이비드 흄은 이런 갈등을 해소시켜준다. 미신은 하나의 사건이 다른 사건을 유발할 것이라는 일반적으로 잘못된 믿음이다. 도로에서 금을 밟으면 나쁜 일이 생기고 별을 보며 소원을 빌면 좋은 일이 생긴다는 식이다. 이것은 제정신이 아닌 믿음 같다. 하지만 흄은 무엇이 무엇을 야기하는지에 관한 우리의 믿음을 정당화하는 것은 이성이나 경험이 아니라는 회의적인 주장을 내놓았다. 햇빛이 피부를 그을게 한다거나 물이 식물을 자라게 하는 등 '이성적'인 믿음도 예외가 아니다.

우리는 하나의 사건이 다른 사건을 야기하는 것을 눈으로 확인할 수 없다. 우리가 관찰할 수 있는 건 하나의 사건이 다른 사건을 뒤따르는 것뿐이다. 'A에 뒤따라 발생한 B'에서 'A가 B를 야기한다'로 도약하는 주장은 이성적으로 정당화할 수 없다. 아이들은 논리적 추론을 통해 물이 갈증을 해소한다는 결론을 내리지 않는다. 흄의 말마따나 습관과 본능을 통해 배운다. 우리가 어떤 일이 다른 일로 연결되는 '항시적 동반'을 목격했을 때 자연스럽게 인과관계를 연결 짓는다. 우리는 거기에 필연적인 연관성이 있다고 믿지만, 그 필연성은 관찰의 결과라기보다는 상상에 가깝다. 연결고리는 우리 머릿속에서 만들어진다. 하나의 아이디어는 다른 아이디어와 인과관계로 엮이게 된다.

인과관계에 대한 믿음이 관찰이나 이성에 근거하지 않는다는 주장은 충격적으로 들린다. 그렇게 허무맹랑한 믿음이라면 전부 버려야 하지 않을까? 문제는 우리가 그럴 수 없다는 것이다. 원인과 결과의 가정은 세상을 이해하는 데 필수적이기 때문이다.

이것은 미신이 끼어들 공간을 마련할 뿐 아니라 사실상 미신을 불가피하게 만든다. 우리가 진정한 인과관계를 파악하는 데 적용할 수 있는 직접적이고 합리적인 원칙이 없기 때문에, 하나의 사건 뒤에 다른 사건이 따라올 경우 그 안에서 잘못된 인과관계를 도출할 가능성이 있다. 예를 들어, 행운의 모자를 쓴 뒤 응원하는 팀이 이겼다면 한번쯤 그 연관성을 생각해보기 마련이다. 우리의 정신은 늘 인과관계의 가설을 세우고 있다. 모자와 응원하는 팀의 승리에는 당연히 인과관계가 없다고 생각하겠지만, 진통제 복용과 두통 해소 사이의 인과관계도 눈으로 확인되지는 않는다. 비슷한 이치로 그냥 남들이 그렇다고 하니까 미신을 믿게 되는 것은 몹시 인간답다. 따지고 보면 우리가 건강과 관련된 온갖 조언을 따르는 유일한 이유는 '사람들이 좋다고 하니까'다. 사다리 밑을 지나가면 불운이 따른다고 수백만 명의 사람들이 말하는 데 굳이 위험을 감수할 이유가 있을까?

물론 이런 문제를 해결할 답이 있다. 우리는 오류 발생 가능성이 있지만 동시에 합리적인 방식으로 가설이 사실인지 확인할 수 있다. 실험을 통해 진통제가 두통을 해소한다는 것이 밝혀졌고, 생물학은 그런 일이 어떻게 가능한지 설명한다. 길에서 검은 고양이를 봤더니 나쁜 일이 일어나는 경우에는 이 방식이 통하지 않는다. 따라서 합리적인 사람들은 진짜 인과관계와 미신을 잘 구분할 수 있어야 한다. 문제는 흄이 지적한 바와 같이, 우리가 매 순간마다 이런 합리적인 분석을 할 수 없다는 점이다. 우리는 경험을 이해하기 위해 불완전한 습관과 본능에 의존한다. 냉철한 과학적 분석은 일상이 허락하는 것보다 더 많은 시간과 고민을 요구하기 때문이다.

따라서 아주 똑똑한 사람들조차도 미신적 사고를 전부 떨쳐버리지는 못한다. 그들이 할 수 있는 건 적어도 중요한 상황에서는 금기시되는 행동을 피하는 것이다. 손가락을 꼬아서 십자 모양을 만드는 건 무해한 습관이지만, 행운의 부적을 깜빡했다고 해서 비행기 탑승을 거부하면 너무 지장이 크고 값비싼 비용이 발생한다. 부적이 마술을 거는 방식을 이해한다고 해서 두려움이 다 사라지진 않겠지만, 그 부적을 무시해야 하는 상황에서 당신을 안심시키는 역할을 할 수는 있다.

공포증은 동일한 심리적 기제에 뿌리를 두고 있음에도 훨씬 무시하기 어렵다. 그것은 무해한 어떤 것이 끔찍한 어떤 것과 필연적으로 연결되어 있다는 강력한 믿음이다. 흄의 용어로 말하자면, 하나의 아이디어가 다른 아이디어와 연결되고 우리는 그 연관성을 세상에 투사한다. 이 연결고리는 이성으로 만들어진 게 아니라서 이성에게는 이 연결고리를 끊을 힘이 없다.

미신은 인과관계와는 전혀 무관한 사회적 역할을 수행하기도 한다. 일례로 유교는 의례의 중요성을 강조하는데, 일부 의례는 마치 속임수 같았다. 순자는 이런 의식이 진짜 마술 같은 효과를 발휘한다고 믿는 사람은 많지 않다고 했다. "기우제를 올리면 비가 온다. 왜?" 그는 질문을 던진다. "답을 하자면 거기에는 특별한 이유랄 게 없다. 기우제를 올리지 않아도 어차피 비는 온다." 그렇다면 왜 중요한 일을 결정하기 전에 의식을 치르는 걸까? "원하는 무언가를 얻기 위해서라기보다는 올바른 형식을 부여하기 위해서다."

미신적인 면을 지닌 의식은 보통 공동체 의식과 역사의식을 형성하는 데 도움이 되는 관행인 경우가 많다. 따라서 케이크의 촛불을 불고 소원을 빌 때, 실제로 이런 행동들이 어떤 영향을 미칠 것이라고 믿는 건 아닐 수도 있다. 그저 공동체 의식과 전통을 확인하는 차원에서 단지 남들처럼 행동하는 것일 수도 있다. 모든 미신은 어떤 의미에서 실없고 비이성적이지만 동시에 자연스럽다. 모든 인간은 다소 실없고 비이성적이기 때문이다. 우리는 그냥 미신을 떨쳐버릴 수가 없다. 우리가 할 수 있는 건, 미신이 우리 삶에 악영향을 미치지 않도록 주의하는 것뿐이다.

함께 보면 좋은 주제

두려움Fear, 사후세계Afterlife, 신앙Faith, 종교Religion, 합리성Rationality

읽을거리

데이비드 흄, 『인간의 이해력에 관한 탐구』

순자, 『순자』

배신 Betrayal

인생에 안 좋은 일이 생기는 것만으로도 충분히 힘들다. 그런데 이럴 때 위로가 되어줄 거라고 생각했던 사람이 오히려 그 일을 일으킨 장본인이라면, 상처는 두 배가 된다. 배신은, 그중에서 특히 불륜처럼 흔한 배신은, 외부에서 보면 별일 아닌 것 같다. 하지만 배신당한 당사자에게는 가장 대처하기 힘든 상황 중 하나다. 그래서 사소한 다툼이 절교로 이어지기도 한다.

배신이 왜 그렇게 고통스러운지 이해하는 것은 배신에 대응하는 첫 단계다. 누군가를 믿는 것은 우리의 친밀한 면을 그들의 손에 맡기는 것이다. 많은 사람들에게 이것은 쉽지 않은, 아주 대단한 일이다. 따라서 신뢰가 깨졌을 때 우리는 스스로가 약하게 느껴지고, 나를 배신한 사람에게, 또 그 사람을 믿은 나 자신에게 화가 난다. 세상이 가혹해 보이고, 다시는 이런 일을 겪지 않도록 경계하게 된다. 혼자만의 공간으로 숨고 외로움을 느낀다.

배신에 어떻게 대응할 것인지 생각하기에 앞서, 배신감을 느끼는 모든 사람이 진짜 배신을 당한 건 아니라고 미리 알려두고 싶다. 이와 관련해서 장 자크 루소는 철학자 중 최악의 사례에 해당한다. 1766년 흄은 가난하고 박해받던 스위스 철학자 루소를 영국으로 데려와 그에게 머물 곳과 후원자들을 찾아주었다. 하지만 이성적으로 설명할 수 없는 어떤 이유로 인해, 루소는 흄이 자신을 해코지한다고 믿게 되었다. "나는 자네 품에 내 몸을 맡겼네. 자네는 망명을 시켜준답시고 날 영국으로 데려왔지만, 실은 내게 불명예를 안겨주었지." 루소가 흄에게 보낸 편지는 이렇게 이어진다. "대중은 속는 것을 좋아하고, 자네는 대중을 속이기 위해 만들어진 인간이야."

루소의 편집증은 극단적이다. 그럼에도 불구하고, 우리는 배신이 없는 곳에서 배신을 보거나 충분히 이해할 수 있을 실수를 악의로 해석하기도 한다. 그러니 배신감에 괴로워하기에 앞서 정말 배신을 당한 게 맞는지 자문해봐야 한다.

실제로 심각한 배신을 당했을 경우, 마사 누스바움의 귀한 통찰이 도움이 된다. 그녀는 '중요한 가치를 지닌 무언가를 잃었을 경우 슬픔과 애도는 꼭 필요하고 적절한 감정'이기 때문에, 우리는 상처의 깊이를 받아들여야 한다고 했다. 다만 분노를 경계하라고 했는데, 그 감정은 우리의 관심을 배신자에게 묶어두고 우리가 앞으로 나아가는 것을 가로막기 때문이다. | 분노Anger 참조 |

흥미롭게도, 누스바움은 이 과정에 반드시 용서가 필요하다고 인정하지는 않았다. 오히려 용서를 해준 사람이 우월감과 우쭐함을 느끼는 것이 문제라고 했다. 대신 우리에게 필요한 것은 '사랑하는 사람의 잘못된 행동에 대한, 분노가 배제된 부드러운 반응'이라고 했다. 즉, 그들의 사과와 잘못을 만회하려는 노력을 받아들이는 동시에 그들의 실수를 이해하는 것이다. 이 모든 것은 용서 없이도 가능하다.

누스바움에게 가장 중요한 건 앞으로 나아가는 것이다. 배신으로 중요한 관계가 깨지고 우리 삶에 거대한 구멍이 생길 수 있다. 우리의 최선은 이 구멍을 메우려고 노력하는 것이다. 새로운 관계를 맺고 기존의 관계를 단단하게 하는 것이 한 방법이다. 다른 방법은 혼자만의 시간을 즐기는 법을 배우고 가치 있는 활동에 매진하는 것이다. 결코 쉬운 일이 아니므로, 이 일을 제대로 못한다고 해서 자책해서는 안 된다.

이 과정의 핵심은, 새로운 배신의 가능성을 받아들여야만 새롭게 친밀한 관계를 맺을 수 있다는 것이다. | 취약성Vulnerability 참조 | 튼튼한 보호막 안에 영원히 몸을 숨기는 것은 원만한 삶을 사는 확실한 방법이다. 하지만 우리는 상처를 통해 타인에게 너무 많은 것을 기대해서는 안 된다는 교훈을 얻을 수도 있다. 이유 없이 모진 비난을 받은 흄이 말한 것처럼, "철학자와 역사학자에게 인류의 광기와 우둔함, 나약함은 평범한 사건으로 보이는 것이 마땅하다."

함께 보면 좋은 주제

거짓말Lying, 관계Relationships, 분노Anger, 신의Loyalty, 용서Forgiveness, 우정Friendship, 취약성Vulnerability

읽을거리

마사 누스바움, 『분노와 용서』

변화 Change

다가오는 모든 것을 받아들여라.
모든 것은 지나간다.

— 노자

우리에게 변화는 신나는 것일 수도 있고, 무서운 것일 수도 있고, 혹은 단순히 불편한 것일 수도 있다. 이런 감정적 반응은 여러 요소에 의해 결정된다. 그중 한 가지는 변화를 둘러싼 불확실성의 정도이다. 때로는 변화의 결과가 단기적으로 명확해 보이고, 때로는 미래 전망이 훨씬 불투명해 보인다.

어떤 경우든 간에, 장기적으로 어떤 변화가 찾아올지, 그것이 결과적으로 긍정적일지 부정적일지 예측하기는 어렵다. 예를 들어 누군가에게 이혼은 단기적으로는 정신적 외상을 남기지만 장기적으로는 해방일 수 있으며, 결혼은 그 반대일 수 있다.

또 다른 요소는 우리가 불확실성과 어떻게 연관되어 있는지 여부다. 많은 사람들은 자신이 통제할 수 있다고 느끼는 상황에서 더 유연하게 변화에 대처한다. ∥ 통제Control, 불확실성Uncertainty 참조 ∥ 불행히도 많은 변화는 자발적으로 이루어지지 않고, 변화의 방향을 바꾸기 위해 우리가 할 수 있는 일은 전혀 없거나 거의 없다. 그런 상황에서 책임을 지려고 나서는 것은 좌절을 낳는 지름길이 될 수 있으며, 불확실성을 받아들이는 것이 궁극적으로 더 나은 대책이 된다.

모든 것은 변한다고 인식하면 도움이 된다. 이것은 서양 철학 전통이 어렵게 생각하는 부분이다. 그 시발점이라 할 수 있는 플라톤은 물질세계를 중요시하는 것에 반대했는데, 그 이유는 물질세계가 너무 불안정하기 때문이었다. 반면 궁극적 실재ultimate reality는 '순수와 영속과 불멸과 불변의 영역'이었다.

이와 비슷한 사상은 이슬람 세계 철학에서도 흔히 발견된다. 일례로 중세 이슬람 철학자 알 가잘리는 이런 글을 남겼다. "진정한 실증은 바뀔 수 없는, 필수적이고 영구적이고 영원한 확실성을 제공한다는 것을 명심하라."

두 전통에는 늘 반대자들이 있었다. 그중 주목할 만한 사람은 20세기 초 영국 철학자 앨프리드 노스 화이트헤드다. 그는 자연세계를 사물들과 시간에 따른 사물들의 변화의 상관관계 관점에서 이해하는 '과정process' 철학을 주창했다. 이 유동적 역학모델은 과학혁명을 이끌었던 기계론적, 원자론적 모델과 대비된다. 이 밀도 높고 난해한 철학과 관련된 슬로건 중 하나는 우리가 '변화의 연속성continuity of becoming'을 거부하고 '연속성의 변화becoming of continuity'를 받아들여야 한다는 것이다.

비서구권 사람들은 당시 화이트헤드가 왜 그토록 급진적으로 여겨졌는지 이해할 수 없을 것이다. 중국의 근본적인 철학 문헌 중에서『역경』은 변화에 관한 경전이다. 중국 사상은 세상에 퍼져 있는 에너지의 흐름을 뜻하는 '기氣'의 개념을 사용한다. 여기에는 모든 것이 유동적이며 에너지는 끊임없이 움직인다는 생각이 담겨 있다.

도교 사상은 변화의 중요성을 포용하며 이것은 음양의 개념에 잘 녹아 있다. 음양과 관련해서 가장 중요한 내용 중 하나는 음양이 어떤 사물의 정적이고 영구적인 성질은 아니라는 것이다. 어떤 사물이 음 혹은 양의 성질을 가졌는지는 맥락과 그것의 상태에 달려 있다. 이는 음양이라는 말의 기원을 통해서도 드러난다. 음양은 언덕의 양지바른 곳(양)과 그늘진 곳(음)을 의미한다. 태양이 이동하면서 양은 음이 되고음은 양이 된다.

인도에서, 특히 불교 철학에서 변화는 역시나 중요한 개념이다. 이는 용수보살이라고도 불리는 2~3세기 인도의 승려이자 철학자 나가르주나의 사상에서 가장 극명하게 드러나는데, 그는 연기緣起의 사상을 발전시켰다. 불교의 중요한 개념인 이것은 고정적이고 영속적인 본질을 가진 것은 아무것도 없으며, 따라서 모든 것은 관계성에 의해서만 존재한다는 의미다. 연기 사상의 가장 잘 알려진 예는 자아다. 불교에서 자아는 불변의 핵심이 아니라 단순히 일련의 경험, 생각, 감각일 뿐이다.

우리는 변화를 피할 수 없다면 받아들이라는 말을 자주 듣는다. 비서구권 철학은 여기서 한발 더 나아간다. 변화는 불가피할 뿐 아니라 우리의 삶 도처에 존재한다. 변화는 예외적인 규칙이 아니라 오히려 **규칙 그 자체이다.** 우리가 변화를 거부하는 것은 이 세상, 심지어 자아를 거부하는 것과 같다. 더군다나 변화와 정반대의 상황이 정말로 더 좋을 수 있을지도 의문이다. 변화가 없으면 움직임도, 역동성도, 생명도 없다.

그렇다면 도교의 창시자인 노자의 조언을 받아들이는 게 좋다. 그의 가장 유명한 시는 자연의 끊임없는 변화를 묘사하다가 이런 질문을 던진다. "인간의 시각은 영원한가? 인간의 망상은 영원한가?" 이 시의 결론은 반박의 여지가 없다. "다가오는 모든 것을 받아들여라. 모든 것은 지나간다."

함께 보면 좋은 주제

루틴Routine, 불확실성Uncertainty, 정체성Identity, 중년의 위기Midlife crisis

읽을거리

노자, 『도덕경』

나가르주나, 『중론』

철학자와 현자들은 돈에 관해서라면 지루할 정도로 뻔하다. 세네카는 이렇게 말했다. "돈은 그 누구도 부자로 만든 적이 없다. 돈이 하는 일은 돈을 손에 넣은 사람에게 더 큰돈에 대한 욕심을 심어주는 것뿐이다." 무소니우스 루푸스는 이렇게 말했다. "오직 한 사람만이 진정으로 부자가 될 수 있다. 모든 상황에서 아무것도 원하지 않는 법을 배운 사람이다." 처음 듣는 얘기들은 아니다. 돈의 유혹이 너무 강력해서 우리는 결코 교훈을 완전히 배우지 못하는 걸까? 아니면 '중요한 건 돈이 아니다'가 너무 단순한 주문인 것일까?

언뜻 보기에 부를 거부하는 것 같았던 사상가들의 사례를 살펴보자. 비트겐슈타인은 부유한 집안에서 태어났지만 재산을 포기함으로써 많은 찬사를 받았다. 소크라테스는 시장을 돌아다니며 이런저런 사람과 대화를 나누면서도, 자신이 조롱했던 소피스트들과 달리 비용을 청구하지 않았다. 루소는 타락한 도시를 버리고 단순한 삶을 찾아 시골로 갔고, 누구에게도 빚지기 싫다는 이유로 연금을 거부했다.

하지만 자세히 들여다보면 이 이야기들은 전부 겉보기와 많이 다르다. 비트겐슈타인은 다른 사람들에게 재산을 나눠줬지만, 자기 몫을 형제들에게 맡겨놓았다. 자발적으로 '가난'해지기로 한 많은 사람들처럼, 그는 꼭 필요할 경우 자신에게 안전망이 있다는 것을 알고 있었다.

소크라테스는 가장 커다란 보험 중 하나를 가지고 있었다. 그는 노예들이 있어 노동할 필요가 없는 아테네의 자유인이었다. 게다가 부유한 친구들이 그에게 아낌없이 베풀었다. 그가 부를 포기한 것은, 금연을 선언하고 담배를 사지 않으면서 주변 친구들에게 끝없이 담배를 얻어 피우는 것과 다를 바 없었다.

루소는 세 사람 중에서 가장 솔직하지 못한 경우다. 그는 친구들이 연금 수령을 권할 때마다 과장된 몸짓으로 불쾌해했다. 대신 수십 년간 주변 사람들에게 의존했다. 그들이 대놓고 손에 돈을 쥐여주지 않는 한 말이다. 루소가 재산 없이 버틸 수 있었던 건, 돈이 있고 그 돈을 나눌 용의가 있는 친구들에게 의지했기 때문이다.

그 후원자 중 한 명이었던 흄은 부의 가치에 대해서 좀 더 솔직했다. 그는 가난하진 않았지만 사회적 지위에 비해 특별히 부유하지도 않았다. 그는 큰돈을 벌 수 있는 직업을 포기하는 등 부의 추구를 자신의 목표로 삼지 않았다. 하지만 경제적 안정이 갖춰지면 삶이 얼마나 편해질지 잘 알고 있었고, 마침내 그렇게 되었을 때 기뻐했다.

부에 관한 가장 흥미로운 주장 중 하나는 효율적 이타주의 운동에서 출발한다. 대체로 이들은 최대한 많은 사람들의 복지를 최대치로 증진시켜야 한다고 주장하는 공리주의자들이다. 하지만 우리가 꼭 의사,

교사, 사회복지사로 일해야 한다는 뜻은 아니다. 윌리엄 맥어스킬에 따르면 이런 일을 할 능력과 의지를 가진 사람은 많다. 하지만 돈을 많이 벌면서 자선사업에 뜻을 가진 은행가는 많지 않다. 따라서 당신이 남을 돕고 싶다면, 먼저 부자가 된 후에 명품 핸드백이나 벨루가 캐비어에 돈을 쓰지 말고 기부를 하면 된다. 피터 싱어는 "평균적인 소득을 벌어 기부를 하는 것도 충분히 훌륭하지만, 많이 벌수록 더 많이 기부할 수 있다는 것도 엄연한 사실이다"라고 지적했다.

흄은 자신의 에세이에서 "제게 가난도 부함도 허락하지 마소서"라는 〈아굴의 기도〉를 만족스럽게 인용했다. 그 누구도 더럽게 돈 많은 사람이 될 필요는 없으며, 과도한 부는 우리의 가치를 왜곡하고 타락시킬 수 있다. 그렇지만 아주 적은 돈으로 훌륭한 삶을 사는 게 가능하더라도, 가난한 편이 더 나은 척하지는 말자. 부가 우리의 핵심적인 목표가 되어서는 안 된다는 현자들의 말은 옳다. 하지만 돈은 우리가 가진 가치 있는 목표를 달성하는 데 도움이 되는 경우가 많다.

함께 보면 좋은 주제
금욕Asceticism, 단순함Simplicity, 소비주의Consumerism, 시기Envy, 이기심Selfishness, 이타주의Altruism, 일Work, 자선Charity, 필요Needs

읽을거리
피터 싱어, 『효율적 이타주의자』
데이비드 흄, 〈인생의 중간역Of the Middle Station of Life〉

분노 | Anger

과도한 분노, 혹은 불건전하게 발산되는 분노의 결과는 다양하고, 비극으로 번질 가능성도 있다. 폭력적인 싸움, 경력과 인간관계 파괴, 육체 혹은 정신 건강상의 피해까지. 분노에는 분명 문제가 따르지만, 그게 늘 나쁘기만 할까?

이에 대해 고대 그리스에서는 오랜 논쟁이 있었다. 아리스토텔레스의 추종자들은 적절히 관리할 경우 분노가 유용하다고 했고, 스토아학파는 분노에 대해 무관용의 원칙을 적용했다.

아리스토텔레스는 두려움, 자신감, 욕구, 연민, 쾌락, 고통 같은 감정처럼 분노도 과잉되거나 결핍될 수 있으며, '적절한 순간에, 적절한 것에 대하여, 적절한 사람들을 향해, 적절한 결과를 얻을 수 있도록, 적절한 방법으로' 그 감정을 표현하는 것이 관건이라고 했다. ▏균형Balance 참조 ▏이것은 아리스토텔레스의 가장 유명한 말 중 하나인데,

참 쉽지 않은 주문이다.

아리스토텔레스는 적절한 분노는 인간의 레퍼토리 중 받아들일 수 있는 부분이며 이성에 의해 길들여져야 한다고 했다. 이 조언을 진지하게 받아들인다면 죄 없는 가게 점원에게 화를 내거나 회사에서 받은 스트레스를 자녀들에게 풀지 못할 것이다. 아마 언성을 높일 일 없이 상황에 맞게 적절한 조치를 취할 것이다.

세네카는 보다 완고하다. 그는 분노를 결코 용납할 수 없었다. 분노는 자체적인 추진력을 만들어내며 제대로 통제될 수 없다. 분노에 굴복하는 것은 절벽에서 뛰어내리는 것과 같다. 그는 절벽에서 뛰어내리는 사람은 '독자적으로 판단할 수 없고, 자유낙하에 저항하거나 낙하 속도를 늦출 수 없다'라고 했다. 따라서 그는 '초기 분노의 따끔따끔한 신호에 곧바로 거부하고 첫 번째 불꽃부터 맞서 싸우며 절대 굴복하지 않으려고 노력해야 한다'라고 조언했다.

어떻게 분노에 맞서 싸울 수 있을까? 대체로 사고의 전환을 통해 가능하다. 세네카는 나쁜 행동이 인간의 본성에 만연해 있음을 기억하는 동시에 언제든 나타날 수 있음을 예상하고 인내해야 한다고 했다. 따지고 보면, 우리 역시 다른 사람만큼이나 나쁜 행동을 할 가능성이 높다. 사람이라면 누구나 실수를 하게 되어 있다. "개개인에 대한 분노를 막기 위해 당신은 모두를 한 번에 용서해야만 한다. 인류는 사면을 받아야 한다." 또한, 우리는 분노의 대상이 종종 사소하고 하찮은 일들이며 그런 일들 하나하나에 분노하는 게 에너지 낭비라는 것을 이미 잘 알고 있다.

다음으로 복수를 해야 할 것 같은 기분에도 잘 대처해야 한다. 그럴 때 이런 질문을 던져보는 것이 좋다. 어떻게 하는 것이 최선일까? 때로는 그냥 내버려두는 것이, 때로는 무분별하고 나쁜 행동을 한 사람에게 침착하게 맞서는 것이 최선이 될 수 있다.

또한 세네카는 전략적인 지연을 권한다. 어떤 일이든 너무 서두르지 않으면 분노는 저절로 사그라지기 시작할 것이다. 거울 앞에 설 수만 있으면 화난 얼굴이 얼마나 못났는지 확인함으로써 분노를 지연시킬 수 있을 것이다(물론 세네카는 우리가 얼굴을 확인하려고 거울 앞에 도착할 때쯤 우리의 표정과 태도가 이미 달라져 있으리란 걸 인정했지만).

분노가 전혀 없는 것 역시 문제일 수 있다. 이를테면 겁이 많고 분란을 무서워해서 불의에 분개하지 못하는 것이다. 그러나 나쁜 짓을 한 사람들에게는 그들이 선을 넘거나 다른 사람을 다치게 할 경우 그에 따른 대가를 치러야 함을 알려줘야 한다.

세네카는 잘못된 행동에 맞서야 한다는 데 동의할 것이다. 하지만 그는 그 일을 해내는 데 분노는 적합한 도구가 아니라고 믿었다. 누군가의 행동을 바로잡아주는 등의 필요한 조치는 침착함 속에서 이루어질 수 있다. 이 부분은 분노가 이성의 지배를 받는다고 주장한 아리스토텔레스의 견해와 일치하는 듯하다. 다만 세네카의 눈으로 봤을 때 이성의 지배를 받는 분노는 더 이상 분노가 아니었다.

두 철학자의 공통된 충고는 불안이 아니라 이성의 관점에서 행동하라는 것이다. 이를 위해 우리는 분노의 첫 번째 신호를 감지해야 한다. 세네카는 이것이 충분히 가능하다고 보았다. "폭풍 이전에 폭풍의 신호가 먼저 찾아오듯이 분노, 사랑, 우리 마음을 동요케 하는 모든 폭풍 이전에도 어떤 신호가 있다." 우리는 그것이 무엇인지 알아내기만 하면 된다.

두 입장을 연결하는 현대 철학자는 마사 누스바움이다. 그는 불의에 분개하는 것은 잘못되지 않았지만 이것을 복수심과 분리할 것을 요구했다. 누스바움은 여기에 '이행−분노transition-anger'라는 이름을 붙였는데, 이것은 "말도 안 돼! 당장 무슨 조치를 취해야 해"라는 반응으로 구체화된다. 그는 분노가 이미 돌이킬 수 없는 일에 대해 쓸데없이 불평하는 방향이 아니라, 어떤 조치를 취할 수 있을지 건설적으로 고민하는 방향을 향해야 한다고 했다.

화가 난다면 심호흡을 몇 번 해보자. 나쁜 행동은 늘 일어나는 것이고 당신 역시 자주 그런 행동을 한다는 것을 기억하자. 이 문제가 얼마나 심각한지 따져보자. 심각하지 않다면 그냥 흘려버리자. 만약 심각하다면 이 문제를 바로잡기 위한 최선의 방안이 무엇일지 생각해보자. 당신이 이미 분노에 사로잡혀 있지 않다면 이것은 훌륭한 교훈이다. 다음에 분노의 첫 번째 찌르르한 느낌이 온다면 곧바로 이 조언을 머릿속에 떠올리는 것이 하나의 비결이다.

ㅂ

함께 보면 좋은 주제
감정Emotions, 균형Balance, 시위Protest, 용서Forgiveness, 자제력Self-control, 평온Calm

읽을거리
세네카, 『화에 대하여』
마사 누스바움, 『분노와 용서』

분주함 Busyness

우리가 어떤 일을 해내는 데 집착할수록,
있는 그대로의 모습을 받아들일
마음의 여유가 줄어든다.

할 일이 너무 많아서 잠깐 멈춰 장미 향기를 맡거나, 아이들과 놀아주거나, 느긋하게 진토닉 한잔 즐길 여유가 없다면, 해결책은 새로운 시간 관리 앱이 아니다. 당신에게 필요한 건 약간의 하이데거다.

하이데거는 우리의 시간 경험이 시간의 본질에 의해 결정되지 않는다고 주장한다. 그것은 사물을 대하는 우리의 태도에 의해 결정된다. 그의 견해에 따르면 경험의 평범한 '일상성everydayness'은 노동과 행위(존재의 대비 개념으로서)에 의해 특징지어진다. 그 속에서 우리는 주로 세계를 자원으로서 경험하고, 물질적인 걱정으로 우리의 마음을 채운다.

하이데거는 이러한 생각을 근본적으로 뒤집어보자고 제안한다. 우리는 행위doing에만 집중하면 존재being가 소외된다는 것을 이해해야 한다. 어떤 일을 해내는 데 집착할수록 있는 그대로의 모습을 받아들일 마음의 여유가 줄어든다.

좋은 소식은 우리가 어디에 관심을 쏟을지에 대해 어느 정도 통제력을 가지고 있다는 것이다. 행위에서 존재로 초점을 바꾸면 미묘한 계절의 변화, 혹은 수위가 낮아져 드러난 강바닥 진흙에 남겨진 무늬를 인식할 수 있다. 사물이 **어떤 상태인가**에 초점을 맞추는 대신 사물이 **존재한다**는 사실 자체에, 우리가 신비로운 우주의 한 행성에서 색깔과 소리를 감지할 수 있는 의식을 지닌 존재임에 경탄하게 된다.

삶의 요구는 일상성이 필연적으로 일상 경험일 수밖에 없음을 의미한다. 하지만 일과 속에서 도구적 사고를 중단하고 살아 있는 것의 의미에 대해 깊이 생각해볼 약간의 여유를 느껴보려는 노력은 필요하다.

함께 보면 좋은 주제
감사Gratitude, 단순함Simplicity, 마음챙김Mindfulness, 속도 늦추기Slowing down, 정신적 삶 Inner life

읽을거리
마르틴 하이데거, 『존재와 시간』

불안 | Anxiety

우리는 올바른 방식으로 불안해하는 법을 배워야 한다.

– 쇠렌 키르케고르

삶에서 어떤 불안을 느낄 때 당신은 어떻게든 그걸 없앨 방법을 알고 싶을 것이다. 인생의 중요한 부분이지만 크게 불편하지 않은 간헐적인 불안, 가령 연설, 면접, 데이트를 앞두고 느끼는 초조함 등은 견딜 만할지도 모른다. 하지만 버스를 타거나 계산을 하는 등 간단한 일상조차 방해하는 만연한 불안은 훨씬 견디기 어려울 것이다.

하지만 불안을 제거해야 할 문제가 아니라 더 중요한 무엇으로 보는 대안적, 철학적 시각이 있다. 이러한 생각은 키르케고르에서부터 시작되었는데, 그에게 불안은 '죄'라는 기독교적 개념, 신앙과 연결되어 있었다. 하지만 이 사상의 핵심은 보편적이다. 이 주제는 이후 하이데거, 사르트르에게 계승되었다. 이들은 독자적인 방식으로 이 주제를 발전시켰지만 겹치는 부분이 많다.

불안은 인간의 조건에서 필연적으로 발생한다. 무생물이나 다른 동물과 달리, 우리에게는 무엇을 할지 선택할 자유와 책임이 있다. 이처럼 미래와 그 미래의 가능성에 대한 인식은 불안을 야기한다. 키르케고르는 이 불안을 마음만 먹으면 뛰어내릴 수 있는 절벽 끝에서 느끼는 현기증에 빗대어 '자유의 현기증dizziness of freedom'이라고 했다. 이런 불안은 구체적인 대상이 없다는 면에서 공포와 다르다. 또한 매우 심란한 감정이기 때문에, 바쁜 일상 혹은 전통적인 사회적 역할에 집중함으로써 불안을 의식적, 무의식적으로 억누르거나 회피하려 한다.

사르트르의 분석에 따르면, 우리가 불안을 벗어나려고 주로 취하는 방법은 자유를 부정하는 것이다. 그는 이러한 부정을 '불신bad faith'이라고 했다. 우리는 변명을 할 때마다 우리가 실제보다 더 수동적이고 결정론적인 존재라고 주장할 때마다 불신을 품는 셈이 된다. '우리가 어떻게 할 수 있는 일이 아니야' 혹은 '별자리 때문에 이런 행동을 할 수밖에 없어'라고 말하면서 말이다.

이런 자유에 대한 부정은 삶을 다스리는 데 도움이 된다는 점에서 긍정적인 면이 있다. 하지만 실존주의 철학자들에 따르면 이 전략은 역효과를 낳을 수 있고, 우리는 진정한 자아와의 접점을 잃은 채 거짓된 삶을 살게 될 수 있다. 이런 관점으로 봤을 때, 불안감의 폭발은 우리에게 충격을 가해 거짓된 안정감과 망상으로부터 끌어낸다는 면에서 긍정적이다. 그것은 참된 자아를 마주하라는 일종의 경종이다.

이것은 우리가 상담사를 만나 이야기할 만한 종류의 불안은 아닌 것 같다. 하지만 '평범한' 불안, 심지어 구체적인 걱정조차도 더 깊고 심오한 실존적 불안을 감추기 위한 무의식의 시도일 수 있다. 우리가 경력이나 재정 상황에 대해 조바심을 내는 동안, 더 깊은 걱정은 구석으로 밀려난다.

이 실존주의적 시각은 불안을 단지 제거 대상으로 보는 생각에 반기를 든다. 더 나은 전략은 불안을 받아들이고 우리가 스스로 길을 선택할 수 있음을 일깨워주는 건설적인 감정으로 이용하는 것이다. 그건 우리가 삶에 책임을 지기 위해 치르는 대가다. 키르케고르는 '올바른 방식으로' 불안해하는 법을 배워야 한다고 썼다. 어쩌면 그것이 우리의 목표가 되어야 하는 건지도 모르겠다. 불안을 없애는 것이 아니라.

함께 보면 좋은 주제
두려움Fear, 선택Choice, 의미Meaning, 자유의지Free will, 죽음Death, 진정성Authenticity

읽을거리
장 폴 사르트르, 『기본 글쓰기Basic Writings』

불안감 | Insecurity

안전을 향한 열망은 근본적으로 죽음에 대한
불안감을 동력원으로 삼는다.

— 폴 틸리히

불안감을 느낄 때 확실한 해결책은 감지된 위험으로부터 자신을 보호할 만한 방법을 찾는 것이다. 재정적으로 불안하다고 느낀다면 분수에 맞는 삶을 살면서 저축을 해야 한다. 직업이 불안하다면 새 직업을 구하고, 감정적으로 불안하다면 상담사를 만나야 한다. 이런 시각에 따르면 불안감은 뭔가 조치를 취할 수도, 혹은 취하지 못할 수도 있는 현실적인 문제다.

하지만 불안감은 늘 그렇게 쉽게 해결되지는 않는데, 이는 단지 실질적인 장애물 때문만은 아니다. 우리가 일상적인 불안감에 갇혀 있는 동안 불교, 도교, 스토아학파를 비롯해 다양한 분야의 철학자들은 위험으로부터 완벽한 보호 같은 건 성취 불가능한 목표라고 주장해왔다. 삶은 근본적으로 영원하지 않고, 예측할 수 없는 변화를 겪는다. 당신이 아주 안정적인 삶을 살고 있다고 할지라도, 언제 갑작스레 개인적인 재난, 재정 위기, 질병의 습격을 받을지 모르고, 말 그대로 벼락을 맞을 수도 있다.

물질적, 육체적, 감정적 안정감은 우리가 완벽하게 보호받고 있다는 느낌을 주기에 충분하지 않다. 폴 틸리히에 따르면 안전을 향한 열망은 근본적으로 죽음에 대한 불안감을 동력원으로 삼는다. 우리는 인간의 유한함을 온전히 받아들일 수 없어서 자신을 최대한 안정된 상태로 만들 방법을 모색한다. 우리가 세운 요새는 파도 앞에 놓인 모래성에 불과하다는 사실을 무시한 채로 말이다. 안정감에 대한 잘못된 집착은 현실에서 도피해 숨을 수 있는 감옥을 만들어낸다. 그렇다면 '절대적이고 확실한 안정감은 불가능하다'라는 것을 받아들이고 감옥에서 탈출하는 것이 더 낫지 않을까.

R. D. 랭은 더 튼튼한 보호막을 찾는 방식으로는 쉽게 해결될 수 없는 또 다른 종류의 불안감을 발견했다. 그의 견해에 따르면 우리는 정체성과 현실에 대한 확실한 감각이 있을 때 **존재론적으로** 더 안정감을 느낀다. 이때 우리의 경험들은 하나의 일관된 삶의 경험들로 묶이고, 타인과 분리되어 있는 동시에 관계 맺기를 할 수 있게 된다.

반면 존재론적 불안감을 느낄 때는 정체성 인식이 흐릿해지고 '정체성의 완전한 고립 혹은 완전한 결합' 사이에서 갈팡질팡한다. 우리의 주관적인 경험은 '매몰되거나 침해받거나 다른 경험과 뒤엉킨다.' 이러한 불안과 혼란을 겪을 경우, 우리는 '일상의 평범한 상황들'에 의해 끊임없이 위협받는다. 랭의 분석은 주로 정신병 문제를 다루었지만, 전반적인 요점은 우리 모두에게 적용된다. 세상에서 안정감을 느끼기 위해서는 우리의 정체성을 확실히 인식해야 한다.

더불어, 불안감에 대한 다양한 철학적 관점은 불안감 해소에 도움이 되는 원칙들을 알려준다. 결론을 말하자면, 이 세상은 안정감을 보장해주지 못하고, 우리가 키울 수 있는 유일한 안정감이란 우리가 누구인지, 무엇을 믿는지에 대해 편안해지는 것뿐이다. 정신적 안정감은 우리가 삶의 거친 바다에서 닻을 내릴 수 있게 해준다.

ㅂ

함께 보면 좋은 주제

두려움Fear, 만족Contentment, 불안Anxiety, 자신감Self-confidence, 취약성Vulnerability, 회복력Resilience.

읽을거리

R. D. 랭, 『자기와 타자Self and Others』

폴 틸리히, 『존재에로의 용기The Courage to Be』

불확실성 Uncertainty

> 자신이 모른다는 것을 아는 것이 최선이다.
> 모르면서 안다고 믿는 것은 병이다.
>
> ─ 『도덕경』 중에서

뉴스에서 우리는 종종 '시장은 불확실성을 좋아하지 않는다'라는 말을 듣는다. 만약 그렇다면 그건 시장이 가진 가장 인간적인 면이 아닐까 싶다. 불확실성은 사람을 불안하게 하고 확실성은 불안을 덜어준다. 하지만 불확실성은 예외가 아니라 표준이다. 세상에 대한 우리의 지식은 한정적이고, 하나의 견해를 두고 찬반 논란이 있으며, 앞으로 일이 어떻게 전개될지 알 수가 없다. 불확실성에 괴로워하기보다는 그것을 포용하는 법을 배울 수는 없을까?

회의론자들은 그것이 가능하다고 생각했다. 회의학파는 기원전 4세기 엘리스의 피로Pyrrho of Elis에 의해 시작되었다. 그는 아무런 글도 남기지 않았으나, 그의 삶과 사상에 관한 일화들이 다른 사람들의 글을 통해 전해진다. 그는 알렉산드로스 대왕과 함께 인도로 여행을 갔다가 인도의 현자들과 시간을 보냈다고 한다. 디오게네스 라에르티오스에 따르면 피로는 인도 현자들을 통해 '불안함으로부터의 자유가 그림자처럼 뒤따르는 판단의 보류'의 철학을 배웠다. 피로 이후에 회의학파는 다양한 변신을 거듭했고, 그 과정에 피로의 원래 가르침에 더 충실하거나 덜 충실한 형태로 바뀌었다.

회의학파의 기본 사상은 우리의 감각과 의견이 얼마나 진실에 가까운지 우리로서는 알 수 없다는 것이다. 따라서 우리는 거기에 의존하는 것을 피하고 거의 모든 것에 대한 판단을 보류해야 한다. 피로는 '강한 의견이 없는unopinionated,' 그리고 '헌신하지 않는uncommitted' 상태를 옹호했는데, 여기에는 침착과 평온이라는 이점이 있었다. 무엇이 진짜 좋고 나쁜지에 대한 판단을 보류하면, 좋은 것을 취하고 나쁜 것을 피하는 것과 관련해 스트레스를 덜 받는다.

흄은 피로의 입장에 깊이 공감하고 피로의 감성이 물씬 풍기는 글을 남겼다. "인간의 이성에 내재된 다양한 모순과 불완전함은 나를 몹시 괴롭히고 내 뇌를 뜨겁게 달구기 때문에, 나는 모든 신념과 추론을 거부할 준비가 되어 있고 심지어 무의견을 가장 개연성이나 가능성 높은 의견으로 여길 수도 있다."

하지만 흄은 회의학파의 원칙대로 사는 것이 실제로는 불가능함을 인식했으므로, '피로의 회의론의 작은 부분'만 포함된 '완화된 회의주의'를 지지했다. 이것이 필요한 이유는 대부분의 사람들이 자기 의견을 지나치게 확신하는 경향이 있기 때문이다. '자신이 사용하는 능력의 불완전함, 좁은 범위, 부정확함'에 대해 생각해보는 것은 '겸손함과 신중함을 심어주고, 스스로에 대한 우호적 태도와 적에 대한 편견을 줄여준다.'

우리가 자신의 이해력과 판단력에 대해 겸손해야 한다는 흄의 말은 분명 옳다. 우리는 종종 불확실성을 피하고 싶어 확실한 의견에 지나치게 집착한다. 현재의 정치적 사안에 관한 질문을 받았을 때 거기에 대해 의견이 없다고 답하는 것은 창피할지도 모른다. 하지만 불확실성은 우리가 알고 있는 세계에 대한 적절한 반응인 경우가 많다. 우리는 우리의 믿음에 대해 조금씩 더 잠정적인 태도를 취할 수 있다. 앞으로 나아갈 길이 불분명해 보인다면 그게 바로 사물의 본질이다. 우리가 실수를 했거나, 나쁜 일 혹은 좋은 일이 벌어졌다면, 잠시 판단을 보류해보자. 앞으로 일이 어떻게 될지 모르지 않는가.

흄의 온건한 회의론은 피로의 버전과는 아주 다른 것처럼 보일 수도 있다. 피로가 자신의 설교, 즉 '아무것도 피하거나 경계하지 않는 것, 수레라든지 낭떠러지라든지 개라든지 모든 상황을 그대로 받아들이는 것, 그 무엇도 감각에 의존하지 않는 것'을 몸소 실천했음을 보여주는 일화들이 있다. 하지만 그건 흥미진진하게 꾸며진 이야기일 가능성이 높다. 실제 생활 방식이 그랬다면 그는 알려진 것처럼 아흔 살까지 살지 못했을 테니까.

좀 더 따분해 보이는 현실을 말하자면, 피로의 가르침을 따르던 회의론자들은 그렇게 미련하지 않았다. 물론 그들은 지금이 낮이라는 것, 우리는 살아 있다는 것, 그 밖에 눈에 보이는 많은 것들을 인정했다. 그들은 일상생활에 대한 상식적인 접근법을 채택해 사물의 보이는 모습에 따라 행동하는 한편, 이것을 사물의 실제 상태에 대한 지침으로 여기지는 않았다. 피로의 제자 티몬은 "나는 꿀이 단맛이라고 상정하지 않는다. 단지 그렇게 보인다는 점을 인정할 뿐이다"라고 말했다.

우리의 삶에 약간의 회의주의를 첨가하고 싶다면 지나치게 확신하는 경향에 맞설 필요가 있다. 도교의 이야기는 판단 보류의 정신을 완벽하게 전달한다. 중국의 어느 시골 노인에게 타고 다니거나 밭을 가는 데 쓰던 말이 한 마리 있었는데 어느 날 그 말이 도망갔다. 모든 이웃들이 위로의 말을 건네자 노인은 그저 '글쎄요'라고 대답했다. 며칠 뒤, 그 말이 야생마 두 마리와 함께 돌아왔다. 이웃들은 축하의 말을 건넸지만, 노인은 그저 '글쎄요'라고 대답했다. 그러다 노인의 아들이 야생마 중 한 마리를 타다가 낙상해 한쪽 다리를 다쳤다. 이웃들은 다시 위로의 말을 건넸지만, 노인은 이번에도 '글쎄요'라고 답했다. 일주일 뒤, 징병 담당관들이 마을을 찾아와 마을 청년들을 징집했다. 노인의 아들은 다리 부상 탓에 징집되지 않았다. 이웃들이 다행이라고 하자 노인은 말했다. "글쎄요."

"자신이 모른다는 것을 아는 것이 최선이다. 모르면서 안다고 믿는 것은 병이다."『도덕경』의 한 구절이다. 하지만 불확실성을 받아들이기 위해 그 무엇도 안 믿으려 하는 어리석은 거부는 불필요하다. 다만 우리의 지식에 대해 적절한 겸손함만 갖추면 된다. 덜 확신하고, 더 의심하고, 조금씩만 판단을 보류하자. 회의주의는 독단주의에 맞서는 강력한 약이므로, 아주 조금만 몸에 지니고 있으면 된다.

함께 보면 좋은 주제
만약What if, 양가감정Ambivalence, 후회Regret

읽을거리
데이비드 흄, 『인간의 이해력에 관한 탐구』

비관주의 Pessimism

비관주의자들은 자신이 시험에 떨어질 것이고, 인간관계가 잘 풀리지 않을 것이고, 기침은 폐렴으로 발전할 것이고, 인간 본성은 삐뚤어져 있으며, 세상은 망조가 들었다고 생각한다. 어쩌면 그들의 두려움보다 현실은 더 나쁠지도 모른다. 유리잔이 반이나 빈 것도 모자라 독약까지 들어 있을 수도 있다. 우리는 비관주의가 수명을 단축하고 우리의 성공 가능성을 갉아먹는 등 그 자체로 유해하다고 들어왔다.

이것이 사실일 수 있음을 보여주는 여러 이유가 있다. 우선 어차피 안 좋아질 상황이라면 스스로를 돌보는 노력을 게을리할 가능성이 높다. 이미 손쓸 수 없을 만큼 심각한 상태라고 판단된다면 정밀검사는 의미가 없다. 또한 어떤 상황에서는 비관적인 태도가 우리가 애초에 우려했던 바로 그 결과를 불러올 수도 있다. 하지만 이런 부분을 인정하더라도 우리 내면의 비관적인 아기를, 반쯤 비어 있는 욕조 물과 함

194

께 내다버려서는 안 된다. 비관주의는 다양한 형태를 띠고 있고 그중 일부는 실제로 유용하기 때문이다.

우리 자신, 세계, 현재, 미래 등 우리가 비관적으로 보는 대상은 다양하다. 어떤 이의 비관주의는 세계를 향해 있고, 어떤 이의 비관주의는 보다 구체적이다. 우리 자신에 대한 비관주의는 삶의 모든 긍정적인 요소를 걸러내고 부정적인 요소만 인식하는 태도, 혹은 미래에 대한 최악의 예상을 포함한다. 이것은 우리가 자기 파괴적으로 행동할 가능성이 높다는 것을 의미할 뿐 아니라, 우리를 우울하게 만든다.

하지만 우리는 현재 혹은 미래에 대한 부정적인 **평가**와, 우리의 감정 혹은 행동을 구분해야 한다. 다시 말해, 우울한 기분을 느끼지 않거나 안락한 삶을 방해하지 않는 방식으로 비관적일 수도 있다.

여기서 우리는 스토아 철학자들의 조언을 따를 수 있다. 그들은 재앙이 닥칠 수 있다고 예상하는 일을 중요한 훈련으로 삼았다. 가장 유명한 훈련 중 하나는 '악에 대해 미리 생각하는 훈련'이었다. 이 훈련은 여러 종류의 비극을 예상해보는 것이다. 세네카는 '망명, 고문, 전쟁, 난파' 등을 떠올렸고, 에픽테토스는 '끔찍해 보이는 모든 것, 특히 죽음'을 떠올렸다. 이 훈련의 목표는 우울감을 부르는 게 아니라, 머릿속으로 그려본 악이 충분히 일어날 수 있는 일임을 상기시키는 것이다. 그리하여 어떠한 재앙에도 평온하게 반응하도록 돕는다.

진정한 스토아 철학자가 되기 위해 우리는 진정한 악은 악한 행동뿐이므로, 이들 중 어느 것도 실제로 '악'이 아님을 알아야 한다. 하지만 그렇게 깊이 들어가지 않고도 애초에 우리의 의견, 이를테면 '이번 휴가 때 난 아플지도 몰라' 같은 생각과 그것이 끔찍한 일이라는 결론을 구분함으로써 스토아학파의 속임수를 흉내 낼 수 있다. 휴가 때 좀 아파도 괜찮다고 스스로를 설득할 수 있다면, 우울함 대신 평온함이 찾아올 것이다. 더 수월한 방법은 이런 것이 아닐까. '휴가 때 아플 수 있고 그 상황이 달갑지 않겠지만, 어떻게든 견뎌낼 거야.'

이러한 접근법은 상황에 대한 우리의 평가와 그에 대한 반응 사이에 존재하는 동일한 단절을 기반으로 한다. 이것은 우울함을 막아주는 동시에, 휴가가 완벽하게 멋질 것이고 우리는 절대 아플 리 없다고 자신을 설득하는 것보다 훨씬 현실적이고 효과적이다. 로저 스크루턴은 비관주의를 옹호하는 글에서, 우리의 임무는 상황이 괜찮다고 스스로를 설득하는 게 아니라 '우리의 실제 상황을 있는 그대로 인식하고 거기서 발견한 내용을 편안하게 받아들이는 것'이다.

이는 그 시점이 현재이든 미래이든 간에, 세상을 향한 비관주의에도 동일하게 적용된다. 문제는 이것이 낙관적 전망보다 더 이성적인 평가인지 여부다. 비관주의는 우리 주변에서 관찰되는 것들과 역사 및 인간 본성에 관한 지식에 대한 건전한 반응 아닐까?

비관주의자이든 아니든 간에, 대부분 사람들은 세상에 많은 나쁜 일이 벌어지고 있다는 데 동의할 것이다. 세상이 개선되고 있는지, 혹은 퇴보하고 있는지, 미래 전망은 얼마나 밝은지에 관해서는 더 논의가 필요하다.

이 질문에 관해서라면 낙관주의자와 비관주의자의 입장은 큰 차이가 없을지도 모른다. 비관주의자들은 증거를 살펴봤을 때 인간의 상황이 여러 측면에서 실제로 개선되었다는 스티븐 핑커의 주장에 동의할 것이다. 또한 낙관주의자들은 핑커가 그랬던 것처럼, 어떤 사건이 벌어지면 세상이 쉽게 퇴보할 수도 있음에 동의할 것이다.

비관주의와 관련된 진정한 논점은 상황이 많이, 어쩌면 아주 심하게 나빠질지에 관한 것이다. 비관주의자들은 그렇다고 대답하는 반면, 낙관주의자들은 우리를 괴롭히는 문제에 관한 해결책이 나올 것이라고 믿는 편이다. 존 그레이는 이런 속 편한 믿음이 실은 '진보에 대한 비이성적 맹신'에 지나지 않는다고 생각한다. 그는 "과학을 제외한다면 진보는 그저 신화에 불과하다"라고 말한다.

양쪽의 예상에는 모두 근거가 필요하다. 자기 자신에 대한 비관주의와 마찬가지로, 가장 중요한 점은 미래 전망에 대한 부정적 평가가 무관심을 의미하지 않는다는 것이다. 우리 몫을 다해 세상을 바꾸기 위해, 혹은 우리가 사는 세상의 한 귀퉁이라도 바꾸기 위해 꼭 낙관주의자가 될 필요는 없다. 그저 긍정적인 변화가, 그것이 아무리 사소하고 쉽게 뒤집힐 수 있는 변화라 해도, 가능하다는 것만 믿으면 된다. 사실 올바른 동기부여를 위해서는 약간의 비관주의가 필요할지도 모른다. 우리가 인간의 나약함과 진보의 취약함을 더 현실적으로 인식할 때, 각자의 분야에서 성공할 가능성은 더 높아지기 때문이다.

함께 보면 좋은 주제
걱정Worrying, 낙관주의Optimism, 인간 본성Human nature, 회복력Resilience, 희망Hope

읽을거리
로저 스크루턴, 『긍정의 오류』

사내 정치 Office politics

Office politics

나쁜 통치가 만연할 때 선한 개인은
자신의 원칙을 둘둘 말아 가슴속에 간직한다.

— 공자

회사를 다니는 사람에게 직장에서 제일 싫은 게 무엇이냐고 물었을 때 '사내 정치'라고 대답할 확률이 상당히 높다. 사회적 목적을 지닌 기관에서도 종종 편 가르기와 파벌 다툼, 뒷소문과 괴롭힘이 난무한다. 공자는 우리가 이런 사내 정치의 필연성을 받아들이고 더 잘 대처할 수 있게 도와준다.

공자의 주요 사상은 '이禮'인데 이것은 종종 '의례' 혹은 '예의범절'로 번역된다. 따라서 '이'는 현대 사회와는 무관하다는 느낌이 들기도 한다. 당신이 마지막으로 의례를 치른 것이 대체 언제란 말인가? 하지만 '이'는 단순히 공식적인 의례 이상의 의미를 지닌다. 넓은 개념으로 봤을 때, 그것은 에티켓을 비롯해 모든 종류의 사회적 예절을 아우른다. 악수를 하고 적절한 옷차림을 하고 다른 사람에게 발언 기회를 양보한다면 당신은 '이'를 따르고 있는 것이다.

공자는 '이'가 제대로 작동하기 위해서는 모든 사람이 본인과 타인의 관계를 정확히 인식해야 한다고 믿었다. 공자의 시대에는 이런 이유에서 계급에 대한 감수성이 필요했는데, 당시 사회는 대부분 계급으로 구성되어 있었기 때문이다. 이제는 시대가 바뀌었다. 계급구조는 평평해지고, 사회적 관례는 비격식적으로 바뀌었으며, 적절함에 관한 생각도 유연해졌다. 하지만 '이'의 본질적인 중요성은 여전히 존재한다.

한 집단이 조화로우려면 구성원들이 서로의 관계를 잘 이해하고 그에 걸맞게 행동해야 한다. 사내 정치의 많은 사례는 '이'가 무너진 결과다. 그러한 상황에서 우리가 할 수 있는 일은 공자의 조언대로 최선을 다해 각자의 의무를 다하는 것이다. 단순히 입을 다물고 순종하는 자세를 의미하는 것이 아니다. 공자는 잘못된 관습에 맞서야 한다고 생각했다. 하지만 그는 이 일을 효과적으로 해내기 위해 권력관계를 이해하고 그에 걸맞게 행동해야 한다는 것도 알았다.

공자는 때때로 정치가 너무 유독해서 선한 개인은 아무것도 할 수가 없다는 점도 인정했다. 그는 '나쁜 통치가 만연할 때 선한 개인은 자신의 원칙을 둘둘 말아 가슴속에 간직한다'라고 했다. 최선을 다했음에도 여전히 지독한 사내 정치가 계속된다면, 몸을 낮추고 있거나 도망치는 수밖에 없다는 사실을 받아들일 만큼 공자는 현실적이었다.

함께 보면 좋은 주제
가십Gossip, 경쟁Competition, 권위Authority, 신의Loyalty, 일Work, 커리어Career

읽을거리
공자, 『논어』

사랑 Love

> 사랑에 빠진 사람은 그 대상을 소유하고,
> 그것이 계속 자신에게 보이도록 노력한다.
>
> – 바뤼흐 스피노자

사랑은 흔히 인생에서 가장 중요한 것으로 여겨진다. 시인 필립 라킨은 사랑이 우리보다 오래 살아남을 것이라고 했다. 이건 단지 로맨스이야기가 아니다. 많은 종교는 신을 사랑과 동일시하고 우리에게 윤리적 의무로서 사랑을 명령한다. 하지만 우리는 사랑에 관한 통찰을 얻기 위해 철학으로 눈을 돌리지는 않는다. 파스칼은 "심장에는 나름의 이유reasons가 있고 이성reason은 아무것도 알지 못한다"라고 했다. 심장의 삶을 조명하기 위해 왜 굳이 자기 머릿속에서 사는 사람들의 조언을 구해야 한단 말인가?

한 가지 그럴듯한 이유가 있다. 머리와 심장은 일반적으로 구분되지만 연관성이 강하기 때문이다. 한자로 심장의 '심心'은 마음과 정신heart-mind, 다시 말해 감정을 느끼고 사고하는 정신을 의미한다.

사랑에 관해 역사상 가장 시적이지 못한 묘사는 이 연관성의 본질을 밝히는 데 도움이 된다. 스피노자는 자신의 초합리적인 체계 덕분에 우리가 사랑의 본질을 명확히 이해할 수 있다고 생각했다. 그는 사랑이 '외적 원인에 관한 생각idea을 동반한 즐거움에 불과하다'라고 결론 내렸다. 그렇기 때문에 '사랑에 빠진 사람은 그 대상을 소유하고, 그것이 계속 자신에게 보이도록 노력한다.'

밸런타인데이 카드에 이런 말을 적는 것은 상상하기 힘들지만 스피노자는 사랑의 본질을 건조하게, 그러나 멋지게 정의했다. 사랑은 극도로 다양하다. 가족 간의 사랑은 낭만적인 사랑과 다르고, 우리는 사람을 사랑하는 것처럼 초콜릿이나 책을 사랑하지 않으며, 인류를 향한 사랑은 특정한 한 인물에 초점을 맞추지 않는다. 하지만 이 모든 경우에는 사랑의 대상, 즐거움까지는 아니더라도 어떤 긍정적인 감정을 유발하는 대상이 존재한다. 우리가 사랑의 대상을 늘 물리적으로 가까운 곳에 두려고 노력하는 건 아닐 수도 있지만(일례로 부모는 자녀가 집을 떠난 후에 더 행복해한다는 연구 결과가 있다), 그 대상이 건강한 상태로 자기 자리에 있기를 바란다.

하지만 스피노자의 정의에서 핵심 단어는 '생각idea'이다. 당신이 어떤 외적 원인으로 즐거움을 느끼지만 그 원인이 무엇인지에 대해 생각하지 않으면, 그것에 대한 사랑을 느낄 수 없다. 우리가 긍정적인 기분을 느끼는 것은, 그 기분과 그것을 유발하는 것이 무엇인지에 관한 생각을 연관 짓기 때문이다.

머리와 마음은 분리될 수 없다. 감정은 사고에 달려 있다. 따라서 우리가 무엇을 사랑하는지 혹은 사랑하지 않는지 선택할 수 없더라도, 왜 그런 감정이 느껴지는지 곰곰이 생각해볼 가치가 있다. 예를 들어, 때로는 사랑이 우리를 파괴적인 관계 안에 가두기도 한다. 사랑의 대상이 기쁨보다 더 큰 슬픔을 유발한다는 사실을 똑똑히 인지하면 그 대상에 대한 감정이 달라질 수 있다. 가족이나 인류처럼 우리가 사랑해야 한다는 의무감을 느끼지만 그러기 어려운 대상의 경우, 그들의 장점에 초점을 맞추면 적절히 긍정적인 감정을 키울 수 있다. 이런 훈련의 한 예가 불교의 자애명상metta이다. 우리는 타인에게서 연민과 동질감을 느낄 만한 부분에 의식을 집중하는 훈련을 통해 더 다정해질 수 있다.

일반적인 표현과 달리, 자애명상은 사랑이 맹목적일 필요는 없음을 보여준다. 사랑이 맹목적인 것은 그런 감정을 불러일으키는 생각을 잘 뜯어보지 않을 때다. 하지만 마음의 눈을 통해 사랑의 대상을 본다면 사랑도 더 잘 보이게 된다. 그 사랑이 더 강해질지, 약해질지는 무엇을 발견하느냐에 달렸다.

함께 보면 좋은 주제

가족Family, 관계Relationships, 데이트Dating, 섹스Sex, 우정Friendship, 일부일처제Monogamy, 자기애Self-love, 자녀 양육Parenthood, 헌신Commitment

읽을거리

바뤼흐 스피노자, 『에티카』 제3권
사이먼 메이, 『사랑의 탄생』

사별 Bereavement

죽음으로 인한 슬픔은 인간의 보편적인 감정이자, 각자의 인간 관계가 모두 다른 것만큼이나 다양하게 나타난다. 우리가 원하는 만큼 타인에게 위로가 되지 못하는 이유 중 하나는 우리가 무슨 말을 하든 간에 타인의 감정을 절대 완벽하게 이해할 수는 없기 때문이다. 그래서 '애도에는 올바른 방식이 없다'라는 말이 있다.

그렇다고 해서 많은 철학자들이 더 나은 애도 방식에 대한 의견을 내놓지 않은 건 아니다. 다만 그들의 침착하고 이성적인 조언은 사별을 겪은 사람에게 별 쓸모가 없다. 그럴 때는 공감하며 이야기를 들어주는 것이나 차를 한잔 내어주는 것이 더 도움이 될지도 모른다. 누가 그런 순간에 '자네 친구가 죽어 유감이지만 그렇다고 너무 슬퍼하지는 말게'라고 적힌 편지를 받고 싶겠는가? 세네카는 한바탕 엉엉 울라고 권하는 쪽은 아니었다. 그는 '울지 않아서도 안 되지만, 눈물바다에 빠져서도 안 된다'라는 단호한 입장이었다.

세네카는 친구 루킬리우스에게 조금도 슬퍼하지 말라는 말은 차마 못 하겠다고 했다. 물론 그 편이 더 나을 거라고 확신하긴 했다. 그는 '이러한 정신의 단단함은 불행을 딛고 일어선 사람만이 가질 수 있는 것'이라고 했다. 이상적인 세계에서는 죽은 친구 때문에 우는 건 아끼는 옷이 없어져서 우는 것만큼이나 어리석다는 것을 잘 안다.

하지만 세네카는 그 조언을 따르는 것이 얼마나 어려운지도 잘 알고 있었다. 따라서 그가 인간을 있는 그대로의 존재로, (고맙게도) 약하고 감정적인 존재로 이야기할 때 그의 조언은 더 유용하다. 다른 철학자들과 마찬가지로 그의 성찰은 우리가 사별을 맞지 않은 상태에서 그 상황에 미리 대비할 수 있도록 돕는다.

세네카는 우리가 정직해지기 어려운 부분에 대해 잔인하도록 솔직하다. 즉, 우리의 애도 행위는 우리가 타인에게 어떻게 인식되기를 원하는지에 영향을 받는다는 것이다. 그는 이런 글을 썼다. "우리는 우리의 상실을 눈물로 증명하려고 한다. 우리는 슬퍼서 우는 것이 아니라, 다른 사람들에게 슬픔을 전시하는 것이다." 당신은 '그럴 리가'라고 생각할지도 모른다. 하지만 이것은 계획된 연기라기보다는 기대에 부응해야 한다는 압박에 가깝다. 우리는 이런 기대치를 내면화하고 스스로의(혹은 다른 사람들의) 생각만큼 슬프지 않을 때 죄책감을 느끼기도 한다. 이런 사고에서 자유로워지면 애도의 불필요하고 비참한 부작용을 제거할 수 있을 것이다.

또한 세네카는 가장 깊은 애도조차도 우리의 일상적인 필요와 욕구를 몰아내지는 못한다고 지적한다. 그는 루킬리우스에게 레토 여신의 노여움을 산 탓에 열두 자녀를 모두 잃고 비탄에 빠진 니오베조차 열흘 뒤에는 배고픔을 느꼈다고 전했다. 애도 기간에 샌드위치가 먹고 싶다거나, 한입 베어 문 샌드위치가 너무 맛있게 느껴진다고 해서 죄책감을 가질 필요는 없다. 오히려 우리의 삶이 얼마나 쉽게 끝날 수 있는지 절실히 깨달은 이 시기에 삶의 기쁨에 감사하는 것이 더 적절해 보인다. "친구들이 언제까지 우리 곁에 있을지 모르므로, 지금 그들의 존재를 마음껏 즐기자." 이것은 세네카의 조언 중 우리 모두가 동의할 수 있는 부분이다.

세네카가 차갑게 느껴진다면 도교의 장자는 냉혈한이 따로 없다. 장자의 아내가 죽은 후, 그를 위로하기 위해 찾아온 친구는 장자가 북을 치고 노래하고 있는 것을 발견했다. 장자는 처음에는 자신도 남들과 같은 방식으로 애도했다고 설명했다. 그러다가 우주와 존재의 본성에 대해 생각하게 되었다. 그는 도교를 믿는 사람으로서 세상은 영구적인 흐름 속에 있으며 만물이 형성되고 해체되는 끝없는 과정이라고 생각했다. 따라서 아내가 태어났을 때, '형태가 바뀌어 삶을 얻었다. 이제 다른 변화가 일어나 죽었다. 이것은 봄, 여름, 가을, 겨울, 사계절의 순환과 같다.'

이것을 받아들인다고 해서 과연 우리가 사랑하는 사람을 잃고 노래를 할 수 있을지는 의문이다. 하지만 장자의 큰 그림은 도교를 믿는 사람뿐 아니라 우리 모두에게 진실로 다가온다. 영원한 건 없으며 만물은 변한다는 사실을 인정하면, 죽음이 우리의 삶을 강탈하는 것이 아니라 잠시 우리에게 빌려준 것을 되찾아가는 것일 뿐이라고 순순히 받아들일 수 있다.

세네카와 장자는 우리가 사별의 슬픔을 보다 넓은 관점에서 바라볼 수 있게 한다. 영국 철학자 데릭 파르핏은 한발 더 나아가, 우리의 상실이 우리의 생각만큼 절대적인가에 대해 의문을 제기한다. 파르핏은 한 인간은 모든 생각, 가정, 경험의 총합에 불과하며, 그 모든 것은 시간에 걸쳐 선형적으로 연결된다고 믿었다. 이것을 받아들이면 놀라운 보너스가 따라온다. 우리는 시간에 걸쳐 타인과 심리적으로도 연결되어 있기 때문에, 가까운 사람들과 함께 있지 않더라도 완전히 떨어져 있는 것은 아니다. 파르핏은 말한다. "내 삶과 타인의 삶에는 여전히 차이가 존재한다. 하지만 그 차이는 줄어든다."

이것은 사별의 슬픔 속에서 종종 우리의 일부도 함께 죽었다고 느끼는 이유이기도 하다. 하지만 살짝 뒤집어보면 떠난 이들의 일부는 계속 우리 안에 살게 된다고, 좀 더 긍정적으로 생각해볼 수도 있다. 이는 온전한 삶이 제공하는 위안을 주지는 못할 테지만 더 믿음직한 효과가 있다. 우리가 죽은 사람의 어떤 면을 마음 깊이, 계속 사랑할 수 있도록 하는 것이다.

함께 보면 좋은 주제

사후세계Afterlife, **손실**Loss, **자살**Suicide, **죽음**Death, **필멸**Mortality

읽을거리

세네카, 〈편지 163Letter 163〉

데릭 파르핏, 『이유와 인간Reasons and Person』

장자, 『장자』 제18장

사후세계 Afterlife

다른 무엇만큼이나 확실한 것은 영혼은 불멸하고
영속적이며 분명 다음 세상에도 존재하리라는 것이다.
– 소크라테스

죽음은 인생에서 가장 부정할 수 없는 진실이자 받아들이기 힘든 현실이다. 우리와 함께 기쁨과 슬픔을 나누고 넘치는 에너지를 자랑하던 사람이 영영 떠난다니, 때로는 너무 비현실적으로 다가온다. 누군가의 죽음, 아슬아슬한 사고, 혹은 질병을 경험하고 나면 우리는 죽음의 위협을 느끼지만, 평소에는 우리의 존재도 언젠가 사라질 것이라고 생각하지 못한다. 눈에 보이는 것과 머리로 알고 있는 것 사이의 괴리를 메우기 위해 일반적으로 택하는 방법 중 하나는 다음 세상이 있다고 믿는 것이다.

이러한 믿음에 힘을 실어준 철학자들이 많은데 그중 하나인 플라톤은 이렇게 말했다. "죽음이 찾아오면 인간의 필멸적인 부분은 죽게 되지만 불멸적인 부분은 임박한 죽음을 피해 파괴할 수 없는 상태로 탈출한다."

소크라테스는 자신의 처형을 앞두고 모인 추종자들에게 이렇게 말했다. "다른 무엇만큼이나 확실한 것은 영혼은 불멸하고 영속적이며 분명 다음 세상에도 존재하리라는 것이다."

거의 2000년의 시간이 흐른 뒤, 르네 데카르트는 거의 똑같은 견해를 드러내며 정신은 '몸과는 확실히 구별되고 몸 없이도 존재할 수 있다'라고 주장했다.

영혼의 불멸성과 비파괴성에 대한 이런 주장의 핵심은, 우리의 본성은 생각과 의식으로 구성되고 생각은 물질적이지 않으므로 인간의 본질은 비물질적이라는 것이다.

오늘날 이런 논리가 설득력이 있다고 믿는 사람은 거의 없으리라. 생각이 뇌의 작용으로 생겨나고 영향을 받는다고 믿을 만한 증거가 넘치기 때문이다. 이에 따르면, 뇌가 죽을 때 우리의 정신도 죽고 따라서 자아도 죽는다.

내세가 존재한다는 다른 주장은 환생을 믿는 인도 철학에서 발견된다. 다만 이것도 위안이 되진 않는다. 우리가 환생을 거듭하는 한, 삶의 고난과 역경에 시달릴 운명이기 때문이다. 불교에서는 이것을 고苦라고 한다. ‖ 고통Suffering 참조 ‖ 진정한 보상은 환생이 아니라 윤회의 고리를 끊는 것이다.

이런 체계 안에서 환생하는 것은 개개인의 일상적 자아가 아니다. 우리는 내세로 '돌아가면' 전생을 기억하지 못하고, 그렇기 때문에 지금 우리에겐 전생의 기억이 없다. 돌아오는 것은 좀 더 흐릿해진, 일종의 장소에 관한 기억이다.

내세에서 위안을 찾고자 하는 사람들은 오늘날의 철학 안에서 위안을 얻기 어렵다. 철학을 통해 조금이라도 도움을 받으려면, 우리가 갈망하는 것은 불가능할 뿐 아니라 그다지 바람직하지도 않다고 받아들이는 수밖에 없다.

신경과학자 데이비드 이글먼은 40편의 훌륭한 단편을 썼다. 이 이야기들은 사후세계가 생각처럼 그렇게 딱 떨어지지 않으며, 상상 가능한 여러 형태의 사후세계는 축복보다는 저주에 가깝다는 것을 보여준다. 가령 그가 보여준 한 사후세계에서 당신은 이미 알고 있던 사람들만 만날 수 있으며 영원한 권태에 시달릴 수밖에 없다. 다른 사후세계의 경우, 천국에서 당신은 몇 살인가라는 오랜 질문에 다양한 나이대의 당신이 공존한다는 답을 제시한다. 여기서 각각의 당신은 나머지 연령대들이 보이는 상대적인 미숙함 혹은 노쇠함에 좌절한다. 또 다른 사후세계에서는 원래와 다른 선택을 했을 경우 어떤 일이 펼쳐졌을지 알 수 있어서 당신은 자신보다 더 성공적인 버전의 다른 자신을 시기하게 된다. ‖ 만약What if 참조 ‖

우리는 사후세계를 갈망하는 대신 그것이 허황되고 불가능한 생각임을 수용하는 법을 배워야 한다. 이것은 너무 어려운 요구 같다. 하지만 역사상 가장 크고 오래된 문명 중 하나인 중국의 철학은 사후세계의 개념 없이도 문제없이 발전했다. 공자와 맹자의 고전은 사후에 펼쳐지는 일에 대해 대체로 침묵한다. 유교에도 하늘天의 개념은 있지만, 그것은 우리가 죽은 뒤에 가야 할 장소라기보다는 우주의 지도 원리에 가깝다. 이들의 철학은 지금 이 순간, 바로 이곳에 초점을 맞추고, 그들의 도덕성은 서로에 대한 책임과 의무를 바탕으로 한다. 우리가 이승에서 가치 있는 삶을 살기 위해 내세에 의존할 필요가 없음을 잘 보여준 것이다.

죽음이라는 마침표의 위력을 축소시켜 말줄임표로 바꿀 수 있는 유일하고 참된 방법은 우리가 타인의 인생, 마음, 머릿속에서 어떻게 살아 있는지 생각해보는 것이다. 한 인간의 전기가 끝나면 그에 대한 에필로그는 다른 사람들의 전기에 기록된다. 영생에 대한 열망은 '수천 년간 지속되는 향기를 남겨라'라는 중국인들의 보편적인 야망으로 대체될 수 있을 것이다.

함께 보면 좋은 주제

고통Suffering, 사별Bereavement, 의미Meaning, 죽음Death, 필멸Mortality

읽을거리

데이비드 이글먼, 『썸Sum』

삶에 대한 애정 Love of life

열정이 행복보다 더 중요해 보이는 이유는
인생에서 불가피한 불행의 시기에
열정이 슬픔과 공존할 수 있기 때문이다.

장례식 연설에서 흔히 쓰이는 표현은 고인이 '삶을 사랑했다'라는 말이다. 이것은 방탕한 삶에 대한 완곡한 표현인 경우도 있지만, 대체로 더 순수하고 중요한 무엇을 드러낸다. 삶에 대한 애정, 혹은 '열정'이 있는 한, 인간은 얼마나 고단한 하루가 기다리고 있는 간에 아침에 잠자리에서 벌떡 일어날 수 있다. 이 사랑스러운 사람들은 살아 있음에 깊은 감사를 표한다. 이것은 세상에 대한 호기심부터 매일 접하는 친숙한 것들에게서 얻는 소소한 기쁨 등 다양한 태도로 드러난다.

이런 즐거움은 상황이 좋지 않을 때에도 지속될 수 있다. 러셀은 어떤 사람들은 불쾌한 경험 속에서도 삶에 대한 열정을 유지한다고 지적한다. "그들은 지진이 났을 때 '지진이 이런 거구나'라고 말하며 새로운 주제로 인해 세상에 대한 지식이 확장되었음에 기뻐한다."

러셀은 극단적으로 힘든 상황에서도 삶에 대한 애정이 유지될 수 있다고 믿지는 않았다. 하지만 건강을 잃으면 삶에 대한 애정이 약해지는 경향이 있다는 그의 주장에는 논란의 여지가 있다. 사람들은 보통 질병이나 장애가 모든 것을 망칠 것이라고 상상하지만, 그들의 삶에 대한 애정은 오히려 더 커지기도 하는데, 질병이나 장애의 경험으로 인해 가진 것에 더욱 감사한 마음을 갖게 되기 때문이다.

러셀에 따르면 더 많은 것에 관심을 가질수록 더 많은 행복의 기회를 얻게 되므로, 열정의 원천을 키우는 것은 행복으로 가는 지름길이다. 이것은 사실일지도 모르겠으나, 열정의 원천을 키워야 하는 주된 이유는 아니다. 열정이 행복보다 더 중요해 보이는 이유는 인생에서 불가피한 불행의 시기에 열정이 슬픔과 공존할 수 있기 때문이다.

문득 의문이 들 것이다. 그런 기질을 타고나는 건 결국 운에 달린 게 아닐까? 어느 정도는 사실이다. 어떤 사람들은 기질적으로 더 열정적이다. 하지만 우리의 기본치가 어느 수준이든 간에, 우리가 삶을 사는 방식은 그런 기질을 활짝 꽃피게 할 수도 있고 시들게 할 수도 있다. 따라서 삶에 대한 감사를 불러일으킬 만한 것들을 파악하는 것이 관건이다. 그 과정에서 그런 여유를 쉽게 낼 수 있었음에도 그것들을 충분히 해내지 못했음을 깨닫게 될지도 모른다. 열정의 원천을 찾고 그것이 잘 자라나도록 하자.

함께 보면 좋은 주제
감사Gratitude, 은퇴Retirement, 자살Suicide, 중년의 위기Midlife Crisis, 카르페 디엠Carpe diem, 행복Happiness

읽을거리
버트런드 러셀, 『행복의 정복』

선택 Choice

쉬운 선택을 가능하게 하는 쉬운 규칙 같은 것은 없다.

– 장 폴 사르트르

원칙적으로 선택지가 있다는 것은 좋은 일 같다. 다만 현실적으로 선택지 사이에서 고민하는 것은 종종 피곤하고 시간을 잡아먹는 일이다. 특히 걸린 판돈이 높을 때는 더더욱 그러하다. 직업을 바꾸거나, 다른 나라로 이주하거나, 관계를 끝낼 때처럼 실수를 해선 안 된다는 압박을 느낄 때면 스트레스가 엄청나다. 철학은 이런 결정을 더 쉽게 만들어주진 못하지만, 그 결정이 왜 그토록 어려운지 이해하는 데 도움이 될 수 있다.

문제는 우리가 마주하는 많은 선택에 가치관의 충돌이 포함되어 있다는 점이다. ┃ 양가감정Ambivalence 참조 ┃ 장 폴 사르트르는 2차 대전 당시 자신을 찾아와 조언을 구했던 한 학생의 이야기를 들려준다. 학생의 아버지는 나치의 부역자였고 학생의 형제는 죽임을 당했다. 그는 어머니와 함께 살았는데, 어머니는 남편의 행동과 아들의 죽음에 충격을 받았고 남은 아들에게서 많은 위안을 얻고 있었다. 학생은 영국으로 가서 자유 프랑스군에 합류하고 싶었지만, 동시에 어머니를 챙겨야 한다는 책임감에 떠나기 어려웠다. 자신이 어머니 곁에 머문다면 분명히 도움이 될 수 있겠지만, 침략국과의 전쟁에 참여했을 때의 효과는 훨씬 불확실하다는 것도 알고 있었다. 양쪽 모두 가치 있다고 여겼으나 한쪽을 선택해야 했다.

확실한 대답을 원했던 거라면 그 학생은 번지수를 잘못 찾았다. 사르트르는 이렇게 말했다. "자네는 자유로우니 알아서 선택하게." 그 학생이 이 답변을 잘 받아들였는지 모르겠으나, 표면적으로 보면 정말이지 별 도움이 안 되는 조언 같다.

하지만 이 조언에는 눈에 보이는 것 이상의 무언가가 있다. 사르트르에 따르면 자유는 인간의 근본적인 능력이고 자유에는 선택이 따른다. 우리는 그 선택을 통해 우리의 모습을 성형하고 재성형한다. 우리는 우리의 행동들의 총합일 뿐이다. 우리가 어떤 사람이 될 수 있었는지에 대해 곱씹으며 위안을 얻는 것은 도움이 되지 않는다. 그 사람은 실재하지 않기 때문이다. 우리는 스스로 만들어낸 존재이며, 따라서 자신에 대한 책임이 있다.

이 문제와 관련하여 우리는 인간 본성(애초에 그런 건 없으므로)이나 신(존재하지 않으므로)의 인도를 받을 수 없다. 그렇다고 선택하지 않는 쪽을 택할 수도 없는데, 그것 자체가 하나의 선택이기 때문이다. 선택을 피할 방법도 없고, 우리 자신의 모습을 바꿔나가는 것을 피할 방법도 없다. 이것은 필연적인 불안의 원인이며, 따라서 우리는 고정된 틀 안에 스스로를 가두고 우리 자신을 과거, 사회적 역할, 유전자에 의해 결정된 존재로 여김으로써 자유를 부정하려고 시도하기도 한다.

물론 사르트르는 우리가 선택하지 않는 상황에 처하는 일이 아예 없다고 말하는 게 아니다. 하지만 어떤 상황에 처하든, 거기에 어떻게 대응할지 선택하고 행동하는 것은 우리 몫이다. 이것은 '행동과 자기 결정의 윤리ethic of action and self-commitment'다.

행동의 선택은 결국 가치의 선택이므로, 사르트르는 우리가 내리는 모든 선택이 인류와 관련된 우리의 가치와 통한다고 믿었다. 일례로 우리가 결혼하기로 선택한다면 우리는 다른 모든 사람을 위해 결혼의 가치를 긍정하는 셈이다. 그렇다면 부담 가질 일이 없다.

사르트르의 자유에 관한 이야기는 왜 어떤 선택은 실질적으로 어려울 뿐 아니라 감정적으로 고통스러운지 설명하는 데 도움이 된다. 그의 제자가 발견했듯이, 그것을 안다고 해서 난국이 타개되지는 않는다. 다만 우리가 직면한 상황, 이렇게 힘든 이유, 우리가 해야만 하는 일을 명확히 파악할 수는 있다.

다행히 그렇게 위험하지 않은 선택도 많이 있다. 심지어 사르트르도 어떤 선택, 이를테면 밀푀유와 초콜릿 에끌레르 중 무엇을 먹을 건지에 관한 선택은 그렇게 심각한 불안을 야기하지 않는다고 인정했다. 선택의 기로에 섰을 때 우리는 종종 선택지의 다양함에 압도되고 만다. 오늘날의 소비 사회에서는 흔한 일이다. 그럴 때는 버락 오바마가 말한 것처럼, 우리가 매일 내려야 하는 사소한 선택의 횟수를 줄이는 것이 도움이 된다. 일례로 그는 '결정할 일을 줄이려고 노력 중'이라고 말하며 회색 혹은 파란색 정장만 입었다.

어떤 쪽을 선택해도 큰 차이가 없다는 사실을 떠올리는 것도 도움이 된다. 진정으로 삶을 뒤바꾸는 선택, 돌이킬 수 없는 선택은 거의 없다. 버트런드 러셀은 이런 글을 썼다. "우리의 행동은 우리가 당연하게 생각하는 것만큼 그렇게 중요하지 않다. 우리의 성공과 실패도 결국 그다지 중요하지 않다."

선택은 불가피하지만 사소한 일로 고민하는 것은 무의미하다. 이것을 기억한다면 작은 일에 진땀 빼는 것을 그만둘 수 있으리라. 특히 얼마나 많은 일이 우리 생각보다 훨씬 더 사소한지를 깨닫게 된다면 더더욱. 쉬운 선택을 가능하게 해주는 쉬운 규칙 같은 건 없다는 사르트르의 지적은 옳다. 그렇기 때문에 우리는 정말 중요한 선택의 순간을 위해 평소 사소한 선택에 너무 기운 빼지 말아야 한다.

함께 보면 좋은 주제
딜레마Dilemmas, 불안Anxiety, 실수Mistakes, 양가감정Ambivalence, 우유부단Indecision, 위험Risk, 자기기만Self-deception, 자유의지Free will, 진정성Authenticity, 헌신Commitment

읽을거리
장 폴 사르트르, 『실존주의와 인문주의Existentialism and Humanism』

성취 Achievement

내 이름은 오지만디아스, 왕들의 왕. 내가 세운 것들을
보라, 위대하다는 자들아. 그리고 절망하라!
그 주위에는 아무것도 남아 있지 않다.
— 퍼시 비시 셸리, 〈오지만디아스〉 중에서

성취는 분명 우리의 고민 목록 중 상단에 있다. 우리의 경력은 충분한
가? 좋은 집에 살고 있는가? 우리가 가진 능력에 합당한 자격을 얻었
는가? 인생의 특정 단계에서 이런저런 것들을 성취했어야 한다는 아
쉬움은 고통을 야기한다.

성취는 인간의 욕구와 동기부여 이론에 자주 등장한다. 일부 철학자
들이 꼽은 훌륭한 삶의 조건 목록에도 포함되어 있다. 존 코팅엄은 "어
느 정도의 성취는 누구에게나 필요하다"라고 했다. 마약에 취해 몽롱
한 상태로 사는 건 제대로 사는 게 아니다. 우리는 각자 재능을 개발해
야 한다. 코팅엄은 냉정한 입장이다. 사람마다 다른 능력을 가지고 있
고 모두가 일류 음악가나 운동선수가 될 수는 없다. 하지만 그는 '진정
행복한 삶은 적절히 **끌어당겨지는 삶**'이라고 했다.

성취에는 다른 면도 있다. 스토아 철학자들은 이것을 궁수에 빗대었

다. 표적을 맞히려면 활쏘기 연습을 많이 하는 방법밖에 없다. 하지만 시위를 떠난 화살은 우리의 통제 밖이고, 갑작스러운 돌풍에 경로가 바뀔 수도 있다. 목표도 마찬가지다. 목표 달성에는 어느 정도 운이 따라야 한다. 따라서 우리가 통제할 수 있는 부분, 즉 마음가짐과 행동에 초점을 맞추는 게 낫다. 최종 결과는 우리에게 달려 있지 않기 때문이다.

성취를 회의적인 시각으로 보는 또 다른 이유는 마지막에는 모든 것이 무너지고 먼지로 바뀌기 때문이다. 이것은 '오지만디아스0zymandias' 관점이라고 불리는데, 퍼시 비시 셸리가 지은 동명의 시에서 따온 이름이다. 이 시에 나오는, 사막에 있는 망가진 조각상의 받침대에는 경고가 새겨져 있다. "내 이름은 오지만디아스, 왕들의 왕. 내가 세운 것들을 보라. 위대하다는 자들아. 그리고 절망하라! 그 주위에는 아무것도 남아 있지 않다."

그렇다면 성취는 반드시 필요한 것일까? 아니면 맞서야 할 잘못된 가치이자 헛된 유혹일까? 성취에 지나치게 집착하는 건 좋지 않다는 주장은 설득력이 있다. 하지만 능력을 개발하면서 얻는 성취감이 삶의 가치를 높이는 데 일조한다는 코팅엄의 주장도 옳다.

성취를 잘 다스리기 위한 방법은 그것을 일상화하는 것이다. 미셸 드 몽테뉴는 반드시 대단한 것을 성취해야 한다는 생각에 의문을 제기한다. "우리는 '그는 평생 나태하게 살았어' 혹은 '오늘 난 아무것도 안 했어' 같은 말을 한다. 그게 무슨 소린가! 당신은 오늘도 삶을 살지 않았나? 그건 당신이 하는 일 중에 가장 근본적이고 가장 고귀한 일이다." 이런 관점에서 본다면 무심코 지나쳤던 소소한 일상 속에서 성취를 발견할 수 있다. 때로는 살아남는 것만으로도 충분한 성취가 된다.

보완적인 접근법은 결과보다는 과정에 더 집중하는 것이다. 키어런

세티야는 일명 종결telic 활동과 비종결atelic 활동 간의 균형을 강조한다. 종결 활동은 종결점에 도달하면 의미나 가치가 소진된다. 모형 선박을 만들거나 산티아고 순례길을 걷는 상황이 그렇다. 세티야는 종결 활동에 지나친 관심을 쏟는 것은 우리 삶에 가치를 부여하는 그것을 끊임없이 잃는 것을 의미한다고 말한다. | 권태Boredom 참조 |

비종결 활동은 그런 종결점이 없다. 산책이나 음악 앨범에는 끝이 있지만, 그렇다고 당신이 산책과 음악 감상을 영원히 그만두는 건 아니다. 인생에서 종결·비종결 활동 간의 균형을 살펴보고, 세티야의 말처럼 '소진되지 않는' 비종결 활동의 비중을 높이는 것이 좋다.

선종에서는 '결과보다 과정에 집중하기'와 '작은 성취에 집중하기'를 하나로 엮는다. 이것은 오래된 격언에 잘 드러난다. "깨달음을 얻기 전 나무를 패고 물을 길러라. 깨달음을 얻은 후 나무를 패고 물을 길러라." 깨달음이 성취라면 여기서 성취되는 것은 대단치 않은 것들의 변화다. 우리가 무엇을 하느냐보다 어떻게 하느냐가 더 중요하다.

당신만의 목표를 정하라. 예를 들어 책을 쓰는 것도 좋다. 다만 최종 결과물보다는 글을 쓰는 과정에 더 집중하라. 그건 충분히 성취라고 할 수 있을 만한 일이다.

함께 보면 좋은 주제

경쟁Competition, 권태Boredom, 만족Contentment, 명성Reputation, 시기Envy, 실패Failure, 우주적 보잘것없음Cosmic insignificance, 의미Meaning, 필요Needs, 카르페 디엠Carpe diem

읽을거리

존 코팅엄, 『삶의 의미』

섹스 | Sex

문명화된 사람은 사랑 없이는
자신의 성적 본능을 완전히 만족시킬 수 없다.

– 버트런드 러셀

당신은 섹스를 너무 많이 하는가, 아니면 너무 적게 하는가? 섹스에 대한 생각이 너무 많은가, 아니면 너무 적은가? 섹스 상대는 괜찮은 사람인가? 정상적으로 하고 있는가? 이런 문제에 대해 조언을 하면서 생계를 유지하는 사람들은 많다. 하지만 철학자들은 보통 그 부류에 속하지 않는다.

철학자들이 다른 사람보다 섹스에 대해 덜 생각하거나 덜 신경 쓴다고 믿을 만한 근거는 딱히 없다. 철학자들의 글에서는 그런 것이 잘 드러나지 않는다. 거의 모든 철학적 전통 속에서 섹스에 관한 글은 놀랄 정도로 적다.

눈에 띄는 예외는 도교다. 도교 철학은 자연을 모든 것이 끊임없이 변화하는 관계 속에 있는 역동적인 시스템으로 이해한다. 도교 철학의 주요 개념인 기氣와 음양陰陽은 현대 과학으로는 이해할 수 없는 해괴한

힘처럼 들린다. 하지만 그것들은 우리가 세상을 보는 방식의 틀을 잡아주는 유용한 도구이며, 에너지의 지속적인 흐름과 긴장 상태를 의식하도록 한다. 저명한 현대 도교 철학자 로빈 왕은 음양을 '사람이 어떤 주어진 상황에서 효율적으로 기능하게 하는 전략이나 기술'로 본다.

섹스는 이러한 정의의 놀라운 예가 될 수 있다. 섹스는 (일반적으로) 두 사람 사이에서 밀물과 썰물처럼 들어오고 빠지는 감각과 욕망에 기반을 둔다. 능숙한 섹스는 여기에 잘 대응하는 것으로, 우리의 성욕이 최대한 효율적으로 흐름을 탈 수 있게 해준다. 음양의 언어 속에서 남성 성기는 양물(陽物, 양의 장비), 여성 성기는 음부(陰部, 음의 집)다. 좋은 (이성 간의) 섹스는 양쪽이 자신의 에너지를 너무 빠르거나 너무 느리게 소진하지 않으면서 상대의 에너지를 흡수하는 것을 말한다.

섹스가 음양 사상의 얼마나 자연스러운 일부인지를 확인하려면 기원전 7세기의 고전『관자』를 보면 된다. 이 책에는 '음양은 무엇인가?'라는 질문이 나온다. 그 답은 '타이밍'이다. 이것이 '좋은 섹스는 무엇인가?'라는 질문에 대한 좋은 답이기도 한 점은 우연이 아니다.

도교에서 섹스는 몸과 마음, 인간과 자연을 구분 짓지 않는 자연 세계의 철학이기 때문에 진지한 주제로 다뤄진다. 우리의 가장 고귀한 본성이 본질적으로 정신 혹은 영혼이라는 생각이 우세한 전통 속에서는 섹스가 우리의 열등한 동물적 본성을 상기시키는 낯 뜨거운 주제로 여겨진다. 섹스는 그것을 위해 마련된 (비교적 작은) 공간에 숨겨둬야 할 본성, 그 이상도 이하도 아니다.

서양의 경우 수 세기 동안, 인간 생활과 사회에서 섹스의 역할은 저급하고 제한적인 것으로 여겨졌고, 철학적 분석이 필요하다고 생각되지도 않았다. 최근 지지를 얻고 있는 주장과 관련해 피터 싱어는 이렇게 정리했다. "섹스에 대한 결정에는 정직함, 타인을 위한 배려, 신중함 등이 필요할 수 있겠으나, 그건 차량 운전도 마찬가지이므로 섹스에만 해당되지는 않는다." 그리고 이렇게 덧붙였다. "환경이나 안전 측면 등 차량 운전과 관련된 도덕적 문제들은 섹스로 인한 문제들보다 훨씬 심각하다."

피터 싱어 같은 철학자들이 섹스 문제를 슬쩍 피해가는 것은 놀랍지 않다. 철학자들은 철학적이거나 분석적이길 원하는데, 그토록 비논리적인 주제에 대해 어떻게 논리적일 수 있단 말인가? 섹스와 논리는 상호 배타적인 범주 같다. 버트런드 러셀은 그것이 사실인 것처럼 살았다. 네 번 결혼하고 수시로 바람을 피운 그는 연애 문제를 자신의 철학과 분리시켰고 이성으로 해결될 수 없는 영역이라고 못 박았다. 러셀의 전기 작가인 레이 몽크는 러셀이 '가슴의 문제를 본질적으로, 또 불가피하게 비이성적이라고 여겼다'라고 전한다. "내가 생각하기에 러셀은 유효한 연역적 논증으로 풀 수 없는 문제는 그저 변덕스러운 감정으로 해결했다. 어느 날 아침에 눈을 떠서 더 이상 알리스(그의 첫 아내)를 사랑하지 않는다는 것을 깨달으면 그걸로 끝이었다."

그럼에도 불구하고, 러셀은 자신의 책 『결혼과 도덕』에서 섹스를 철학적으로 해석하려는 시도를 했다. 다만 그는 돈벌이를 위한 대중적인 책을 자신의 진지한 철학적 연구물에 포함시키지 않았다. 이 책은 종교에 기반한 성도덕을 거부하는 내용이 주축을 이룬다. 그는 섹스를 역겹거나 더러운 것으로 여기는 태도에 반대하며 열린 성교육을 주장했다. 그가 주장한 내용들은 세월이 흘러 대부분 받아들여졌다. 그는 이혼에 찬성했고, 특히 아이가 없는 경우 더더욱 그랬다. 또한 혼전 성관계를 옹호하며 이렇게 말했다. "상대방의 성적 능력에 대한 사전

지식 없이 평생을 함께할 부부의 연을 맺으라는 것은 너무 터무니없어 보인다."

러셀은 섹스는 섹스일 뿐이며 우리는 모든 구속을 완전히 포기해야 한다고 주장하지는 않았다. "나는 새로운 시스템이 이전의 시스템보다 무조건 충동을 더 억제해야 한다는 내용을 포함해야 한다고 생각하지 않는다. 하지만 충동을 억제해야 하는 상황과 그 동기는 이전과 달라져야 한다고 생각한다."

러셀은 "문명화된 사람은 사랑 없이는 자신의 성적 본능을 완전히 만족시킬 수 없다"라고 했다. 그는 이런 사실이 간과되면 벌어질 수 있는 상황을 경계했다. "사람들이 약간의 성욕을 느끼는 상황에서조차 성관계에 대한 도덕적 경계심을 전혀 갖지 못한다면, 그들은 섹스와 애정이라는 진지한 감정을 분리하는 습관을 갖게 될 것이다. 어쩌면 섹스를 증오의 감정과 결부시키는 지경에 이를지도 모른다." 그가 생각하는 다른 나쁜 습관은 '매춘부와 자는 것'이라며 이렇게 설명했다. "매춘부와의 관계는 남자에게 심리적으로 나쁜 영향을 끼칠 가능성이 높다. 그는 성관계를 맺기 위해 상대방을 기쁘게 해줄 필요가 없다는 생각을 갖게 될 것이다."

러셀의 주장에 담긴 요지는 아리스토텔레스와 공자의 미덕 윤리와 통한다. 종교적 도덕성은 **성행위**를 옳은 것과 (더 자주) 그릇된 것으로 구분한다. 미덕 윤리는 어떤 종류의 **성생활 습관**이 우리의 번영에 이로운지 혹은 해로운지 우리에게 묻는다. 이러한 사고방식에는 절대적인 답이 있을 수 없다. 나쁜 식습관이 있을 뿐 나쁜 음식 같은 건 거의 없다는 말처럼, 나쁜 성생활 습관과 태도가 있을 뿐 나쁜 성행위 같은 건 거의 없다고 말할 수 있다. 일례로 사랑 없는 섹스는 그 자체로 나쁘지

223

는 않지만, 그것이 표준이 되면 성적 경험에서의 중요한 부분이 사라진다.

러셀의 글은 전통적인 성도덕을 거부하면서도 성윤리가 여전히 중요하게 유지될 수 있는 한 방법을 제안한다. 섹스는 인간의 삶에서 의미 있는 부분이므로, 어떻게 성생활을 영위하는가는 우리와 우리의 섹스 상대의 삶을 번영으로 이끄는 데 중요한 역할을 한다.

함께 보면 좋은 주제
관계 Relationships, 대상화 Objectification, 사랑 Love, 일부일처제 Monogamy, 질투 Jealousy

읽을거리
로빈 R. 왕, 『음양 Yingyang』
버트런드 러셀, 『결혼과 도덕』

셀프케어 Self-care

자신을 돌보는 것은
우리의 영혼을 가꾸는 것을 의미한다.

– 소크라테스

셀프케어는 많은 책과 블로그의 인기 주제가 되었다. 왜 아니겠는가? 우리 모두는 분명 자기 자신을 조금씩 더 돌볼 수 있을 것 같다. 여기서 떠오르는 질문이 있다. 셀프케어는 정확히 어떤 것일까? 의사에게 물으면, 당신의 건강에 대해 조금 더 책임감을 가질 것을 권할지도 모른다. 소셜미디어에서 답을 찾으려고 하면 결국 멋진 외모와 유쾌한 기분이 전부라는 생각만 남을 것이다.

이보다 도발적인 해석은 플라톤이 썼다고 알려진, 소크라테스가 등장하는 두 대화에서 발견된다. 『알키비아데스』(플라톤이 썼을지도 모르는 책)에서 소크라테스는 자기 자신을 돌보는 것은 자신의 몸이나 소지품을 돌보는 것과 다르다고 주장한다. 그는 자신을 돌보는 것은 우리의 영혼을 가꾸는 것을 의미한다고 결론 내렸다. 『변명』(플라톤이 쓴 것이 확실한 책)에서 소크라테스는 '당신의 영혼을 위한 최대한의 행복을 위해 애쓰는 것만큼 열성적으로 당신의 몸이나 재산을 돌보지 말라'라는 조언을 강조한다. 중요한 것은 우리의 기분이 좋은지 나쁜지가 아니라, 우리의 '행동이 정의로운지 혹은 부당한지, 훌륭한 (사람의) 행동인지 나쁜 행동인지'이다.

플라톤은 셀프케어에 탐닉적 차원과 의학적 차원 외에 윤리적 차원을 부여한다. 셀프케어를 윤리적 발전 과정으로 이해하면 셀프케어가 자기중심적 성향, 심지어 이기심으로 변질될 수 있다는 걱정을 덜어준다. 사실 이런 식으로 자신을 돌보는 사람들은 덜 자기중심적이고 나머지 세상과 더 잘 연결될 수 있다.

플라톤이 영혼을 강조한 덕에 셀프케어가 언뜻 이해하기 힘들 수 있다. 하지만 우리 자신을 몸과 마음(혹은 영혼)으로 분리된 존재가 아니라 육체와 정신이 정교하게 얽혀 있는 복잡한 유기체로 본다면 윤리를 강조한 그의 말이 이해가 된다.

대부분의 고대 그리스 철학 학파의 경우, 셀프케어는 비교적 이론과는 무관한 실제 훈련에 토대를 두었고 따라서 누구나 이용할 수 있었다. 일부 중요한 훈련은 자기 감시와 자기반성이었으며, 특히 스토아 철학자들이 이것을 아주 중요하게 여겼다. 일례로 세네카는 "매일 정신을 문책해야 한다"라고 말했다. 이를 위해 그는 또 다른 스토아 철학자인 섹스티우스의 훈련법을 추천했다. 여기에는 자신을 향상시키는 것을 목표로, 매일 저녁마다 시간을 마련해 그날 자신이 했던 말과 행동을 잔인할 정도로 솔직하게 복기하는 과정이 포함된다.

이런 훈련은 대다수 사람들에게 유익할 수 있다. 셀프케어 훈련법의 다른 요소로는 의식을 고양시키는 독서, 일기 쓰기, 명상 등이 포함된다. 하지만 아리스토텔레스가 인식한 바와 같이, 우리는 합리적인 동물이므로 우리의 몸을 돌보는 것은 합당하고 옳은 일이다. 우리는 총체적인 존재이므로 우리에게는 총체적인 셀프케어가 필요하다. 윤리적 발전이 우리의 주된 과제일 수 있지만, 건강한 식사, 충분한 휴식, 신체활동도 그에 못지않게 중요하다. ┃ 균형Balance, 쾌락Pleasure 참조 ┃

피터 골디는 "한 사람의 전반적인 성격이나 성향은 정원 같은 생태학적 단위에 관한 비유로 잘 이해된다"라고 말했다. 하나의 생태계처럼 우리 안의 모든 것들, 가치, 감정, 성격 특성, 습관 등은 다른 모든 것과 연결되어 있다. 따라서 우리가 만들어내는 한 영역의 변화가 나머지 영역에 연쇄효과를 일으킬 수 있다는 것을 알아야 한다. 셀프케어는 꾸준한 관리가 필요한 우리의 영혼을 위한 일종의 정원 가꾸기다.

함께 보면 좋은 주제

교육Education, 균형Balance, 여가Leisure, 이기심Selfishness, 인성Character, 자기애Self-love, 정신적 삶Inner life, 치료Therapy, 쾌락Pleasure

읽을거리

플라톤, 『변명』

소비주의 | Consumerism

우리가 사는 물건이 곧 우리 자신이다.

당신의 집을 둘러보면서 브랜드를 살펴볼 때 무엇을 알 수 있을까? 옷, 신발, 손목시계, 차, 냉장고, 가구의 브랜드를 생각해보라. 아주 독특한 취향의 소유자가 아닌 이상, 시장 조사원은 당신의 목록을 보며 꽤 정확하게 알아맞힐 수 있을 것이다. 당신이 거주하는 지역은 물론 교육 수준과 정치·사회·도덕적 가치까지도.

소비는 단순히 필요한 물건 구입 이상의 것이 되어버렸다. 그건 우리의 정체성을 구성하는 일부가 되었다. 당신이 구매하는 것 자체가 당신이다. 이건 사실이다. 당신이 소비주의의 피해자든 아니든 간에.

경제학에서 소비주의는 단순히 소비가 경제 성장을 촉진한다는 개념이다. 하지만 마치 소비가 구원의 길인 것마냥 물건을 사고 또 사게 되는 심리를 설명하는 용어로도 쓰인다. '쇼핑 치료' 같은 농담은 이러한 생각이 얼마나 만연한지를 잘 드러낸다.

현대사회의 역설은 소비주의가 좋은 것이라고 믿는 사람을 찾기도 어렵지만, 그것이 좋지 않은 것처럼 **행동하는** 사람을 찾기도 어렵다는 것이다. 우리는 도처에 존재하는 브랜드 로고와 광고가 우리에게 건강과 행복을 위한 소비를 부추기는, 일명 '소비 유전자consumogenic' 환경 속에 살고 있다. 물건뿐만이 아니다. 공연, 요가 수업, 환상적인 휴가 같은 것들도 필수적인 경험으로 포장되어 판매된다.

이에 저항하고 싶다면 해리 프랭크퍼트의 욕망 분석이 강력한 자원이 될 수 있다. 프랭크퍼트는 1차 욕망과 2차 욕망을 구분했다. 1차 욕망은 단순히 우리가 가지고 있는 욕망이다. 쇼윈도에 걸린 재킷, 카운터에 놓인 케이크, 광고 속에서 멋진 산길을 내려오는 자동차를 보면 우리는 그것들이 갖고 싶어진다. 2차 욕망은 한발 물러나 우리가 **원하는** 것이 무엇인지 자문할 때 떠오르는 것들이다. 때로는 2차 욕망과 1차 욕망이 일치한다. 당신은 곰곰이 생각해본 끝에 품질 좋고 비싸지 않고 윤리적으로 만들어진 옷을 정말 사고 싶다는 결론을 내릴 수 있다. 하지만 1차 욕망과 2차 욕망은 종종 어긋난다. 다이어트 중인 당신은 사실 케이크를 원하지 않기를 원할 수도 있다. 혹은 당신은 스포츠카를 동경하지만 그 동경의 진짜 목적이 자아를 달래기 위함이 아닌지 우려하는, 지긋한 연령대의 사람일 수도 있다.

프랭크퍼트의 논지는 1차 욕망과 2차 욕망이 조화를 이룰 때 우리의 선택이 진정 자유로울 수 있다는 것이다. 두 개의 욕망이 충돌하는데 1차 욕망에 따라 행동할 때, 우리는 충동의 노예로 전락한다. 그렇지만 1차 욕망에 저항하는 것은 엄청난 노력이 필요하다.

우리 중 다수는 1차 욕망이 우리가 진짜 원하는 것을 알려준다는 가정하에 행동한다. 기업들은 이것을 이용하고 우리는 끊임없이, 자주 비논리적인 이유로 돈을 쓰게 된다.

소비주의에 저항하는 것이 언제나 최소한의 지출을 의미하지는 않는다. 실제로는 심사숙고 끝에 우리가 원하기를 원하는 것에만 돈을 씀으로써 우리의 선택과 우리가 중요하게 여기는 가치를 일치시키는 일이다. 또한 때로는 우리의 욕망을 충족시키기보다는 거기에 이의를 제기하고 극복해야 한다는 점을 깨닫는 일이다.

우리가 물건을 사는 이유를 깊이 고민한다면 윤리적 고려에 더 많은 비중을 실을 수 있다. 이러한 '윤리적 소비주의'가 소비를 통해 정의롭고 지속 가능한 세상을 만들 수 있다는 순진한 생각일 필요는 없다. 단지 구매를 통해 윤리적이고 바른 기업을 지지할지, 비윤리적이고 탐욕스러운 기업을 지지할지 선택할 수 있음을 인정하는 것이다.

우리가 사는 물건이 곧 우리 자신이라는 인식이 있다. 즉각적인 욕망을 의심하며 양심적인 소비를 하는 사람은 최소한 자신을 넘어 더 많은 것을 생각하고, 자신의 돈이 어디로 흘러갈지에 대해 책임지려고 노력하는 셈이다. 갖고 싶은 걸 전부 사는 사람은 본인이나 이 세상을 위해 무엇이 이로운지 충분히 생각하지 않는 욕망의 노예나 다름없다. 이러한 소비는 쇼핑 치료가 아니라, 치료해야 할 고질병이다.

함께 보면 좋은 주제

금욕Asceticism, 단순함Simplicity, 부Wealth, 욕망Desires, 자유의지Free will, 자제력Self-control, 필요Needs

읽을거리

해리 프랭크퍼트, 『우리가 돌보는 것의 중요성The Importance of What We Care About』

소음 | Noise

내면의 감정이 혼란스러운 와중에
어떻게 이웃의 침묵이 도움이 되겠는가?

– 세네카

천둥소리를 내며 지나가는 트럭, 이웃의 시끄러운 음악과 싸움, 세탁기, 드릴, 정체를 알 수 없는 웅웅거림……. 소음의 종류는 끝이 없어서 세상은 조용할 날이 없다. 소음에 너무 익숙해진 나머지 드물게 찾아오는 정적의 순간이 무섭게 느껴질 때도 있다. 그래서 듣지 않는 라디오나 TV를 켜두기도 한다. 정적을 깨는 것은 이처럼 쉽지만, 스위치를 끌 수 없는 소음에 시달릴 때 우리는 어떻게 해야 할까?

세네카는 편지에서 소음 문제를 언급했다. 그는 목욕탕 건물 위층에 세 들어 살며 '귀에 거슬리는 온갖 끔찍한 소음'에 노출되었다. 운동하는 남자들의 끙끙거림, 욕탕에서 노래하는 사람, 온갖 음식을 파는 사람들의 호객행위 등등. 훌륭한 스토아 철학자답게 세네카는 진정한 평온은 우리 내면에서 비롯되는 것이므로, 소음 자체가 문제가 되지는 않는다고 설명한다. "내면의 감정이 혼란스러운 와중에 어떻게 이웃의

231

침묵이 도움이 되겠는가?" 따라서 그는 이렇게 말한다. "나는 내 마음에 의식을 집중하고 그 어떤 외부 요인에도 주의가 산만해지지 않도록 노력하네. 내면이 소동 없이 조용하다면 밖에서 어떤 소란이 펼쳐지는지는 중요치 않네."

만약 당신이 그의 조언을 받아들이려 한다면 소음에 대한 반응을 바꿔야 한다. 이웃이 너무 몰상식하다는 생각에 빠지는 대신, 이 언짢은 감정을 경계하고 더 중요한 무엇에 의식을 집중해야 한다. '소음'은 단순히 우리가 문제시하는 소리일 수 있다고 노력해볼 수도 있다. 우리가 군이 언짢게 여기지 않는다면 소음은 그저 하나의 배경음이 된다.

하지만 세네카조차도 말보다 실천이 어렵다는 것을 인정했다. 그는 '때로는 소음으로부터 달아나는 것이 더 쉽다'라는 예상치 못한 결론을 내렸다. 결국 그는 그 셋집을 떠났다. 소음이 받아들이느냐 회피하느냐의 문제가 될 필요는 없다. 더 상식적인 해결책이 있을 경우 그쪽을 택하면 된다. 그런 해결책이 없을 경우, 평화는 내면에서 시작되므로 일상의 언짢은 사건에 대한 대응을 바꾸는 것이 유익하다는 세네카의 조언은 옳다. 비록 이웃집 스피커의 진동을 노래지빠귀의 짹짹거림처럼 기분 좋게 받아들이는 일은 성인이나 가능하겠지만.

함께 보면 좋은 주제

관용Tolerance, 좌절Frustration, 타인Other people, 평온Calm

읽을거리

세네카, 「편지 56Letter 56」

속도 늦추기 Slowing down

나는 내 글이 사람들에게 쉽게 읽히기를 원하지 않는다.
– 루트비히 비트겐슈타인

빛의 속도는 물리적 상수다. 하지만 삶의 속도는 해가 갈수록 더 빨라지는 것처럼 느껴지는 문화적 변수다. 이에 따라 각종 슬로우 운동이 활발히 벌어지고 있다. 슬로우 푸드, 슬로우 저널리즘, 슬로우 라디오, 슬로우 여행 등 일반적으로 느리지 않은 것들에 슬로우가 붙는다.

이로 인해 철학은 시대에 너무 뒤떨어진 나머지 어쩌다 보니 트렌드의 첨단에 서게 된, 아주 희귀한 상황을 맞았다. 철학은 언제나 대놓고 느렸다. 17세기 철학자들에게는 아직도 '초기 현대'라는 수식어가 붙고, '최근'은 지난 50년을 포괄한다.

학문으로서의 철학은 그날의 헤드라인이 아니라 끊임없이 반복되는 문제를 다루기 때문에 느리게 움직인다. 기자들은 특정한 불의에 대해 논하지만, 철학은 정의 자체의 본성을 논한다. 철학은 우리에게 특정한 사건뿐 아니라 현재의 순간으로부터 한발 물러날 것을 요구한다.

영원의 관점의 이해라는 스피노자의 원대한 목표까지 달성할 수 있을 진 모르겠지만, 철학은 적어도 특정한 시간과 공간이라는 편협한 관점 에서 벗어나고자 한다.

실천으로서의 철학은 시간과 인내를 필요로 한다. 훌륭한 철학서의 경우, 책장이 잘 넘어가지 않는다는 말은 모욕이 아니라 칭찬에 가깝 다. 그런 철학서는 신중한 주의와 적극적인 참여를 요구한다. 비트겐 슈타인은 "나는 내 글이 사람들에게 쉽게 읽히기를 원하지 않는다"라 고 썼다.

철학자들은 집중 시간이 짧은 오늘날 사회와 점점 더 적극적으로 교 류하고 있다. 일례로 〈철학 한입Philosophy Bites〉이라는 팟캐스트는 저 명한 사상가들과의 짧은 인터뷰를 소개한다. 하지만 전문가들은 이 인 터뷰가 급조된 해결책이 아니라 트로이의 목마라는 것을 알고 있다. 이 책에 소개된 주제들과 마찬가지로, 이 인터뷰는 몇 분 안에 소비되 고 금방 잊히기 위해 만들어지지 않는다. 더 느린 생각을 자극하고 더 긴 글을 읽도록 유도하기 위해 만들어진다. 시간은 우리의 가장 소중 한 화폐이며, 우리는 때로 시간을 느리게 소비함으로써 최고의 가치를 얻기도 한다.

함께 보면 좋은 주제
전부

읽을거리
데이비드 흄, 아리스토텔레스, 플라톤, 르네 데카르트의 모든 작품

손실 Loss

우리의 마음은 우리가 어떤 것들을 결국 잃게 될
것이라는, 혹은 이미 잃어가고 있다는 이해를 바탕으로
그것들을 더 사랑하도록 자극받아야 한다.

― 세네카

우리에게 손실은 참기 어려운 것이다. 소액의 돈이든 나중에 먹으려고 아껴뒀던 비스킷이든, 아무리 사소한 손해라도 얼마나 신경이 쓰이는지 놀라울 지경이다. 심리학자들에 따르면 우리는 '손실 회피자loss averse'다. 어떤 것을 단 한 번도 가져본 적이 없는 것보다 원래 가지고 있던 것을 잃는 것이 더 고통스럽다.

어떤 것을 잃어버려서 너무 짜증이 난 상태라면, 그것이 애초에 없었더라면 기분이 어떨까 한번 물어볼 필요가 있다. 이 질문에 '그럭저럭 괜찮다'라고 답할 수 있다면, 당신이 짜증을 내는 데 허비한 시간과 에너지야말로 진짜 손실이다.

손실에 대한 통찰력이 부족해지면 자칫 우리의 우선순위 감각을 왜곡시킬 수 있다. 키르케고르는 이를 우아하고도 위트 있게 표현했다. "세상에서 가장 큰 위험인 자아 상실은 다른 어떤 사건보다 은밀히 일어난다. 다른 어떤 상실도 그렇게 은밀히 발생할 수는 없다. 다른 상실, 가령 팔이나 다리, 5달러, 아내 등등은 눈에 띌 수밖에 없다."

키르케고르의 '자아 상실'은 복잡한 개념이지만, 일반적인 요점은 너무 깊이 파고들지 않고도 파악할 수 있다. 우리는 삶에 정신이 팔려 우리가 누구인지 잊고 자신의 가장 깊은 가치와 진실성을 놓칠 수 있다. 일상적인 상실, 특히 거대한 재정적 손실은 아주 불편할 수 있다. 하지만 나 자신과 내가 사랑하는 사람들이 무사하다면, 그 손실은 비교적 하찮게 여겨질 수 있다.

또한 우리에게 상실이 이례적인 사건이 아니라 삶의 본질적인 일부임을 계속해서 상기시키는 것이 도움이 된다. 이에 대해 세네카는 "우리의 마음은 우리가 어떤 것들을 결국 잃게 될 것이라는, 혹은 이미 잃어가고 있다는 이해를 바탕으로 그것들을 더 사랑하도록 자극받아야 한다"라고 했다.

이것은 동아시아 사상의 중심 주제다. 일본의 미술사학자 오카쿠라 덴신은 이러한 통찰이 일본의 꽃꽂이 예술에 의식화되어 있다고 본다. 그는 서양식 꽃다발이 '끔찍한 낭비'라고 말했다. 수많은 꽃이 꺾였다가 바로 다음날 버려지는 행태에 경악하고 생명에 대한 잔인한 경솔함에 통탄했다. 반면 일본의 꽃꽂이 장인은 몇 송이, 혹은 단 한 송이의 꽃만 잘라서 사용하고 꽃이 진 후에는 다정하게 강물에 흘려보내거나 조심스럽게 땅에 묻는다. 이처럼 자연에 대한 경건한 태도는 그것이 살아 있는 동안 더 감사한 마음을 갖게 하고, 사라질 때에 대비할 수 있게 한다.

어떤 상실은 매우 중요하다. 때로는 없어지는 게 더 나은 것도 있다. ‖ 사별Bereavement, 건강과 질병Health and illness 참조 ‖ 하지만 생각해보면,

우리는 뭔가를 잃으면 화가 나지만 그건 십중팔구 없어도 괜찮은 것이 거나, 혹은 애초에 그것을 누리기 위해 지불해야 할 필연적 대가였음을 깨닫게 된다. 모든 만개한 꽃은 시들고, 모든 상실은 우리가 한때 무언가를 가졌었다는 증거다.

함께 보면 좋은 주제
건강과 질병Health and illness, 변화Change, 사별Bereavement, 죽음Death

읽을거리
쇠렌 키르케고르, 『죽음에 이르는 병The Sickness Unto Death』
오카쿠라 덴신, 『차의 책』

수면 |Sleep

삶과 지혜를 사랑하는 사람은 건강에 필요한 것
이상으로 잠을 자지 않을 것이다.

– 플라톤

최근 우리는 수면 부족이 건강에 미치는 심각한 악영향에 대한 경고를 많이 듣는다. 훌륭한 수면 습관을 권장하는 것은 좋은 일이지만, 수면 부족이 얼마나 해로운지 겁을 주면 오히려 사람들이 더 밤잠을 설치게 되지 않을까?

　우리는 수면이 과대평가되었다는 생각으로 마음을 달래볼 수 있다. 플라톤은 이렇게 썼다. "사람은 잠을 잘 때 죽은 것이나 다름없다. 삶과 지혜를 사랑하는 사람은 건강에 필요한 것 이상으로 잠을 자지 않을 것이다." 아이작 뉴턴, 벤자민 프랭클린, 빌 클린턴 등 아주 성공적이고 생산적인 삶을 살았던 많은 이들이 수면 부족에 시달렸다. 그루초 막스는 자신의 수면 장애를 아주 짧은 시간 안에 만들어졌을 게 분명한 농담의 소재로 활용했다. "불면증 환자, 불가지론자, 난독증 환자를 섞으면? 정답은 개의 존재에 의문을 품고 밤을 꼴딱 새는 사람."

(난독증 환자에게는 '신(god)'과 '개(dog)'의 스펠링이 헷갈릴 수 있다.) 더 도움이 되는 것은, 우리가 무엇을 통제할 수 있거나 통제할 수 없는지 기억해야 한다는 스토아학파의 조언이다. 건강의 다른 두 가지 조건인 식사와 운동과 달리, 수면은 우리가 온전히 통제할 수 없다. 물론 쾌적한 침실 환경을 조성하고, 정해진 시간 이후로는 휴대폰을 보지 않고, 과식과 과음을 피하고, 요가나 명상을 할 수 있다. 하지만 이 중 어느 것도 수면을 보장해주지는 않으며, 잠이 안 오는 것에 대해 너무 신경 쓰거나 안달하면 오던 잠도 달아날 가능성이 높다. 이럴 때는 오히려 마음을 편히 먹고 수면은 우리 힘으로 어떻게 할 수 없음을 받아들이는 게 훨씬 낫다. 역설적이게도, 이런 태도가 오히려 숙면에 도움이 될 수 있다.

함께 보면 좋은 주제
걱정Worrying, 만족Contentment, 불안Anxiety, 좌절Frustration, 통제Control

읽을거리
대리언 리더, 『왜 우리는 잠들지 못 하는가?Why Can't We Sleep?』

스트레스 | Stress

만약 당신이 긴장을 풀고 답을 기다리는 법을 배운다면
당신의 마음은 대부분의 질문에 대답할 것이다.

— 윌리엄 버로스

사별, 이혼, 이사, 투병, 실직. 인생에서 가장 스트레스받는 상황의 목록처럼 보일 것이다. 임박한 마감, 직장 동료나 이웃과의 갈등, 과도한 업무 등 그 외에도 많은 상황이 있다. 하지만 스트레스의 개념은 모호하고 잠재적으로 무익하다. 스트레스를 받는다고 할 때, 당신이 진짜 의미하는 바가 무엇인지 자문해본 적이 있는가? 그것은 어려운 문제 혹은 삶의 불행한 측면과 맞닥뜨리는 상황과 어떻게 다를까?

답을 잘 모르겠다 해도 놀랄 일이 아니다. 스트레스라는 단어는 복잡한 역사를 지니고 있기 때문이다. 스트레스는 물리학 개념으로 출발해 나중에는 동물과 인간의 행동에 적용되는 등 세월의 흐름에 따라 의미가 바뀌었다. 이제 다목적의 단어가 된 스트레스가 지닌 여러 의미 중 일부는 다음과 같다. 우리의 안녕을 위협할 것으로 인식되는 상황, 압도적이거나 대처할 수 없다고 느껴지는 주관적 경험, 투쟁 혹은 도피와 관련된 생리학적 반응, 이러한 반응이 불러올 수 있는 건강상의 증상.

이제 한발 물러나 스트레스의 원래 의미를 살펴볼 필요가 있다. 물리학에서 스트레스는 물체에 외부의 힘이 가해지고 물체가 그 힘에 저항할 때 발생한다. 물체는 어느 정도의 스트레스를 견딜 수 있지만 결국 그 상태는 깨지고 만다.

우리가 일반적으로 스트레스에 대해 말하는 방식의 문제점은 이러한 배경지식을 은유로 이용한다는 점이다. 우리는 '스트레스를 받다', '무너지기 일보직전', '한계점에 다다르다' 같은 표현을 사용한다. 이런 표현은 어떤 일들이 불가피하게 스트레스를 유발할 수밖에 없고, 우리는 그 앞에서 수동적인 존재임을 암시한다.

조지 레이코프와 마크 존슨은 『삶으로서의 은유』에서 우리의 사고과정이 대체로 은유를 통해 처리된다고 했다. 그는 '개념이 가진 한 가지 은유적 측면에 집중하면 우리는 그 개념이 가지고 있는, 해당 은유와는 맞아떨어지지 않는 다른 측면들을 놓치게 된다'라고 설명했다. 일례로 토론이 지닌 대립적인 측면을 강조하다 보면 그것이 가진 협력적인 측면이 가려진다. 같은 이치로, 우리가 마치 물리적인 압력을 받는 물체인 것처럼 스트레스에 대해 말하다 보면 우리의 융통성보다는 수동성이 더 강조된다.

객관적으로 달라진 건 아무것도 없고 움직이는 것도 없다. 폐차장에서 납작하게 짓눌리는 차량과는 달리, 우리의 스트레스는 모두 인식일 뿐이다. 우리가 어떤 상황에서 스트레스를 받느냐 받지 않느냐는 대체로 그 상황을 어떻게 받아들이느냐에 달렸다. 그렇기 때문에 스트레스에 관한 가장 유용한 정의 중 하나는 자극이나 그에 대한 반응이 아니라, 자극과 반응 사이의 간극을 강조한다. 이런 이유에서 스트레스는 우리가 인식하는 위협과 그에 대한 우리의 반응 능력 간의 단절로 인해 발생한다. 이는 우리의 생각이나 반응, 혹은 이 두 가지를 전부 바꿔볼 여지가 있음을 시사한다. 위협을 새로운 도전으로 받아들일 수도 있다. 스트레스 받는 상황을 단순히 해결해야 할 문제로 바라볼 수도 있다. 어쩌면 당신은 생각보다 훨씬 융통성이 좋거나, 혹은 융통성 좋은 사람이 될 수 있을지도 모른다.

여기서 몇 가지 주의해야 한다. 첫째, 우리는 상황을 합리화하며 우리의 어려움이 실제 규모보다 별것 아니라고 자신을 속이지 말아야 한다. 안 괜찮으면서 괜찮다고 자신을 속이는 것은 장기적으로 도움이 되지 않는다. 둘째, 스트레스 목록의 상단을 차지하는 일부 상황들은 아주 무시무시해서 매우 현명하고 평온한 사람만이 악영향을 받지 않고 무사할 수 있다.

우리는 현실적이어야 한다. 인생은 늘 우리에게 도전 과제를 던질 것이고 우리는 때때로 압박을 느낄 것이다. 하지만 상황을 보는 시선을 바꾼다면 큰 변화가 찾아올 수 있다.

함께 보면 좋은 주제

두려움Fear, 문제Problems, 불안Anxiety, 정신건강Mental health, 좌절Frustration, 회복력 Resilience

읽을거리

조지 레이코프, 마크 존슨, 『삶으로서의 은유』

습관 | Habits

나쁜 습관이 하나도 없는 사람은 드물다. 구부정한 자세로 컴퓨터 앞에 앉아 있거나, 늘 지각한다거나, 몸에 안 좋은 군것질을 한다거나. 일생 동안 우리는 수많은 나쁜 습관을 얻는다. 그런 습관이 없는 게 더 낫다는 걸 알지만, 한번 굳어진 습관을 뿌리 뽑기란 어렵다.

이보다 덜 알려진 것은 우리의 도덕적 성격을 규정하는 습관이다. 친절한지 무정한지, 관대한지 인색한지, 용감한지 소심한지도 크게 봤을 때 습관의 문제다. 이것은 아리스토텔레스와 공자의 공통적인 주장이다. 그들은 우리가 어떤 감정을 느끼는지와 무관하게 올바른 일을 하도록 스스로를 단련함으로써 더 나은 인간이 될 수 있다고 믿었다. 더 용감해지고 싶다면 용감한 행동을 하도록 자신을 밀어붙여야 하고, 자기통제력을 키우고 싶다면 유혹을 뿌리치는 연습을 해야 한다. 맹자는 "야오의 옷을 입고 야오의 말을 반복하고 야오의 행동을 한다면 당신은 야오처럼 될 것이다"라고 했다. 이 원칙은 인격 함양은 물론 기술 습득에도 적용된다. 아리스토텔레스는 "우리는 건축함으로써 건축가가 되고 연주함으로써 연주가가 된다"라고 했다.

습관화를 통해 자신을 담금질하는 것은 인간만이 가진 능력이다. 아리스토텔레스는 자연적인 현상들은 이 훈련을 통해 바뀔 수 없다고 지적했다. "자연스럽게 아래로 떨어지는 돌을 수만 번씩 위쪽으로 던진다고 해도 위로 올라가도록 만들 수는 없다." 이런 습관화를 고집한다면 우리는 시간이 흐르면서 점점 올바른 행동 쪽으로 기울 수 있을 것이다. 옳은 일을 하는 것이 너무 습관화된 나머지 거의 자동으로 되는 것이 이상적이다. 맹자는 "위대한 인간은 말하기 전에 진심을 말해야겠다고 생각하지 않고, 행동하기 전에 결연하게 행동해야겠다고 생각하지 않는다. 그저 올바른 말과 행동을 한다"라고 했다.

이 모든 것은 사소한 일상 활동에 동일하게 적용된다. 도움이 안 되는 습관을 인식하면 더 나은 습관으로 바꿀 수 있다. 쉬운 일은 아니지만, 응용과 노력을 통해 효과가 나타날 것이다. 고착화된 성향이 의식적인 노력에 의해 밀려난다면 마침내 별 생각 없이도 바른 자세로 앉고, 남들이 지각하면 나도 한때 저랬었지 하며 미소를 지을 날을 기대해볼 수 있을 것이다.

함께 보면 좋은 주제

루틴Routine, 변화Change, 선택Choice, 인내Perseverance, 인성Character, 자유의지Free will, 자제력Self-control

읽을거리

아리스토텔레스, 『니코마코스 윤리학』

시기 Envy

> 당신이 얼마나 많이 가지고 있든 간에, 다른 사람이
> 더 많이 가지고 있으면 당신의 소유는 정확히
> 그 차이만큼 부족해 보인다.
>
> — 세네카

소위 부정적이라 알려진 많은 감정에도 긍정적 측면이 있다. 분노는 변화를 위해 목소리 높이도록 우리를 자극하고, 슬픔은 사별의 고통을 견디는 데 필요하고, 공포는 우리에게 위험을 경고한다. 하지만 시기에 긍정적인 면이 있는지는 불분명하다. 아리스토텔레스는 적당한 강도를 유지하고 적절하게 표현될 경우 대부분의 감정에는 목적이 있다고 생각했지만, 그런 그조차도 시기는 (악의, 몰염치와 더불어) 언제나 나쁘다고 생각했다.

시기에 대해 해줄 수 있는 가장 좋은 말은, 그것이 우리의 가치 체계에 대해 알려주는 청사진 역할을 할 수 있다는 정도다. 타인의 휴가를 부러워한다면, 어쩌면 우리는 더 자주 휴가를 떠나야 하는 건지도 모른다. 다른 사람의 직업을 시기한다면, 우리의 직업을 바꿔야 하는 건지도 모른다.

로버트 솔로몬에 따르면 대부분의 시기는 이와 같지 않다. 그는 '시기의 전형적 대상은 양도할 수 없는 것', 즉 재능 같은 것이라고 말한다. 그에게 시기는 남이 가진 것을 지속적으로 원하지만 얻을 수 없는 상황에서 기인한 일종의 좌절이다.

문제의 핵심은 자신을 타인과 비교하는 인간의 불행하고도 흔한 습관이다. 버트런드 러셀은 시기를 일컬어 '사물을 절대 그 자체로 보지 않고 비교의 대상으로만 보는 것'이라고 했다. 우리는 부족하지 않을 만큼의 돈을 벌고 있어도, (우리가 좋게 보지 않았던) 다른 누군가가 우리보다 두 배를 번다고 하면 우리 월급이 쥐꼬리처럼 보인다.

러셀은 이것을 알아차린 첫 번째 인물이 아니다. 흄에 따르면 시기심은 '타인이 현재 느끼는 행복감에 의해 촉발되며, 타인의 행복은 우리의 상대적 행복을 줄인다.' 세네카는 이렇게 썼다. "당신이 얼마나 많이 가지고 있든 간에, 다른 사람이 더 많이 가지고 있으면 당신의 소유는 정확히 그 차이만큼 부족해 보인다."

참된 가치를 잘 보여주는 지표와는 거리가 먼 시기심은, 남들에게는 있으나 우리에게는 없는 빛나는 보석에 우리가 얼마나 쉽게 관심을 빼앗기는지 잘 보여준다. 대다수 사람들이 가지고 있는 어떤 상품을 우리도 가져야 한다는 사회적 압력을 느낄 때에는 더더욱 그렇다. 엄청난 부자들의 요트보다는 이웃 주민이 새로 산 차를 아마도 더 시기할 테니까.

시기에 대한 해결책은 남의 성공을 모방하려 하지 않는 것이다. 러셀이 지적한 것처럼 나보다 더 나은 사람들은 언제나 존재할 테지만, '다른 사람이 다른 것을 가지고 있다고 해서 우리가 가진 것에 대한 기쁨이 사라지는 건 아니다.' 우리가 버릴 것은 비교하는 습관이다. 러셀은 말한다. "시기심에서 벗어날 수 있는 방법은 당신에게 주어진 기쁨을 만끽하고, 꼭 해야 할 일을 하고, 당신보다 더 운이 좋다고 생각되지만 실은 아닐 수도 있는 사람들과 자신을 비교하지 않는 것이다."

마지막 부분이 특히 중요하다. 곁에서 봤을 때, 사람들의 삶은 실제보다 더 완벽해 보이는 경향이 있다. 언뜻 유복해 보이는 사람이 실은 어떤 내면의 악마와 골칫거리를 끌어안고 사는지 당신은 절대 알 수 없다. 타인의 삶을 시기하기보다는 우리의 삶에 최선을 다해야 한다. 따지고 보면, 그것이 우리에게 유일하게 주어진 삶이 아닌가.

함께 보면 좋은 주제

감사Gratitude, 경쟁Competition, 소비주의Consumerism, 완벽주의Perfectionism, 질투Jealousy

읽을거리

버트런드 러셀, 『행복의 정복』

시위 Protest

이 자리에 선 저는 법의 관점에서는 고의적인 범죄지만
제 눈에는 시민의 가장 중요한 의무로 보였던
그 일과 관련하여 저에게 내려질 가장 높은 형량을
기꺼이 받아들일 것입니다.

― 마하트마 간디

민주주의 국가의 시민으로서 정치적 변화를 위한 주요 수단은 선거다.
하지만 한발 더 나아가야 한다고 느낀 적은 없는가? 그렇게 생각하는
사람들이 점점 많아지는 듯하다. 영국에서 제일 큰 규모의 정치 시위
두 건은 21세기에 일어났다(2003년 이라크전 반대 시위와 2019년 브렉시
트 반대 시위). 2018년에 시작된 프랑스 노란 조끼 시위와 영국의 멸종
저항 시위는 각각 파리와 런던의 일상을 혼란스럽게 했다.

당신이 합법적인 시위에 참여한다면 걱정할 게 없다. 시위의 명분이
정당하다면 미심쩍은 안건을 밀어붙이는 사람들에게 이용당할 가능성
도 낮다. 그런 시위는 적어도 성공할 가능성이 있다. 거기에 참여할지
말지는 순전히 개인의 선택이겠지만.

문제가 복잡해지는 것은 범법행위가 포함된 시위다. 그건 심각한 문
제다. 법은 민주주의의 주된 근간이다. 마음에 들지 않는다는 이유로

사람들이 법을 위반한다면 법률 제도 전체가 무의미해질 것이다. 심지어 아리스토텔레스는 법이 민주주의 그 자체보다 더 중요하다고 믿었다. 그는 "시민들 중 어느 한 명보다 법이 사회를 통치하는 것이 더 적절하다"라고 했다. 법은 다수에 대한 폭군의 압제를 막을 뿐 아니라 소수에 대한 다수의 압제를 막는다.

그럼에도 불구하고, 일부 멸종 저항 시위자들은 책임감 있는 시민들이 기후변화라는 재앙을 막기 위해 법을 어겨야 한다고 믿는다. 이 시위의 주도자인 로저 핼럼은 이렇게 말했다. "우리의 멸종을 막을 유일한 방법은 대규모 시민 불복종 운동뿐이다. 수많은 사람들이 우리 정부의 법을 어김으로써 정부가 우리를 보호하기 위한 조치를 취할 수밖에 없게 만드는 것이다." 그는 이러한 주장을 펼치면서 '멸종 저항은 간디와 마틴 루터 킹의 전통을 겸허히 따른다'라고 했다.

킹과 간디의 사례는 때로는 시민 불복종이 필요하다는 것을 상기시킨다. 정치철학자 존 롤스는 시민 불복종의 정당성을 확인하는 세 가지 유용한 조건을 내놓았다. 첫째, 강력한 반대만으로는 불충분한 상황이어야 한다. 당신이 반대하는 법이나 정책은 상당하고 명백한 부당함을 지녀야 한다. 둘째, 법을 어기는 것은 모든 합법적인 방식이 통하지 않을 때, 혹은 실효성 있고 합법적인 경로가 없을 때에만 허용된다. 셋째, 시위는 공개적이어야 하고 당신은 그 결과를 감당할 준비가 되어 있어야 한다.

간디는 1922년 재판에서 이렇게 말했다. "오늘 이 자리에 선 저는 법의 관점에서는 고의적인 범죄지만 제 눈에는 시민의 가장 중요한 의무로 보였던 그 일과 관련하여 저에게 내려질 가장 높은 형량을 기꺼이 받아들일 것입니다." 이 경우, 간디의 명분과 민주주의에 대한 믿음은 정당성을 입증받았고 배심원단은 그에게 무죄를 선고했다.

범법행위가 포함된 시위에 참여하는 것을 고려하고 있다면 스스로에게 이런 질문들을 던져봐야 한다. 글로벌 기후변화의 경우, 많은 활동가들은 세 가지 조건이 모두 충족되었다고 믿는다. 기후 대재앙은 세계에서 가장 취약한 지역의 주민들과 미래 세대에게 너무도 부당하다. 정부들 간의 법적인 조치는 이 문제를 해결하는 데 충분하지 않다. 또한 시위자들은 자신의 신원을 숨기지 않고 기꺼이 체포될 각오로 목소리를 높인다. 그들이 옳다면, 그들의 행동이 평화적이고 지나치게 극단적이지 않다면, 시민 불복종은 그저 허용 가능한 일이 아니라 의무가 된다. 당신도 여기에 동참할 마음이 있는가?

함께 보면 좋은 주제

가치Values, 권위Authority, 용기Courage, 의무Duty, 자유Freedom, 정의Justice, 진실함Integrity, 책임Responsibility

읽을거리

존 롤스, 『정의론』

마이클 로젠, 조너선 볼프, 『정치사상Political Thought』

식음료 Food and drink

> 동물은 사료로 배를 채우고 인간은 음식을 먹는다.
> 생각이 있는 인간만이 제대로 먹을 줄 안다.
>
> – 장 앙텔름 브리야 사바랭

음식과 음료는 엄청난 쾌락의 근원이자 죄책감의 근원이다. 맛있게 잘 먹는 사람과 탐욕스러운 돼지 사이에는 가느다란 경계선이 있고, 그 경계선은 종종 일관성 없이 자의적으로 그어진다. 또한 음식 섭취에는 상당한 도덕적 요소도 내포되어 있다. 자녀에게 '잘못된wrong' 음식을 먹이면 나쁜 부모가 된다. '정결한clean' 음식이 아니라 '불결한dirty' 음식을 먹으면 몸은 물론이거니와 영혼까지 오염된다.

　철학계의 많은 큰 별들이 음식에 대해 그토록 부정적이었으니, 서양에서 음식이 죄스러움과 연결되는 것은 놀랄 일이 아니다. 미식가를 종종 에피큐어epicure라고 하지만, 이 단어의 어원인 고대 그리스 철학자 에피쿠로스는 그런 사람이 아니었다. 그는 '평범한 음식은 값비싼 음식과 동일한 기쁨을 제공한다'며 '건강에 필요한 영양분이 모두 포함된, 단순하고 저렴한 식사를 습관화하는 것이 더 낫다'라고 했다. 그를 만족시키는 데에는 많은 것이 필요하지 않았다. 그는 친구에게 이런 편지를 썼다. "내가 원할 때 언제나 마음껏 즐길 수 있도록 치즈 한 냄비만 보내주게."

플라톤은 음식이 주는 쾌락에 특히 더 냉정했다. 그는 이것이 식욕에 굴복하는 것이라고 생각했다. "음식은 그것이 제공하는 쾌락의 본성이나 이유에 대해 전혀 고려하지 않고 곧장 목적지를 향한다."

보통은 합리적인 아리스토텔레스조차 먹고 마시는 것을 가장 낮은 수준의 쾌락으로 깎아내렸다. 그것은 촉각과 미각이라는 '비굴하고 야만적인' 감각을 기반으로 우리에게 '짐승이 느끼는 것과 같은 쾌락'을 제공하기 때문이다.

동물적인 욕구에 대한 경멸은 오랫동안 이어졌다. 존 스튜어트 밀은 기쁨과 쾌락을 증진시켜야 한다고 생각했지만, 고급 쾌락과 저급 쾌락을 구분해야 한다고 주장했다. 먹고 마시는 것은 후자에 속했다. 그는 "짐승의 쾌락을 최대치로 허용한다는 약속을 받고 저급한 짐승으로 바뀌는 데 동의할 인간은 거의 없다"라고 말했다. ‖ 쾌락Pleasure 참조 ‖

하지만 최근 몇 세기 동안 먹는 것을 즐기는 수많은 철학자들이 배출되었다. 물론 그들도 직업적 영역에서 그런 이야기를 꺼내는 경우는 드물었다. 요리에 관심이 많았던 데이비드 흄은 '아주 쾌적하고 우아하지만 내가 여생을 바칠 학문인 요리에 대한 내 재능을 뽐내기에는 너무 작다'라는 이유로 집을 옮겼다. 알베르 카뮈는 교통사고로 죽기 직전에 프랑스의 최고급 레스토랑 중 하나인 투아세의 오 샤퐁 팡에서 식사를 했다.

점점 많은 철학자들이 인간의 체화된 본성을 받아들이면서 육체적 쾌락도 포용하는 경우가 늘고 있다. 하지만 이것은 우리를 더 목마르게 하는 맹목적인 쾌락 추구를 의미하지 않는다. 고급 음식에만 맛을 들여선 안 된다는 에피쿠로스의 경고는 옳다. 하지만 음식을 의식적으로 음미하는 즐거움은 훌륭한 삶 속에서 한자리를 차지할 만하다.

어쨌든 음식을 먹는 것은 단순히 동물적 쾌락이 아니다. 요리에는 창의성이 깃들어 있고, 식사 자리에서는 사회성이 필요하고, 먹는 것과 그것이 만들어진 방식에 대한 지적인 인식이 존재한다. 자리에 앉아 식사를 할 때, 우리는 몸과 마음을 모두 식탁으로 가져온다. 그 누구도 인생의 가장 일상적인 즐거움 중 하나에 대해 죄책감을 느껴서는 안 된다. 인간의 음식과 동물의 사료를 동일시했던 아리스토텔레스는 옳지 않다. 장 앙텔름 브리야 사바랭의 말처럼, "동물은 사료로 배를 채우고feed 인간은 음식을 먹는다eat. 생각이 있는 인간만이 제대로 먹을 줄 안다."

함께 보면 좋은 주제
금욕Asceticism, 마음챙김Mindfulness, 몸The body, 욕망Desires, 자제력Self-control, 채식주의 Vegetarianism, 카르페 디엠Carpe diem, 쾌락Pleasure

읽을거리
줄리언 바지니, 『철학이 있는 식탁』

신뢰 | Trust

> 신뢰는 보증과 같지 않고, 같을 수 없다.
>
> – 오노라 오닐

당신은 누구를 믿는가? 이 질문에 대한 대답은 길지 않을 가능성이 높다. 사람을 너무 잘 믿으면 금방 배신당하는데, 그러면서도 많은 사람들은 교훈을 얻지 못한다. 반면 사람을 너무 안 믿으면 진정으로 친밀한 관계를 맺거나 위험이 포함된 어떤 종류의 약속도 하지 못하게 된다. 중간에서 균형을 잡기 위해 우리는 보통 극소수의 사람만 완전히 신뢰하고 나머지는 부분적으로 신뢰한다.

적정한 신뢰의 수준을 가늠하는 것은 왜 그렇게 어려울까? 오노라 오닐은 이와 관련해 우리에게 많은 조언을 해준다. 그는 '신뢰는 보증과 같지 않고, 같을 수 없다'고 지적한다. 우리에게 신뢰가 필요한 것은 보증이 부족할 때뿐이다. 친구가 당신에게 무엇을 해주겠다고 말할 때, 당신은 그 친구에게 법적 구속력이 있는 계약서를 요구하지 않는다. 보증은 우리가 따로 그것을 챙겨두지 않으면 올바른 행동을 할 것이라고 확신할 수 없는 회사나 기업으로부터 제공받는 것이다.

보증을 요구하는 것은 실제로 신뢰를 저해한다. 혼전 계약은 나중에 이혼 상황이 발생할 시, 계약의 한쪽 혹은 양쪽 당사자가 상대방이 정직하게 나오리라 믿지 않는다는 것을 암시한다. 이러한 불신의 계약은 이혼의 가능성을 높인다.

투명성은 우리가 신뢰를 추구할 때 찾는 또 다른 덕목이다. 모든 것이 공개되어 있다면 속지 않을 것이라고 자신할 수 있다. 하지만 이것 역시 신뢰를 훼손하는 효과를 낸다. 아무것도 숨기지 말라는 요구는 상대를 얼마나 신뢰하지 못하는지 보여주기 때문이다. 사업 파트너나 인생의 동반자를 신뢰한다면 그들의 휴대전화에 추적 어플을 깔거나 모든 이메일을 읽어보지 않을 것이다. 우리가 하는 모든 일에 대해 시시콜콜 설명할 의무를 지우지 않는 것이 진정한 신뢰다.

오늘의 핵심은 신뢰가 본질적으로 위험하고 불확실하기 때문에 '필연적으로 잘못된 사람을 신뢰하게 되는 경우도 있다는 것'이다. 평생 한 번도 실망한 적이 없다면 당신은 사람 보는 눈이 탁월하고 아주 운이 좋은 사람이거나, 인생에서 타인을 별로 신뢰하지 않는 사람일 것이다. 그리고 남을 신뢰해오지 않았다는 건, 모든 것을 터놓고 서로 마음을 나누는 방식으로 다른 사람과 진정한 사랑을 나누지 않았음을 의미한다.

보증과 투명성을 요구하는 것은 신뢰를 포기하고 약간 더 계산적이고 공식적인 관계를 택하는 것이다. 하지만 신뢰가 없다면 삶은 견딜 수 없어진다. 신뢰는 우리를 하나로 묶어주는 역할을 하는데, 그래서 많은 회사에서는 구성원들 간의 진부한 신뢰 훈련을 한다. 사내 연수에서 뒤로 넘어지는 동료를 잘 받아주는 사람은 동료들의 시선을 벗어난 곳에서도 믿음직하게 행동할 거라고 믿는 것처럼 말이다.

쉽게 간과하기 쉬운 신뢰의 다른 측면도 있다. 우리는 늘 누구를 믿어야 하는지 묻는다. 그렇다면 당신은 타인에게 믿음직한 사람인가? 오닐은 신뢰에 관한 자신의 저서에서 통치자에게는 무기, 식량, 신뢰가 필요하다는 공자의 말을 인용했다. 이 세 가지를 다 가질 수 없을 때, 제일 먼저 무기를 포기하고 두 번째로 식량을 포기해야 한다. 신뢰는 가장 존경할 만한 덕목 중 하나이자 사회적으로 가장 필요한 덕목 중 하나다. 신뢰가 없다면 우리는 혼자일 수밖에 없다. 신뢰가 있다면 주변에 늘 좋은 친구와 동료가 넘쳐난다.

함께 보면 좋은 주제

관계Relationships, 배신Betrayal, 용서Forgiveness, 우정Friendship, 위험Risk, 인성Character, 질투Jealousy, 취약성Vulnerability

읽을거리

오노라 오닐, 『신뢰에 관한 문제A Question of Trust』

신앙 Faith

신앙은 이성을 넘어서거나
심지어 이성과 맞서는 과감한 도약이다.

– 쇠렌 키르케고르

신앙은 찬양받는 동시에 멸시당한다. 많은 사람들이 신앙을 중요하게 생각하고 그 믿음을 조롱당했을 때 큰 상처를 받는다. 반대편의 사람들은 신앙이란 인생을 살면서 나약한 인간들이 품는 흐리멍덩한 희망사항이라고 여긴다. 그렇다면 신앙이란 정확히 무엇인가? 이 단어는 종종 확신의 정도가 100퍼센트보다 덜한 거의 모든 것을 폭넓게 지칭한다. 다만 이건 너무 관대한 정의다. 효과가 없을 수 있는 약을 효과가 있을지도 모른다는 이성적 판단에 따라 복용하기 위해 신앙이 필요하지는 않기 때문이다. 신앙은 **결정적인** 증거가 부재할 때가 아니라, **충분한** 증거가 없는 상황에서의 믿음이다.

쇠렌 키르케고르에 따르면, 신앙은 이성을 넘어서거나 심지어 이성과 맞서는 과감한 도약이다. 성경 속 아브라함은 모든 도덕성, 그가 원하는 바, 그가 훌륭한 신으로부터 요구받을 것이라고 믿어온 모든 것에 반하는 요구였음에도 불구하고 신의 뜻에 따라 자신의 외아들을 희생하기로 했다. 그는 신앙 안에서 이성을 거부하고 신을 믿었다.

윌리엄 제임스에게는 신앙이 이성을 넘어서지만, 그것은 역설적이게도 이성적인 사고를 통한다고 생각했다. 제임스는 인간에게는 살아 있고(그것을 믿는 것이 가능하므로), 열려 있으며(그것이 진실인지 확신할 수 없으므로), 중대한(그것을 믿느냐 안 믿느냐는 아주 중요하므로) 가설들이 있다고 믿었다. 신의 존재가 그런 가설 중 하나다. 이성만으로는 그것이 사실인지 알 수 없다. 이성은 최종 결정을 위해 도달해야 할 곳에 한참 못 미치는 지점에 우리를 내려놓는다. 따라서 신앙에 기대어 그 마지막 구간을 지나가는 것은 이성적이다.

키르케고르와 제임스는 신의 존재가 이성적 관점에서 불확실한 이상, 신앙에 기대어 신을 믿는 데에는 어느 정도 타당한 이유가 있다고 각자의 방식으로 설명했다. 이것을 얼마나 설득력 있게 보는지는 당신이 신의 존재를 얼마나 불확실하다고 여기는가에 달려 있다.

많은 무신론자들은 신이 존재하지 않는다는 결정적 증거는 없지만, 제임스의 정의를 빌려 이 가능성이 살아 있고 열려 있을 가능성은 아주 낮다고 생각한다. 버트런드 러셀은 신앙이 없는 사람 중 한 명이었다. 그는 "나는 기독교의 신이나 호메로스의 신들이 존재하지 않는다는 것을 증명할 수 없다"라고 했으므로 엄밀히 따지면 불가지론자였다. 그럼에도 불구하고 그는 "신의 존재가 심각하게 고려할 가치가 있을 만큼 충분히 개연성 있는 대안이라고 생각하지는 않는다"라고 했다.

다른 질문은 신앙이 오로지 종교의 영역이냐에 관한 문제다. 때때로 무신론자들은 신이 **존재하지 않는다고** 증명할 수도 없으면서 그들이야말로 신앙에 기대어 결론을 내린다고 비난받는다. 하지만 충분한 증거

없이 어떤 것을 믿기 위해서는 신앙이 이성을 넘어서는 도약이 필요하다. **도약을 하지 않는다면 신앙도 필요하지 않다.**

하지만 세속적 신앙 같은 것도 있다. 그것은 타당한 증거가 부재한 상황 혹은 증거와 맞지 않는 상황에서 갖게 되는 믿음이다. 과학에 대한 신앙은 과학이 모든 문제를 해결하고 삶의 나침반이 되어줄 것이라는 비과학적인 맹신이다. 미래에 대한 신앙은 의심할 만한 충분한 이유가 있음에도 불구하고, 모든 일이 잘 풀릴 것이라고 과신하는 것이다. 친구와 가족에 대한 신앙은 그래서는 안 된다는 증거가 있음에도, 친구와 가족을 믿어버리는 것이다.

절망을 극복하기 위해서는 신앙이 필요할까? 다들 그렇게 생각하는 건 아니다. 그렇다고 하더라도, 그에 앞서 모든 것을 꼼꼼히 따져볼 필요가 있다. 키르케고르가 쓴 신앙에 관한 명저의 제목은 『두려움과 떨림』이다. 이것은 반대편에 뭔가 있을 것이라는 실질적 근거나 보장 없이, 어떤 신앙에 자신을 내맡기는 것이 얼마나 무서운 일인지를 잘 보여준다. 심사숙고 끝에 더 이상 이성적인 길이 없다고 판단된다면 이제 도약하라. 행운을 빈다. 당신에게 그것이 필요할 테니까.

함께 보면 좋은 주제

낙관주의Optimism, 신뢰Trust, 종교Religion, 헌신Commitment, 희망Hope

읽을거리

쇠렌 키르케고르, 『두려움과 떨림』

버트런드 러셀, 『나는 왜 기독교인이 아닌가』

윌리엄 제임스, 『믿고자 하는 의지The Will to Believe』

신의 Loyalty

신의는 당신이 누군가를 지지하느냐
지지하지 않느냐의 문제가 아니다.

우리는 어려운 시기에 친구, 동료, 가족이 보여주는 신의에 고마워한
다. 한편으로 지나치게 인간관계에 충실한 사람, 혹은 그럴 만한 자격
이 없는 인간에게 의리를 지키는 사람도 많이 알고 있다. 다른 미덕과
마찬가지로, 신의 역시 너무 과하지도, 너무 부족하지도 않은 적당한
수준이 필요하다.

여기까지는 쉬운 부분이다. 그 완벽한 균형을 찾아내는 것은 더 까
다롭다. 일단 두 종류의 신의를 구분하는 것이 도움이 된다. 첫째는 개
인적 신의인데, 이것은 당신과 당신이 충실하게 대하는 다른 사람과의
관계를 의미한다. 이를테면, 어떤 친구에게 여러 번에 걸쳐 실망하면
당신은 절교를 고민하게 된다. 이것은 그저 당신과 그 친구와의 문제
다. 둘째는 더 넓은 사회가 포함된 **시민적 신의**이다. 친구가 범죄에 가
담했을 경우, 당신은 친구와의 관계뿐 아니라 사회집단, 혹은 국가에

대한 신의까지 고려해야 한다.

개인적 신의에서는 도덕적 지분이 비교적 낮은 편이다. 약속을 지키고 책임을 다하는 것을 제외하면 별다른 신의의 의무가 없다. 그 밖에는 이 관계가 깨질 위험에 처했을 경우 얼마나 노력해서 지킬 만한 관계인지의 문제다. 좋은 원칙은 서로의 입장이 반대가 되었을 때 신의가 지켜질 수 있을지 자문해보는 것이다. 공자와 아리스토텔레스가 추천했던 전략, 즉 당신의 극단적 성향과 반대로 생각해보는 전략을 사용할 수도 있다. 당신이 지나치게 신의를 중시했다면 이번에는 그러지 않으려고 노력해보는 것이다. 반대로 너무 쉽게 신의를 저버리는 경향이 있다면 신의를 지키는 연습을 해보는 것이다.

시민적 신의의 경우, 문화적 기대가 큰 역할을 한다. 중국 사회에서 가족에 대한 신의는 신성불가침이었다. 수세기 동안, 부모가 아무리 큰 잘못을 저질렀어도 부모에 대한 불리한 증거를 제공하는 것은 범죄였다. 가족의 유대를 보호하는 것은 시민적 정의를 수호하는 것보다 더 중요하게 여겨졌다.

많은 사람이 신의에 가치를 두지만, 서구 윤리의 흐름은 보편적 원칙을 수용하는 방향에 가깝다. 동등한 권리와 동등한 이해관계라는 계몽주의적 가치는 개인적인 친분에 따른 차별 대우를 부당하게 여긴다. 이로 인해 정치인들이 가족을 보좌관으로 채용했다가 곤경에 처하고, 기업은 직원 자녀들에게 인턴 관련 특혜를 제공했다가 지탄을 받는 것이다. 신의는 서서히 사적인 영역으로 제한되어왔다. 시민으로서 우리는 공정해야 한다는 기대를 받는다.

이러한 기대는 딱 거기까지다. 개인적 유대는 삶에서 중요한 부분이고, 그것을 무시할 경우 우리는 버나드 윌리엄스가 '개인들의 분리'

라고 했던 것을 거부하게 된다. | 이타주의Altruism 참조 | 다시 말해, 모든 사람을 똑같이 대한다면 각각의 개인을 차별화하는 요소들을 무시하게 된다. 그 차이 중 일부는 그들이 서로 연결된 방식이다.

개인적 신의와 시민적 신의는 둘 다 중요하고, 그래서 항상 어떤 긴장감을 유발한다. 정의의 요구가 우리의 개인적 신의를 시험할 때 우리는 두 가지를 고려해야 한다. 첫째는 상황의 심각성이다. 사소한 잘못 때문에 친구에 대한 신의를 저버리는 것은 당연히 옳지 않지만, 친구의 조직적인 사기나 학대를 두고 볼 수는 없다. 두 번째는 증거의 균형이다. 친구에게는 무죄 추정의 원칙을 적용해야 하지만, 어디까지나 선의의 해석이 가능할 만큼 증거가 불충분할 경우에 한해서다.

신의는 당신이 누군가를 지지하느냐 지지하지 않느냐의 문제가 아니다. 친구가 잘못을 인정한 뒤 죗값을 치르거나 반성하도록 돕는 것이 진정한 우정일지도 모른다. 기업, 사회, 국가에도 동일한 원칙이 적용된다. 신의는 친구, 가족, 국가, 동맹에 대한 맹목적인 믿음을 요구하지 않는다. 신의는 그들이 잘못을 저질렀을 때 잘못을 바로잡을 기회를 주고 그 과정에 옆에서 도움을 주는 것을 뜻한다.

함께 보면 좋은 주제

가족Family, 공동체Community, 신뢰Trust, 애국심Patriotism, 용서Forgiveness, 의무Duty, 인성 Character, 자녀 양육Parenthood,

읽을거리

버나드 윌리엄스, 『도덕적 운Moral Question』

실수 Mistakes

분별 있는 사람들은 타인의 실수를 관찰함으로써
교훈을 얻는다.

우리는 모두 실수를 한다. 하지만 실수 대처법에 관한 일반적이고 상투적인 조언은 별 도움이 되지 않는다. 그중 일부는 진실을 담고 있지만 진부하다. 가장 눈에 띄는 것은 물론 실수로부터 교훈을 얻으려고 노력해야 한다는 조언이다. 하지만 실수를 저지르고 '여기서 기억할 만한 건 아무것도 없어'라고 생각할 사람이 과연 있을까? (물론 있을 수도 있다.) 다른 조언은 방향이 틀렸다. 실수를 통해서만 배울 수 있다고 말하는 것은 어리석다. 분별 있는 사람들은 타인의 실수를 관찰함으로써 교훈을 얻는다. 역사적으로 틀렸다는 평가를 받는 철학자들의 글을 읽는 것이 여전히 가치 있다고 여겨지는 이유 중 하나다.

　실수를 돌이킬 수 없을 때 │ 후회Regret 참조 │ 거기서 얻을 수 있는 교훈은 너무 미미하고 때늦은 것처럼 보인다. 또한 그 교훈을 파악하는 일은 격언이 말하는 것보다 훨씬 어려울 수 있다. 많은 실수는 충분히

263

명확해 보인다. 우리의 견해나 판단이 틀렸고 나중에 돌아보니 어떤 게 옳은 것이었는지 잘 보이는 경우가 그러하다. 하지만 우리의 가장 큰 실수는 어떤 고립된 믿음보다 더 깊은 무언가에 뿌리를 두고 있다. 우리가 끔찍한 실수를 저지를 때, 정말 잘못된 것은 우리가 **무엇을** 생각하느냐가 아니라 **어떻게** 생각하느냐인 경우가 많다.

영국 철학자 길버트 라일은 이제는 고전으로 자리매김한 '범주오류' 개념을 통해 이것을 설명했다. 그는 옥스퍼드대학을 구경시켜달라고 부탁했다가 여러 대학 건물, 보들리언 도서관, 셸도니언 극장, 애슈몰린 박물관 같은 곳으로 안내된 관광객들의 예를 들었다. 어리둥절해진 관광객들은 그제야 '그런데 대학은 어디 있나요?'라고 물어본다. 그들은 옥스퍼드대학이 단일 건물 혹은 단일 캠퍼스가 아니라, 여러 장소에 흩어져 있는 기관임을 몰랐던 것이다. 그들은 '대학'을 어떤 하나의 범주로 인식해왔지만, 실상은 전혀 달랐다.

라일은 기술적이고 좁은 의미에서 범주오류를 정의했지만, 이 개념은 완전히 다른 두 개의 범주를 혼동하는 실수를 더 폭넓게 설명해준다. 문제의 본질을 놓치는 실수 중 상당수가 여기에 해당한다. 잘못된 회사를 위해 일하고 있다고 생각했는데 실은 직업이 잘못된 것일 수도 있고, 잘못된 직업을 가졌다고 생각했는데 실은 회사가 잘못된 것일 수도 있다. 충분히 열심히 일하지 않는 것이 문제라고 생각했는데 실은 능력 부족 탓일 수도 있고, 그 반대일 수도 있다.

타인에 대한 실수는 종종 잘못된 범주화에서 비롯된다. 때로 우리는 어떤 신앙이 괴상하다고 생각해 그 종교를 믿는 사람을 이해하지 못하지만, 그것은 그저 어떤 지역사회의 일원이 되어 특정한 삶의 방식을 따르는 문제인 경우가 있다. 우리는 지역사회에 대한 헌신과 신앙에 대한 헌신을 혼동해왔다. 혹은, 어떤 사람이 우리와 거리를 둔다고 생각했는데 알고 보니 원래 모든 사람과 거리를 두는 스타일일 수도 있다. 이는 누군가가 나를 대하는 방식과 모든 인간을 대하는 방식을 혼동한 것이다.

그것이 얼마나 흔한 실수인지 경각심을 갖게 되면, 그로 인해 우리가 실질적인 실책을 범하기 전에 미리 눈치채는 일이 한결 수월해진다. 한 가지 단서는 곤혹스러움이다. 지금 무슨 일이 벌어지는지 아예 감을 잡을 수 없다면, 우리가 생각하는 방식이 잘못된 것일 수도 있다. 다른 단서는 끈질김이다. 만약 문제 해결을 위한 반복적인 시도가 전혀 통하지 않는다면, 진짜 문제를 파악하지 못한 것일 수도 있다. 우리가 종종 저지르는 가장 큰 실수는 문제를 이해하는 방식 자체에 의문을 가져야 할 시점인데도 불구하고, 무엇이 문제인지 다 알고 있다고 착각하는 것이다.

함께 보면 좋은 주제

딜레마 Dilemmas, 용서 Forgiveness, 운 Luck, 죄책감과 수치심 Guilt and shame, 회복력 Resilience, 후회 Regret

읽을거리

길버트 라일, 『정신의 개념 The Concept of Mind』

실업 | Unemployment

우리가 온전한 인간이라는 것을 확인받기 위해
반드시 급여 명세서가 필요한 건 아니다.

실업은 기본적으로 현실적인 문제다. 일자리 없이는 생계 유지가 어렵기 때문이다. 하지만 많은 사람에게 실업은 실존의 문제이기도 하다. 물질적 욕구가 충족된다고 해도, 우리는 일을 할 수 없으면 스스로 부족하다고 느낀다.

이상하게도, 이렇게 깊은 불만에는 완전히 상반되는 두 가지 원인이 있을 수 있다. 첫 번째는 카를 마르크스가 말한 '소외'와 연관이 있다. 인류 역사상 생산 활동은 인간의 의미를 구성하는 본질적인 부분이자 우리의 '유적 존재⁺'의 핵심이었다. 하지만 자본주의 경제에서 '노동은 노동자의 외부에 존재한다.' 노동은 우리가 소유한 무엇이 아니라

⁺ species-being. 자연적 존재이자 사회적 존재인 인간의 보편적 존재방식으로, 노동과 노동생산물을 통해 실현된다.

고용주에게, 즉 '타인에게 속해 있다.' 따라서 노동은 '필요의 충족이 아니라, 노동의 외부에 존재하는 필요를 충족하기 위한 수단에 불과하다.' 우리 자아의 본질적인 부분이어야 마땅한 노동은 도구로 전락한다. 이에 따라 우리는 '자기 이질감' 혹은 '소외', 즉 자아 상실을 경험하게 된다.

마르크스의 이론에 대한 반론 중에는, 소외를 유발할 만한 일을 하면서도 보상만 충분히 주어진다면 행복해하는 사람이 많다는 주장이 있다. 그런데 소외가 더 문제가 되는 것은 우리가 일을 하지 **못할** 때다. 생산적인 삶에 대한 우리의 통제력 부족은 우리가 생산 활동에 아예 참여할 수조차 없을 때 가장 극명해진다.

마르크스주의의 용어에 따르면, 실업은 우리의 생산적 자아와 우리의 노동 간의 분리를 강조한다. 반면 사르트르는 우리가 우리 자신을 직업과 과도하게 동일시하는 것이 문제라고 말한다.

사르트르는 '지나치게 적극적으로 몸을 앞으로 내민 채 목소리와 눈빛을 통해 고객의 주문에 대해 과도하게 섬세한 관심을 보이는' 점원을 묘사했다. 그는 오로지 자기 고객을 위한 점원의 역할에만 충실한, 일종의 사회적 게임을 하고 있다. 하지만 그는 너무 지나치다. 점원 역할에 너무 충실한 나머지 자신의 정체성과 직업이 뒤섞인다. 자신에 대한 타인의 시선에 갇혀 남들이 자신을 대하는 것처럼 스스로를 대하게 된다. 점원 그 이상도 이하도 아닌 존재로.

그가 직업을 잃었을 때 얼마나 큰 충격을 받을지 쉽게 짐작할 수 있다. 갑자기 자신의 본질적인 모습이라 믿어왔던 자아를 잃게 된다. 많은 실업자들이 느끼는 감정이다. 그들의 정체성이 직업에 너무 얽매인 나머지, 실업이 자아 상실처럼 느껴지는 것이다.

우리의 자아와 노동에 관한 마르크스와 사르트르의 아주 다른 견해를 연결하는 지점은 양쪽 모두 일종의 자아 상실을 거론한다는 것이다. 우리가 자아와 직업을 동일시하든, 직업으로부터 소외감을 느끼든 간에, 우리는 생산적인 존재로서의 자기 정체성과 노동을 연결시킨다. 다시 말해, 우리의 자아는 온전히 우리의 것이 아니라, 직업에 의해 규정된다는 것이다.

여기서 실업을 견딜 수 있는 한 가지 방법을 알아낼 수 있다. 생산적인 존재로서의 우리의 본성은 전적으로 유급 노동에 한정되지 않음을 기억하는 것이다. 우리가 온전한 인간이라는 것을 확인받기 위해 반드시 급여 명세서가 필요한 건 아니다. 실업의 경제적 여파만으로도 충분히 힘들 텐데, 거기에 자존감 상실이라는 짐을 추가로 얹을 필요는 없다. 생산적인 삶은 꼭 돈 버는 삶을 의미하지 않는다. 우리는 생계를 위해 노동에 의존할 뿐, 자아를 얻기 위해 노동이 필요한 게 아니다.

함께 보면 좋은 주제
부Wealth, 불안감Insecurity, 여가Leisure, 일Work, 자기애Self-love, 정체성Identity, 커리어Career, 필요Needs

읽을거리
카를 마르크스, 1844년의 경제와 철학 원고Economic&Philosophic Manuscripts of 1844
장 폴 사르트르, 『존재와 무』

실패 Failure

당신의 실패 목록을 만들어보라. 아, 다시 생각해보니 안 하는 게 낫겠다. 당신이 특별히 완벽한 경우가 아니라면 그 목록은 아주 우울할 가능성이 높다. 평생 시험에 떨어져본 적이 없는 사람이라도 보통 인간관계, 사업, 인터뷰, 직장, 경력에서는 실패를 경험한다.

실패를 극복하기 위한 대표적인 충고를 모르는 사람은 없다. 실패로부터 배워라. 다시 일어나 다음에 더 잘해라. ‖ 회복력Resilience 참조 ‖ 니체는 "나를 죽이지 못하는 것은 나를 강하게 만든다"라고 말했다. 맞는 말이다. 당신이 그 말을 사실로 만들기만 한다면. 니체는 결코 우주의 숙명적 법칙에 대해 말한 것이 아니다. 실패가 우리를 강하게 만드는 것은 **필연적**이지 않다. 그는 어떤 나쁜 상황에서도 최선을 다하겠다는 각오를 지지했을 뿐이다.

니체의 격언에 대한 긍정적인 해석과 달리, 궁극적으로 따라오게 될 성공도 필연적이지 않다. 물론 실패하면 다시 털고 일어나 재도전해야 한다. 그럴 때 우리의 노력이 빛을 발할 수도 있다. 데이비드 흄은 첫 책『인간 본성에 관한 논고』에 큰 기대를 걸었지만, 그 책은 '인쇄된 순간부터 사산아 같았다.' 그는 책의 내용보다는 전달 방식이 문제라고 확신해 나중에 이 책을 다시 다듬었고 큰 성공을 거두었다. 하지만 대부분의 경우, 실패는 성공의 어머니가 아니다. 실패는 그저 실패일 뿐이다. 우리는 한 치 앞도 알 수 없다. 따라서 계속 앞으로 나아가기 위해 사뮈엘 베케트의 현실적이고 냉정한 격려가 필요한 걸지도 모른다. "늘 실패했다. 상관없다. 다시 도전해라. 다시 실패해라. 더 나은 실패를 해라."

니체는 그의 격언이 터무니없이 긍정적으로 받아들여지는 것에 반하는 좋은 사례를 제공한다. 그는 건강 문제에 시달렸고, 생전 책을 쓰고 출판하는 동안 큰 성공을 거두지 못했다. 그의 명성이 커지기 시작할 무렵에는 이미 제정신이 아니었다. 더군다나 그의 사후 명성은 반유대주의자였던 여동생에 의해 형성되었는데, 나치와 결혼한 여동생은 오빠를 제3제국의 철학자라며 왜곡된 방식으로 홍보했다. 니체를 끝내 강하게 만들지 못한 많은 어려움이 있었고, 그는 그중 하나로 인해 사망했다.

니체의 삶은 우리에게 성공의 의미를 돌아보게 하며, 그의 격언보다 유용한 것은 그의 삶이다. 니체는 살아생전 명성이나 대중의 지지를 얻지 못했고 망가진 채 생을 마쳤다. 하지만 본인이 원했던 일, 즉 작가이자 사상가의 삶을 사는 것에는 성공했다.

니체가 이 일을 해낸 유일한 철학자는 아니다. 쇠렌 키르케고르는 그가 속한 사회에서 조롱과 멸시를 받았다. 그의 여섯 남매 중 다섯 명은 세 살 이전에 사망했다. 그는 어릴 때부터 척추 질환을 앓았고, 이 것은 그가 마흔두 살에 요절하는 데 영향을 미쳤을 것이다. 그는 너무 늦게 찾아온 국제적인 성공을 즐기지 못했다. 하지만 그의 삶이 실패였을까? 가장 피상적인 기준으로 봤을 때만 그럴 것이다.

우리의 노력이 실패하는 것은 정상적이고 불가피하다. 우리가 피해야 할 더 큰 실패는 스스로 중요하다고 생각하는 가치를 따르며 살지 못하는 것이다. 이건 우리 모두가 어떻게든 노력해볼 수 있는 부분이다. 그 결과가 성공일지 혹은 또 다른 실패일지는 우리의 능력 밖이다.

함께 보면 좋은 주제
성공Success, 성취Achievement, 좌절Frustration, 취약성Vulnerability, 회복력Resilience

읽을거리
프리드리히 니체, 『즐거운 학문』

악 | Evil

아이히만의 문제는 그와 같은 사람이 너무 많았고,
그들은 변태나 사디스트가 아니었으며,
과거에도 그랬고 현재도 그렇고 무서울 정도로
평범한 사람들이라는 것이다.

– 한나 아렌트

우리가 사는 동네나 나라에서 심각한 뉴스가 들리지 않고 넘어가는 날은 거의 없다. 하지만 때로 다른 사건들보다 더욱 강력한 비난이 필요해 보이는 사건들이 우리의 눈길을 끈다. 고문, 학살, 아동 성폭행……. 사악한 일이 벌어졌다는 느낌에는 본능적인 거부감이 있다. '악'이 진짜 존재할까? 만약 그렇다면 어떻게 대응해야 할까?

신학자들과 철학자들은 수천 년간 악의 본성에 관해 논쟁해왔다. 오늘날 악은 별도의 범주가 아니라 '나쁘다'의 극단적인 형태라는 공감대가 있다. 일부 사이코패스와 사디스트는 보통 사람과 근본적으로 달라 보이는 게 사실이다. 그들은 타인의 고통에 대한 공감능력이 없거나 남의 고통을 즐긴다. 그런 악은 오늘날 일종의 정신병으로 여겨지고, 그들은 감옥이 아니라 치료 시설에 가둬진다.

정신질환이 없는 사람들이 저지르는 사악한 행위는 이해하기가 더 어렵다. 이 문제를 연구한 학자들은 이들이 평범한 사람과 근본적으로 다르지 않다는 심란한 결론에 도달하곤 한다. 이에 따라 누구든 잘못된 환경에서 악을 행할 능력이 있다는 오싹한 추론이 가능하다.

한나 아렌트는 자신의 저서 『예루살렘의 아이히만』은 '악의 본성에 관한 이론적 논문'이 아니라고 했지만, 이것은 관련 논의에서 핵심적인 저술 중 하나다. 이 책은 유대인에게 저지른 범죄로 사형을 선고받은 남자의 재판 과정을 자세히 관찰한 기록이다. 하지만 아렌트가 기록한 내용은 그 이상의 파급력을 가지고 있다.

아렌트는 "아이히만의 문제는 그와 같은 사람이 너무 많았고, 그들은 변태나 사디스트가 아니었으며, 과거에도 그랬고 현재도 그렇고 무서울 정도로 평범한 사람들이라는 것이다"라고 썼다.

어떻게 아이히만처럼 '평범한' 사람이 수많은 희생자들을 죽음으로 내몰 수 있었을까? 아렌트의 대답은 매우 충격적이다. "그가 그 시대의 끔찍한 범죄자가 될 수 있었던 건 순전히 생각 없음 때문이었다." 그는 그냥 생각을 하지 않았고, 따라서 '자신이 무슨 일을 하고 있는지 전혀 깨닫지 못했다.'

이것은 심상치 않고 믿기 어렵다. 어떻게 자신이 하는 일을 모를 수 있었을까? 그가 좀비처럼 정신이 나간 상태였다는 뜻은 아니다. 어떤 면에서 그는 자신이 한 일을 전부 인지하고 있었다. 하지만 자신이 실제로 하고 있는 일의 진짜 의미와 파장에 대해서는 신경 쓰지 않았다.

정말 평범한 사람이 이 같은 일을 저지를 수 있을까? 그럴 수 있을 것이다. 우리에게는 명백한 것을 보지 않으려고 할 때 편리하게 쓸 수 있는 기술이 많다. 아이히만은 그 기술 중 하나를 '본디오 빌라도의 심정'이라고 설명한다. '유대인 문제'에 대한 '최종 결론'을 내리는 회의장에 도착한 아이히만은 왜 그들에게 사형 선고가 내려지는지 이해할 수 없었다. 하지만 본인을 제외한 모든 사람들이 그 선고를 당연하게 생각하자 아주 정상적인 일처럼 보였다. 아이히만은 "바로 그 순간 나는 모든 죄책감으로부터 자유로워졌다"라고 말했다. 아렌트의 말처럼 '그가 누구라고 판단을 한단 말인가?' 많은 성 착취 스캔들도 이와 같은 패턴을 따른다. 너무 많은 사람이 성 착취가 일어나는 현재의 사회 구조를 어쩔 수 없는 일로 받아들인다.

악의 역사에서 얻을 수 있는 가장 중요한 교훈은 악을 타인의 문제로 치부해서는 안 된다는 것이다. 우리 모두에게는 악을 행할 능력이 있다. 그것을 피하기 위해 자신의 행동이 가져올 결과를 신중히 검토해야 한다. 타인의 사악한 행위에 동참하거나, 타인의 악행이 나의 악행을 정당화하는 도구로 쓰이는 것을 경계해야 한다. 간단히 말해서, 아렌트가 '언어와 생각을 거부하는 **악의 평범함**'이라고 했던 것이 우리에게 나타나지 않게 끊임없이 경계해야 한다.

함께 보면 좋은 주제
공감Empathy, 용기Courage, 의무Duty, 인간 본성Human nature, 자기기만Self-deception, 전쟁War

읽을거리
한나 아렌트, 『예루살렘의 아이히만』
조너선 글로버, 『휴머니티』

애국심 | Patriotism

거의 모든 사람이 가끔은 국가대표 스포츠 팀을 응원하거나 자국의 국민임을 자랑스러워할 것이다. 하지만 우리는 이러한 애국심이 순진무구한 얼굴을 한, 민족주의적 외국인 혐오의 쌍둥이 형제라며 눈살을 찌푸리는 사람이 많다는 것도 알고 있다.

애국심은 보편적으로 자연스럽고 좋은 것으로 여겨진다. 자신이 애국자가 아니라고 밝히면서 성공한 정치인은 세상 어디에서도 상상하기 힘들다. 하지만 철학의 정신은 고대 그리스의 키니코스학파 철학자 디오게네스의 견해와 더 일치한다. 그는 어디 출신이냐는 질문에 "나는 이 세상의 시민이다"라고 답했다.

마사 누스바움도 그러한 코스모폴리턴 중 한 명이다. 이 단어는 말 그대로 '세계의 시민'을 뜻한다. 누스바움은 '애국심 강조'는 도덕적으로 위험하며 우리가 가장 충성해야 할 대상은 전 세계의 인류 공동체라고 했다. 조국을 향해 각별한 애정을 품는 데에는 아무 문제가 없지만, 우리는 특정 집단이 아니라 보편적 가치와 모든 인류를 우선적으로 여겨야 한다는 것이다.

애국심을 옹호하는 사람들은 그것이 맹목적인 민족주의와는 결이 다르다고 주장한다. 알래스데어 매킨타이어는 애국심을 '해당 국가의 특성은 전혀 고려하지 않고서 아무 이유 없이 조국에 충성하는 것과 혼동해서는 안 된다'라고 했다. 자녀를 사랑하는 부모가 때로는 자녀를 엄하게 훈육하듯이, 진정한 애국자는 잘못된 방향으로 가는 조국을 무조건 지지하지 말고 옳은 방향으로 이끌어야 한다. 리처드 로티는 우리에게 애국심이 없다면 이런 비판의식이 생길 가능성이 낮다고 믿었다. "당신이 조국이라고 느끼는 정도까지만 그 국가의 행동에 대해서 수치심을 느낄 수 있다."

부모가 자신의 자녀에게 특별한 관심을 갖는 이유는 명확하다. 하지만 애국자는 왜 인류 전체가 아니라 자신의 조국에 대해 특별한 관심을 갖게 되는 걸까?

매킨타이어에 따르면, 우리는 우리를 키워낸 공동체와 문화 때문에 지금의 모습을 가진 개인이 되었다. 국가는 우리의 정체성을 형성하는 요소 중 하나다. 우리의 출신 지역과 정체성의 밀접한 연관성을 부정하는 것은, 부모가 자녀의 성격 형성에 미친 영향을 부정하는 것만큼이나 터무니없다. 따라서 비록 당신에게 뜨거운 애국심이 없다고 해도, 최소한 오늘의 당신을 만드는 데 조국도 한몫했음을 떨떠름하게나마 인정해야 한다. 당신이 부모의 마음에 안 드는 부분까지 닮아 있다는 사실을 인정할 수밖에 없는 것처럼.

로티는 통합되고 조화로운 사회를 위해서는 올바른 애국심이 필요하다고 생각했다. 그는 '공동체들의 공동체,' 혹은 존 롤스가 주장한 '사회 연합들의 사회 연합'에 기반한 국가 정체성을 만드는 계획에 찬성했다. 국가적 소속감은 다양한 시민들에게 그들이 모두 하나라고 느끼게 해준다. 다른 대안은 '차이의 정치학'에 기반한 다문화주의다. 애국심이 결여된 다문화주의는 사회를 통합이 아닌 분열 상태로 이끈다. 로티는 "문화적 다양성에 대한 존중과 애국심은 양립이 가능하다"라고 주장했다.

철학자를 비롯한 지식인들이 애국심을 의심스러운 눈으로 보는 이유를 파악하기란 어렵지 않다. 흄은 "극단적인 대중 영합과 애국심은 권력과 독재로 이어지는 잘 닦아진 길이다"라고 했다. 조국을 향한 정당한 애정과 무비판적이고 편협한 외국인 혐오 사이에 놓인 경계선은 아주 얇약하다. 그럼에도 불구하고 그 선은 충분히 명확하고, 주의를 기울인다면 넘지 않을 수 있다. 코즈모폴리턴이 되는 것과 애국자가 되는 것 중에 꼭 하나를 선택할 필요는 없다. 세계의 시민이자 특정 국가의 시민이라는 이중 국적을 가질 수 있기 때문이다.

함께 보면 좋은 주제

가족Family, 공동체Community, 신의Loyalty, 정체성Identity, 집Home, 프라이드Pride

읽을거리

알래스데어 매킨타이어, 『애국주의Patriotism』

애완동물 Pet

상대방이 서로 같은 마음이라는 것을 모른다면
어떻게 그들을 친구라 할 수 있겠는가?

— 아리스토텔레스

얼마 전까지만 해도 동물을 키우는 것은 순전히 개인 취향의 문제였다. 하지만 최근 이 문제는 윤리적인 영역으로 넘어왔다. 이제는 이 질문부터 던져야 한다. 당신이 동물을 기른다면 당신은 보살펴주는 사람인가, 아니면 노예 주인에 더 가까운가?

날기 위해 태어난 동물을 좁은 우리에 가두는 것이 잔인하다고 여기는 사람이 많아지면서 새장에 갇힌 새의 인기가 예전 같지 않아졌다. 《동물윤리 저널》의 편집자들은 이제는 '애완동물pet'이라는 말 자체가 '경멸적인' 용어로 여겨진다며 다음과 같이 주장한다. "오늘날 '주인owner'이라는 말은 법적으로 정확한 표현일지 모르겠으나 동물들을 아무런 도덕적 제약 없이 이용할 수 있는 재산, 도구, 물건쯤으로 여겼던 지난날을 연상시킨다."

'공격적인 완전 채식주의'의 부상은 이 문제에 새로운 동력을 제공했다. 동물의 식용 사육이 잘못된 일이라면 즐거움을 위해 동물을 키우는 것도 잘못된 일 아닐까?

애완동물들이 심각한 결핍이나 고통을 겪는다면 이 도덕적 문제는 한층 심각해진다. 하지만 가장 인기 있는 애완동물들(아마도 고양이와 개일 것이다)은 우리가 그들과 함께하는 것을 좋아하는 만큼이나 우리와 함께하는 것을 좋아하는 듯 보인다. 개와 고양이는 마음만 먹으면 달아날 기회가 많지만, 규칙적인 식사, 따뜻한 잠자리, 애정 어린 손길의 안락함을 선택한 것이다.

집에서 크는 동물은 대체로 들개나 길고양이보다 건강하고 영양 상태가 좋고 수명이 길다. 오늘날 저명한 철학자이자 동물 권리 보호 운동가인 피터 싱어가 동물의 고통을 줄여야 한다고 목소리를 높이면서도 애완동물에 대해서는 별말이 없는 것만 봐도 그 점을 잘 알 수 있다. (그는 직접 애완동물을 키우지 않지만, 그건 단지 동물 애호가가 아니어서라고 한다.)

우리가 동물을 잘 돌보는 것을 도덕적으로 정당하다고 여긴다면, 더 흥미로운 질문은 우리가 어떻게 동물을 이해해야 하는가 하는 점이다. 어떤 동물은 우리와 너무 달라서 그 어떤 종류의 관계 맺기도 불가능하다. 토머스 네이글은 "박쥐가 된다는 건 어떤 기분일까?"라는 질문을 던졌다. 이 질문이 유명한 이유는 우리로서는 그게 어떤 느낌일지 전혀 감을 잡을 수 없기 때문이다. 만약 박쥐에게 진심으로 공감하고 박쥐의 생각이나 기분을 안다고 주장하는 사람이 있다면 그는 아마도 동굴 속을 날아다니는 작고 검은 자기 자신의 모습을 상상하는 정도에 불과할 것이다.

하지만 다른 많은 동물은 여러 면에서 우리와 아주 비슷하다. 데이비드 흄은 무려 18세기에 동물에게 논리적 사고가 가능하다는 주장을 펼치면서 이 부분을 지적했다. 동물도 대수학 문제를 해결하거나 논리적 추론을 할 수 있다고 주장했다는 뜻은 아니다. 하지만 잘 생각해보면, 우리는 그런 종류의 논리적 사고를 얼마나 한단 말인가? 논리적 사고는 대체로 '경험으로부터 많은 것을 습득해 동일한 결과는 동일한 원인으로부터 도출된다는 사실을 추론하는 것'을 의미한다. 동물도 이정도는 분명히 할 수 있다. 인간과 동물의 차이는 인간이 이 일을 더 체계적으로 할 수 있고 '일련의 인과관계를 훨씬 더 길게 연결해나갈 수 있는' 능력이 있다는 점이다.

우리가 흔히 애완동물로 키우는 동물의 사고능력은 박쥐와 인간의 중간 정도다. 교감이 가능할 만큼 우리와 닮았지만, 때로는 낯설고 불가해하게 느껴질 만큼 다르다. 여기서 떠오르는 질문은 동물이 우리에게 어느 정도까지 의미 있는 친구가 될 수 있느냐다.

아리스토텔레스는 우정에는 상호성이 요구된다고 주장했다. 그는 "상대방이 서로 같은 마음이라는 것을 모른다면 어떻게 그들을 친구라 할 수 있겠는가?"라고 물었다. 친구는 '호의를 품고 행복을 빌어주는 마음을 서로 아는 사이'라는 것이다.

인간과 애완동물의 관계가 이처럼 대칭적이라고 믿는 것은 지나치게 인간 중심적인 사고다. 하지만 동물과 함께하는 삶에서 가장 놀라운 부분 중 하나는, 우리와는 너무 다름에도 불구하고 기묘한 방식으로 교감할 수 있는 존재를 만나는 것이다.

사이먼 글렌디닝은 애완견 소피와의 교감을 묘사하면서 이 점을 멋지게 포착했다. "그 강아지가 내 '마음 상태'를 예민하게 알아차리는 걸 느낄 때면 '상호 의사 소통성'의 범위를 인간들끼리 가능한 교류의 형태로 한정 짓는 습관성 경향을 버리는 것이 타당해 보인다." 가장 이상적인 경우, 동물을 기르는 것은 단순히 소유나 지배의 문제가 아니게 된다. 의식을 지닌 존재의 경이, 신비, 다양성을 매일 새롭게 깨닫는 일이다.

함께 보면 좋은 주제

가족Family, 공감Empathy, 우정Friendship, 자연Nature, 채식주의Vegetarianism, 합리성 Rationality

읽을거리

사이먼 글렌디닝, '인간과 다른 동물들Human Being and Other Animals', nakedpunch.com

양가감정 | Ambivalence

여러 선택지를 앞에 두고 너무 갈팡질팡해서 머리가 마비된 것처럼 느껴졌던 때를 떠올려보자. 퇴사, 결혼, 주택 매매 같은 잠재적인 파장이 엄청난 중대한 선택이었을 수도 있고, 어디로 휴가를 떠날지, 코트 두 벌 중 어느 것을 구입할지 같은 사소한 선택이었을 수도 있다. 무엇이 됐든 별로 기분 좋은 느낌은 아니다. 안 그런가?

만성적인 결정 장애를 앓는 사람이 아니라 하더라도 이것이 얼마나 본질적으로 인간적인 경험인지 잘 알 것이다. 우리는 삶에서 많은 가치를 중요시하고 그 모든 것이 확보되는 이상적인 상황을 원한다. 비싼 코트를 갖고 싶지만 힘들게 번 돈을 쓰기는 아깝고, 싱글의 자유를 누리는 동시에 부부 사이의 안정감을 원하고, 자영업의 여유를 원하면서 동시에 직장생활의 안정성을 바란다. 안타깝게도, 현실에서는 두 마리 토끼를 다 잡기 어려운 경우가 많다. 우리는 선택을 강요당한다.

선택을 회피할 수도 있지만, 상황이 우리 손에서 벗어날 때까지 시간을 끄는 것 역시 결국은 하나의 선택이다.

선택지를 앞에 두고 고민하는 것을 '뷔리당의 당나귀Buridan's ass의 역경'이라고 한다. 이 전설적인 당나귀는 동일한 거리에 놓인 같은 양, 같은 품질의 두 건초 더미 중 어느 쪽을 먹을지 정하지 못해 굶어 죽었다. (하나의 건초 더미와 한 통의 물 사이에서 고민했다는 버전도 있다.) 이것은 14세기 프랑스 철학자 장 뷔리당의 이름을 딴 이야기지만, 이 문제는 아리스토텔레스와 12세기 페르시아 사상가 알 가잘리 같은 이들에 의해 오래전부터 논의되었다.

그들이 고민했던 주요 의문은 인간이 가진 자유의지의 개입으로 교착상태에서 벗어날 수 있는가였다. 뷔리당은 그럴 수 없으며 자유의지가 할 수 있는 일은 '상황이 바뀌어 올바른 행동 방법이 명확해질 때까지 판단을 유보하는 것'뿐이라고 주장했다. 알 가잘리는 좀 더 긍정적이었으며 우리가 의지를 발휘해 역경에서 벗어날 수 있다고 생각했다.

이와 관련하여 살펴볼 가치가 있는 현대 철학자는 이사야 벌린이다. 그는 인간의 가치들은 다원적이고 때때로 양립할 수 없다고 했다. "가치들은 한 인간의 마음속에서 서로 쉽게 충돌한다. 그럴 경우, 어떤 것은 반드시 진실이고 어떤 것은 반드시 거짓인 게 아니다." 일례로 자유와 안보는 양쪽 다 건전한 가치다. 다만 이 두 가지를 모두 실현하는 것이 늘 가능하지는 않다. 따라서 벌린은 "우리는 선택을 해야 할 운명이고 모든 선택에는 돌이킬 수 없는 손실이 따른다"라고 했다. 쇠렌 키르케고르는 "결혼은 해도 후회할 것이고 안 해도 후회할 것이다"라는 냉소적인 말을 남겼다.

이런 견해는 최소한 양가감정이 세상의 복잡함에 대한 자연스러운 반응이라고 우리를 안심시킨다. 또한 양가감정의 극복 방법을 암시하는 듯하다. 벌린은 "우선순위를 정해야 한다"라고 했다. 각각이 모두 중요하지만 서로 충돌하는 가치들을 믿는다면, 자신의 내면과 상황을 깊이 따져보고 가장 중요한 가치를 파악해야 한다. 그런 과정을 거쳤는데도 여전히 무엇을 선택해야 할지 모르겠다면 동전을 던지는 수밖에 없다. 어쩌면 비유가 아니라 진짜로. 아무것도 선택하지 않는 것보다는 뭐라도 선택하는 게 낫다.

교착상태를 벗어나기 위한 선택이 무엇이든 간에, 하나를 선택하면 다른 가능성들이 닫힌다는 것을 받아들여야 한다. 모든 이익에는 그에 상응하는 손실이 따르며, 양가감정이 지극히 인간적인 경험인 이유는 바로 이 때문이다.

함께 보면 좋은 주제

딜레마Dilemmas, 만약What if, 불안Anxiety, 불확실성Uncertainty, 선택Choice, 우유부단Indecision, 헌신Commitment, 후회Regret

읽을거리

이사야 벌린, 『인간성이라는 삐뚤어진 목재The Crooked Timber of Humanity』

여가 | Leisure

신경 쓸 일만 가득하고, 가만히 지켜볼 시간조차 없다면
삶이란 무엇인가.

– 윌리엄 헨리 데이비스

오늘날의 초연결 사회에서 많은 사람들은 '언제나 작동 중'이라는 느낌을 받는다. '스위치를 끄다'와 '정지 시간'처럼 우리가 사용하는 단어와 표현 때문에 마치 우리가 코드를 뽑아줘야 하는 기계처럼 보이기도 한다. 이런 은유는 우리가 업무나 집안일을 하지 않을 때 아무것도 하지 말고 편안히 앉아 머리를 식히는 시간이 필요하다는 것을 암시한다. 과연 이것이 우리가 여가 시간에 해야 할 일일까?

버트런드 러셀의 유명한 에세이 『게으름에 대한 찬양』을 보면 과연 그런 것 같다. 하지만 러셀에게 게으름은 활동 중단 상태가 아니라 급여를 받는 노동에서 벗어난 시간을 뜻한다. 이것은 로버트 스키델스키와 에드워드 스키델스키가 '다른 무엇의 수단이 아닌 우리 자신을 위한 활동'이라고 설명한 여가를 위한 공간을 마련한다. 그들은 "적극성과 기술이 포함된 모든 레크리에이션은 우리에게 여가의 의미다"라고

했다. 돈이 주목적이 아니라면 일도 여가가 될 수 있다는 뜻이다. 또한 우리가 흔히 여가라고 생각하는 것들 중에는 어떤 목적을 달성하기 위한 수단이거나(이를테면 헬스장에서 하는 운동 같은 것) 너무 수동적이라서(소파에 비스듬히 기댄 채 건성으로 TV를 보며 음식을 먹는 것) 실은 진짜 여가가 아닌 경우도 있다.

러셀은 여가가 수동적이기보다는 능동적이라고 했다. 그가 생각한 건설적인 여가는 '순수한 경박함'이 아니었지만, 자신이 '고상하다고 여겨질 만한 것'을 생각한 것도 아니라고 힘주어 말했다. 러셀은 특이하게도 보통 사람이 즐기는 여가의 예로 '농민의 춤peasant dances'을 꼽았지만, 아마 다른 활동적인 취미와 소일거리도 적당한 예가 될 수 있다고 생각했을 것이다. 그는 경기나 공연 관람, 골프, 독서도 좋은 여가활동이라고 쓴 적이 있다.

아리스토텔레스에 따르면 여가는 번영하는 삶의 중요한 부분이었다. 하지만 그에게 여가는 고상한 종류의 활동이었다. 이때 여가는 주로 그 자체로 가치 있는 활동, 특히 연구와 사색을 지칭한다. 정치나 전쟁 같은 활동들은 목적을 위한 수단일 뿐이므로 그만큼 가치 있게 여기지 않았다.

여가를 휴식 혹은 '한낱 오락'으로 경시하는 사고방식은 지나치게 까다로운 것 같다. 하지만 말보다 행동을 자세히 살펴보면 많은 철학자들은 쉬는 시간도 중요시했다. 비트겐슈타인은 할리우드 서부극 영화를 즐겨 봤고, 앨프리드 에이어는 춤과 축구 경기 관람을 즐겼다. 아리스토텔레스, 러셀, 스키델스키 부자父子로부터 얻을 수 있는 교훈은 잠시 스위치를 끄는 것이 나쁘다는 게 아니라, 여가활동이 순전히 혹은 대부분 그런 종류여서는 안 된다는 것이다.

데이비드 흄은 여가 시간에 순수한 휴식을 즐기는 것을 긍정적으로 봤다. 그는 젊은 사람들이 무너지는 것이 과로 탓이라고 생각했고, 일찍이 균형 잡힌 삶의 필요성을 깨달았다. 이는 인생에는 당장 우리를 괴롭히는 일보다 더 많은 것들이 있다는 사실을 상기하며 에너지를 충전할 시간적 여유가 있는 삶을 뜻한다. 그는 이런 글을 썼다. "마음은 휴식을 필요로 하고, 언제나 타인을 돌보거나 돈을 버는 일에만 힘을 쏟을 수는 없다. 따라서 자연은 혼합된 형태의 삶을 인류에게 가장 적합한 삶으로 지목하는 듯하다."

어떤 종류의 여유와 휴식은, 너무 많은 활동의 무게로 사라져버린, 세상을 향한 당신의 열린 마음을 되돌리는 역할을 한다. 시인 윌리엄 헨리 데이비스는 자신의 시 「여가」에 이렇게 썼다. "신경 쓸 일만 가득하고, 가만히 지켜볼 시간조차 없다면 삶이란 무엇인가."

데이비스는 여기서 여가의 영적인 잠재력이라 할 만한 것을 암시하고 있다. 키르케고르는 더 명확한 글을 남겼다. 그는 보통 게으름을 멀리하기 위해 노동이 권장되지만, 게으름이 문제가 되는 것은 지루함이 끼어들 때뿐이라고 주장했다. 그런 경우가 아니라면 '(게으름은) 악의 근원과는 거리가 멀고 진정한 선에 가깝다.' 우리는 '쉴 새 없는 활동'으로 인해 산만해져서, 자동비행 모드의 삶을 멈추기 위해 필요한 사색이나 성찰을 할 수 없게 된다. "인간을 정신의 세계로부터 차단시키는, 지칠 줄 모르는 활동이 있다." 키르케고르가 묘사한 인물들은 오늘날 우리에게 익숙하다. "모든 것을 비즈니스로 바꿔버리는 비범한 재능을 지닌 사람들이 있다. 그들은 인생 전체가 비즈니스이며, 사무실에서 보여주는 것과 똑같은 사무적인 열정으로 사랑에 빠지고 결혼하고 농담하고 예술작품을 찬양한다."

여가와 게으름에 대한 요구는 성과가 최고의 가치라는 주장에 도전하라는 요구다. 우리는 아마도 삶에 더 많은 여가를 끌어들일 수 있을 것이다. 러셀은 "여가 시간을 현명하게 채우는 능력은 문명이 주는 최후의 산물이다"라고 했다. 그 방법을 알기 위해서 순수하게 자신의 삶에 무엇이 더 필요한지 자문해봐야 한다. 그것을 발견한다면 당신은 당신의 여가를 발견한 것이다.

함께 보면 좋은 주제
권태 Boredom, 균형 Balance, 분주함 Busyness, 속도 늦추기 Slowing down, 일 Work, 정신적 삶 Inner life, 평온 Calm

읽을거리
버트런드 러셀, 『게으름에 대한 찬양』

여행 | Travel

> 나는 여행을 하면서 우리와 아주 다른 견해를 가진
> 사람들이 야만인이나 미개인이 아니라,
> 대부분 우리와 같은 수준, 혹은 그 이상으로
> 이성적인 존재임을 깨달았다.
>
> – 르네 데카르트

갈 곳은 너무 많고 시간은 너무 없고, (대부분의 우리에게는) 돈이 충분하지 않다. 세상은 어느 때보다 쉽게 접할 수 있는, 다양한 별미로 가득한 뷔페 식당처럼 우리 앞에 놓여 있다. 하지만 언제나 우리가 가보고 싶은 곳은 이미 다녀온 곳보다 훨씬 많고, 이미 다녀온 곳의 기억도 시간이 가면서 희미해진다. 항공업은 기후변화의 공범이 되었으므로, 우리는 잠시 멈춰 우리의 방랑벽이 도를 넘어선 건 아닌지 자문해봐야 할지도 모르겠다.

왜 여행을 하는지 물을 때 우리는 여행이 우리의 정신세계를 넓혀준다는 그럴듯한 대답을 하고 싶은 유혹에 빠질 수도 있다. 데카르트에게 여행은 실제로 그랬다. 그는 이렇게 썼다. "나는 여행을 하면서 우리와 아주 다른 견해를 가진 사람들이 야만인이나 미개인이 아니라, 대부분 우리와 같은 수준, 혹은 그 이상으로 이성적인 존재임을 깨달았다." 그는 자신과 같은 프랑스인도 '평생 중국인 혹은 식인종 틈에서 살았다면 지금과는 완전히 다른 모습이 되었을 것'이라며 '우리는 분명 그 어떤 지식보다 관습과 사례에 의해 더 많이 영향을 받는다'라고 결론지었다.

오늘날의 관점에서 가장 놀라운 것은 왜 데카르트 같은 지성인이 여행을 통해 이런 교훈을 얻어야 했을까 하는 점이다. 지금의 초연결 사회에서는 지구 어디에 살든 인간이란 비슷하고 우리를 차별화하는 건 문화라는 사실을 깨닫기 위해 굳이 여행을 갈 필요가 없다.

여행은 고정관념을 깰 수도 있지만 더 단단하게 만들 수도 있다. 데이비드 흄은 파리에 대한 애정이 너무 커서 런던 사람들에 대한 부정적 시각이 더 단단해진 듯하다. 그의 편지에는 이런 내용이 담겨 있다. "이곳의 문학 취향은 부패하지도 타락하지도 않았다. 템스강 주변에 서식하는 야만인들과는 달리."

풍경의 변화와 휴식의 기회가 주는 장점을 과소평가해서는 안 된다. 어쩌면 이것과 더불어, 세상의 경이로움을 최대한 많이 보고자 하는 욕망은 여행의 충분한 이유가 될 것이다. 하지만 솔직히 생각해보면 우리에게 깊고 오래가는 인상을 남기는 곳은 거의 없다. 버킷리스트에 적힌 더 많은 곳을 정복하고 싶은 끝없는 욕심을 버리고, 기회가 될 때 휴가를 즐기는 것이 좋을지도 모른다. 우리가 아직 못 가본 곳이 어딘지에만 신경을 쓰면 이미 다녀온 곳에서 느낀 기쁨이 반감될 수 있다.

무언가 놓친 것만 같은 공포, 일명 '포모(FOMO, Fear of Missing Out)'를 불러일으키는 것은 여행뿐만이 아니다. 포모는 우리를 늘 불만에 빠뜨리고 우리의 시선을 눈앞에 있는 것이 아니라 그 다음 것으로 향하게 하는 불안한 감정이다. 많은 일을 서둘러 하는 것보다 적은 일을 제대로 하는 것이 더 낫다는 걸 인정한다면, 우리는 덴마크 심리학자 스벤 브링크만이 주장한 조모(JOMO, Joy of Missing Out), 즉 놓치는 것의 기쁨을 발견하게 될지도 모른다. 혹은 놓치는 것에 대한 수용Acceptance of Missing Out 정도로도 충분하다. 이 용어에는 멋진 줄임말이 없어 아쉽긴 하지만.

우리가 경험의 양에 대한 걱정을 줄이고 경험의 질에 초점을 맞추고자 한다면, 17세기 일본 철학자 겸 시인 마쓰오 바쇼가 좋은 롤 모델이 될 수 있다. 그의 짧은 책『오쿠로 가는 좁은 길』은 기행문의 고전이다. 바쇼의 여행은 순례라고 불리지만, 그렇다고 종교적인 목적지에 초점을 맞추지는 않는다. 그가 실제로 의례에 참여하고 사원을 방문하기도 하지만, 이 여행이 순례인 이유는 특정한 목표나 행동 때문이 아니라 여행의 정신 때문이다. 그것은 세상에 대해 생각하고 명상하고 감탄할 기회를 말한다.

바쇼의 여행은 평범한 휴가와 비슷한 특징이 몇 가지 있다. 그는 타마에의 갈대꽃, 시오고시의 소나무, 기사카타의 만처럼 이름난 절경을 구경했다. 하지만 여행이 늘 즐겁지는 않았다. 한 번은 '강력한 폭풍우가 사흘 내내 오두막 위로 쏟아졌다'라고 했다. 그는 '여러 번의 여행에서 길 위의 많은 시련을 통해서 알게 된' 어떤 사람의 집으로 초대받아 일주일간 머물기도 했다. 그럼에도 불구하고 때때로 어마어마한 보상이 주어졌다. 거의 1000년 전에 세워져서 방치된 기념비를 발견한 바쇼는 이끼로 덮인 비문을 읽으면서 '기억의 구름 속에 감춰져 있던' 과거와의 만남에 감동했다. 그는 "몸의 병약함을 잊고, 고대인들의 삶을 발견하고, 내 눈에 기쁨의 눈물이 흐르는 순간, 이런 순간이야말로 여행을 하는 이유다"라고 했다.

여행은 바쇼와 같은 정신으로 할 때 가장 값지다. 여행은 일상적인 생각과 고민을 비워내고 새로운 풍경에 주의를 기울임으로써 진정으로 자연, 문화, 사람, 역사와 연결될 수 있는 기회다. 이렇게 할 때 우리는 끊임없이 더 많은 것을 원하는 욕망에서 자유로워진다. 경이로운 순간에 진심으로 감사하고, 가끔씩 따라오는 불편함을 기꺼이 받아들이게 된다. 또한 세상의 경이로움에 환희와 경외심을 느끼는 순례자가 된다.

함께 보면 좋은 주제

감사Gratitude, 루틴Routine, 삶에 대한 애정Love of life, 소비주의Consumerism, 속도 늦추기 Slowing down, 여가Leisure, 집Home, 카르페 디엠Carpe diem

읽을거리

마쓰오 바쇼, 『바쇼의 하이쿠 기행』

옳고 그름 Right and wrong

도덕성은 집단 내 개인들의 결합이나 안녕을
촉진하기 위해 개인의 행동을 규제하는
일련의 공통된 태도와 관행이다.

– 패트리샤 처칠랜드

당신은 옳고 그름의 차이를 알고 있는가? 많은 사람들이 그렇다고 생각한다. 하지만 한편으로 도덕적 판단 자체를 자제하려는 사람들도 많다. '내가 누구라고 감히 옳고 그름을 판단한단 말인가?' 혹은 '내게 옳은 것이 당신에게도 항상 옳은 것은 아닐 수도 있다'라고 말하면서 판단을 피하거나 유보하는 것이다. 그렇다면 옳고 그름을 판단하는 옳은 방법은 무엇일까?

니체는 이러한 혼란을 바로잡아줄 구세주처럼 보이지는 않는다. 대중의 상상력 속에서 그는 도덕성을 파괴하고 '선악을 넘어선' 사람, 도덕성을 '힘에의 의지'라는 거친 개념으로 대체한 사람으로 존재한다. 하지만 현실에서 그는 훨씬 흥미로운 인물이었다.

그는 좋음/나쁨 good/bad과 선/악 good/evil의 개념이 근본적으로 다르다고 주장했다. 인류 역사상 오랜 기간 동안, 사람들이 '좋다' 혹은 '나쁘다'라고 할 때 그건 단순히 유쾌한지 불쾌한지, 이로운지 해로운지, 삶의 질을 높이는지 낮추는지를 의미했다. 따라서 건강, 약, 음악, 영양가 많고 맛있는 음식은 언제나 좋은 것인 반면, 질병, 독, 소음, 영양가라고는 없는 달고 짜고 자극적인 과자 따위는 나쁜 것이다. 맛있지만 건강에 안 좋은 트리플 초콜릿 머핀처럼 어떤 면에서는 좋지만 다른 면에서는 나쁜 것도 있다. 따라서 무엇이 좋거나 나쁜지에 관한 논쟁은 때때로 벌어질 수 있지만, 이런 용어가 의미하는 바에는 모호한 면이 전혀 없다.

선악의 구분은 다르다. 니체는 이것이 억압받던 사람들의 호응을 얻기 위한 기독교 전통에서 발전했다고 믿는다. 이 사람들은 나쁜 삶을 살고 있었고 그 삶을 개선할 만한 수단도 없었다. 이들은 풍족하고 자유롭다는 의미에서 좋은 삶을 누릴 수 없었으므로, 좋음의 의미는 온순한 약자들에게 잘 어울리도록 바뀌었고 부유한 권력자들은 '악'으로 낙인 찍혔다. 선과 악은 인간의 웰빙과는 무관한, 신의 권한으로 바뀌었다. 따라서 섹스와 쾌락은 도덕적으로 그른 것이 되고 수난은 도덕적으로 옳은 것이 되었다.

니체가 들려준 이야기의 세부사항과 거기서 도출된 결론에 전부 동의해야만 요점을 받아들일 수 있는 건 아니다. 간단히 말하자면 옳고 그름을 종교적 관점, 즉 사람들이 올바르다고 생각하는 방식으로 행동할 수 있도록 신이 정한 규칙으로 볼 수도 있다. 혹은 순전히 인간적 관점에 입각한 좋고 나쁨, 즉 삶의 질을 높이는지 낮추는지의 개념으로 이해할 수도 있다. 일례로 흄의 관점에서 어떤 것이 도덕적으로 옳다는 것은 그것이 단순히 우리나 다른 사람들에게 유쾌한지 혹은 유용한지를 의미했다. 오늘날 그의 계승자 중 한 사람인 신경철학자 패트리샤 처칠랜드는 도덕성을 '집단 내 개인들의 결합이나 안녕을 촉진하기 위해 개인의 행동을 규제하는 일련의 공통된 태도와 관행'이라고 정의한다.

선과 악이라는 종교적 도덕성을 제쳐놓으면 사람들의 의견이 더 많이 일치되는 것을 알 수 있다. 오늘날 가장 심각한 도덕적 의견 충돌이 종교계와 비종교계 사이에서 발생하는 것은 우연이 아니다. 종교적 교리가 빠진다면 피임, 안락사, 낙태, 동성애가 이렇게까지 논란이 되지는 않을 것이다.

종교적 믿음의 영향을 받는 이슈를 제외할 경우, 약속을 지키고, 품행을 단정히 하고, 좋은 교육을 받고, 건강을 유지하고, 가난으로부터 자유롭고, 일할 수 있고, 평화롭게 살 수 있는 삶이 좋다는 데 거의 모든 사람들이 동의할 것이다. 그 반대의 경우는 나쁜 삶이다. 그렇다면 우리는 좋은 삶을 촉진하는 것이 옳은 행동이고, 좋은 삶을 저해하는 것이 그른 행동이라는 데 동의할 수 있다. 도덕적 이론에서 가장 큰 의견 충돌이 발생하는 부분은 우리가 촉진하고자 하는 여러 좋은 결과들의 상대적 우선순위이다.

따라서 우리는 옳고 그름의 언어를 사용하는 것을 꺼려서는 안 된다. 무언가가 옳지 못하다고 말할 때, 당신은 그것이 어떤 식으로 사회나 타인에게 해를 끼치거나 사람들을 괴롭히거나 약속 엄수 같은 사회적 상호작용의 중요한 규칙을 어기거나 인격을 무너뜨리는지 설명할 수 있어야 한다. 이를테면 기후변화를 해결하지 못하는 건 옳지 못한 일인데, 그것은 기후변화가 미래 세대의 삶을 위협하기 때문이다. 이렇게 간단하다.

우리가 인간, 동물, 지구에게 단순히 무엇이 좋고 나쁜지를 기준으로 좋고 나쁨을 받아들인다면, 옳고 그름의 판단은 아주 쉬워진다. 옳고 그름에 관한 대화를 거부하는 것은 일방적인 판단을 하지 않는 선의처럼 보이기도 하지만, 실은 아무것도 좋거나 나쁘지 않은 것처럼 행동하는 것이다.

함께 보면 좋은 주제
공감Empathy, 딜레마Dilemmas, 의무Duty, 이기심Selfishness, 이타주의Altruism, 인성Character, 정의Justice.

읽을거리
프리드리히 니체, 『도덕의 계보』
패트리샤 처칠랜드, 『의식Conscience』

완벽주의 Perfectionism

봄을 봄으로서, 가을을 가을로서 경험하라.
양쪽의 아름다움과 외로움을 모두 받아들여라.

— 도겐

우리는 모든 종류의 완벽함을 약속하는 시대를 살고 있다. 피부, 섹스, 집, 휴가, 전화, 가구 등등. 완벽함을 손에 넣지 못한다면 우리가 뭔가 잘못하고 있는 게 분명하다고 생각하기 쉽다. (당연히 거의 손에 넣지 못한다.)

물론 우리는 완벽이라는 것이 정말 가능하다고 믿을 만큼 순진하진 않다. 하지만 그것은 쉽게 스스로를 평가하는 잣대가 된다. 여기에 맞서기 위해 우리는 완벽하지 않음을 적극적으로 찬양하는 사상과 문화로 눈을 돌릴 수 있다. 시인 돈아는 "비단의 위쪽과 아래쪽 가장자리의 올이 풀린 뒤에야, 혹은 축에서 자개가 벗겨진 뒤에야 진정으로 인상적인 족자가 완성된다"라고 했다.

한발 더 나간 경우도 있다. 일설에 따르면 한 다도 명인은 귀한 중국 그림을 선물받은 뒤 족자의 금색 비단을 수수한 린넨 천으로, 상아로 만든 축을 모과나무 가지로 바꾸었다고 한다.

이러한 미학은 선종에 철학적 기반을 두고 있다. 일본 소토 선종의 창시자인 도겐에 따르면, 인간은 완벽하고 흠 없는 것을 소중히 여기고 흠집 있는 것은 깔보는 경향이 있다. 하지만 이것은 왜곡된 견해다. 도겐은 원래 어떠해야 한다는 선입견을 버리고 모든 것을 있는 그 상태로 보라고 권한다. "봄을 봄으로서, 가을을 가을로서 경험하라. 양쪽의 아름다움과 외로움을 모두 받아들여라."

이러한 관점은 미학을 넘어서 일상에도 영향을 끼친다. 이것은 우리가 삶이 영원하지 않다는 것을 받아들이도록 돕고, 수많은 불완전함에도 불구하고 오히려 그 불완전함을 즐기면서 살도록 한다. 이러한 태도에서 인생의 작은 것들을 음미하는 능력이 시작된다. 오카쿠라 덴신은 이것이 일본 차 문화의 중요한 요소라고 주장한다. 평범한 차 한 잔에 거의 종교 수준의 경건함을 쏟는 것이 이상해 보일지도 모른다. 하지만 포인트는 그게 아니다. 오카쿠라 덴신은 이렇게 말했다. "다도는 본질적으로 불완전한 것에 대한 숭배다. 그것은 우리가 인생이라 부르는 이 불가능한 세상에서 뭔가 가능한 것을 해보려는 연약한 시도이기 때문이다."

비록 쟁취할 수 없다고 해도, 완벽함이 숭배의 대상으로 더 어울리지 않나 생각할지도 모른다. 우리가 절대 도달할 수 없는 높은 이상을 설정해놓는 것도 때로는 가치가 있다. 사이먼 크리츨리는 이것이 기독교 윤리를 아주 강력하게 만드는 요인이라고 주장한다. 예수는 그 누구도 이 명령을 따를 수 없음을 알면서 '너희도 온전하라'라고 했다. 이것은 '당위는 능력을 함의한다'라는 칸트의 준칙에 위배된다. 이 말은 우리가 무엇을 해야만 한다고 말할 때 그 일은 우리가 할 수 있는 일이어야 한다는 것을 의미한다. 크리츨리는 '당의는 **무능력**을 함의한다'라는 준칙을 선호한다. 다시 말해, 우리의 도덕적 기준을 도달할 수 있는 수준보다 높게 잡고 우리 자신을 밀어붙임으로써 그저 괜찮은 수준을 목표로 삼을 때보다 더 나은 인간이 되어야 한다는 것이다.

완벽함을 얻는 것이 궁극적으로 불가능하다는 사실만 받아들인다면, 이러한 자세도 도움이 된다. 비트겐슈타인은 완벽주의적 충동을 가지고 있으면서 그것이 자신의 불완전한 최선을 옥죄지 않도록 했던 사람의 좋은 예다. 비트겐슈타인은 '생각들이 하나의 주제에서 다른 주제로 자연스러운 순서대로 끊김 없이 이어지는' 책을 구상하며 그의 명저『철학적 탐구』를 집필하기 시작했다. 그는 몇 번의 실패 끝에 자신이 결코 성공할 수 없으리라는 것을 깨닫고 이렇게 결론 내렸다. "나는 좋은 책을 쓰고 싶었는데, 결국 그러지 못했다. 하지만 이 책을 더 손볼 수 있는 시기는 지나갔다." 후손들은 그의 완벽주의가 그의 능력 안에서 최고의 책을 쓸 수 있게 했다는 점과, 끝내 불완전함을 끌어안는 것을 피하지 않았다는 점을 기쁘게 생각한다.

완벽함을 이상으로 삼는 것에 반대하는 설득력 있는 주장을 내놓은 사람은 아마르티아 센이다. 그는 서구 정치사상의 경우, 이를테면 정의 같은 어떤 이상에 대해 먼저 합의하고 최대한 거기에 가까워지기 위해 노력해야 한다고 말한다. 문제는 그 이상이 무엇인지에 대한 우리의 의견이 일치하지 않는다는 점이다. 하지만 꼭 그럴 필요는 없다. 오늘날 세상에 존재하는 가장 끔찍한 불평등의 사례들을 식별하기 위해 가장 완벽하고 정의로운 사회가 어떤 모습인지 알아야 하는 건 아니다. 이런 일반적인 생각은 더 폭넓게 적용된다. 우리는 당장 시작할 수 있는, 구체적인 개선사항에 집중할 때 더 많은 것을 성취하는 경향이 있다.

　일본의 미학, 비트겐슈타인의 태도, 센의 철학을 하나로 묶어주는 건, 불완전함을 받아들이는 것이 기준을 낮게 잡는 것을 의미하지는 않는다는 사실이다. 오히려 그 반대에 가깝다. 완벽함의 억압에서 자유로워질 때 우리는 비로소 최선을 다할 수 있다. 우리가 각자 능력 안에서 가능한 한 높이 올라갈 수 있는 가장 좋은 방법은 불가능한 산을 오르려고 시도하는 것이 아니다.

함께 보면 좋은 주제
감사Gratitude, 고통Suffering, 만족Contentment, 성취Achievement

읽을거리
오카쿠라 덴신, 『차의 책』

욕망 | Desires

부와 권력에 대한 욕망뿐 아니라
조용함, 여가생활, 여행, 배움에 대한 욕망도
당신을 비참하고 굴욕적으로 만든다.
외부의 대상에 부여하는 가치는, 그게 뭐가 됐든,
당신을 복종하는 사람으로 만든다.

― 에픽테토스

잘 살기 위해서는 욕망이 충족되어야 한다고 생각하기 쉽고, 실제로 욕망이 충족되지 않으면 좌절감을 느낀다. 하지만 우리의 욕망과 그에 대한 대응에 좀 더 의구심을 가져야 하지 않을까?

철학자들은 대체로 욕망의 위력을 경계해왔다. 플라톤은 욕망을 엄격하게 훈련받은 '이성'이라는 말과 함께 영혼의 마차를 끄는 난폭한 말에 비유했다. 다만 이 사고뭉치 짐승을 어떻게 다루는 것이 최선인지에 관해서는 철학자들의 의견이 갈린다. 우리는 이 말을 길들여야 할까, 아니면 죽여야 할까?

플라톤은 모호한 입장이었다. 그의 마차 비유는 길들이기를 암시하지만, 다른 곳에서 그는 철학자가 '늘 이성을 곁에 두고 따름으로써 욕망으로부터의 면역을 확보해야 한다'라고 했다. 스토아 철학자들은 확실히 더 금욕적인 입장이었다. 무소니우스 루푸스는 스토아철학의 견해를 간단히 정리했다. "한 사람, 오직 한 사람만이 진정으로 부유하다. 바로 모든 상황에서 아무것도 원하지 않는 법을 배운 사람이다." 마찬가지로 성리학자 주돈이는 현자에 대해 언급하며 '욕망이 없으면 평온해진다'라고 했다.

왜 우리는 모든 욕망을 제거하려고 노력해야 할까? 사상가들은 저마다 다른 대답을 하겠지만, 일반적으로 두 가지 부분에 동의한다. 하나는 대부분의 욕망이 진정한 가치를 지니지 않은 것, 이를테면 돈, 명예, 권력을 향해 있기 때문이다. 우리가 이것들을 욕망하는 이유는 이것들이 가치 있다고 믿기 때문이지만, 실상은 그렇지 않다. 이론적으로 이것은 고무적인 소식이다. 일단 우리가 착각했음을 깨닫는다면 이런 욕망을 버릴 수 있을 테니까. 하지만 거기에는 노력이 필요하고 인간의 보편적인 욕망들은 제거하기 어렵다. '영적인' 지도자들이 결국 욕망의 덫에 빠진 사연들은 끊임없이 경종을 울린다.

욕망을 제거하려고 노력해야 하는 두 번째 이유는 '좋은' 욕망을 품는 것조차 우리에게 해로울 수 있기 때문이다. 에픽테토스는 말했다. "부와 권력에 대한 욕망뿐 아니라 조용함, 여가생활, 여행, 배움에 대한 욕망도 당신을 비참하고 굴욕적으로 만든다. 외부의 대상에 부여하는 가치는, 그게 뭐가 됐든, 당신을 복종하는 사람으로 만든다." 우리는 욕망의 노예다. 그 욕망이 좋은 것들을 향해 있다고 해도.

에피쿠로스는 세 종류의 욕망을 구분했다. 자연스럽고 필요한 욕망, 자연스럽지만 불필요한 욕망, 헛되고 공허한 욕망. 자연스럽고 필요한 욕망은 쉽게 충족될 수 있으며, 여기에는 음식, 음료, 휴식 등이 포함된다. 자연스럽지만 불필요한 욕망은 훌륭한 음식처럼 선택적으로 추가되는 기분 좋은 선물이다. 마지막으로 명성과 권력에의 욕망처럼 헛된 욕망이 있다. 이런 욕망은 자연스럽지도 필요하지도 않으며, 노력과 갈등을 통해 쟁취할 수 있고, 끝없이 확장될 수 있다. 에피쿠로스에 따르면 헛된 욕망과 자연스럽지만 불필요한 욕망은 '공허한 의견에 기인'하기 때문에 엇나가기 쉽다. 따라서 우리는 이런 욕망을 충족하려 애쓰지 말고 제거하는 편이 더 낫다. 어쩌다 한 번씩 마주치는 사치의 순간을 즐길 수는 있겠지만, 거기에 의존해서는 안 된다.

이런 조언의 문제점은 우리 대다수가 욕망을 극단적으로 줄일 마음이 없다는 것이다. 맹자의 접근법은 이런 부분을 잘 반영하는 듯하다. "여기 욕망이 적은 사람이 있다. 그는 어떤 것들에게서 열정을 느끼지 못하지만 그 숫자는 매우 적다. 여기 욕망이 많은 사람이 있다. 그는 어떤 것들에게서 열정을 느끼지만 그 숫자는 매우 적다." 이처럼 욕망을 줄이되, 0으로 만들 필요는 없다.

맹자의 스승 공자는 훌륭한 삶을 통해 우리의 욕망이 충족된다면 그건 좋은 일이라고 했다. "부와 사회적 명성은 모든 사람이 욕망하는 것이지만, 적절한 방식으로 얻을 수 없다면 나는 그것을 따르지 않을 것이다. 가난과 오욕은 모든 사람이 혐오하는 것이지만, 적절한 방식으로 피할 수 없다면 나는 그것을 경멸하지 않을 것이다." 우리가 탐욕스럽고 무자비하고 얄팍하고 속물적이지 않은 수준에서 욕망을 충족하며 쾌락을 느끼는 것은 정당하고 자연스럽다.

우리 대부분은 욕망을 제거하기보다는 약간 누그러뜨리고 조절하고 싶은 수준이겠지만, 극단적 노선을 택한 이들에게서도 뭔가 배울 점이 있다. 에피쿠로스의 필요하지만 불필요한 욕망에 관한 정의는 약간의 변형을 거치면 도움이 된다. '필요'의 개념은 복잡하고 손에 잡히지 않으므로 | 필요Needs 참조 | '이것이 진짜 필요한가?'라는 질문에 답하기

힘든 경우가 많다. 하지만 우리는 성찰의 자극제로서 어려운 질문들을 스스로에게 던질 필요가 있다. 내가 욕망하는 것은 어째서 꼭 필요한 것인가? 어떤 진정한 가치를 지닌 것을 내게 안겨줄 것인가? 이 지점에서 에피쿠로스의 또 다른 격언도 유용할 수 있다. "사람은 자신의 모든 욕망과 관련해 이 질문을 떠올려야 한다. 욕망이 성취되면 나에겐 무슨 일이 일어날 것이며, 욕망이 성취되지 않으면 무슨 일이 일어날 것인가?"

함께 보면 좋은 주제
금욕Asceticism, 단순함Simplicity, 만족Contentment, 부Wealth, 자제력Self-control, 쾌락Pleasure, 필요Needs

읽을거리
무소니우스 루푸스, 『강의록Lectures and Sayings』

용기 Courage

용기는 가장 많이 칭송받는 미덕 중 하나다. 우리는 용감한 사람에게 행운이 따른다는 말과 함께 우리 안의 영웅을 찾아내서 '일단 저질러라 Just do it'라는 말을 귀에 못이 박히도록 듣는다. 그렇다면 우리는 왜 그렇게 행동하지 않는 걸까?

여기에는 아주 타당한 이유들이 있다. 아리스토텔레스는 우리가 용기와 관련해 여러 문제를 겪고 있으며, 용기 부족은 그중 하나일 뿐이라고 했다. 지나친 용기도 문제다. 우리가 용기라고 찬양하는 것은, 실은 비겁함이라고 알려진 용기 결핍과 무분별함이라고 알려진 용기 과잉의 적절한 균형 지점이다. 충분한 고민 없이 습관적으로 일단 저지르는 사람은 용기의 화신이 아니라 성급한 멍청이로 여겨진다.

우리가 용기를 키워야 하는지 평가하기 위해 우선 이 스펙트럼의 어디쯤에 위치해 있는지부터 파악해야 한다. 너무 조심스러운 사람은 조금 더 과감해지도록 노력하는 것이 좋다. 이것저것 안 따지고 돌진하는 사람에게 할 수 있는 최고의 조언은 내면에 살고 있는 영웅의 목소리에 귀 기울이기를 중단하고, 그 대신 내면의 할아버지 혹은 할머니의 목소리를 경청하라는 것이다.

어떤 결론을 내리든 간에, 우리가 진정 용기 있는 사람인지 여부는 무엇에 대해 용기를 내는지에 달려 있음을 기억해야 한다. 따지고 보면 무장 강도나 차량 강도에게도 일종의 용기가 필요할 테지만, 이런 용기로 칭찬받는 사람은 없다. 공자는 이 점을 잘 보여주는 명언을 남겼다. "높은 자리에 있는 사람이 정당함이 결여된 용기를 품고 있으면 항명을 저지르고, 낮은 자리에 있는 사람이 정당함이 결여된 용기를 품고 있으면 강도를 저지른다."

용기는 가장 가치 있는 행동을 위해 발휘하는 것이 좋다. 이것은 때로는 개인적인 상황에 적용된다. 일례로 직장을 그만두는 것은 본질적으로 좋고 나쁨의 문제가 아니긴 하지만, 그것이 우리에게 꼭 필요한 일인데도 겁이 날 때가 있기 마련이다.

용기를 낼 가치가 있는 또 다른 상황은 훨씬 더 보편적이다. 공자는 "옳은 것을 보고 그렇게 행하지 않는 것은 용기의 부족이다"라고 말했다. 삶에서 불의와 불평등을 마주했을 때, 우리는 그것을 단지 남의 문제로 여기기보다는 용기를 내서 뭐라도 해보려는 노력을 해야 한다. 미투MeToo 운동과 수많은 아동 성 착취 스캔들이 널리 알려지면서, 끔찍한 범죄를 목격하고 아무 조치도 취하지 않는 것이 얼마나 소름 끼치도록 쉬운 일인지 드러났다. 이런 부정不正에 맞서는 용기는 스카이다이빙에 도전하는 용기보다 훨씬 가치 있다.

칸트는 잘 알려지지 않은 형태의 용기를 강조했다. 그는 자신의 에

세이 「계몽은 무엇인가?」에서 인간이 '스스로 자초한 유년기' 속에서 살아왔다고 언급한다. 우리가 이런 상태로 남아 있는 건 이해의 부족 탓이 아니라 '타인의 지도 없이 우리의 머리를 사용할 용기의 부족' 탓이다. 칸트는 우리에게 촉구한다. "감히 알려고 하라Sapere aude!" 자기 자신을 위해 행동하는 용기는 자기 자신을 위해 생각하는 용기에 뿌리를 두고 있다.

함께 보면 좋은 주제
두려움Fear, 불안감Insecurity, 위험Risk, 헌신Commitment

읽을거리
공자, 『논어』
이마누엘 칸트, 『계몽이란 무엇인가에 대한 답변Answering the Question: What is Enlightenment?』

용서 Forgiveness

주여, 형제가 내게 죄를 범하면
몇 번이나 용서하여 주리이까?

– 『마태복음』 중에서

우리를 짓밟는 것은 인생만이 아니다. 때로는 우리가 아는 사람, 심지어 사랑하고 신뢰하는 사람이 그런 짓을 저지른다. 단 한 번도 나쁜 일을 당하지 않았거나 저지르지 않은 사람은 극히 드물다. 우리는 이럴 때 어떻게 대응해야 할까?

기독교 세계에서 이에 대한 대답의 핵심은 용서다. 이것은 흔히 예수가 윤리학에 가장 뚜렷하게 기여한 부분이라고 알려져 있다. 만약 그렇다면, 그 용서는 우리가 무조건적인 면죄부를 주고 넘어가야 한다는 속 편한 제안보다 훨씬 더 흥미로운 것이다.

마태복음에서 제자 베드로는 예수에게 '주여, 형제가 내게 죄를 범하면 몇 번이나 용서하여 주리이까? 일곱 번까지 하오리이까?'라고 묻는다. 예수는 '일곱 번을 일흔 번까지라도 할지니라'라고 대답한다. 이것은 표면상 무조건 혹은 무제한적으로 용서하라는 요구처럼 보인다.

하지만 다른 가르침을 살펴보면 그렇게 간단하지 않다.

가장 중요한 점은 예수는 무조건 용서해야 한다고 말하지 않았다는 것이다. 누가복음에서 예수는 잘못을 저지른 형제가 꾸짖음을 받아야만 하고 '만일 그가 회개하면 용서하라'라고 한다. 또한 마태복음에서 예수는 형제가 그 과정에서 자기 역할을 다해야 한다고 분명히 말한다. 우선 형제와 둘이서 문제를 해결하려는 노력으로 시작하고, 거기에 실패하면 중재자들을 불러야 한다. 최후의 수단으로 '만일 그들의 말도 듣지 않거든 교회에 말하고 교회의 말도 듣지 않거든 형제가 아니라 이방인과 세리와 같이 여기라'라고 한다.

이러한 용서는 마치 잘못된 행동이 잊힐 수 있고 잊혀야 한다는 듯 한쪽으로 숨겨두지 않는다. 예수는 종종 사람들을 용서했지만 그들이 저지른 일의 심각성을 절대 가볍게 여기지는 않는다. 간통한 여인이 돌에 맞아 죽을 위험에 처한 상황에서 구한 뒤 예수는 여인에게 '가서 다시는 죄를 범하지 말라'라고 한다. 용서란 잘못이 없었던 척하는 게 아니다. 용서는 잘못을 직시할 것을 요구한다.

건설적인 용서를 위해 우리는 죄지은 사람에게 연민을 느껴야 한다. 예수는 여자를 욕하는 사람들에게 '너희 중에 죄 없는 자가 먼저 돌로 쳐라'라고 말한다. 타인을 용서하기 위해 우리는 흠결 없는 사람은 없으며, 누구든 어느 단계에서는 용서받아야 할 필요가 있음을 인정해야 한다.

용서에 대한 예수의 생각은 신과의 관계가 아니라 주로 인간들끼리의 상호작용에 관한 내용이므로, 기독교인이 아니어도 유용하다. 우리가 용서하는 이유는 관계 회복을 위해서다. 당신이 이런 상황에 처해 있다면 우선 잘못을 무시하거나 과소평가하지 말고, 그것을 인정하는 것에서부터 출발해야 한다. 우리 모두는 때때로 끔찍한 실수를 저지르며, 그 실수를 바로잡을 기회를 얻을 자격이 있음을 기억하자. 문제의 인물에게 자신의 실수를 인정하고 어떤 방식으로든 그것을 벌충하라고 요구하자. 당신이 진지하게 노력했음에도 불구하고 상대방이 응하지 않는다면, 당신 탓은 아니지만 그 관계는 깨진 채로 남게 된다. 용서는 단순히 주어진다고 해서 효과를 발휘하지 않는다. 용서를 받은 사람들이 그 용서를 기꺼이 받아들여야 한다.

함께 보면 좋은 주제

관계Relationships, 배신Betrayal, 분노Anger, 신뢰Trust, 신의Loyalty, 취약성Vulnerability

읽을거리

『마태복음』 18장

『누가복음』 17장

우유부단  Indecision

우유부단만큼 기운 빠지는 것도 없고,
그것만큼 무익한 것도 없다.

— 버트런드 러셀

하나의 선택지에서 다른 선택지로, 그러다 다시 원래 선택지로 돌아가면서 시간과 에너지를 낭비하는 건 얼마나 지긋지긋한 일인가. 우리는 빠르게 좋은 결정을 내릴 수 있어야 한다고 생각하고, 그럴 수 없을 때 뭔가 문제가 있다고 느낀다.

실은 그렇지 않다. 좋은 선택은 어렵다. 모든 것이 명확할 때야 저절로 결정이 내려진다. 망설이는 기간은 불확실성이 행동으로 이어지는 자연스러운 과정이다. 단기적인 우유부단에는 아무런 문제가 없다. 다만 만성적이고 결론이 없는 우유부단일 경우에는 문제가 된다.

아리스토텔레스는 이러한 의사결정 과정을 '숙고'라고 했다. 그의 견해에 따르면 우리는 '결과가 불분명할 때, 그리고 상황이 확실하지 않을 때'에만 숙고한다. 이것은 종종 의사결정을 지연시키거나 심지어 마비시키는 일반적인 함정 두 가지와 연결된다. 하나는 각각의 선택지가 서로 다른 장단점을 가지고 있음에도 불구하고, 완벽한 해결책을 원하는 것이다. 두 번째는 모든 선택이 어느 정도 도박일 수밖에 없음에도 불구하고, 일이 반드시 잘 해결되어야 한다는 확실성을 요구하는 것이다. 확실히 잘될 수밖에 없는 완벽한 해결책을 기다리다 보면 너무 오랜 시간을 허비하게 될 수 있다. 이럴 때는 기준을 낮추고 모든 선택지에는 단점과 불확실성이 따른다는 점을 받아들여야 한다.

잘 숙고하는 것은 아리스토텔레스에게 중요한 기술이었고, 그는 이것을 '실천적 지혜'의 일부로 여겼다. 하지만 그가 말한 숙고는 구체적으로 목적을 위한 수단 찾기를 의미한다. 따라서 숙고를 하기 전에 우리가 반드시 해야 할 일이 있다. 삶에서 가장 가치 있게 여기는 것과 목적이 무엇인지 명확히 파악하는 일이다. | 가치Values 참조 |

그 과정을 마친 후, 우리는 이러한 가치와 우리의 상황을 연동시키는 중요한 작업에 임할 수 있다. 우리는 '목적을 설정하고 그것을 어떻게, 어떤 수단을 통해 달성할 수 있을지 생각한다. 여러 가지 수단이 있는 것처럼 보인다면 (우리는) 어떤 수단을 이용할 때 가장 수월하고 고귀하게 목적을 달성할 수 있을지 고려한다.'

일단 우선순위를 정하면 그 다음은 각각의 선택지가 상대적으로 얼마나 괜찮은지 고민해보는 문제가 남는다. 가치들은 서로 충돌하는 경우가 많기 때문에 쉬운 일이 아니다. | 양가감정Ambivalence 참조 | 이 경우 '직관'은 도움이 될 수도 있고 방해가 될 수도 있다. 직관이 귀담아들을 만한 이야기를 하고 있는지, 아니면 당신의 판단력을 흐리게 하는지 판별하려면 철저한 조사가 필요하다. | 직관Intuition 참조 |

버트런드 러셀은 어떤 결정을 두고 너무 심각하게 고민하거나, 원치 않던 상황이 발생한 후에 결정을 후회하지 말라고 조언한다. "어렵거나 걱정스러운 결정을 내려야 할 경우, 모든 자료가 확보되자마자 최선을 다해 고민하고 결정을 내려라. 일단 결정을 내리면 새로운 정보가 발견되지 않는 이상 수정하지 말라. 우유부단만큼 기운 빠지는 것도 없고, 그것만큼 무익한 것도 없다."

　다음번에 결정을 못하는 상황이 오면 철학자들의 충고를 떠올리길 바란다. 당신의 가치에 대해 고민하고, 주어진 선택지를 체계적으로 점검해서 문제 해결의 가능성이 있는 합리적인 해결책을 선택하라. 완벽하거나 확실한 보증을 요구하지 말고, 새로운 사실이 드러나지 않는 한 결정을 재검토하지 말라.

함께 보면 좋은 주제

가치Values, 딜레마Dilemmas, 불확실성Uncertainty, 선택Choice, 양가감정Ambivalence, 완벽주의Perfectionism, 통제Control, 후회Regret

읽을거리

아리스토텔레스, 『니코마코스 윤리학』, 『유데무스 윤리학Eudemian Ethics』

우정 | Friendship

> 평생 동안 지혜를 통해 얻을 수 있는 행복의 수단 중에
> 제일 중요한 것은 친구를 얻는 일이다.
>
> — 에피쿠로스

'소셜미디어 친구, 팔로워, 좋아요'의 시대에 친구가 몇 명 없는 것은 우리에게 문제가 있다는 신호로 해석되기 쉽다. 아리스토텔레스는 이러한 경향에 대한 훌륭한 균형추가 될 수 있다. 그는 대다수 사람들에게 우정이 훌륭한 삶의 필수 요소임을 믿어 의심치 않았다. "다른 모든 것을 가졌다고 해도 친구 없는 삶을 선택하는 사람은 없을 것인데, 그 이유는 인간이 사회적 동물이고 인간의 본성은 다른 사람과 함께 사는 것이기 때문이다."

그는 질문했다. "그렇다면 우리는 친구를 최대한 많이 만들어야 할까? 친구가 아예 없는 것과 너무 많은 것 중에 어느 쪽이 더 나을까?" 아리스토텔레스는 친구의 수를 제한해야 한다는 입장이었다. 친밀한 우정에는 우리 자신을 나누는 것이 요구되는데 '많은 사람들의 기쁨과 슬픔을 개인적으로 공유하기는 어렵기 때문'이었다.

그는 "친구가 많고 마주치는 모든 사람을 친한 친구처럼 대하는 사람은 그 누구의 친구도 아닌 것과 같다"라고 썼다. 절친하고 좋은 친구가 수십 명이라고 주장하는 사람은 거짓말을 하거나 착각하고 있는 것이다. 다만 이상적인 친구의 수는 정해져 있지 않은데, 그건 우리의 성격과 관련이 있기 때문이다.

아리스토텔레스는 우정이라고 통칭할 수 있는 세 종류의 개인적 인간관계를 정리했다. 첫 번째는 상호 이익에 기반을 둔 관계로, 예를 들자면 가게 주인과 단골 손님의 친분이다. 두 번째는 즐거운 일을 함께하는 것에 기반을 둔 관계로, 함께 동호회를 하거나 축구를 하는 사이가 거기에 속한다. 이 두 가지는 아리스토텔레스에게 관계의 측면에서 진정한 우정이 아니다. 상대에게서 얻을 수 있는 유용함이나 즐거움이 사라지면 끝날 관계이기 때문이다.

진정한 우정으로 간주될 수 있는 것은 세 번째뿐이다. 여기서 두 친구는 상대방이 잘되기를 빌어주는데, 그건 '다른 부수적인 이유 때문이 아니라 그 친구가 그 친구이기 때문'이다. 이런 우정은 흔치 않지만 오래 지속되리라고 기대할 수 있다.

친구 목록을 보면서 이 그룹, 혹은 저 그룹으로 나누는 건 지나친 감이 있지만, 우정이 대체 무엇인지 정리해보는 건 중요하다. 그 과정은 오해와 실망을 피하는 데 도움이 될 수 있다. '친구 간의 의견 차이가 가장 많이 발생하는 건 그들이 서로를 다른 방식으로 받아들일 때'라는 아리스토텔레스의 통찰은 정확하다. 따라서 '어떤 사람이 실제로는 자신에게 유용하거나 혹은 즐겁기 때문이면서 겉으로는 마치 우리의 성격 때문에 우리를 좋아하는 척한다면' 짜증이 나는 것이 당연하다. 만약 그 친구가 그런 척 연기를 하지 않았는데 우리가 오해한 것이라면 자신을 탓할 수밖에 없다.

이건 모두 명료함에 관한 문제다. 예를 들어 단순히 운동을 같이 하는 사이일 경우, 위기의 순간에 상대방에게 깊은 감정적 위로를 기대하지는 말아야 한다. 물론 예상치 못하게 위안을 받는다면 기분 좋게 놀랄 수는 있다.

아리스토텔레스가 강조한 다른 부분은, 우리는 친구의 좋은 습관이나 나쁜 습관에 쉽게 물들기 때문에 친구를 신중하게 골라야 한다는 것이다. 관계는 우리에게 영향을 미칠 수밖에 없으므로, 좋은 영향을 줄 만한 친구를 선택해야 한다.

에피쿠로스는 친구를 만드는 일에 너무 안달복달해서도, 너무 소극적이어서도 안 된다는 아리스토텔레스의 말에 동의했다. 그는 "우리는 늘 우정을 향해 달려들 준비가 되어 있는 사람이나 툭하면 등을 돌리는 사람을 인정해서는 안 된다"라고 했다.

에피쿠로스는 이런 말로 우정의 중요성을 강조했다. "평생 동안 지혜를 통해 얻을 수 있는 행복의 수단 중에 제일 중요한 것은 친구를 얻는 일이다." 그가 생각한 것은 철학적 삶을 살아가는 데 있어 서로에게 지지와 도움을 주고받을 수 있는 친구들이었고, 실제로 아테네 인근의 커뮤니티인 '정원the Garden'을 통해 그런 것이 가능한 네트워크를 구축하려고 노력했다.

에피쿠로스는 친구를 오직 수단적 가치로만 평가한다는 비난을 받기도 한다. 하지만 그건 부당한 비난일 수 있다. 그는 일상에서 안전과 안정감을 얻기 위한 수단으로서 우정을 중요시하긴 했지만, 동시에 우정이 본질적으로 가치 있음을 인정했기 때문이다. "우정은 비록 도움이 필요해서 시작되었다 할지라도 그 자체로 바람직하다." 양쪽 입장 간의 갈등이 존재한다는 걱정은, 개인의 이익과 타인에 대한 관심 간의 경계선을 너무 선명하게 그었기 때문일 수도 있다. 우정의 진정한 가치는 나의 이익과 타인의 이익을 하나로 묶는 능력에 달린 게 아닐까.

함께 보면 좋은 주제

가족Family, 고독Solitude, 공동체Community, 관계Relationships, 신의Loyalty, 취약성Vulnerability

읽을거리

마크 버논, 『우정의 의미The Meaning of Friendship』

우주적 보잘것없음 |Cosmic insignificance

우리는 자기 삶의 순수한 구경꾼으로 남을 수
없기 때문에 계속해서 삶을 이끌어간다.

– 토머스 네이글

우리는 때때로 시간과 공간의 거대함과 비교해 인간의 삶이 얼마나 작
고 하찮은지에 대해 생각하면서 압도당한다. 눈 깜짝할 사이에 인간이
라는 종이 사라지게 되리란 것을 깨닫는 순간, 학위 취득이나 승진 같
은 목표는 이내 빛을 잃고 만다.

이런 사고방식을 추구해온 철학자는 아주 많다. 그중 하나인 쇼펜하
우어는 개인의 유한함과 대비되는 시간과 공간의 무한함이 일명 '존재
의 허영'을 드러낸다고 했다. 우리는 인간이 아주 오랫동안 존재하지
않았다가 어느 순간 갑자기 존재하다가 얼마 지나지 않아 다시 아주
오랫동안 존재하지 않을 것이라는 사실을 쉽게 이해하기 힘들다.

토머스 네이글은 이런 방향감 상실의 메커니즘을 파악하려고 노력
해왔다. 보통은 일상적인 활동이 별 문제 없이 우리 삶을 채운다. 우리
는 아침에 일어나 출근하고 친구를 만나고 고양이와 놀아주고 책을 읽

고 휴가를 계획한다. 하지만 '마치 모래더미에 올라가려고 애쓰는 개미를 무심하면서도 신기해하며 관찰하듯, 인간에게는 자기 자신과 자신의 삶을 한발 물러나 살펴볼 수 있는 특별한 능력이 있기 때문에' 이러한 흐름은 끊어진다. 외부의 관점으로 우리 삶을 엿볼 때, 단단한 일상의 관점은 녹아 없어진다.

알베르 카뮈도 이 '외부'의 관점에 관해 글을 썼다. 그는 이것을 '전화 통화를 하는 유리벽 너머의 남자'를 보는 것에 비유했는데 "그의 목소리는 안 들리지만 이 이해할 수 없는 무언극을 지켜보는 당신은 그가 왜 살아 있는지 의아해한다"라고 했다. 그의 견해에 따르면 우리가 필요로 하는 의미와 그것을 제공하지 않으려는 우주의 거부가 충돌하면서 부조리의 감정이 생겨난다.

네이글에 따르면 부조리의 근원은 우리와 세상 사이의 충돌이 아니라, 우리 안에 존재하는 두 관점의 충돌이다. 그것은 '우리가 가진 삶에 대한 진지함'과 '그런 진지함을 쓸데없어 보이게 하는, 우리 삶을 바깥에서 바라본 관점 사이의 충돌'이다.

하지만 네이글은 외부의 시각이 늘 일상이 지닌 의미를 박탈하지는 않는다고 말한다. 하나의 관점이 다른 관점을 훼손하지 않는 선에서 두 관점을 모두 지킬 수 있다. 이는 우리가 무심한 태도를 유지할 수 없기 때문이다. "우리는 자기 삶의 순수한 구경꾼으로 남을 수 없기 때문에 계속해서 삶을 이끌어간다." 그게 우주적인 관점에서든 아니든 삶 속에서 가치를 발견하는 것만으로 충분하다. 우주적 관점에서 봤을 때 아무것도 중요하지 않다면, 모든 사건은 어차피 작은 규모로만 발생하는 게 아닐까.

우주적 관점에 관한 다른 측면이 하나 있다. 우주적 관점은 때로는 일상의 의미를 앗아가는 것처럼 보이지만, 우리의 걱정거리를 더 사소하고 덜 위협적으로 보이게 함으로써 마음을 진정시키는 효과도 있다.

마르쿠스 아우렐리우스의 『명상록』은 우리의 보잘것없음을 상기시키는 것들로 가득하다. 그에게 이것은 큰 그림을 파악하는 방법이자 우리가 중요하게 여기는 것들이 넓은 시야로 봤을 때 별로 중요하지 않음을 기억하는 방법이었다. 그는 우리에게 '세상의 규모에 대한 이해', '무한한 시간에 대한 사색', '변화의 속도에 대한 생각'을 통해 마음을 어지럽히는 쓸모없는 것들을 치워버릴 것을 강조한다.

우리가 양쪽의 관점을 모두 유지할 수 있다는 네이글의 제안은 옳다. 우리는 더 이상 명분을 찾지 않고, 일상을 있는 그대로 기쁘게 받아들이고 열심히 살아갈 수 있다. 하지만 더 넓은 시야로 봤을 때 우리가 그리 중요한 존재가 아니라는 냉정한 생각을 즐기는 것도 도움이 된다. 걱정거리는 한 단계 아래로 강등시키면서 삶에서 가치 있는 것은 강등시키지 않는 것이 관건이다.

함께 보면 좋은 주제
목적의식Purpose, 불안Anxiety, 신God, 운명Fate, 의미Meaning

읽을거리
아르투어 쇼펜하우어, 『에세이와 아포리즘Essays and Aphorisms』 중 〈존재의 허영에 관하여On the Vanity of Existence〉
토머스 네이글, 『도덕적 질문Mortal Questions』 중 〈부조리The Absurd〉

운명 |Fate

알 마크툽(Al-maktoob, 쓰여 있다).

— 이슬람교의 담론 중에서

전 세계 곳곳에는 운명에 따라 벌어질 일은 벌어지고 만다는 생각을 담은 문구와 격언이 있다. 이것은 우리가 원하는 대로 상황이 풀리지 않을 때 위안이 되는 믿음이다. 우리는 스스로에게 '어차피 이렇게 될 운명이었어'라고 말한다. 또한 이것은 미래에 대한 걱정을 접어두고 그냥 어떤 일이 벌어질지 관망하도록 돕는다. 하지만 이런 생각은 절망과 체념을 부를 수도 있다. 모든 것이 운명이라면 노력은 왜 한단 말인가? 어차피 일어날 일은 일어나게 되어 있다면, 내가 어떻게 그걸 바꾼단 말인가?

운명이 우리를 안심시키는지 좌절시키는지 판단하기 전에 그것이 진짜인지부터 파악해야 한다. 우선 사람들이 흔히 혼동하는 운명의 두 가지 개념부터 확실히 구분해보자.

첫 번째는 신이나 초자연적인 힘에 의해 모든 것이 이미 결정되어 있다는 것이다. 그게 사실이라면, 우리가 무엇을 하든 결과는 이미 정해져 있다. 내 이름이 적힌 총알이 있지만 그것을 쏠 예정이었던 저격수가 총알을 두고 나갔다면, 그 총알은 어떤 식으로든 그에게 되돌아가거나 다른 사람이 쏘고 말 것이다.

누군가, 혹은 무언가에 의해 모든 일이 우주적인 계획에 따라 진행되고, 누구도 그 내용을 바꿀 수 없도록 이 존재가 의도적이고 의식적인 노력을 기울인다는 생각은 특정 종교의 세계관과 비슷하다. 일부 사람들은 이슬람교의 알 마크툽 사상을 이렇게 해석하기도 하지만, 이런 운명을 믿는 사람들은 많지 않다.

더 대중적인 두 번째 버전의 운명은 우주가 거대한 시계장치와 같다는 것이다. 원인과 결과의 끝없는 사슬은 길게 연결된 도미노가 쓰러지는 것처럼 맹목적으로 자기 일을 한다. 우리는 우리의 선택이 역사의 흐름을 바꿀 수 있다고 생각하지만, 모든 선택은 타고난 성격과 성장환경으로 인한 결과일 뿐이다.

엄밀히 말해 이런 운명은 실은 운명이 아니다. 이것은 인과적 결정론causal determinism이다. 핵심적인 차이는 에디 나미아스가 말했던 '우회bypassing'를 통해 설명된다. 운명은 당신이 무슨 일을 하는지와 무관하게 어떤 사건이 벌어지는 것을 의미한다. 운명은 당신의 생각, 결정, 행동을 '우회'하고, 이 모든 것들이 바꿀 수 있는 건 없다. 반면 **인과적 결정론은 우회를 의미하지 않는다. 당신이 무슨 일을 하는지와 무관하게 어떤 일이 벌어지지는 않는다.** 물론, 당신이 다른 것이 아닌 그것을 선택할 수밖에 없다는 느낌은 있다. 하지만 벌어지는 사건은 당신의 몸과 마음, 당신의 결정을 우회할 수 없다.

당신은 이런 차이점이 중요하지 않다고 생각할지도 모른다. 우회가 발생하든 말든 어떤 일이 벌어지는 것은 똑같이 필연적이기 때문이다. 하지만 어떤 필연성이 우주를 지배하느냐는 큰 차이를 만든다. 당신이 운명을 믿는다면, 어차피 죽을 날이 정해져 있으므로 몸에 안 좋은 음식을 먹고 위험하게 살지도 모른다. 하지만 인과적 결정론이 사실이라면, 그것은 당신의 행동을 바꿔놓을 것이다. 쿠키를 덜 먹고, 상어가 출몰하는 바다에서 스쿠버다이빙을 하지 않는 방향으로.

이런 생각을 하면 아찔하다. 인과적 결정론을 받아들일 때 우리는 원래 생각했던 것보다 덜 자유롭다고 느낄 수 있다. ┃자유의지Free will 참조┃ 하지만 한 가지 분명한 교훈은 인과적 결정론의 세계에서도 우리의 선택은 차이를 만들어낼 수 있고, 우리에겐 선택하는 것 외에 다른 선택지가 없다는 것이다. 그건 우리가 피할 수 없는 유일한 운명이다.

함께 보면 좋은 주제

미신Superstition, 선택Choice, 운Luck, 자유의지Free will, 책임Responsibility, 헌신Commitment

읽을거리

에디 나미아스, 『자유의지에 관한 옥스퍼드 핸드북The Oxford Handbook of Free Will』 중 〈자유의지, 결정론, 우회에 관한 직관Intuitions about free will, determinism and bypassing〉

위험 Risk

당신이 이기면 전부를 얻고,
당신이 지면 아무것도 잃지 않는다.

– 블레즈 파스칼

당신은 위험이 너무 크다는 이유로 원하던 일을 포기한 경우가 얼마나 많은가? 중대한 결단 하나를 놓치면 스스로가 너무 소심하게 느껴질 수 있다. 그렇다면 우리는 더 많은 위험을 감수할 준비를 해야 할까?

여기에 대해 생각해볼 수 있는 한 가지 방법은, 신을 믿지 않는다는 이유로 영원히 구원받지 못하게 되는 위험에 관한 유명한 말을 떠올려 보는 것이다. 블레즈 파스칼은 '신은 존재하거나 존재하지 않는다'라고 주장하면서 '이성에 따라 당신은 어느 쪽 명제도 방어할 수 있다'라고 했다. 당신은 어느 쪽이 진실일지 내기를 해야 한다.

신이 있다는 쪽에 걸었다고 가정해보자. 파스칼은 "당신이 이기면 전부를 얻고, 당신이 지면 아무것도 잃지 않는다"라고 말한다. 다시 말해, 신이 진짜 존재한다면, 그렇다, 천국의 문이 열리는 것이다. 신이 존재하지 않는다면 당신은 원래 예정된 대로 유한한 인간으로서 죽음을 맞는다. 반면 당신이 신이 존재하지 않는 쪽에 걸었고 그게 진실이라면, 당신은 아무것도 얻지 못하고 유한한 인간으로서 죽음을 맞는다. 만약 당신이 틀렸다면, 당신은 영원한 삶에서 배제된다(게다가 어쩌면 영원한 지옥에 갇힐지도 모른다). 신의 존재를 믿는 것이 이길 수 있는 유일한 방법이고 신의 존재를 부정하는 것이 질 수 있는 유일한 방법이라면 당연히 신을 믿어야 한다.

이 영리하면서도 터무니없는 주장은 우리에게 위험 대응에 관한 긍정적이고 부정적인 중요한 교훈을 안겨준다. 가장 눈에 띄는 점은 파스칼이 몇 가지 기본적인 실수를 저질렀다는 것이다. 그의 주장은 그 결과가 너무 중요해서 승률 자체가 무의미한 전제를 바탕으로 한다. 신이 존재할 가능성이 아무리 낮아 보인다고 해도, 믿음에 대한 보상은 무한하고 불신에 대한 보상은 전무하다. 파스칼은 잃을 준비가 되지 않은 것에 대해서는 절대 내기하지 말라는 오래된 도박꾼의 격언을 떠오르게 한다. 절대적인 승리를 확신하며 내기를 해서는 안 되므로, 만약 지더라도 살아가는 데 문제가 없어야 한다.

하지만 그러한 신의 존재 가능성은 하나의 요인이 되어야 한다. 많은 사람들은 구원의 대가로 믿음을 요구하는 신이란 너무 터무니없으므로 심각하게 받아들일 필요가 없다고 생각한다. 위험 요소와 잠재적 이익의 가능성이 낮아 보인다면 그것을 배제해야 한다.

또한 파스칼은 모든 가능성을 전부 계산에 넣지도 않았다. 일례로 그는 개인적인 이익 때문에 신을 믿기로 결심한 사람, 이교도를 박해한 사람, 혹은 올바른 행실보다 신앙 자체를 더 중요시한 사람을 신이 좋아하지 않을 경우를 고려하지 않았다.

더 긍정적으로 보자면, 우리는 미래의 운명과 관련된 결정을 불확실한 상태 속에서 내리게 된다는 통찰을 파스칼로부터 얻을 수 있다. 심지어 개연성이 존재하는 사건의 발생 확률도 예측하기 어렵다. 그 일이 잘 풀릴까? 주택 가격은 어떻게 될까? 시골 생활을 좋아하게 될까? 아니면 고립감을 못 견딜까? 당신은 이런 문제에 대해 끊임없이 고민하지만, 솔직히 말하면 그냥 답을 모른다. 이런 근본적인 무지 상태를 받아들이는 것이 합리적인 위험 감수의 열쇠다. 믿음을 가지고 위험을 감수한다는 것은, 결과는 정해져 있지 않음을 인정하고 어떤 결과가 나오더라도 받아들이겠다는 자세로 행동하는 것이다.

다음번에 누군가가 우리는 하지 않은 일을 후회할 뿐, 했던 일을 후회하지 않는다는 낡고 케케묵은 격언을 들먹인다면 그 내용을 잘 기억하자. 그리고 죄를 지어 감옥에 갇힌 사람이나 자신들의 주택담보대출 상환 능력을 과신했다가 집을 통째로 차압당한 부부에게 그 내용을 들려주자.

하지만 우리의 불완전한 지식을 받아들이는 것은, 파스칼이 그랬던 것처럼 모든 가능성을 동등한 수준으로 취급하는 것을 의미하지 않는다. 정확히 잘 모르는 것과 결정을 내리는 데 필요한 관련 정보가 전혀 없는 것은 다르다. 우리는 그것이 너무 간략하더라도 모든 가능성의 무게를 따져볼 수 있고, 그래야만 한다. 이를 위해 일반적인 생각의 오류에 맞서야 한다. 그중 한 가지는 우리가 못 가진 것을 가지려고 하기보다는 이미 가진 것을 잃지 않으려고 애쓰는 성향인 **손실 회피성**이다. 손에 새 한 마리를 쥐고 있고 이것마저 잃을 경우 배를 곯아야 한다면 풀숲에 있는 두 마리의 새를 뒤쫓지 않는 것이 좀 더 분별력 있는 행동이라고 할 수 있다. 하지만 이미 가진 것에 너무 집착해 더 나은 무엇을 향해 열린 문을 통과하지 않는 건 어리석다.

다른 하나는 미래의 확률이 그것과 무관한 과거 사건의 영향을 받는 다고 믿는 도박사의 오류이다. 예를 들어, 동전을 던져 세 번 연속 앞면 이 나왔을 때 많은 사람들은 다음번에는 뒷면이 나올 가능성이 높다고 생각한다. 그건 사실이 아니다. 이전의 결과가 얼마나 확률적으로 놀랍든 간에, 다음번 확률은 똑같이 5대 5인 것이다. 이러한 오류는 우리로 하여금 어떤 위험을 실제보다 작게 인식하도록 한다. 이번에는 분명나에게 유리한 상황이 펼쳐질 거라고 스스로에게 말하면서.

위험을 감수하는 사람과 위험을 회피하는 사람이 자기 홍보를 할 경우, 보통 위험을 감수하는 사람이 이긴다. 위험 감수자는 기회를 잡을 줄 아는 도전적인 사람으로 비춰지고, 위험 회피자는 삶을 그냥 흘려보내는 둔하고 따분한 인간으로 보인다. 그러다가 위험이 심각하게 터지면 상황이 바뀌는데, 용기 있고 과감한 사람은 순식간에 무모하고 부주의한 사람으로 전락한다. 위험 감수가 멋있을 수 있는 상황은 그것이 성공적일 때, 혹은 실패하더라도 피해가 크지 않을 때뿐이다. 어쩌면 우리는 대체로 지나치게 조심스러운 게 아닐까 싶다. 하지만 무조건 위험을 감수하는 건 결코 해결책이 될 수 없다.

은퇴 | Retirement

당신 앞에 놓인 인간 단계는 적고
당신이 거쳐 지나온 인간 단계는 훨씬 많다.

어떤 사람은 이것을 두려워하고 어떤 사람은 평생 이것만 바라보면서 산다. 예전에는 이것을 일찍 맞는 사람이 많았고, 지금은 과연 이것을 맞을 수 있을지 걱정하는 사람이 많다. 우리는 '은퇴'를 달성해야 할 목표로 봐야 할까? 피해야 할 운명으로 봐야 할까? 아니면, 아예 생각을 말아야 할까?

이 질문에 대한 답은 당신이 인생의 어떤 단계에 와 있느냐에 달려 있다. 여기에 대해 고민할 때 도움이 될 만한 방법은 데이비드 루이스의 인간 개념을 끌어오는 것이다. 처음에는 이해가 잘 안 될 수도 있지만, 차근히 읽어보길 바란다.

우리는 우리 자신을 모든 순간에 온전히 존재하는 3차원적 실체라고 생각한다. 우리의 실체는 늘 '현재'라고 인식되는 자리를 차지하며 시간상에서 앞으로 나아간다. 당연한 상식처럼 들리겠지만, 루이스는 이것이 틀렸다고 주장한다. 우리는 실은 시간에 걸쳐서 존재하는 4차원적 존재라는 것이다. 당신의 어떤 한 순간을, 3차원인 공간에 존재하는 동시에 4차원인 시간에 걸쳐 존재하는 한 인간의 '타임슬라이스 time-slice'라고 생각해보자. 보통 당신의 미래 모습이라고 떠올리는 것은, 실은 미래의 타임슬라이스 혹은 당신의 '인간 단계 person-stage'에 해당한다.

훗날 은퇴한 모습을 떠올릴 때 우리는 현재 상태로 미래 시점에 가 있는 모습을 상상하진 않는다. 대신 우리의 미래 모습을 떠올린다. 이 미래 모습은 우리가 인식하고 있는 현재의 타임슬라이스만큼 생생하다. 단지 시간적으로 더 멀리 있을 뿐이다. 티에라델푸에고와 알래스카가 수천 킬로미터 떨어져 있지만 원래 한 덩어리의 아메리카 대륙의 일부였던 것처럼, 젊은 당신과 늙은 당신은 오랜 세월로 인해 떨어져 있을 뿐 한 인간의 일부다.

이런 생각을 하면 머리가 빙글빙글 도는 것만 같지만, 은퇴에 대해 신선한 관점을 얻는 데 도움이 된다. 첫째, 우리가 은퇴한 미래에 대해 얼마나 신경 써야 하는가를 생각해보자. 우선 우리는 4차원적 존재이므로 과거, 현재, 미래의 인간 단계들은 모두 똑같이 실재한다. 따라서 미래를 계획하지 않는 것은 일종의 자기 방치다. 반면 현재 우리는 이 미래의 타임슬라이스들이 어떤 모습일지, 미래에는 무엇을 원할지 알 수 없다. 미래의 나에게 전원주택이 어울릴 거라고 생각할 수 있겠지만, 도시를 선호할 가능성도 충분히 존재한다. 더욱 안타깝게도, 우리는 우리의 4차원적 자아가 미래의 어떤 시점까지 계속 존재할 수 있을지도 모른다. 은퇴 시점까지 살아남지 못할 수도 있다.

따라서 가장 현명한 전략은 당신의 미래 타임슬라이스들이 무엇을 원할지, 혹은 거기에 살아남아 있을지 섣불리 예측하지 말고 선택지를 제공하는 것이다. 삶의 초점을 은퇴 계획에 맞출 수 있을 만큼 충분히 많이 아는 사람은 없다. 하지만 같은 이유에서 계획을 아예 세우지 않는 것 역시 멍청한 짓이다. 여기에 대한 가장 현실적인 대안은 모든 은퇴 계획을 어떤 일이 발생하거나 발생하지 않을 경우의 상황, 하지만 어느 쪽이든 당신이 준비되어 있어야 할 상황에 대한 비상대책처럼 만드는 것이다.

당신이 스스로를 4차원적 존재로 인식하게 되면, 자신이 절대 하룻밤 사이에 변하는 게 아님을 깨닫게 된다. 은퇴한 당신은 일하는 당신의 연장선상에 있다. 따라서 오로지 일을 중심으로 삶을 꾸려나간다면 일을 그만두는 시점에 큰 충격을 받게 된다. 인생에는 일에 몰두하는 것이 보람 있는 시기도 있지만, 은퇴가 다가오면 일을 그만둔 이후에 대해서도 생각해야 한다. 은퇴를 준비하는 최선의 방법은 당신의 여러 자아 중 한두 가지, 이를테면 관리자 혹은 배우자 같은 좁은 자아에 발목 잡히지 않는 것이다. ┃ 정체성identity 참조 ┃ 당신은 이것의 애호가이자 저것의 열혈 팬이자 또 다른 것을 열심히 배우는 다채로운 사람임을 기억하자.

은퇴한 자신의 타임슬라이스를 실제로 만나게 된다면, 스스로를 행운아라고 생각하자. 은퇴 이후 무엇을 할 것인지에 대한 '문제'는 비교적 최근 들어 등장한 고민이다. 국민 연금을 최초 도입한 국가는 독일이며 그 시기는 1880년대였다.

연금 생활자로서의 삶에 단점이 있다면, 당신 앞에 놓인 인간 단계는 적고 당신이 거쳐 지나온 인간 단계는 훨씬 많다는 것이다. 하지만 이것은 위안이 될 수도 있다. 인생 전체를 놓고 보면, 당신이 했던 모든 일들은 지금 당신 주변에 보이는 것들만큼이나 온전히 당신에게 속해 있다. 여기에는 실패, 실망, 애통한 경험도 포함된다. 또한 어른으로서 일했던 생활과 경험도 포함된다. 이러한 것들을 이미 지나간 과거가 아니라, 여전히 시간에 걸쳐 존재하는 당신의 일부라고 상상해보자. 사진 속의 젊은 당신은 이제 사라진 존재가 아니라, 시간적으로 떨어져 있지만 당신과 밀접하게 연결된 당신의 일부다. 은퇴 시기가 되면 현재의 인간 단계뿐 아니라 당신의 인생 전체를 조망하기가 어느 때보다 수월해진다.

함께 보면 좋은 주제

기억Memory, 노화Ageing, 여가Leisure, 일Work, 정신적 삶Inner life, 정체성Identity, 중년의 위기Midlife crisis, 카르페 디엠Carpe diem, 커리어Career

읽을거리

데이비드 루이스, 〈생존과 정체성Survival and Identity〉

레이먼드 마틴, 존 바레시, 『개인 정체성Personal Identity』

의무 | Duty

의무를 다한다는 생각에는 왠지 모르게 구식 같은 느낌이 있다. 오늘날 영국 정부가 '오늘 당신도 당신의 의무를 다하기를 바란다'라는 2차 대전 시기의 슬로건을 사용하는 건 상상하기 어렵다. 1800년대부터의 단어 사용 빈도를 추적하는 구글 엔그램N-Gram 뷰어에 따르면, '의무'는 1830년대에 가장 자주 사용되다가 현재는 사용 빈도가 4분의 1 수준으로 줄었다.

오늘날 우리는 국가나 고용주에 대해서라기보단 친구나 가족에 대해서 의무를 다하지 못하는 건 아닐까 고민한다. 하지만 의무라고 여겨지는 것이 진짜 의무인지 의심하는 일도 점점 많아진다. 이 질문에 답하기 위해 우선 의무는 어디서 비롯되는지 따져봐야 한다.

한 견해에 따르면 의무는 (그리고 권리는) 공식적이거나 비공식적인, 서면 혹은 비서면의 계약에 기반한다. 의무는 어떤 혜택의 대가로서 주어진다. 예를 들어, 직업에는 특정한 의무가 따르고 부모가 되는 것도 마찬가지다. 계약서에 서명하거나 약속을 하면 우리에게는 합의사항을 이행할 의무가 생긴다. 이러한 계약 기반의 의무는 대체로 자발적으로 발생한다.

의무가 자발적인 계약에 근거할 경우 일반적으로 그 내용은 충분히 명확하다. 일례로 일부일처제에 대한 보편적인 의무는 없지만, 당신이 일부일처 관계에 동의한다면 그에 따른 의무를 회피해서는 안 된다. 비슷한 이치로, 많은 의무를 떠맡지 않고서는 부모가 될 수 없다.

시민의 의무는 조금 다르다. 이것은 그 누구도 직접 서명하지 않았지만 평화롭고 합법적인 사회를 위해 우리 모두가 받아들여야만 하는 '사회적 계약'에 기반한다. 최초의 사회계약 이론가 중 한 명인 토머스 홉스는 다른 사람도 같은 입장일 때 인간은 기꺼이 모든 것에 대한 권리를 내려놓고, 본인이 남들에게 허락할 정도의 자유만으로도 만족할 수 있어야 한다고 했다. 홉스는 이것이 성경에 적힌 의무, 즉 '무엇이든지 남에게 대접을 받고자 하는 대로 너희도 남을 대접하라'와 같다고 주장한다. (홉스는 이 부분을 굳이 라틴어로 인용했는데, 그럴싸해 보인다는 것 외에 특별한 이유는 없는 듯싶다.)

하지만 이마누엘 칸트에게 있어 의무는 어떤 종류의 계약보다 더 탄탄한 근거를 가지고 있다. 우리에게 의무가 주어지는 이유는 이성의 요구 때문이다. 이 생각은 일명 칸트의 정언 명령, 즉 "네 의지의 준칙이 언제나 동시에 보편적 입법의 원리가 될 수 있도록 행동하라"에서 비롯된다. 다시 말해, 다른 사람에게도 허락된 일만 하고 누가 저지르더라도 처참한 결과를 불러올 일은 하지 말라는 뜻이다. 칸트는 거짓말이 좋은 예라고 생각했다. 모든 사람이 거짓말을 한다면 우리는 그 누구도, 어떤 말도 믿을 수 없게 된다. 따라서 의사소통 그 자체는 우리에게 거짓말을 하지 않을 것을 전제한다.

칸트의 의무 윤리는 아주 버겁다. 그것은 우리가 명시적 혹은 암시적으로 동의한 것보다 더 많은 것을 요구한다. 그에 따르면 우리에게는 우리가 남들에게 원하는 방식으로 스스로 행동할 의무가 있다. 이것은 홉스의 원칙과 마찬가지로, 남에게 대접받고자 하는 대로 남을 대접해야 한다는 황금률의 비슷한 버전이다.

또한 칸트는 의무에 아주 중요한 한계를 둔다. "의무가 주어지는 행동은 자연스러운 조건에서도 가능해야 한다." 이것은 "**의무는 가능을 함의한다**"라는 원칙이다. 즉, 당신이 할 수 없는 일에 대해서는 어떤 의무도 주어질 수 없다. 이것을 기억하는 것이 중요하다. 우리는 종종 더 잘할 수 없었던 상황이었는데도 불구하고 의무를 다하지 못했다며 죄책감을 느낀다. 병에 걸리거나 나이든 친척을 돌보는 일에, 혹은 다른 사람의 우울증을 달래주는 일에 우리가 쏟을 수 있는 시간에는 한계가 있다. '내가 할 수 있는 건 다 했어'는 대책 없음에 대한 핑계인 경우가 많긴 하지만, 한편으로 우리가 가진 힘의 한계를 잘 설명해주는 말이기도 하다.

공자는 의무와 관련해, 보편적이고 객관적인 도덕률 혹은 계약이 아닌 제3의 정의를 내렸다. 공자의 '역할 윤리'에 따르면 우리 모두에게는 사회적 역할에 따를 의무가 있다. 이 의무는 선택적이지도 보편적이지도 않다. 이것은 사회 내 위치에 따라 부여되고, 그 어떤 계약의 결과도 아니다. 일례로 부모에게 의무가 있는 건 단지 부모에게는 의무가 있기 때문이다. 따라서 부모가 된 과정이 계획적인지 아닌지는 중요하지 않다. 마찬가지로 (많은 자녀들이 말하는 것처럼) 원해서 태어난 게 아니라 할지라도 자녀들 역시 부모에 대한 책임이 있다.

흥미롭게도, 홉스나 칸트와 마찬가지로 공자도 황금률과 유사한 주장을 내세웠다. "당신이 스스로 원하지 않는 것을 타인에게 강요하지 말라." 세 사상가는 모두 의무가 남들에게 적용하는 규칙을 자신에게도 똑같이 적용하는 도의적 책임에 기반한다고 생각했다. 어떤 면에서 의무를 다하는 것은 단순히 위선자가 되지 않는 것이다.

의무는 구시대적인 개념과는 거리가 멀다. 그것이 구식으로 보이는 이유는 오늘날 우리가 개인의 선택을 중요시하고, 따라서 내 의사와 관계없이 주어진 의무를 수행하기 싫어하기 때문이다. 하지만 조금만 생각해보면, 어떤 의무는 우리에게 부과될 수밖에 없고 그것을 소홀히 하는 건 무책임한 행동임을 알 수 있다. 그릇된 의무감의 위험이 여전히 남아 있지만, 의무에서 자유롭다는 그릇된 인식이 지닌 위험이 훨씬 더 크다.

함께 보면 좋은 주제

가족Family, 신뢰Trust, 신의Loyalty, 자녀 양육Parenthood, 진실함Integrity, 책임Responsibility

읽을거리

공자, 『논어』 제12장, 제15장

이마누엘 칸트, 『도덕 형이상학의 기초』

토머스 홉스, 『리바이어던』 제14장

의미 Meaning

> 삶의 의미는 세상 안에서 발견되어야 한다.
>
> – 빅터 프랭클

빅터 프랭클은 삶의 의미를 발견하려는 노력은 삶을 살게 하는 '원초적 동력'이라고 했다. 하지만 삶의 어두운 순간에는 의미가 사라지고 평소 열정을 쏟던 모든 활동이 시시하고 무의미하게 느껴지기도 한다. 의미가 사라졌을 때 어디서 그것을 찾을 수 있을까? 삶의 의미를 찾기가 특히 어려운 이유는 우리가 사용하는 단어부터 불분명하고 혼란스럽기 때문이다. 삶의 의미를 갖는다는 것은 대체 무슨 의미일까?

많은 사람들은 삶의 의미에는 (아마도 신이나 신성한 창조주에 의해 주어지는) 어떤 객관적 현실이 있으며 그것은 모든 인류가 순응해야 할 체계를 만든다고 생각한다. 대부분의 종교는 자신들이 그에 관한 보편적이고 참된 시각을 제공한다고 믿는다.

하지만 프랭클과 오늘날의 대다수 철학자들은 삶에 대한 그러한 추상적 의미는 없다고 말한다. 하지만 그게 사실이라면 모든 길은 허무주의로 통하는 것처럼 보인다. 허무주의는 인생에서 아무것도 가치가 없다고 말하는 사상 아니던가? 그렇다면 우리도 부조리와 절망의 운명을 맞게 된다는 의미일까?

다행히도, 삶에 내재적인 의미가 없다는 믿음은 진정으로 가치 있는 것이 아무것도 없다는 것을 의미하지는 않는다. 프랭클에 따르면 삶의 의미는 세상 안에서 발견되어야 한다. 우리는 각자 충만하고 의미 있는 삶을 살 수 있고 우리가 가치 있다고 생각하는 많은 것들, 이를테면 일, 사랑하는 사람들과의 관계, 식물 키우기에 대한 열정, 혹은 일상적인 즐거움들로 삶을 채워나갈 수 있다. 이러한 의미는 사적이고 개별적이라서 당신의 삶에 의미를 부여하는 것과 내 삶의 의미를 부여하는 것은 각각 다를 수 있다.

이러한 다양성에도 불구하고, 프랭클은 삶의 의미를 찾는 방법이 크게 세 가지 범주로 나뉜다고 생각했다. 첫 번째는 '작품이나 행위를 창조하는 것'이다. 반드시 걸작이나 베스트셀러 소설을 만들어내야 한다는 의미가 아니라 우리가 가치 있게 여기는 무엇을 창조하거나 성취하는 것을 뜻한다. 두 번째는 '어떤 것을 경험하거나 사람을 만나는 것'이다. 경험의 대상은 자연이 될 수도 있고, 미술이나 음악이 될 수도 있고, 사람을 사랑하는 일이 될 수도 있다. 세 번째는 '피할 수 없는 고통에 대한 우리의 태도'다. 프랭클은 끔찍했던 아우슈비츠 수감 생활을 통해 이 부분을 잘 알고 있었다. 그는 다른 모든 것이 실패하더라도, 고난을 인간적 성장을 위한 기회로 바꿈으로써 의미를 발견할 수 있다고 했다.

삶의 의미가 사라졌을 때 우리는 이 세 가지 영역에서 의미를 찾아볼 수 있다. 당신이 가장 좋아하는 일, 혹은 당신의 영혼을 살찌워주는

사람과 장소들을 생각해보면, 당신을 위한 의미의 원천을 발견할 가능
성이 높다. 설령 지금 당장은 아무것도 생각나는 게 없다고 해도, 고
통과 마주해 내면의 힘을 기르는 방식을 통해 의미를 발견할 가능성이
여전히 남아 있다.

함께 보면 좋은 주제
목적의식Purpose, 우주적 보잘것없음Cosmic insignificance, 자아실현Self-actualisation, 진정
성Authenticity

읽을거리
빅터 프랭클, 『죽음의 수용소에서』

이기심 | Selfishness

이기심은 자신보다는 타인에게서 더 쉽게 발견하는 결함이다. 이기심이 타인보다는 자기 자신에게 더 관심을 기울이는 성향을 뜻한다는 것을 감안할 때, 이런 현상은 다소 아이러니하다. 우리가 좀 더 자세히 들여다보면 결국 모든 사람이 이기적이라는 결론에 닿게 될까?

이것은 플라톤의 『국가론』에 등장한 글라우콘이 보여준 냉소적인 견해다. 그는 투명인간이 될 수 있는 반지를 발견한 목동 기게스의 이야기를 들려주었다. 기게스는 그 능력을 남을 돕는 데 썼을까? 퍽이나 그랬겠다. "그는 왕비를 유혹하고, 왕비와 공모해 왕을 살해하고, 왕국을 차지했다." 글라우콘은 그런 반지를 손에 넣은 사람은 누구든 비슷하게 행동할 것이고, 겉으로 정의로워 보이는 사람들이라고 해서 별반 다르진 않을 것이라고 주장했다. "원하는 물건을 맘껏 훔칠 수 있고, 원하는 상대 옆에 누울 수 있고, 감옥에 갇힌 사람을 풀어줄 수 있

는 능력이 있으면서 하지 않은 사람은 없을 것이다." 실제로 이런 힘을
활용하지 않는 사람은 '가장 형편없는 멍청이로 여겨질 것이다.'

글라우콘은 심리적 이기주의를 옹호한다. 인간은 자신에게 이익이 될
만한 상황에서만 행동한다는 견해다. 명백히 손해가 될 것 같은 상황
도 마찬가지다. 친절은 호의와 존경을 부른다. 숭고한 희생은 일종의
불멸에 해당하는 사후의 명성으로 이어진다. 많은 사람들이 이 주장에
설득되는 이유는, 흄이 설명했다시피 '모든 미덕과 우정의 행동에는
비밀스러운 쾌감이 수반'되기 때문이다. 좋은 일을 하면 기분이 좋아
진다. 따라서 사람들이 기분이 좋아진다는 이유만으로 그 일을 한다고
결론 내리기 쉽다. 흄은 이것이 인과관계의 혼동이라고 주장했다. "나
는 친구를 사랑하기 때문에 그에게 좋은 일을 하면 기분이 좋아진다.
하지만 그 기쁨을 위해 그를 사랑하는 건 아니다." 우리는 자신만을 돌
보는 존재가 아니기 때문에 타인을 돌보면서 기쁨을 느낀다.

심리적 이기주의는 인간 본성에 관한 이론이다. 반면 윤리적 이기주
의는 본인에게 가장 이익이 되는 방향으로 행동하는 것이 옳다고 주장
한다. '윤리적 이기주의자'라는 이름표는 우리가 스스로를 묘사할 때
보다 남을 묘사할 때 더 많이 사용한다. 에인 랜드는 드물게도, 자신이
윤리적 이기주의자라고 자랑스럽게 말하는 사람 중 하나다. 그의 주장
은 다음과 같다. "인간은 타인을 위해 자신을 희생하지도, 자신을 위해
타인을 희생하지도 않으며 자기 자신을 위해 살아야 한다. 합리적인
자기이익을 위해 노력해야 하며, 본인의 행복을 얻는 것을 삶의 가장
중요한 도덕적 목표로 삼아야 한다."

이것은 너무 노골적으로 이기적인 말처럼 들린다. 하지만 이기주의
를 지지하는 도덕적 주장들이 존재한다. 가장 일반적인 예는 일명 항

공기 산소마스크 원칙이다. 우리는 다른 사람을 돕기 전에 자신부터 산소마스크를 써야 한다. 모든 사람이 우선 자기 자신부터 돌보는 것이 낫다. 본인의 필요를 가장 잘 파악하고 충족할 수 있는 건 우리 자신이며, 타인의 필요에 대해서는 절대 확신할 수 없기 때문이다.

심리적 이기주의와 윤리적 이기주의에는 모두 어느 정도의 진실이 포함되어 있지만, 인간의 모든 동기와 도덕성을 이기주의로 치환하는 것은 너무 단순한 접근이다. 기게스의 반지를 통해 얻을 수 있는 교훈은 모든 사람들이 그 목동처럼 행동하리라는 것이 아니라, 이기심의 유혹은 그만큼 강력하다는 것이다. 윤리적 이기주의와 관련하여, 내가 가장 잘 도울 수 있는 사람은 나 자신이며 우리는 우리가 가장 강한 상태일 때 남에게도 도움이 될 수 있다는 사실을 인정할 수 있다.

하지만 이것 중 어느 것도 순도 100퍼센트의 이기심을 승인하지는 않는다. 우리 자신만을 생각하는 것은 우리의 세계를, 타인과의 다정한 관계로부터 분리된 옹색하고 편협한 자아로 한정짓는 일이다. 따라서 자신의 최선의 이익을 위해서는 어느 정도는 이기적이지 않아야 한다. 우리 자신만 신경 써서는 우리 자신을 가장 잘 돌볼 수 없다.

함께 보면 좋은 주제
공감Empathy, 셀프케어Self-care, 이타주의Altruism, 자아도취Self-absorption, 자기애Self-love

읽을거리
플라톤, 『국가론』제2권
에인 랜드, 『이성의 목소리The Voice of Reason』 중 〈객관주의 소개Introducing Objectivism〉

이타주의 Altruism

제법 규모 있는 마을이나 도시에 살고 있다면, 시내 중심가를 걸으면서 죄책감을 느끼기 쉽다. 돈을 구걸하거나 신문을 파는 노숙자, 건물 출입구에 잠들어 있는 사람, 그리고 정말 최악인 자선을 강요하는 사람들 곁을 지나가야 하기 때문이다. 당신은 이 자선 강요자들이 제발 **사라져줬으면** 좋겠지만, 그들은 상냥한 웃음을 지으며 다가와 잠깐 이야기 나눌 수 있냐고 묻는다. TV를 켜거나 신문을 펼치면 도움의 손길이 필요한 사람과 자선 모금에 관한 이야기가 쏟아진다. 남을 돕기 위해 얼마나 더 많은 일을 할 수 있는지 상기시켜주는 이 모든 것들을 보고도 죄책감을 느끼지 않으려면 이미 유별나게 이타적이든지, 뻔뻔하게 이기적이어야 한다.

우리는 이런 불편한 경험을 할 때, 기분을 풀기 위해 고도의 두뇌 활동에 의존하는 경향이 있다. 죄책감을 덜어내는 한 가지 방법은 이 세상에 진짜 이타적인 사람은 없으며, 자선으로 보이는 모든 활동은 꾸며진 사리사욕일 뿐이라고 생각하는 것이다. ⏐ 이기심Selfishness 참조 ⏐ 박애주의자는 단지 자신을 비롯한 모든 사람이 자신을 대단하게 봐주기를 원할 뿐이라는 것이다.

이타주의에는 분명 이기적 동기가 포함될 수 있으며 그렇다면 굳이 칭찬할 이유가 없다. 세네카는 이런 글을 남겼다. "사람들이 아픈 친구의 머리맡에 앉아 있을 때, 우리는 그들에 경의를 표한다. 하지만 사실 유산을 바라고 있는 거라면, 그들은 썩은 고기를 기다리는 독수리와 같다."

하지만 종종 이타적인 행동을 통해 이기적인 이득을 취한다고 해서 우리가 항상, 오로지 사리사욕만을 위해 행동하는 건 아니다. 선행을 하는 사람 중에서 자신의 선행을 전혀 좋아하지 않는 사람만 골라서 칭찬하는 것도 너무 이상할 일이 아닐까.

현실에서 완벽한 이기주의자는 드물다. 타인을 배려해야 한다는 데 동의하지 않는 사람은 거의 없고, 아이들에게도 타인을 배려해야 한다고 가르친다. 하지만 이러한 명령은 이것을 실천으로 옮기는 데 있어 가장 어려운 문제를 해결해주지 않는다. 우리는 대체 얼마나 남을 생각해야 할까? 민폐를 안 끼치는 것으로 충분한가? 아니면 타인의 이익을 최우선으로 여길 만큼 적극적으로 이타적이어야 할까?

우리가 각자의 이익만을 추구하는 것으로 충분하며 그것이 타인의 이익에도 최선으로 부합한다고 주장함으로써 우리에게 합격점을 준 철학자들이 있다. 18세기 영국 철학자 버나드 맨더빌은 그의 저서 『꿀벌의 우화』에서 처음 이 주장을 내놓았다. 맨더빌은 사회를 벌통에 비유했는데, 그 벌통 안의 벌은 각자 주어진 일을 함으로써 사회 전체의 이익에 기여한다. 벌들은 다른 벌들을 배려하지 않지만 각자의 활동은 어쨌든 서로에게 도움이 된다. 그는 인간도 이와 같으며, 따라서 모두를 위한 최선은 각자 자신을 잘 돌보는 것이라고 했다.

맨더빌과 거의 동시대인이었던 애덤 스미스는 시장의 보이지 않는 손에 관해 논하면서 이와 비슷한 말을 했다. "우리가 저녁 식사를 할 수 있는 건 도살자, 양조업자, 제빵사의 선의가 아니라 그들의 사리사욕 덕분이다." 하지만 과도한 정부 규제에 반대하는 그의 주장은 우리가 자기 자신만 챙겨야 한다는 뜻은 아니었다.

사실 스미스는 '도덕적 연민'을 믿는 사람이었다. 이것은 타인의 고통에 대한 기본적이고 인간적인 반응으로, 그 고통을 덜어주기 위해 우리가 뭔가 하도록 만든다. 본인의 이익과 타인의 이익은 늘 조화를 이룬다는 맨더빌의 낙관론은, 대다수 사상가들과 마찬가지로 스미스에게도 너무 낙관적이었다.

맨더빌의 대척점에는 공리주의자들이 있었다. 그들은 모든 사람의 복지를 동등하게 취급해야 하고 우리 자신이나 가족의 이익을 우선시해서는 안 된다고 주장했다. 당신의 전반적인 복지에 거의 (혹은 전혀) 도움이 안 되는 시시한 즐거움을 위해 매년 몇 백 만원씩 쓰고 있다면, 그리고 그 돈이 정말 어려운 사람들의 삶을 완전히 바꾸는 데 쓰일 수 있다면, 당신은 도덕적 의무를 저버린 셈이다. 현대 호주 철학자 피터 싱어는 현재 이러한 입장을 옹호하는 대표 인물이다.

이것은 매우 고상한 철학이다. 자타공인 공리주의자를 포함해서 이 까다로운 기준에 부합하는 삶을 사는 사람은 거의 없으리라. 하지만 이것은 많은 사람들이 노력해야 할 기준이다. 이 논리에서 빠져나갈 수 있는 유일한 방법은 (이 논리를 아예 무시하는 방법을 제외한다면) 만인의 이익이 동등하다는 주장을 부정하거나, 도덕성은 우리에게 만인의 이익을 동등하게 여길 것을 요구한다는 주장을 부정하는 것뿐이다. 전자의 경우 따로 설명의 여지가 없어 보인다. 그렇다면 후자는 어떻게 정당화할 수 있을까?

버나드 윌리엄스는 일명 개인들의 분리separateness of persons를 통해 그 방법을 뒷받침했다. 윌리엄스는 우리는 다른 인간들을 마치 교환 가능한 복지의 대상처럼 취급할 수 없다고 주장한다. 훌륭한 삶은 어떤 사람들과의 특별한 관계를 요구한다. 따라서 우리의 의무와 책임은 이 관계에 따라 달라진다. 물론 신의 눈으로 보면, 당신의 형제와 수천 킬로미터 떨어진 곳에 사는 완벽한 타인의 삶은 평등하다. 하지만 우리는 높은 곳에서 만물을 굽어보는 신이 아니다. 특정한 장소를 점하고 사는 인간이다.

공자의 '역할 윤리'는 이 점을 잘 이해했다. 공자에 따르면 도덕적 의무는 개인의 사회적 역할에 달려 있다. 아들에 대한 아버지의 의무는 백성에 대한 군주의 의무, 혹은 학생에 대한 선생의 의무와 다르다. 따라서 공자의 황금률에는 우리가 스스로 원하지 않는 일을 타인에게 강요해서는 안 된다고만 쓰여 있다. ┃의무Duty 참조┃ 이것은 일종의 불간섭 원칙으로, 우리에게 우리 자신이나 가족을 돕는 수준으로 완벽한 타인을 도울 것을 강요하지 않는다.

공자의 황금률은 조금 더 강력한 예수의 황금률과 대비된다. 예수는 "무엇이든지 남에게 대접을 받고자 하는 대로 너희도 남을 대접하라"라고 말했다. 이후 나타난 공리주의자들과 마찬가지로 예수는 급진적인 공정성을 주장했으며, 따라서 제자들에게 자신을 따르려면 가족을 떠날 수 있어야 한다고 했다.

완벽한 공정성의 요구를 거부한다고 해도, 우리에겐 여전히 좀 더 이타적인 인간이 되기 위해 노력할 이유들이 있다. 완전히 자신을 내던지는 성인의 수준에 못 미친다 해서 자책할 필요는 없다. 우리가 선의를 가지고 타인을 돕기 위해 한 걸음 더 내디딜 수 있다면, 그리고 그 동기가 타인에 대한 연민 정도라면, 그것으로 충분하다.

함께 보면 좋은 주제
공감Empathy, 의무Duty, 이기심Selfishness, 자선Charity

읽을거리
버나드 맨더빌, 『벌들의 우화』
J. J. C. 스마트, 버나드 윌리엄스, 『공리주의: 공리주의의 찬성론과 반대론Utilitarianism: For and Against』
애덤 스미스, 『도덕감정론』

인간 본성 | Human nature

인류라는 구부러진 목재로부터
그 어떤 곧은 것도 만들어지지 않았다.

— 이마누엘 칸트

사람들이 우리를 실망시킬 때, 그냥 어깨를 한번 으쓱하고 인간이란 원래 그런 거라고 치부해버리고 싶다. 칸트는 "인류라는 구부러진 목재로부터 그 어떤 곧은 것도 만들어지지 않았다"라고 했다. 인간 본성이 근본적으로 이기적이고 나약하다면 결정적 순간에 그것이 우리를 실망시키더라도 놀라지 말아야 한다. 하지만 위기의 순간에 서로 돕는 사람들과 놀라운 희생정신을 목격할 때면 어느새 인간 본성이 훨씬 친절해 보인다. 그렇다면 우리는 근본적으로 어떤 존재인 걸까? 사회에 의해 타락한 선한 사람들일까, 아니면 사회의 견제를 받는 악한 사람들일까?

이것은 철학 그 자체만큼이나 오래된 논쟁이다. 고대 중국 철학자 고자告子가 "인간의 본성은 갯버들과 같고 의義는 그 갯버들을 엮어 만든 그릇이다"라는 염세적인 말을 남긴 것을 보면, 그는 칸트보다 수천 년 앞서 이 문제를 고민했던 모양이다. 순자荀子도 여기에 동의했다. "인간의 본성은 악하다", "의에 대한 기준과 의례가 없다면 인간은 통제하기 어렵고 혼란스럽고 무질서해질 것이다"라고 말한 것을 보면 말이다. 반면 맹자는 '선은 인간의 특징적인 성향이다'라고 주장했다. 우리 모두는 우리 안에 선의 씨앗들을 가지고 있으며 그저 그것들을 잘 길러야 한다는 것이다.

과연 누가 옳은가는 아주 중요한 문제처럼 보인다. 하지만 사실상 양측은 모두 우리가 더 나은 인성을 기르기 위해 노력해야 한다는 데 동의한다. 맹자는 인간의 타고난 선함이 방치되면 시들 수 있다고 했고, 순자는 인간의 타고난 악함이 노력으로 극복될 수 있다고 했다. 결론은 똑같다. 선이 잘 자라도록 보살피거나 혹은 악의 잡초가 번지지 않도록 감시하거나.

하지만 인성을 기르려는 노력이 결실을 맺게 하려면 현실적이어야 한다. 인간 본성의 '결'과 어긋나는 방향으로 너무 열심히 노력하면, 더 나은 인성보다는 해를 불러올 가능성이 높다. 일례로 스토아 철학자들은 우리 자신의 미덕 이외에 모든 것에 대해 무심할 수 있으며 나 자신이나 사랑하는 사람의 죽음도 평온히 받아들일 수 있다고 믿었다. 젊은 시절 스토아학파의 조언을 따르려고 했던 흄은 그들의 이론이 '인간 본성에 비해 너무 거대하다'라고 결론 내렸다. 그들은 우리에게 '행복을 외부의 모든 것으로부터 완전히 독립된 것'으로 여기라고 요구하지만 '그 정도의 완벽함은 달성될 수 없기' 때문이다.

흄이 채택한 인간 본성에 대한 현실적인 견해는, 우리는 전적으로 선하지도 악하지도 않다는 것이다. 완벽은 우리 너머에 있지만, 그렇다고 해서 지금보다 더 나은 사람이 되려는 노력을 할 수 없다는 뜻은 아니다. 이러한 현실주의는 인간적 약점에 대한 관용을 길러주는 동시에, 우리 자신과 다른 사람들이 거기에 너무 매몰되지 않도록 한다. 인간 본성이 절대 악행에 대한 변명이 될 수는 없지만, 어째서 우리가 가장 높은 수준의 열망에 미치지 못하는지를 잘 설명해준다.

함께 보면 좋은 주제
관용Tolerance, 완벽주의Perfectionism, 인성Character, 자연Nature

읽을거리
줄리언 바지니, 『세상이 생각하는 방법How the World Thinks』제21장
데이비드 흄, 『도덕의 원칙에 관한 질문An Enquiry concerning the Principles of Morals』제7장

인내 | Perseverance

우리는 인내, 집요함, 혹은 요샛말로 '깡'을 중요시한다. 또한 장기적인 목표에 시선을 단단히 고정한 채, 낮은 곳에 열린 과실에 산만해지지 않고 장애물에 좌절하지 않는 사람을 존경한다. 이런 자질이 부족한 사람은 존경하지 않으며 여기저기 날아다니는 나비, 혹은 쉽게 포기하는 사람이라고 부른다.

인내는 흄 같은 묵직한 철학자의 지지를 받았는데, 그는 인내를 우리에게 유용한 자질 중 하나로 꼽았다. 하지만 우리는 인내의 단점을 간과해서는 안 된다. 때로 인내는 이미 의미를 잃은 것을 계속 추구하게 한다. 혹은 남의 의견을 거부하고, 프로젝트가 잘못된 방향으로 가고 있다는 증거를 무시하는 고집스러움이 있다. 거의 모든 사람이 인정한 고집쟁이 쇼펜하우어는 "의지가 지식을 몰아낼 때 우리는 그 결과를 고집이라고 부른다"라고 했다.

인내심을 가지고 끈기 있게 버티는 것이 늘 좋은 건 아니라는 타당한 이유가 있다. 당신이 재미없어하는 책을 한 권 꺼내보자. 그런 다음, 몽테뉴의 조언대로 해보자. "나는 책이 잘 읽히지 않을 때 손톱을 물어뜯으며 힘들어하지 않는다. 한두 번 시도해보다가 그냥 포기한다. 거기에 매달려 있으면 나 자신과 내 시간을 낭비하는 셈이 된다. 내 정신은 첫 도약에 반응한다. 한눈에 이해할 수 없으면서 계속 매달려 있으면 점점 더 이해하기 힘들어진다. 가벼움 없이는 아무것도 이룰 수 없다. 전심전력과 너무 진지한 노력은 내 뇌를 혼란스럽고 우울하고 지치게 만든다."

몽테뉴가 본인의 쉽게 포기하는 성격에 대해 과장한 것일지도 모르겠으나, 가끔은 손을 놓는 것이 나을 때도 있다. 아리스토텔레스의 중용 이론에 따르면│균형Balance 참조│, 우리는 적당한 수준의 인내를 목표로 삼아야 한다. 너무 변덕스럽게 포기한다거나 유통기한이 한참 지난 계획을 끝까지 고수하는 등 양쪽 극단을 모두 피해야 한다. 상황을 제대로 인식하지 못해서도 안 되고, 언제 멈춰야 할지 모르는 고집쟁이가 되어서도 안 된다.

함께 보면 좋은 주제

균형Balance, 성취Achievement, 완벽주의Perfectionism, 좌절Frustration, 헌신Commitment, 회복력Resilience

읽을거리

미셸 드 몽테뉴, 『수상록』

> 운하와 수로를 건설하는 기술자는 물길을 틀고,
> 화살 제조인은 화살을 곧게 만들고,
> 목수는 나무를 깎고, 현자는 본인을 연마한다.
>
> — 부처

때때로 다른 사람에게 추천인이 되어달라고 부탁해야 할 때가 있다. 다른 사람이 당신에 대해 말해야 할 때, 솔직히 어떤 말을 할 수 있다고 생각하는가? 당신이 가진 기술과 경력에 대해 말할 수도 있지만, 우선 당신이 어떤 사람인지에 대해 말할 것이다. 당신은 그들이 쉽게 칭찬을 담아 추천서를 쓸 수 있는 인물인가?

　우리는 본인의 인성에 대해 자주 생각하지 않으며, 인성과 성격을 혼동하는 경향이 있다. 성격personality이란 어떤 사건, 상황, 다른 사람을 향해 특정한 방식으로 반응하는 우리의 자연스러운 성향을 말한다. 성격 특성에는 낙관성/비관성, 예민함/침착함, 감각적/지성적, 모험성/조심성 등이 포함된다. 이러한 특성은 너무 한쪽으로 치우쳐 있을 경우 예민함이나 조심성을 줄이려고 시도하는 등 어느 정도 조절이 가능하지만 근본적으로 바꾸기는 어렵다. 하지만 성격 특성은 그 자체로 좋거나 나쁘지 않으므로 그건 중요하지 않다.

반면 인성은 더 좋은 사람이냐, 혹은 더 나쁜 사람이냐의 문제다. 정직함은 훌륭한 특성이고, 부정직함은 그릇된 특성이다. 배려심 많은 사람은 칭찬받을 만하고, 인정 없는 사람은 비난받아 마땅하다.

인성과 성격은 상호작용을 하지만 서로 동일하지는 않다. 인성의 철학은 현대의 성격 심리학(여기서는 인성과 성격이 뒤섞여 있다)보다 몇 천 년 앞서 있다. 많은 철학자들은 개인의 미덕과 훌륭한 사회를 위해 규칙과 계율보다 인성이 더 중요하다는 데 동의한다. 또한 인성은 갈고닦을 수 있고, 그래야만 한다고 입을 모은다. '난 원래 이런 사람이야'라고 말하는 거짓말쟁이나 사기꾼에게는 공자가 해주었던 조언이 필요하다. 공자는 스승의 길을 따르고 싶지만 그럴 힘이 없다고 주장하는 제자에게 이렇게 말했다. "진짜 힘이 모자라는 사람은 길을 가다가 중간에 쓰러진다. 하지만 너는 처음부터 선을 긋지 않았느냐."

유교 경전인『대학』에는 "황제부터 백성에 이르기까지 모든 사람은 개인의 인성을 갈고닦는 것을 근본으로 여겨야 한다"라는 말이 나온다.『법구경』에서 부처는 이렇게 말했다. "운하와 수로를 건설하는 기술자는 물길을 틀고, 화살 제조인은 화살을 곧게 만들고, 목수는 나무를 깎고, 현자는 본인을 연마한다."

인성을 기르는 방법과 관련해 아리스토텔레스는 습관을 고치는 것이 최선이라고 명시했다. 그는 미덕이 '우리 안에서 생겨나는 건 천성에 의해서도 아니고 천성에 반해서도 아니며, 우리는 자연스럽게 미덕을 받아들이게 되어 있으나 그것이 우리 안에 완전히 자리 잡게 되는 건 습관 덕분이다'라고 했다. 공자라면 이 말에 전적으로 동의했으리라. | 습관Habits 참조 |

인성을 함양하고 싶다면 자기계발서를 읽는 것만으로는 도움이 되지 않는다. 자신이 옳다고 생각하는 방식으로 **행동**할 수 있도록, 그것이 제2의 천성이 될 때까지 자신을 밀어붙여야 한다. 동료가 하는 말을 끝까지 들으려고 노력하다 보면 어느새 남의 말에 더 공감할 줄 아는 사람이 되어 있을 것이다. 무례한 사장에게 용기를 내서 한번 맞서 보면 다음에는 그 일이 더 쉬워질 것이다. 데이비드 흄은 이렇게 말했다. "어떤 사람이 도덕적인 삶이 더 좋다고 확신한다면, 또한 얼마 동안 자신을 강압적으로 몰아붙일 각오가 되어 있다면, 그가 더 나은 사람이 되리라는 것은 걱정할 필요가 없다."

함께 보면 좋은 주제
가치Values, 습관Habits, 인간 본성Human nature, 진실함Integrity

읽을거리
아리스토텔레스, 『니코마코스 윤리학』
공자, 『대학』

세상에는 해야 할 일이 너무 많고,
노동이 미덕이라는 믿음으로 인해
엄청난 피해가 발생한다.

– 버트런드 러셀

새로운 사람과 만났을 때 자주 받는 질문 중 하나는 '무슨 일 해요?'일 것이다. 이런 질문에 '주말엔 산책을 해요', '새로운 요리 도전을 좋아해요', 혹은 '책을 많이 읽어요'라고 대답하는 사람은 거의 없을 것이다. 대부분 자기 직업을 말하고, 직업이 없는 경우엔 마치 변명하듯 지금 일을 안 하는 이유를 설명할 것이다. 일은 우리의 정체성을 구성하는 중요한 부분이다. 어떤 사람들은 늘 자신이 충분히 열심히 일하지 않는다고 느낀다. 마치 고된 노동을 통해서만 자신의 존재가 정당화될 수 있다는 듯이. 많은 사람들은 자신의 '직업의식'이 본인에게 도움이 되든 말든 간에, 일단 그것을 상당히 자랑스러워한다. 또 다른 사람들은 자신이 너무 일에 몰두한다는 것을, 심지어 '일중독'이라는 것을 인지하고 있을 수도 있다.

일이 우리 삶에서 왜 이렇게 큰 자리를 차지하는지는 이해가 된다.

대부분의 경우 사람이 깨어 있는 시간 동안 일보다 더 큰 비중을 차지하는 건 없다. 세계보건기구WHO에 따르면 성인은 평균적으로 인생의 3분의 1이 조금 넘는 시간 동안 일을 하는데, 이것은 수면 시간보다 약간 많은 수준이다.

하지만 이러한 통계에 가사노동과 같은 무급 노동이 포함되지 않는다는 사실은 우리가 뭔가 실수하고 있음을 보여주는 단서다. '일work'은 그것이 직장 생활이든 자영업이든 간에 유급 노동을 의미하게 되었다. '일'이라는 표현 안에 수입의 뉘앙스가 포함되어 있으므로, 급여가 없을 경우는 그 점을 명시하기 위해 '자원봉사voluntary'라는 수식어가 붙는다.

생계유지를 위해 돈을 버는 건 우리에게 필수적이다. 이것은 목적을 위한 수단으로서 가치 있다. 버트런드 러셀에 따르면 대부분의 노동자들은 자신의 직업을 이런 식으로 이해한다. "그들은 당연하게도 일을 생계유지의 필수적인 수단으로 인식하고, 그들이 누릴 수 있는 행복이 무엇이든 간에 그것은 여가 시간으로부터 얻는다." 그렇다면 노동자들은 "우리는 행복을 좌우하는 여가를 얻기 위해 일한다"라는 소크라테스의 말에 동의하는 셈이다. | 여가Leisure 참조 |

하지만 우리는 일 자체를 미덕으로 간주하는 문화 속에 살고 있다. 어쩌다 이렇게 된 걸까? 막스 베버는 일명 '프로테스탄트 노동윤리'를 원인으로 꼽았는데, 이것은 '자본주의 정신'과도 관련이 있다. 자본주의 정신이 얼마나 종교에 근간을 두고 있는지에 대해서는 의견이 분분하지만, 현대 자본주의 경제에서 "사람들은 삶의 목표로서 획득을 지향하며 획득은 더 이상 삶의 실질적 욕구를 충족하기 위한 수단으로 여겨지지 않는다"라고 했던 베버의 지적은 옳다.

이와 같은 소비 촉진을 위해 우리는 일이 아무리 고되고 불만스럽더라도 쉴 틈 없이 일하고 돈을 벌어야 한다. 게리 거팅은 말했다. "이러한 자본주의는 삶의 질에는 관심이 없다. 그것은 본질적으로 최대한 많은 이윤을 남겨 팔기 위해 제품을 생산하는 시스템이다."

어린 시절 러셀은 노동의 내재적 가치가 영적인 진리인 것처럼 교육받았고 "사탄은 게으른 손에게 못된 할 일을 만들어준다"라는 말을 듣고 자랐다. 시간이 흘러 그의 생각은 바뀌었으며 "세상에는 해야 할 일이 너무 많고, 노동이 미덕이라는 믿음으로 인해 엄청난 피해가 발생한다"라고 믿게 되었다. 그는 더 많은 여가 시간 확보를 위해 근로시간 단축을 주장했다.

하지만 우리는 노동을 너무 나쁘게 보지 않도록 주의해야 한다. 오늘날에는 일과 삶의 균형work-life balance, 일명 워라밸에 대한 관심이 높다. 다시 말해, 너무 일만 하는 생활은 건강에 좋지 않으며 다른 걸 하기 위한 시간도 확보해야 한다는 것이다. 하지만 워라밸이라는 표현은 그다지 유익하지 않은 방식으로 우리의 일과 나머지 인생을 단절시킨다. 일은 누군가에게는 고생일 뿐이지만, 설문조사에 따르면 다수의 응답자들이 자신의 업무를 통해 약간이라도 만족감을 느낀다고 했으며 일부 소수 응답자들은 운 좋게도 자기 일을 사랑한다고 했다. 따라서 흄이 말했던 '혼합된 형식의 삶'을 고려해보는 게 나을지도 모르겠다. 여기에는 생계유지를 위한 노동 같은 수단적인 활동과, 적극적인 배움과 참여와 같은 우리 자신을 위한 즐길 거리 사이에서 균형을 잡는 것이 포함된다.

시어도어 루스벨트는 "이 세상에서 손에 넣을 가치가 있는 것, 혹은 해야 할 가치가 있는 일치고 노력, 고통, 어려움이 따르지 않는 건 아무엇도 없다"라고 했다. '아무것도'라는 표현은 다소 과장일 수 있겠으나, 공짜로 혹은 손쉽게 얻어지는 것은 가치가 떨어지는 것이 사실이다. 현대 자본주의 사회의 실수는 **노력의 가치**와 **유급 노동의 가치**를 혼동하는 것이다. 당신의 전부를 인생에 바치되 인생의 전부를 고용주에게 바치진 말아야 한다.

함께 보면 좋은 주제
부Wealth, 사내 정치Office politics, 실업Unemployment, 여가Leisure, 은퇴Retirement, 커리어Career

읽을거리
막스 베버, 『프로테스탄트 윤리와 자본주의 정신』

일부일처제 Monogamy

섹스는 근본적으로 동물적 본능이지만,
그건 누군가의 얼굴에 주먹을 날리고 싶은
욕구도 마찬가지다.

일부일처제가 바람직한가는 성 혁명이 불러온 거대하고 불편한 질문이다. 자유연애의 전성기에 사람들은 섹스 상대를 한 명으로 제한하는 것이 촌스럽다고 생각했다. 시간이 흐르면서 일부일처제는 다른 형태로 자리를 되찾았다. 평생에 걸친 일부일처제는 널리 거부당한 반면, 연속적 일부일처제*가 새로운 사회적 규범으로 부상했다. 그런데 최근 들어 자유연애가 폴리아모리 polyamory, 즉 다자연애의 형태로 부활하고 있다. 이는 서로 합의한 성인들이라면 섹스 상대를 한 시기에 한 명으로 제한할 필요가 없다는 생각이다. 과연 일부일처제는 구식일까?

캐리 젠킨스는 그 정도까지는 아니지만, 사회가 압도적이고 부당할

---

* serial monogamy. 일정 기간이 지난 뒤 배우자가 바뀔 수도 있는 일부일처제.

정도로 '일부일처 규범적'이라고 생각했다. 다시 말해, 사회는 인간이 한 번에 한 명 이상의 타인과 진지한 사랑에 빠질 수 없다고 간주한다. 젠킨스가 일부일처제보다 다자연애가 우월하다고 찬양하는 것은 아니다. 그저 다자연애도 합리적인 생활방식이라고 주장하는 것이다.

젠킨스 부부는 다자연애를 받아들였다. 다자연애가 생식적 건강에 해롭다는 반대 의견에 대해 그들은 "사려 깊고 윤리적인 비非일부일처제는 자신에게 안 맞는 일부일처제를 고수하려다가 결국 실패하는 사람들의 숙명이라 할 수 있는, 음주 후의 성적 일탈이나 은밀한 외도 같은 무분별한 성생활과 비교했을 때 실질적으로 더 나은 선택일 수 있다"라고 반박했다.

또 다른 반대 의견은 '비일부일처제는 필연적으로 심리적 피해를 낳는다. 성적 질투심은 언제나, 그 누구도 감당하기 힘든 감정이므로 일부일처제가 아닌 모든 관계는 결국 고통 속에 무너진다'라는 것이다. 이에 대한 반박은 이 주장이 지나친 일반화라는 것이다. 또한 그들은 많은 일부일처 관계 속에서도 질투가 중요한 요인이라고 지적한다.

젠킨스 부부는 많은 사람들이 자연스럽지 않다는 이유로 다자연애에 반대하지만, 이제 여러 나라에서는 일부일처제야말로 부자연스럽다고 생각하는 사람들이 대다수라고 말한다. 하지만 무엇이 자연스럽거나 부자연스러운지는 도덕적 문제가 아니다. 피임용품, 비아그라, 섹스토이는 자연스럽지 않지만, 단지 그 이유로 이것들을 사용해서는 안 된다고 생각하는 사람은 없다. 섹스는 근본적으로 동물적 본능이지만, 그건 누군가의 얼굴에 주먹을 날리고 싶은 욕구도 마찬가지다. 날것 그대로의 감정에만 의존해 행동해서는 안 된다는 생각이 대단히 특별한 것은 아니다.

많은 사람은 일부일처제를 어렵게 생각한다. 한 가지 이유는, 버트런드 러셀의 말마따나 '시간이 얼마 지나지 않아 성적인 친숙함으로 인해 열정의 날이 무뎌지기' 때문이다. 일부일처제의 단조로움은 거의 모든 인간을 파고든다. 하지만 많은 사람이 성적 흥분 측면에서 포기할 부분이 있다는 걸 알면서도 일부일처제를 선택한다. 그들은 유대감이 적은 누군가와의 섹스를 통한 강렬한 자극보다는, 장기적 파트너와의 부드러운 친밀감을 더 중시하는 것이다.

일부일처제와 다자연애 중에 어느 쪽이 인류를 위해 옳은지, 혹은 최선인지를 묻는 것은 방향이 잘못된 질문이다. 이건 훨씬 개인적인 사안이다. 우리의 인식을 비롯해 우리의 상황을 정직하게 평가해야 하는 문제다. 어떤 면에서는 일부일처 규범이라는 기본값에 도전한다는 의미일 수도 있다. 다른 면으로는 응당한 대가 없이 다자연애의 문제를 감당할 수 있을 거라고 자신하는 건 지나치게 희망적인 사고가 아닌지, 양립할 수 없는 두 가지를 다 가지려는 욕심은 아닌지 점검해야 한다는 뜻이다. 어떤 결론에 도달하든 간에 모든 친밀한 관계에서 가장 중요한 도덕적 우선순위는 우리가 상대를 신뢰하며 상대에게 신뢰를 받을 만한 사람이 되는 것이다. 그 파트너가 몇 명인지는 무관하게.

함께 보면 좋은 주제
관계Relationships, 사랑Love, 섹스Sex, 인간 본성Human nature, 질투Jealousy

읽을거리
캐리 젠킨스, 『사랑은 무엇이고 무엇이 될 수 있는가What Love Is』
버트런드 러셀, 『결혼과 도덕』

자기기만 | Self-deception

인생에는 사실이 아니길 바라게 되는 일이 많다. 바람을 피우는 애인, 직업 가수가 되기에는 부족한 노래 실력, 올해를 버티기에 부족한 돈. 우리는 이런 불편한 진실이 실은 진실이 아니라고 자신을 속이는 재주가 아주 탁월하다. 그러다 시간이 흘러 더 맑은 정신으로 과거를 돌아보면 그게 웃기는 짓이었음을 깨닫는다.

자기기만은 종종 의지박약과 쌍을 이룬다. ┃자제력Self-control 참조┃ 우리가 살을 빼거나 술을 줄이고 싶어한다고 가정해보자. 오랜 습관을 고치면서 위기를 만났을 때, 우리는 이런 날 소비뇽 블랑 한 잔은 괜찮다고, 혹은 아이스크림의 유혹은 원래 거부할 수 없는 거라고 자신을 쉽게 기만한다.

잘 생각해보면 이건 잘 이해되지 않는 현상이다. 자기기만의 주요 이론가 중 한 명인 사르트르는 이 점을 분명히 지적한다. 그에 따르면 자기 자신에게 하는 거짓말과 남에게 하는 거짓말에는 비대칭성이 있다. 일반적인 거짓말은 본인이 사실을 잘 아는 상태에서 남에게 그 사실을 숨긴다. 하지만 자기 자신에게서 진실을 숨기는 것은 그렇게 간단하지 않다. '속이는 사람으로서 내가 아는 진실을 속임을 당하는 나로부터 숨겨야' 하기 때문이다. 그게 어떻게 가능할까?

혹시 프로이트의 말처럼 우리의 무의식이 우리를 속이는 건 아닐까? 사르트르에 따르면 그런 식의 사고는 논의를 한 단계 앞으로 되돌릴 뿐이므로 문제 해결에 도움이 되지 않는다. 우리의 무의식으로 무엇을 통과시키고 무엇을 통과시키지 않을지 결정하는 검열자가 어떤 기억을 지우기 위해서는 우선 그 기억을 알아야 하기 때문이다.

그렇다면 우리는 어떻게 자신을 속일 수 있을까? 알 멜레는 자기기만을 일종의 확대된 희망적 사고로 본다. 우리가 가진 어떤 믿음은 거기에 대한 증거가 없을 뿐 아니라, 자세히 들여다보면 그 믿음과 충돌하는 증거까지 존재한다. 예를 들어, 우리가 욕망하는 물건들이 우리에게 어떤 감정을 품고 있다고 믿을 이유는 전혀 없음에도 불구하고, 우리는 그 물건들이 우리에게 손짓하는 게 분명하다고 착각한다. 그렇다면 우리는 왜 이것을 간파하지 못하는 걸까? 범인은 동기부여다. 어떤 것이 진실이기를 간절히 바랄 때, 우리 눈은 그것과 일치하는 증거만 보고 그것과 충돌하는 증거는 무시한다. 이것은 의식적 선택이 아니다. 단지 우리의 욕망이 우리의 시각을 왜곡하는 것이다.

사르트르는 이것이 본질적으로 책임 회피를 위한 선택이라고 믿었다. 자기기만을 할 때, 우리는 우리의 근본적인 자유를 부정하며 우리 자신을 마치 선택할 줄 모르는 사물처럼 취급한다. 이러한 경향이 잘 드러나는 것은, 우리가 자신의 고정된 이미지 속에 갇혀 '내가 뭐 그렇지' 혹은 '난 할 줄 아는 게 아무것도 없어'라고 말할 때다.

사르트르는 자기기만의 안개가 걷히면 모든 행동에 책임이 있음을 깨닫게 될 것이라고 생각했다. 우리가 애초에 선택한 상황이 아니라 할지라도 말이다. 그는 "당신은 어쩔 수 없이 처해진 상황 안에서도 늘 반전을 꾀할 수 있다"라고 했다.

우리가 어떻게 우리 자신을 속일 수 있는지 여전히 잘 이해가 안 될 수도 있다. 그럴 때는 우리의 자아가 각각 다양한 욕망과 동기를 지닌 수많은 부수적 자아들로 이루어져 있다고 생각하면 이해가 쉬워진다. ▎정체성Identity 참조▎ 그 자아들 중 일부는 편안한 거짓을 믿는 것보다 진실을 아는 편을 선호할 수도 있다. 그런 자아들이 잠들어 있을 때 우리는 그것들을 깨워야 한다. 그러기 위해 우리가 왜 현재의 믿음을 갖게 된 건지, 그것은 이성적인지 자문하고, 그 믿음과 충돌하는 증거를 체계적으로 탐색하는 습관을 들이는 것이 좋다. 자기기만은 불편한 진실에 대한 기계적이고 무의식적인 반응이며 그것을 극복하려면 신중하고 의식적인 노력이 필요하다.

함께 보면 좋은 주제

무의식Unconscious, 양가감정Ambivalence, 자기인식Self-knowledge, 자제력Self-control, 정체성Identity, 진정성Authenticity, 책임Responsibility

읽을거리

알프레드 멜레, 『가려지지 않은 자기기만Self-Deception Unmasked』

자기애 | Self-love

타인보다 우리 자신을 더 아끼는 이 감정은
타인 역시 우리 자신을 더 아껴주기를 바라는데,
그것은 불가능한 일이다.

– 장 자크 루소

자기 자신을 너무 적게, 혹은 너무 많이 사랑하는 사람은 둘 다 문제가 있다. 다만 그것을 깨닫는 것은 전자뿐이다. 이 사이에서 균형을 잡기란 어려운 일이므로 어쩌면 우리는 스스로를 올바른 방식으로 사랑하고 있는지부터 자문해봐야 할지 모르겠다.

오늘날의 디지털과 온라인 문화는 그것을 어렵게 한다. 이런 문화는 남들에게 멋져 보이고 남들보다 뛰어나 보이도록 자기 자신을 꾸밀 것을 강요한다. 우리의 자아 감각이 대외적 페르소나와 뒤엉키면서 우리는 겉보기에 더 화려한 자질을 자기 것으로 여기고 진짜 모습을 잃어간다. 게다가 우리의 자존감이 타인의 인정을 바탕으로 할 경우, 원하는 정도의 인정을 받지 못하게 될 때 쉽게 무너진다.

루소가 제안한 두 형태의 자기애는 이러한 현상을 잘 설명해준다. 첫 번째 형태의 자기애인 '아무르 드 수아amour de soi'는 자기 보호와 웰빙에 대한 자연스럽고 긍정적인 관심이다. 반면 '아무르 프호프amour-propre'는 그렇게 긍정적이지 않다. 여기에는 타인과의 비교에 의해 자신의 가치를 결정하는 인위적 감각이 포함된다. 온라인 시대에 우리의 관심은 꼭 필요하고 건전한 아무르 드 수아보다는 궁색하고 경쟁적인 아무르 프호프를 향하기 마련이다.

우리가 자기 자신을 절대 타인의 눈으로 봐서는 안 된다는 말이 아니다. 우리는 모두 사회적 동물이므로 주변 의견을 받아들이기도 해야 한다. 하지만 루소는 아무르 프호프에는, 절대 만족하지 않고 만족될 수도 없는 경쟁적인 측면이 있다고 했다. 그는 "타인보다 우리 자신을 더 아끼는 이 감정은 타인 역시 우리 자신을 더 아껴주기를 바라는데, 그것은 불가능한 일이다"라고 썼다.

'허영'으로 번역되기도 하는 이런 종류의 자기애는 반드시 관리가 필요하다. 이것은 교만과 자기중심성 같은 오명을 유발하는, 다른 과도하고 부적절한 자기애와 관련이 있다. ㅣ 프라이드Pride 참조 ㅣ 버트런드 러셀은 이처럼 부풀려진 자기애를 피해야 하는 실용적인 이유를 제시한다. 그는 우리가 스스로를 과소평가한다면 예상 밖의 성공에 자주 놀랄 것이고, 반대로 스스로를 과대평가한다면 실패로 인해 놀라게 될 것이라고 했다. 전자는 기분 좋은 놀람이고 후자는 불쾌한 놀람이다. 따라서 지나치게 자만하지 않는 것이 현명하다. 진취적인 일을 못할 만큼 너무 겸손해서도 안 되겠지만.

이미지 중심의 온라인 문화는 나르시시즘 성향을 부추기는 듯 보이지만, 반대편 극단의 성향도 부추긴다. 우리의 엉망진창인 삶은 온라인 친구들의 완벽하게 정돈된 삶과 비교해 늘 부족하게 느껴진다. 이것은 늘 어느 정도는 필요하고 유용하기도 한 긍정적인 자신감, 다시 말해 자기가치, 자존감, 자기 존중을 저해할 수 있다. 우리는 "자존감은 다른 사람들의 업적에 관계없이 형성되어야 한다"라고 했던 피터 골디의 말을 명심해야 한다.

루소는 중요한 건 우리가 자신을 얼마나 사랑하는지 뿐만이 아니라고 했다. 어떻게 사랑하는지도 중요하다. 그는 우리 자신에 대해 제대로 인식하려면 우리의 웰빙이 어떻게 구성되는지 명확히 알아야 한다고 주장했다. 이때 우리가 원하는 자신의 모습은 우리가 될 수 있는 최선의 인간, 루소의 표현에 따르면 '도덕적인' 인간이어야 한다. 재물과 지위를 열망하는 천박한 종류의 자기애와 달리, 여기에는 경쟁이 끼어들 틈이 없다. 그는 우리가 도덕적이지 않을 때 우리 자신을 위해 '더 많은 돈, 명예, 육체적 쾌락'을 원하는 경향이 있다고 했다. 이것은 진정한 자기애의 졸렬한 모방에 불과하다.

도덕성의 가치는 자기애가 얼마나 무조건적이어야 하느냐의 질문과 연관된다. 올바른 형태의 무조건성이란 우리가 훌륭하고 잘못을 저지를 리 없다고 생각하는 게 아니다. 다만 우리 자신에 대해 절대 포기하지 않고 늘 개선의 가능성을 발견하는 것이다.

아리스토텔레스는 자기애를 훌륭한 우정에 비유한다. 우정에는 선의, 동질감, 함께하는 시간을 통해 얻는 기쁨이 포함되듯이, 자신을 향한 친근한 태도에는 혼자 있는 시간에서 얻는 즐거움, 자신을 향한 호의, 어느 정도의 내적 조화가 포함된다. 이것은 훌륭한 조언처럼 들리고, 불교도들이 자애 명상이라고 부르는 수행과도 일맥상통한다. 이 수행은 전통적으로 자기 자신의 행복과 번뇌로부터의 자유를 빌면서 시작된다.

아리스토텔레스의 결론은 다음과 같다. "우리는 자신을 사랑하는 사람이 되어야만 한다. 하지만 대중의 방식으로 그렇게 되어서는 안 된다." 우리는 올바른 방식으로 자신을 사랑해야 한다. 인기나 권력처럼 얄팍한 무엇이 아니라 자신의 진정한 안녕을 바라는 마음을 가져야 한다. 우리가 흔히 자기애라고 생각하는 감정에 동반되는 허영과 자기중심성을 경계해야 한다. 우리는 우리가 이룰 수 있는 한 최선의 인간이 되기 위해 주의를 기울이고, 그렇게 될 수 있도록 자신을 부드럽게 다독여야 한다.

함께 보면 좋은 주제
경쟁Competition, 셀프케어Self-care, 우정Friendship, 이기심Selfishness

읽을거리
아리스토텔레스, 『니코마코스 윤리학』

자기인식 Self-knowledge

우리는 아무리 철저히 조사한다고 해도
비밀스러운 행동의 근원에
결코 완전히 가닿지는 못할 것이다.

‒ 이마누엘 칸트

"너 자신을 알라." 델포이의 아폴론 신전에 새겨진 유명한 말이다. 철학자들은 이 격언을 따르려고 노력해왔고 오랫동안 그것이 가능한 일이라고 생각했다. 우리는 우리 마음속의 내용물과, 일종의 '접근 권한'이라 할 수 있는 아주 특별한 관계를 맺고 있지 않던가? 우리의 생각과 감정은 우리 자신에게 아주 투명하게 드러나기에 그것을 착각할 수는 없다는 것이 기존 생각이었다. 우리는 단순히 피곤해하는 사람을 보면서 화가 났다고 오해할 수 있다. 하지만 나 자신을 상대로 그런 오해를 할 순 없다.

많은 철학자들은 이러한 견해를 다양한 버전으로 표현했다. 데카르트에 따르면 감각, 감정, 욕구는 '그와 관련된 우리의 판단이 우리의 인식 범위를 넘어서지 않도록 철저히 주의를 기울인다면 아주 분명하게 인식될 수 있다.' 로크의 견해에 따르면 '그 누구도 자신이 인식하고 있음을 인식하지 않고서는 인식이 불가능하다. 우리가 보거나 듣거나 냄새 맡거나 맛보거나 느끼거나 생각하거나 무언가를 바랄 때, 우리는 우리가 그렇게 하고 있음을 안다.' 이러한 자기인식은 칸트가 말한 '내적 감각'을 통해 자기 내부를 바라봄으로써 얻어진다. 이 내적 감각은 외부 사물을 인식하는 데 사용하는 일반적인 감각들과 비슷하면서도 다르다.

하지만 아쉽게도, 오늘날 이러한 낙관론은 상당 부분 사라졌다. 우리 자신을 파악하기 위한 시도는, 우리의 심리 작용이 대부분 인식의 범위 밖에서 발생하고 지속적인 검토가 불가능하다는 근본적인 장애물과 부딪힌다. | 무의식Unconscious 참조 | 칸트가 이미 알고 있었듯 우리의 깊은 동기는 시야로부터 영원히 가려져 있을지도 모른다. 그는 "우리는 아무리 철저히 조사한다고 해도 비밀스러운 행동의 근원에 결코 완전히 가닿지는 못할 것이다"라고 했다.

하지만 우리의 심리 상태에 접근할 수 있다는 것도 맞는 말이다. 우리는 다른 사람의 감정에 비해서 우리 자신이 아프거나 화가 나거나 슬프다는 것을 더 직접적으로 알 수 있다. 물론 우리의 판단이 틀릴 때도 있다. 이를테면 우리가 슬퍼한다고 생각했는데, 실은 그때 화가 나 있었다는 것을 나중에 깨닫기도 한다. 하지만 우리는 자신의 경험에 더 주의를 기울임으로써 자기인식 능력을 강화할 수 있다. 어쨌거나 사각지대가 너무 많은 것은 우리 인생에 별로 도움이 되지 않는다.

그러므로 심리상담사의 소파나 명상 매트 위에 앉아서 우리가 누구인지, 어디서 영감을 받고 무엇에 화를 내는지 더 알아보려고 애쓰는 건 시간과 돈 낭비가 아니다. 하지만 자기인식을 얻기 위해서는 내면 관찰뿐 아니라 더욱 폭넓은 방법을 사용해야 한다. 길버트 라일은 내면 관찰에 의문을 제기하며 그렇게 우리 자신을 알아가는 것은 '창문이 없고 이상한 조명으로 밝혀진 방을, 그것도 오로지 (우리 자신만) 접근할 수 있는 방을 훔쳐보는 것'과 같다고 했다. 우리 자신과 타인의 동기를 파악할 수 있는 더 좋은 방법은 우리의 '행동, 말, 태도, 목소리 톤' 등을 관찰하는 것이다. 마치 다른 사람이 우리를 보듯 외부의 시선으로 우리 자신을 관찰하면 '내부'를 들여다볼 때보다 더 많은 것을 알 수 있다. 하이데거의 주장처럼 자기인식은 '자아라는 한 지점을 끊임없이 추적하고 조사'하는 일이 아니라, 우리가 일상에서 어떤 모습인지를 생각해보는 일이다.

자신을 더 잘 파악하기 위해 단순히 다른 것들이 우리에게 어떻게 보이느냐만 신경 쓸 게 아니라, 가능한 모든 관점에서 자기 자신을 살펴봐야 한다. 또한 자기인식에 대한 목표는 절대 거창해서는 안 된다. 완벽한 자기인식은 최고의 현자에게도 불가능하다. 그렇다고 해서 시도조차 하지 말아야 한다는 말은 아니다.

함께 보면 좋은 주제

무의식Unconscious, 자기기만Self-deception, 진정성Authenticity

읽을거리

콰심 카삼, 『인간에 대한 자기이해Self-Knowledge for Humans』

자녀 양육 Parenthood

> 아이를 안 낳는 것이 우리 인생을
> 덜 행복하게 만들 수도 있겠지만,
> 순전히 우리의 만족을 위해 행복하지 않은 세상에
> 아이를 데려오는 것은 지나치게 이기적이다.
>
> – 데이비드 베나타르

철학자에게 자녀 양육에 관한 조언을 구하기 전에 몇 가지 기억할 것이 있다. 우선 니체, 키르케고르, 사르트르, 보부아르, 칸트, 홉스, 로크, 플라톤, 흄, 밀, 쇼펜하우어, 스피노자, 아도르노, 포퍼, 비트겐슈타인을 비롯해 많은 철학자들은 평생 아이를 갖지 않았다. 저술가 칼 세데르스트룀은 역사상 최고의 철학자 20인의 목록을 작성했는데, 이들 중 열세 명은 아이가 없었고 나머지 일곱 명 중 두 명은 자식이 없는 것과 다름없었다. 자녀들과 교류가 전혀 없었기 때문이다.

두 번째로 알아야 할 것은, 자녀가 있는 철학자들 중 상당수가 훌륭한 부모와는 거리가 멀었다는 점이다. 버트런드 러셀의 아들인 콘래드는 어린 시절 10년 동안 아버지에게 말을 안 했고, 그의 딸인 캐서린은 '아버지의 곧은 등과 눈에 보이지 않는 집중력의 벽은 그와 우리 사이를 갈라놓았다'라고 썼다. 최악은 장 자크 루소였다. 그는 사실혼 관계인 아내에게서 얻은 다섯 아이를 모두 고아원에 보내야 한다고 고집했다. 아이들을 키울 만큼 충분한 돈이 없고, 아내에게도 이 아이들은 불명예가 될 것이며, 그들보다 고아원에서 더 나은 교육을 제공할 수 있을 거라는 이유였다. 이중에서 설득력 있는 이유는 지금 봐도 없고, 당시에도 마찬가지였다.

물론 자녀를 낳아 기른 사상가도 있는데, 대표적인 사례는 공자와 아리스토텔레스다. 두 사람은 훌륭한 가족 관계의 중요성에 관한 글을 남겼다. 공자의 효 사상은 가정의 질서를 강조한다. 조화로운 가정을 위해서는 위계가 필요하며 부모와 자식은 각자의 역할에 충실해야 한다. ‖ 가족Family 참조 ‖

철학자들이 무자식인 경우가 많은 가장 단순한 이유는, 집안에 아이가 있으면 지적인 작업에 방해가 되고 특히나 수면 부족을 겪기 쉽기 때문이다. "훌륭한 예술에 있어 복도의 유모차보다 더 음울한 적은 없다"라는 작가 시릴 코널리의 말은 철학에도 적용되었다. 이 말이 항상 옳은 건 아님을 증명하는, 훌륭한 부모 겸 철학자들도 많이 존재한다. 반드시 양립 불가능한 건 아니겠지만, 어떤 직업이든 간에 일에 대한 헌신과 부모의 역할 사이에 적절한 균형을 맞추기란 쉽지 않다. 시몬드 보부아르도 이 점을 잘 이해했던 모양인지 이런 말을 남겼다. "나는 아이를 갖지 않아서 제대로 기능할 수 있었다."

모든 것을 다 가지려고 하는 오늘날 사회에서, 사람들은 이 명백한 사실을 잊었거나 잊고 싶어하는 듯하다. 인생의 어떤 과업에는 너무 많은 에너지와 헌신이 필요하므로 다른 소중한 것을 포기해야 한다는 사실을 우리는 진지하게 받아들이지 않는다. 에너지를 쪼개서 사용할 준비가 되지 않았다면, 아이를 갖기 전에 더 고민을 해봐야 한다.

이런 조언들이 충분히 귀에 들리지 않는 한 가지 이유는, 아이를 낳지 않는 건 이기적인 행동이고 부모가 되어야 덜 이기적인 사람이 된다는 생각이 퍼져 있기 때문이다. 이건 말도 안 된다. 아리스토텔레스는 '자식은 일종의 또 다른 자아'이며 그렇기 때문에 '부모는 자기 자녀를 마치 자기 몸처럼 사랑한다'라고 했다. 자식은 우리를 덜 이기적인 인간으로 만드는 게 아니라 우리에게 확장된 자아, 일종의 이중 자아를 제공한다. 이런 이중 자아는 종종 단독 자아보다 더 단단하게 우리 우주의 중심에 놓인다. 많은 부모들이 다른 사람에게 피해가 가든 말든 자기 자식에게 가장 득이 되는 선택을 한다. 일례로 아이를 좋은 학교에 입학시키기 위해 경쟁하는 것은 사회적 이타주의를 옹호하는 예라고 보기 힘들다.

아이를 갖는 것이 이타적이지 않고 이기적이라는 주장의 한 근거는, 당신을 닮은 작은 아이를 갖고자 하는 욕망이 정작 그 아이에게 아무 도움이 되지 않는다는 것이다. 데이비드 베나타르는 『안 그랬다면 더 나았을』이라는, 참으로 긍정적인 제목의 저서에서 이와 같이 주장했다. 베나타르는 수많은 인간들이 고통과 고난으로 얼룩진 삶을 산다는 것을 증명하기 위해 통계를 가져왔다. 잠깐 맛만 보자면 다음과 같다. 20세기의 첫 88년 동안, 1억 7000만 명에서 3억 6000만 명의 사람들이 총, 폭행, 고문, 칼, 화재, 굶주림, 혹은 다른 끔찍한 방법을 통해 사망했다. 20세기에 분쟁 관련 사망자는 1억 970만 명이었고, 연간 자살자는 약 80만 명에 달한다.

베나타르는 "인간의 삶은 좋은 점이 한참 부족하고 나쁜 점으로 넘쳐난다"라고 주장했다. 또한 존재하지 않는 편이 훨씬 더 안전한 이유를 간단히 설명했다. 인생은 쾌락(좋은 것)과 고통(나쁜 것)의 혼합이다. 존재하지 않는 것은 그 자체로 좋은 것인 고통의 부재이자, 그 자체로 나쁘지 않은 것인 쾌락의 부재다. 간단한 산수만 해봐도 어느 쪽 점수가 더 높은지 쉽게 알 수 있다. 베나타르가 예비 부모들에게 보내는 메시지는 분명하다. "아이를 안 낳는 것이 우리 인생을 덜 행복하게 만들 수도 있겠지만, 순전히 우리의 만족을 위해 행복하지 않은 세상에 아이를 데려오는 것은 지나치게 이기적이다."

많은 사람들은 베나타르의 도발적인 주장에 전적으로 수긍하지 못한다. 그럼에도 불구하고 그가 제기한 문제들은 대다수 사회에서 흔히 발견되는, 자녀 양육을 옹호하는 발언들을 뒤집어보는 유용한 기회를 제공한다. 아이를 낳지 말아야 할 아주 타당한 이유들이 존재한다. 그런데도 이 혼잡한 세상에 새 생명을 데려오는 사람이 아니라, 아이를 안 낳는 사람에게 그 선택에 대한 정당한 이유를 설명하라는 책임이 부여되다니 참 이상한 일이다. 최소한 부모들은 아이를 갖고자 하는 욕망이 비이성적이라는 점을 시인해야 한다.

쇼펜하우어는 이런 질문을 던졌다. "생식활동이 욕망의 결과물 혹은 쾌락을 동반하는 행위가 아니라 온전히 이성적인 숙고를 거쳐 결정되는 것이었다면, 인류라는 종이 지금까지 생존할 수 있었을까?"

함께 보면 좋은 주제

가족Family, 교육Education, 애완동물Pets, 이기심Selfishness, 집Home

읽을거리

데이비드 베나타르, 『안 그랬다면 더 나았을Better Nver to Have Been』

진 커제즈, 『부모가 된다는 것의 철학』

자살 | Suicide

내가 칼로 자결할 때 나는 사자의 공격, 낭떠러지 추락,
혹은 열병으로 인한 죽음과 다를 바 없이,
신의 섭리에 따라 죽음을 맞는 셈이다.

— 데이비드 흄

"진정으로 심각한 철학적 문제는 한 가지뿐이다." 알베르 카뮈는 이렇게 썼다. "그것은 자살이다." 삶이 가치가 있느냐 없느냐를 판단하는 것보다 더 중요한 일이 어디 있을까? 일명 철학의 중대한 문제들 중 그 어떤 것도 이 문제의 무게를 따라올 엄두조차 내지 못한다. "존재론적 논쟁 따위를 위해 죽는 사람은 단 한 명도 보지 못했다." 카뮈는 신의 존재가 필요한지에 관한 끝없는 논쟁을 이렇게 평가했다.

하지만 카뮈가 실존의 가치를 포용한 수준은 당신의 기대에 미치지 못할 수도 있다. 카뮈에게 삶은 부조리했다. 그는 인간의 상황을 그리스 신화의 시시포스에 빗대었다. "신들은 시시포스에게 바위를 산꼭대기까지 굴려서 올리는 벌을 내렸다. 산꼭대기에서 바위는 그 무게 때문에 다시 아래로 굴러떨어졌다." 시시포스는 자기 운명의 부당함과 허무함을 욕하는 대신 운명을 받아들임으로써 행복할 수 있었다. 우리

는 그와 같아야 한다. "꼭대기를 향한 고투 그 자체만으로도 사람의 마음을 가득 채우기에 충분하다."

이러한 세계관 속에서는 삶의 무의미함이 그 핵심이다. 레이 브래드버리의 소설 『화성 연대기』에서 깨달음을 얻은 외계인들의 말마따나 삶은 그 자체로 해답이어야 한다. 여행 자체가 목적지인 것이다.

하지만 카뮈의 삶에 대한 긍정은 삶을 거부하는 사람들에 대한 반론이 아니다. 인생을 살 가치가 없다고 결정하는 것은 비이성의 징조가 아니다. 오히려 지극히 이성적인 판단일 때도 있다. 철학자 발터 벤야민은 1932년 나치 독일을 탈출했다. 그가 카탈루냐의 한 마을 포르트부에 머물던 1940년, 프랑코 장군의 스페인 국민당 정부는 모든 유대인 망명자에게 프랑스로 돌아갈 것을 명령했다. 벤야민은 자신에게 희망이 없다고 판단해 치사량의 모르핀을 복용했다.

벤야민의 결정이 그가 처한 끔찍한 상황에 대한 결단력 있고 합리적인 선택이었음을 섣불리 부정하기는 어렵다. 그의 동생 게오르크가 1942년 마우트하우젠 구젠 강제수용소에서 사망한 것만 봐도 그렇다. 포르트부에 있는 벤야민의 무덤에는, 한나 아렌트가 그의 동료 테오도어 아도르노에게 무사히 넘겨줄 수 있었던 벤야민의 완성된 원고 중 한 구절이 적혀 있다. "문화의 기록 중에는 동시에 야만의 기록이 아닌 것이 없다." 그런 세상을 등진 사람을 누가 비난할 수 있을까?

데이비드 흄은 '나이, 병, 혹은 불행이 삶을 짐스럽게, 소멸보다 더 끔찍한 상태로 바꿔놓을 때' 자살은 완벽하게 합리적인 선택이라고 믿었다. 하지만 기독교, 이슬람교, 유대교, 힌두교 등 많은 종교에서 자살은 죄로 여겨진다. 따라서 이런 종교의 영향을 받은 문화권에서는 자살에 눈살을 찌푸리고 때로는 자살을 불법화한다. 흄은 이러한 금지가 말이 안 된다고 주장했다. 그에 따르면 자살이 신의 뜻을 거스르는 행동이라는 생각은 앞뒤가 맞지 않는다. 우리는 늘 선택을 하고 그로 인해 어떤 일이 벌어질지가 달라지기 때문이다. 자살이라는 선택이 아스피린 복용보다 신의 뜻을 더 거스르는 행동일 이유가 어디 있을까? 신앙인들의 주장대로 모든 일은 신이 그것을 허락하기 때문에 일어난다고 치자. 그렇다면 '내가 칼로 자결할 때 나는 사자의 공격, 낭떠러지 추락, 혹은 열병으로 인한 죽음과 다를 바 없이, 신의 섭리에 따라 죽음을 맞는 셈이다.' 이러한 견해는 너무 급진적이라서 흄은 살아생전에 이 에세이를 출간할 수 있을 거라고 생각하지 못했다.

하지만 자살에 관해 짚고 넘어갈 아주 중요한 사실이 있는데 흄은 이 점을 놓쳤다. 그는 이렇게 썼다. "지킬 만한 가치가 있는 삶을 내던지는 사람은 절대 없을 거라고 믿는다. 죽음에 대한 자연스러운 공포 때문에 우리는 결코 사소한 동기만으로는 죽음을 택하지 않는다." 증거를 살펴보면 이 말은 비참할 정도로 틀렸다. 대부분의 자살은 더는 살 가치가 없다는 침착하고 이성적인 판단의 결과가 아니라, 한바탕의 우울감과 절망감을 느끼던 중에 이루어진다. 모든 자살 시도의 30퍼센트에서 80퍼센트는 충동적으로 발생한다. 한 연구에 따르면 자살 시도를 했다가 살아남은 사람의 90퍼센트는 결국 자살로 죽지 않는다고 한다. 이는 기회가 주어질 경우, 자살하고 싶은 마음은 사그라진다는 것을 의미한다.

자살의 윤리와 가치에 관한 철학적 토론에 적합한 시간과 장소는 따로 있다. 창틀은 그중 하나가 아니다. 당신이나 당신이 아는 누군가가 자살을 고민하고 있다면, 당신이 할 수 있는 가장 중요한 일은 돌이킬 수 없는 선택을 미뤄보려는 노력이다. 삶이 무가치하다는 판단이 정말 옳다면, 그 확신을 실행으로 옮길 기회가 나중에 또 있을 것이다. 하지만 그 판단이 틀렸다면, 당장의 자살 시도는 비극적인 실수가 될 것이다. 어느 쪽의 경우든 간에, 일단 사람을 창틀에서 끌어내리고 철학적 토론은 나중으로 미뤄야 한다.

함께 보면 좋은 주제

목적의식Purpose, 사별Bereavement, 사후세계Afterlife, 삶에 대한 애정Love of life, 우주적 보잘것없음Cosmic insignificance, 의미Meaning, 조력 자살Assisted suicide, 희망Hope

읽을거리

알베르 카뮈, 『시시포스 신화』

데이비드 흄, 『자살에 관하여On Suicide』

자선 | Charity

우리가 누구를 위해 기부할 것인가에 대해 한 번 더 생각해보는 것은 그 자체로 좋은 일이다.

자선단체는 늘 당신의 돈을 원하고, 자선단체가 돕는 사람들은 그 돈을 필요로 한다. 당신은 충분한 돈을 기부하고 있는가? 하지만 더 중요한 질문은 이것이다. 당신은 올바른 자선단체에 기부하고 있는가?

많은 사회에서 공익을 위한 기여, 특히 가난한 사람들을 위한 기여는 세금을 통해 이루어진다. 그것을 넘어선 자발적인 기여를 자선적 기부라고 한다. 종종 '필요 이상의supererogatory 기여'로 여겨지는데, 하면 좋은 일이지만 하지 않더라도 도덕적으로 문제가 되지는 않는다는 뜻이다. 자선에 대한 대다수 사람들의 생각은 이 정도일 것이다.

그럼에도 불구하고, 많은 사람들은 자신이 충분히 기여하지 못하고 있다고 죄책감을 느낀다. 이러한 죄책감에 불을 지피는 것은 공리주의자들이다. 그들은 우리가 최대 다수를 위한 최대 행복에 기여할 때 도덕적으로 올바르다고 믿는다. | 이타주의Altruism 참조 | 그것이 사실이라면

우리 대부분은 더 나은 사회를 위해 충분히 기여하지 못하는 셈이다.

공리주의자이든 아니든 간에, 우리 모두는 최근 등장한 공리주의의 부산물을 통해 뭔가를 배울 수 있다. 바로 '효율적 이타주의effective altruism'다. 공리주의자들은 가장 좋은 결과를 얻는 데 관심을 갖고 있으므로, 그들 중 많은 사람은 최대의 효과를 낼 수 있는 곳에 우리의 자금을 집중시켜야 한다고 주장한다. 이에 따라 여성 교육, 혹은 산과적 누공처럼 잘 알려지지 않은 병을 고치기 위한 저렴하고 효과적인 치료 프로젝트에 기부할 것을 호소한다.

효율적 이타주의에 논란이 없는 건 아니다. 일례로 효율적 이타주의자들은 종종 맹인안내견 양성을 위한 자선단체에 기부하지 말라고 조언하는데, 수백 명의 목숨을 살릴 수 있는 다른 프로젝트에 비해 너무 많은 돈이 들어가기 때문이다. 하지만 우리가 누구를 위해 기부할 것인가에 대해 한 번 더 생각해보는 것은 그 자체로 좋은 일이다.

우리는 종종 그렇게만 하면 모든 문제가 자동으로 해결될 것처럼 '이건 다 자선을 위한 일이야'라는 게으른 생각을 한다. 하지만 자선단체들이 하는 일은 다양하며 그 과정에서 본의 아니게 해를 끼치기도 한다. 우리 중에는 더 많은 돈을 기부할 여력이 되는 사람도 있겠지만, 기부에 앞서 더 나은 단체를 선택하는 것은 누구나 할 수 있는 일이다.

함께 보면 좋은 주제

부Wealth, 의무Duty, 이기심Selfishness, 이타주의Altruism, 쾌락Pleasure

읽을거리

윌리엄 맥어스킬, 『냉정한 이타주의자』

피터 싱어, 『효율적 이타주의자』

자신감 | Self-confidence

나는 똑똑하지 않아서
복잡한 주장을 잘 이해하지 못한다.

— 필리파 풋

'나는 왜 이렇게 현명한가',
'나는 왜 이렇게 똑똑한가',
'나는 왜 이렇게 훌륭한 책을 쓰는가'

— 프리드리히 니체

자기 자신을 믿으면 어떤 목표든 달성할 수 있다. 뭐 그렇다고들 한다. 하지만 TV 경연 프로그램의 첫 회만 봐도, 자신의 희망적 사고와 현실의 괴리 앞에서 눈물짓는 수십 명의 참가자들을 확인할 수 있다. 그럼에도 불구하고, 자기 자신을 믿지 않으면 어디로도 갈 수 없다. 자기기만은 최선을 다할 만한 자신감을 얻기 위해 우리가 지불해야 할 대가가 아니던가?

철학자들의 인생을 살펴보면 꼭 그렇지만도 않다. 비트겐슈타인은 종종 자기회의에 빠졌다. 그가 「갈색 책」의 내용을 처음으로 제대로 된 책으로 엮으려고 했을 때, 그는 '퇴고를 위한 모든 노력은 쓸모없다'라고 썼다. 그는 '가장 중요한 부분은 동의하기 힘들고, 중요한 개념과 충돌하는 것은 물론 당혹감과 무가치한 기분만 안겨준다'라고 생각했다. 20세기 최고의 철학자 중 한 명인 필리파 풋은 이렇게 말했다. "나는 똑똑하지 않아서 복잡한 주장을 잘 이해하지 못한다."

물론 일부 철학자들은 자신감이 차고 넘친다. 니체의 철학적 자서전에는 '나는 왜 이렇게 현명한가', '나는 왜 이렇게 똑똑한가', '나는 왜 이렇게 훌륭한 책을 쓰는가' 같은 제목의 챕터들이 포함되어 있다. 소크라테스는 자신이 아무것도 모른다고 말했지만, 그 덕분에 그는 아테네에서 가장 현명한 사람이 되었다. 델포이 신탁소의 기둥에 적힌 '너 자신을 알라'라는 경구가 증명하듯이.

예술가, 기업가, 혹은 다른 모든 사람과 마찬가지로 철학자의 삶은 최고의 성과를 거두는 것과 자신감 사이에 특별한 관계가 없음을 시사한다. 자신의 잠재력을 달성한 사람들 간의 유일한 공통점이 있다면, 그들은 자신이 하는 일의 가치를 믿으며 그 일에 온전히 매진했다는 것이다. 어느 시점에 그들은 성공의 **가능성**을 믿었겠지만, 그 성공이 **필연적**이라고 생각할 필요는 없었다.

이런 자세에는 일종의 자신감이 요구되는데, 그건 자신의 능력에 대한 자신감이 아니다. 그것은 당신이나 다른 사람들이 가진 의심과 무관하게, 당신이 가장 가치 있다고 판단한 일이 정말로 가치 있다는 확신에 가깝다. 당신의 자아가 최선을 다하기 위해 필요한 자신감은 딱 거기까지다.

함께 보면 좋은 주제
가면증후군Impostor syndrome, 가치Values, 낙관주의Optimism, 동기Motivation, 성취Achievement, 헌신Commitment, 회복력Resilience, 희망Hope

읽을거리
줄리언 바지니, 제러미 스탱룸, 『철학자들이 더 생각하는 것What More Philosophers Think』

자아도취 | Self-absorption

자아실현은 자아초월의 부작용으로서만 가능하다.

— 빅터 프랭클

우리는 자아도취에 빠지기 쉽다. 하루 24시간, 일주일 내내 우리는 우리 자신과 함께한다. 우리가 무엇을 잘못했는지에 대한 부정적인 되새김질이든, 만족을 얻기 위한 긍정적인 노력이든 간에, 자신에 대해 너무 많이 생각하는 것은 우리를 자기중심적으로 만들 뿐 아니라 따분하고 피곤한 인간으로 만든다. 자기 자신이 지긋지긋하게 느껴질 때가 있지 않은가?

이럴 때는 내부가 아니라 외부로 시선을 돌리는 것이 훌륭한 해결책이 된다. 버트런드 러셀은 자신이 나이가 들어 더 큰 행복을 발견하게 된 건 대체로 자아에 대한 '줄어든 집착' 덕분이라고 했다. 그의 관점에 따르면 과학, 자연, 문학처럼 개인과는 무관한 취미를 키우는 것이 행복한 삶을 위한 비결 중 하나다.

빅터 프랭클은 우리가 우리의 에너지와 관심을 내부가 아니라 외부로 향하게 함으로써 우리 자신을 잊을수록 더 인간적인 사람이 될 수 있다고 했다. 그는 "자아실현은 자아초월의 부작용으로서만 가능하다"라고 했다.

물론 더 나은 인간이 되기 위해 어느 정도의 자아성찰은 필요하다. 하지만 우리 자신에게만 계속 관심을 쏟는 것은 지양해야 한다. 역설적이게도 우리가 스스로에게 초점을 맞출수록 우리가 찾던 것을 발견하게 될 가능성은 낮아진다.

함께 보면 좋은 주제
이기심Selfishness, 자기애Self-love, 정신적 삶Inner life

읽을거리
스티븐 호킹, 『시간의 역사』

자아실현 | Self-actualisation

우리는 우리 자신을 '존재하는 인간'이 아니라
'변화하는 인간'으로 여겨야 한다.

— 로저 에임스

당신이 최대한의 잠재력을 발휘해 인생을 산다는 것은 무엇을 의미할까? 많은 사람들은 심리학자 에이브러햄 매슬로가 제안한 것과 같은, 이상적인 버전의 대답을 내놓을 것이다. 그는 '욕구의 단계'를 개발했는데, 제일 바닥에는 생리적 욕구가 있고 그 위로 안전의 욕구, 소속감의 욕구, 존경의 욕구가 있다. 이 피라미드의 꼭대기에는 인간의 모든 욕구 중 가장 높은 단계인 자아실현의 욕구가 있다.

비록 매슬로의 이론이 모든 곳에서 받아들여지지는 않지만, 자아실현 같은 욕구가 종종 아주 강력하다는 것은 사실이다. 그것은 무엇을 의미할까?

가장 넓은 의미에서 자아실현은 가장 완전하거나 진실된 자아가 되는 것이다. 이것은 합리적인 열망이지만, 여기서 두 가지 잘못된 가정을 할 위험이 있다. 첫째는 이 자아라는 것이 실현될 가능성을 품은 채 이미 당신 안에 잠재해 있다는 가정이다. 하지만 그런 자아는 존재하지 않는다. ‖진정성Authenticity 참조‖ 둘째는 자아실현이라는 계획이 본질적으로 자기중심적이고, 심지어 자아도취적이라는 가정이다.

다행히도 이러한 함정을 피해 자아실현에 대해 생각할 수 있는 방법이 있다. 유교 사상에서 가장 중요한 명령은 ‘인격 수양’이다. 최선의 인간이 되기 위해서는 올바른 미덕과 습관을 키우는 지속적인 노력이 필요하다는 뜻이다. ‖인성Character 참조‖ 유교의 자기 수양은 세 가지 면에서 서양에서 흔히 생각하는 자아실현과 차이가 난다.

첫째, 자기 수양은 본질적으로 윤리적인 프로젝트로, 예절, 음악, 활쏘기, 승마, 서예, 수학처럼 전통 유교 사회에서 핵심적인 여섯 가지 기술을 익히는 것이 포함된다. 하지만 어진 성품과 의로움과 예의와 지혜를 갖춘 훌륭한 사람이 되는 것도 여기에 포함된다. 이것은 진정한 자아실현에 필요한 과정이라고 할 수 있다. 제아무리 에베레스트산을 등반하고 CEO가 되고 이름을 날린다고 해도, 자기밖에 모르는 인간은 최대한의 잠재력에 도달했다고 할 수 없다.

둘째, 자기 수양은 ‘진정한 자아’가 어느 정도는 이미 당신 안에 존재하고 있으며 발견되기를 기다리고 있다고 가정하지 않는다. 자아는 만들어져야만 한다. 유교 철학자 로저 에임스는 우리가 우리 자신을 ‘존재하는 인간human beings’이 아니라 ‘변화하는 인간human becomings’으로 여겨야 한다고 말한다. 우리는 결코 완성된 상태일 수 없기 때문이다.

셋째, 자기 수양은 혼자서 할 수 없다. 최대한의 잠재력을 발휘하기 위해서는 이미 자신이 가진 것을 강화하는 데 그치지 않고 외부로부터 기술과 지혜를 얻어야 한다. 에임스에 따르면 우리의 존재는 ‘우리가 속해 있는 가족, 지역사회, 우주 안에서의 역할과 관계에 의해 표현된다.' 유교에 대해 아는 사람이라면 다음 말을 이해할 것이다. "우리는 서로를 필요로 한다. 한 사람만 있으면 사회는 없다."

그 누구도 혼자서는 최대한의 잠재력에 도달할 수 없다. 이 세상 최고의 크리켓 선수는 타인에 의해 개발되었으며 타인이 없다면 무의미할 경기를 타인과 함께 펼쳐나간다. 훌륭한 책도 독자가 없으면 아무 소용없다. 이런저런 분야에서 성공한 사람들은 쟁쟁한 경쟁자들뿐만 아니라 다른 여러 사람들의 어깨 위에 우뚝 서 있으므로 돋보인다.

'잠재력potential'이라는 단어는 '힘'을 뜻하는 라틴어 '포텐티아potentia'에서 유래했다. 유교의 교훈은 우리가 잠재력 발휘에 대해 생각할 때 우리 안에 존재하는 힘만 생각해서는 안 된다는 것이다. 우리는 혼자일 때보다는 여럿일 때 더 큰 힘을 발휘하는 사회적 존재들이다. 따라서 자아실현에서는 생각보다 훨씬 '자아'의 비중이 낮다.

함께 보면 좋은 주제
공동체Community, 성취Achievement, 셀프케어Self-care, 인성Character, 자아도취Self-absorption, 정체성Identity, 필요Needs

읽을거리
로저 에임스, 『유교의 역할 윤리: 용어Confucian Role Ethics: A Vocabulary』

자연 | Nature

모든 것을 고려해볼 때
우리는 자연보다 우위를 점할 수 없다.

— 사가 료긴

스피노자는 17세기 암스테르담에서 신과 자연은 하나이며 동일한 것이라고 주장한 뒤, 무신론자로 낙인찍혔다. 오늘날 세속화된 세계에서 자연은 신과 가장 가까운 것이다. 심지어 우리는 우리가 망가뜨리고 있다고 걱정하는 이 세계를 대지의 여신인 '가이아'의 이름으로 지칭하기도 한다. 이 여신과의 교감은 일종의 구원으로 통하는 길로 묘사되기도 한다. 연구에 따르면 자연 속에 머무는 것은 육체와 정신 건강에 좋고, 많은 사람들은 숲, 동물, 산, 강과의 교감을 통해 깊은 감동을 느낀다. 인간의 마음 속에 자연에 대한 회귀본능이 내재되어 있다는 뜻의 바이오필리아biophilia와 에코필리아ecophilia 같은 용어들은 그런 장소를 향한 우리의 사랑을 지칭하기 위해 만들어졌다.

하지만 선진국에서 '자연'에 대해 생각하는 이런 방식은, 우리가 걱정했던 것보다 궁극적으로 자연과의 괴리가 더 심각하다는 것을 보여준다. 우리가 원하는 자연은 마을이나 도시 내부가 아니라, 건물이 없고 인적이 드문 곳에서 발견된다. 오늘날 '자연natural'과 '인간human'은 거의 반대 개념이 되었다. 우리는 인간의 개입이 덜한 장소, 음식, 혹은 건강 제품일수록 더 자연적이라고 생각한다. 물론 '인간human'과 '비인간non-human'의 구분도 있지만, '자연natural'과 '비자연non-natural'의 차이와 혼동해서는 안 된다.

노르웨이의 아르네 네스는 '자아와 그것의 지리적 배경 사이의 경계를 추적하려는 노력'은 실수에 불과하다고 주장했다. 생태학적 사고의 본질은 '사소한 혹은 거대한 자의 없이는 그것을 둘러싼 환경으로부터 사물을 분리할 수 없다는 주장'이다. 네스에게 자연의 모든 요소(인간적 요소와 비인간적 요소)는 가치와 중요성을 갖는다. 그는 '강(분수령), 지형, 문화, 생태계, 살아 있는 지구'와 관련된 '생태권'에 관해 논한다.

모든 자연의 상호연결성은 비서구권 철학에서 두드러진다. 호주 서부의 은가리닌 부족 출신인 데이비드 모왈자를라는 '패턴 사고pattern thinking'라는 용어를 통해 호주 원주민들이 흔히 자연세계의 모든 것을 다른 모든 것과 연관 짓는 방식을 설명했다. 데보라 버드 로즈는 "원주민의 이해 방식은 생태적 세계관의 경향성을 지닌 비인간 중심의 세계관을 포함한다. 인간은 많은 동식물 중에서, 심지어 무생물 환경 속에서 살아 있는 하나의 생명체일 뿐이다. 우리 모두는 친척이다"라고 말했다.

자연을 이런 식으로 인식하면, 우리는 자연을 뭔가 색다른 존재로 보는 낭만적 정서를 잃고 그 대신 자연은 어디에나 존재한다는 인식이 더 강해진다. 일례로 영국식 조경은 거의 인위적인 결과물이지만, 그렇다고 해서 푸르른 녹지가 덜 자연적으로 느껴지는 건 아니다. 우리는 우리를 둘러싼 자연의 작품에 더 관심을 기울일 수 있다. 변화하는 날씨, 화분에 담긴 식물, 심지어 집집마다 동력을 제공하는 놀라운 자연 에너지인 전기까지.

이 때문에 도시인들의 자연 사랑은 그들의 테크노필리아와 양립이 가능하다. 빌딩이 숲을 이루는 도시는 자연과 단절되어 있는 듯 보이므로, 문명인들의 자연 예찬을 회의적으로 보는 사람도 많다. 하지만 20세기 일본 철학자 사가 료긴은 "모든 것을 고려해볼 때 우리는 자연보다 우위를 점할 수 없다"라고 했다. 자연에 대한 인간의 우위 선점은 상상조차 힘들고, 그건 인간에 대한 자연의 우위 선점도 마찬가지다. 모든 것은 동등한 위치에 놓여 있다. 도시와 기계는 다른 모든 것처럼 자연의 일부다. '자연natural'의 진정한 반의어는 '인공artificial'이 아니라 '초자연supernatural'이다.

자연과 인간의 분리는 어쩌면 신과 우리의 불멸의 영혼이 물질세계가 아닌 더 높은 차원에 속해 있다는 종교적 세계관의 유물일지도 모른다. 이것을 극복하는 것은 현재의 환경 위기에 대한 우리의 인식에 중요한 영향을 미친다. 선의를 가지고 기독교의 메시지를 재해석하려는 많은 신학자들의 노력에도 불구하고, 서구 사회의 문화는 신이 인류에게 자연에 대한 통제권을 주었다는 창조 신화를 기반으로 만들어졌다고 볼 수 있다. 이 신화의 유산으로 인해 환경은 다른 것과 마찬가지로 자원으로 여겨졌다.

네스의 '심층 생태론'은 환경에는 인간의 이익과 무관한, 그 자체의 고유한 가치가 있다고 반박한다. 그는 심층 생태론의 제1강령을 다음과 같이 정의한다. "인간과 비인간 생명체에는 그 자체의 본질적 가치가 있다. 비인간 생명체의 가치는 그것이 인간의 목적을 위해 자연세계에서 얼마나 유용한지와는 무관하다."

하지만 자연에 그 나름의 가치가 있다고 해서 그것이 전적으로 좋다는 뜻은 아니다. 자연과 가까운 문화권 중에서 그런 장밋빛 전망을 기대하는 경우는 없다. 예를 들어 태풍, 지진, 쓰나미의 땅인 일본에서 '자연적인 것이 훌륭하다'라는 환상 같은 건 없다. 자연은 생명과 죽음, 고통과 쾌락, 건강과 질병을 가져오되 그것이 분배되는 방식에는 철저히 무심하다.

자연을 우리보다 나은 것으로 보는 시각이나 우리가 통제할 수 있는 대상으로 보는 시각은, 양쪽 모두 자연을 우리와 다른 무엇으로 인식하는 똑같은 실수라고 할 수 있다. 자연은 인간과는 불가분의 관계이자 인간이 속해 있는 대상이다. 뉴질랜드의 마오리족은 '나는 강이고, 강은 나다'라고 말한다. 따라서 우리가 자연을 위해 무엇을 할 수 있느냐가 아니라, 자연의 일부로서 함께 번영하기 위해 무엇을 할 수 있느냐라는 질문을 던져야 한다. 함께 번영할 수 없다면 결국 멸망하는 쪽은 우리 인간일 것이다. 가이아는 살아남을 것이다.

함께 보면 좋은 주제
우주적 보잘것없음Cosmic Insignificance, 인간 본성Human nature

읽을거리
아르네 네스, 앨런 드렝선, 빌 드발, 『지혜의 생태학The Ecology of Wisdom』

자유 Freedom

현대성의 결정적인 특징 중 하나는 개인의 자유에 대한 광범위한 욕망이다. 오랜 인류 역사에서, 사람들은 가정, 부족, 국가 내에서 자신의 역할을 수행하는 데 만족해왔다. 오늘날 우리는 타인에 의해 우리에게 부여된 역할을 거부하고 자기결정권을 요구한다. 하지만 자유에 대한 갈망은 종종 갈망으로만 남는다. 우리가 추구하는 이 자유는 무엇이며, 왜 이렇게 손에 잡히지 않는 것일까?

자유에 대해 생각해보기 좋은 출발점으로 이사야 벌린의 영향력 있는 에세이 『자유의 두 가지 개념』만 한 것이 없다. 두 개념 중 첫 번째는 '음negative의 자유', 즉 간섭으로부터의 자유다. 그 누구도 당신이 원하는 일을 막지 않을 때 당신은 음의 자유를 느낀다.

현실에서 음의 자유를 얻는다고 해서 할 수 있는 일이 많아지는 건 아닐지도 모른다. 가령 사막 한가운데에서는 절대적인 음의 자유를 누

393

릴 수 있을 테지만, 뭔가를 할 수 있을 만큼 오래 살아남기 힘들 것이다. 그런 상황에서 필요한 것은 원하는 일, 혹은 필요한 일을 할 수 있는 '양positive의 자유'다.

벌린은 양의 자유를 향한 욕망이 '자기 자신의 주인이 되고자 하는 개인의 소망'에서 기인한다고 보았다. 또한 "나는 다른 사람의 의지가 아니라 나 스스로의 수단이 되기를 희망한다"라고 했다. 이는 단순히 사람들이 우리를 내버려두느냐 마느냐의 문제가 아니다. 자기 자신의 주인이 되는 것에는 자원과 자제력도 필요하다.

사막 한가운데에 갇혔다면 잠재적 구조자들에게 손을 내밀어 안전을 확보해야 한다. 하지만 좀 더 평범한 상황에서도 다른 사람들은 중요하다. 삶의 방향을 스스로 결정하기 위해서는 훌륭한 교육, 적절한 임금, 괜찮은 집, 의료 서비스 등이 필요하다. 간단히 말해, 개인이 양의 자유를 누리려면 제대로 기능하는 사회의 구성원이라는 전제조건이 요구된다. 물론 이것은 동시에 법을 따르고 세금을 납부하도록 요구함으로써 당신의 자유를 일부 제한한다.

결정적으로 양의 자유에도, 욕망과 충동의 변덕에 떠밀리지 않고 삶의 방향을 잡아나가기 위해 자제력과 자기인식이 요구된다. 우리는 우리 자신의 '고삐 풀린 열정의 노예' 혹은 '본성의 노예'일 때 실제로 자유롭지 않다.

진정한 자유는 단순히 내가 독립적으로 원하는 일을 할 수 있느냐의 문제가 아니다. 그것은 제대로 기능하는 사회에서 사는 것과 충분한 극기에 달려 있다. 이러한 자유의 좋은 사례는 재즈 즉흥연주다. 재즈 뮤지션들은 악보에 얽매이지 않고 원하는 방향으로 음악을 끌고 나간다. 이 놀라운 자유가 표현되기 위해서는 두 가지가 필요하다. 첫 번째는 사람들이다. 이러한 전통을 공유하는 전직 교사, 다른 밴드 멤버, 재즈계의 거장 등등. 두 번째는 수년간의 연습과 훈련을 통해서만 얻을 수 있는 숙달된 기술이다.

남들을 무시하고 마음대로 사는 것만이 진정한 자유라고 여긴다면, 그 자유를 절대 얻지 못할 것이다. 자유는 공짜가 아니다. 자유에는 사회의 지지와 개인의 노력이 필요하다.

함께 보면 좋은 주제

선택Choice, 소비주의Consumerism, 자유의지Free will, 자제력Self-control, 진정성Authenticity

읽을거리

이사야 벌린, 『자유의 두 가지 개념Two Concepts of Liberty』

자유의지 | Free will

열정을 핑계 삼아, 혹은 결정론적 교리를
만들어냄으로써 도피하는 사람은 자기기만자다.

— 장 폴 사르트르

인생에서 우리가 하는 일을 통제할 수 없는 것처럼 보일 때가 있다. 잔소리하는 부모님에게 짜증을 안 내려고 다짐했다가도 어느새 또 화를 내고 마는 자신을 발견하거나 바람을 피워서 가장 소중한 관계를 스스로 위태롭게 만들었다는 사실을 믿을 수 없다. 친구에게 거짓말을 할 때에는 내 목소리가 마치 남의 목소리처럼 들린다. 이런 순간에 우리에게 자유의지라는 게 있기나 한 건지 의심스럽다.

　대부분의 경우, 우리는 우리가 자유롭게 행동한다고 가정한다. 외부 압력 때문에 원하는 말이나 행동을 맘껏 할 수는 없지만, 선택과 결정은 고유의 능력처럼 보인다. 이것이 우리를 로봇이 아닌 인간으로 만들어준다. 하지만 때로는 그 차이가 희미해진다. 우리는 똑같은 행동을 무한 반복하는 사람들을 보면서 그들에게 다른 방식으로 행동할 능력이 있기나 한 걸까 의심한다. 어떤 사람이 제 부모와 얼마나 닮았는지 말할 때, 우리는 사람의 생각과 행동의 상당 부분이 태어날 때 이미 정해져 있음을 받아들이는 것처럼 보인다.

과학자들은 꾸준히 자유의지에 관해 회의적이었다. 스티븐 호킹은 "우리는 생물학적 기계에 지나지 않고 자유의지는 그저 환영에 불과해 보인다"라고 했다. 알베르트 아인슈타인은 "나는 자유의지를 믿지 않는다"라는 말을 한 번 이상 했다.

많은 사람들은 이것을 불편하게 여긴다. 우리가 근본적으로 누구인지에 관한 인식을 위협하기 때문이다. 자유의지는 철학에서 가장 논란이 많은 문제 중 하나다. 하지만 자유의지에 대한 단순하고 절대적인 부정을 넘어서는 몇 가지 중요한 통찰이 존재한다.

좋은 출발점은 대니얼 데닛이 했던 간단하고 강력한 질문이다. 원할 만한 가치가 있는 것은 어떤 종류의 자유의지인가? 그는 우리가 계속 들어왔던 종류의 자유의지는 원할 만한 가치가 없다고 주장한다. 그 자유의지는 단순히 선택을 하는 능력이 아니라 그 선택의 **궁극적인 시조**ultimate originators가 되는 능력이다. 즉 우리에게 모든 것이 달려 있으며, 우리의 선택은 유전자와 과거 환경의 조합에 영향을 전혀 받지 않는 것이다. 일명 '자유의지론libertarianism'에 따르면 우리의 의지는 우주를 지배하는 일반적인 인과관계의 고리와 무관하다. 따라서 우리는 언제나 실제로 했던 행동 말고 다른 행동을 할 수도 있었다.

언뜻 이것은 자유의지에 대한 상식적인 정의처럼 보인다. 하지만 실제로 이것은 주로 현대 서양 철학에서만 등장하는 개념이다. 고대 그리스, 중국, 인도, 이슬람 세계의 사상, 혹은 아프리카, 호주, 중남미의 구전 철학 중 그 어디서도 발견되지 않는다. 곰곰이 생각해보면, 자유의지론적인 자유의지가 말이 되는 건지 의심스럽다. 생물학, 경험,

상황의 영향을 받지 않는 선택 능력은 자유의 엔진이 아니라 무작위적이고 무의미한 행동의 발생장치에 가깝다. 이는 우리가 진정으로 원하는 것, 다시 말해 우리의 선택이 우리가 누구이며 무엇을 믿고 무엇을 가치 있게 여기는지와 부합하는 것과 정반대라고 할 수 있다. 단지 지금껏 자신이 살아온 삶으로부터 분리되기 위해서 그런 자유의지를 원하는 사람은 없을 것이다.

데닛은 우리가 조금 더 제한적인 자유의지를 원해야 한다고 주장한다. 그것은 인과법칙으로부터 자유로워지는 능력이 아니라 '우리의 기대와 욕망에 비추어 현명하게 행동방향을 정할 수 있는' 능력을 지닌 행위자가 되는 것이다.

데닛의 설명은 '양립가능론compatibilism'의 한 버전이다. 양립가능론은 우리가 자연의 다른 구성요소만큼이나 인과관계의 영향을 많이 받는 생물학적 존재이지만 자유의지도 가지고 있다는 견해다. 양립가능론은 자유의지를 구원할 만큼 우리에게 충분한 자유를 부여하는 걸까? 우리에겐 역량이 없고 실제로 선택을 하는 게 아닐 수도 있다는 점을 걱정하는 거라면, 우선 인간의 의식에 관한 그 어떤 과학적 설명도 그 생각과 일치하지 않는다. 우리가 '뇌'를 인간 전체가 아닌 의사결정 기관처럼 이야기한다고 해도, 뇌가 정보를 처리하고 행동을 유발한다는 것은 분명하다. 우리는 행동한다는 관점에서 행위자다. 자유의지를 부정하는 사람들조차 우리에게 역량이 있음을 부정하지는 않는다. 그 역량의 본질이 무엇인지에 대해 의문을 제기할 뿐이다.

비판가들은 양립가능론이 희석된 형태의 자유의지를 마치 진짜인 것처럼 보기 좋게 꾸며놓는다고 비난한다. 하지만 정말로 소망적 사고를 하고 있는 것은 자유의지 부정론자들일지도 모른다. 우리에게 자유의지가 없다는 믿음은 불편할 수도 있지만, 당신이 무엇을 하든 그 일을 할 수밖에 없고 그래서 누구도 당신에게 책임을 물을 수 없다는 면에서 안심되는 측면도 있다. 사르트르는 인간이 이런 사고방식에 빠지기 쉽고, 따라서 자신의 자유와 그에 따르는 책임으로부터 끊임없이 도피한다고 믿었다. 그는 "열정을 핑계 삼아, 혹은 결정론적 교리를 만들어냄으로써 도피하는 사람은 자기기만자다"라고 썼다.

사르트르의 지적은 자유의지가 실재하느냐에 관한 형이상학적 논쟁보다 더 유용할지도 모른다. 자유의지 부정론자들조차 우리가 마치 자유로운 것처럼 행동하는 것을 어쩔 수 없다고 인정한다. 우리의 믿음은 행동 방식에 영향을 미친다. 스스로가 자유롭다고 믿는 사람은 자유를 부정하는 사람보다 자기 행동에 책임을 질 가능성이 높다.

처음 이야기로 돌아가보자. 끊을 수 없을 것 같은 습관, 충동적인 실수, 순간적으로 느껴지는 통제 불능의 감각. 우리는 외부의 시선으로 자신을 쳐다보며 저땐 저렇게 행동할 수밖에 없었다는 결론을 내릴 수도 있다. 어떤 면에서 우리 생각은 옳다. 하지만 우리가 그런 사람이기 때문에 그런 행동을 했음을 인정하고 책임을 질 수도 있다. ∥책임 Responsibility 참조∥ 이미 벌어진 일을 되돌릴 수는 없지만, 그 결과를 받아들이고 앞으로는 다르게 행동할 수 있도록 교훈을 얻을 수 있다.

ㅈ

함께 보면 좋은 주제

선택Choice, 소비주의Consumerism, 운명Fate, 자기기만Self-deception, 자유Freedom, 자제력 Self-control, 죄책감과 수치심Guilt and shame, 진정성Authenticity, 책임Responsibility

읽을거리

대니얼 데닛, 『엘보우 룸Elbow Room』

자제력 | Self-control

의지가 약한 사람은 쉽게 주의가 산만해지거나
낙담하는 사람. 다음번에 더 좋은 기회가 있을 거라고,
혹은 그 일을 해내기 위한 동기가 충분히 강하지 않았던
거라고 스스로를 설득하는 사람이다.

— 길버트 라일

'술 좀 줄여야지.' '이 회사 때려치울 거야.' '업무 전에 요가를 할 수 있게 알람을 일찍 맞춰놔야지.' 많은 사람들은 진심을 담아서 이런 결심을 한다. 하지만 결과는? 와인을 딱 한 잔만 더 마시겠다는 생각은 거부하기 힘들고, 사직서는 계속 품 속에 있고, 자명종 버튼은 의미 없이 울리다 꺼지고 만다.

일명 의지박약 혹은 자제력 부족이다. 이런 경우, 무엇이 최선인가에 대한 우리의 판단과 그 일을 해내는 데 필요한 의욕 사이에는 균열이 생긴다. 그게 유혹이 됐든 고치기 힘든 습관이 됐든 우리 발목을 잡는 감정이 됐든, 대부분 사람들은 다 경험해보았을 것이다.

이것은 인간의 일반적인 경험이지만, 철학자들은 이것은 이해할 수 없는 것, 심지어 불가능한 것으로 여겼다. 그 철학자들 중 한 명이 플라톤이었다. 『프로타고라스』에서 소크라테스는 말한다. "자신이 따르

고 있는 것보다 더 나은 행동방침이 있음을 알거나 그렇다고 믿는 사람 중에 기존 방침을 고수할 사람은 아무도 없다." 마지막 부분에 플라톤은 사람들이 본인의 성숙한 판단과는 정작 반대로 행동하는 현상을 설명하면서, 우리 영혼에는 길들여지지 않은 말로 묘사되는 어떤 욕구로 이루어진 부분이 있어 이성과 멀어지기도 한다고 했다.

아리스토텔레스는 강한 욕망이 판단력을 흐리게 할 수 있다고 동의했다. 하지만 제멋대로인 동기를 만들어내는 우리의 한 부분은 완전히 비이성적이지 않으며, 그것이 이성의 목소리에 귀 기울이게 할 수도 있다고 주장했다.

두 철학자가 모두 '자아의 부분들'에 대해 언급했다는 사실이 놀랍다. 어떻게 어떤 것을 원하면서 동시에 원하지 않는지에 관한 의문은, 우리의 자아가 한 덩어리의 균일한 존재가 아니라 다양한 관심사를 지닌 여러 부분들로 이루어져 있다고 생각하면 이해하기 쉬워진다. |정체성Identity 참조| 그중 어떤 부분은 즉각적인 만족에 더 관심이 많고 다른 부분은 좀 더 미래를 고려하기 때문에 서로 충돌할 수 있다.

알프레드 멜레는 언뜻 보기에 또 다른 역설, 즉 의지박약의 행동이 이성적인 동시에 비이성적인 이유를 이해하도록 도와준다. 그 행동은 이유가 있다는 측면에서 이성적이다. 그 이유란 것이 꼭 거창할 필요는 없으며 감각적 만족이라는 미끼에 불과할 수도 있다. 그 이유가 무엇이든 간에, 우리가 판단하기에 가장 설득력 있고 결정적인 이유는 아니다. 그런 측면에서 우리의 행동은 비이성적이다.

멜레는 우리가 현명한 판단에 반하는 행동을 하는 데에는 여러 요소가 영향을 미친다고 했다. 중요한 요소는 우리가 보상으로부터 얼마나 가까이 있느냐다. 우리는 멀리 있는 보상보다 가까이 있는 보상을 더 높게 쳐주는 경향이 있다. 일례로 엄격한 식단을 유지하는 것에 대한 보상은 먼 미래에 있고 불확실하다. 반면 브라우니를 먹는 것에 대한 보상은 즉각적이고 확실하다. 이런 경쟁에서 우리는 장기적 이득이 더 가치 있다고 생각하면서도 즉각적 보상을 택하는 경우가 많다.

우리는 스스로에게 (또한 다른 사람들에게) 자제력이 부족한 게 아니라 그냥 마음을 바꿨을 뿐이라며 합리화하곤 한다. '나는 진심으로 다이어트를 할 작정이었지만 또 진심으로 케이크가 먹고 싶어졌어.' 하지만 의지박약은 적극적으로 마음을 바꾸는 것과 다르다. 이때 유용한 테스트는 우리가 단지 가까이 있다는 이유로 그런 선택을 한 건 아닌지 자문해보는 것이다. 그 선택지가 멀리 있을 경우에는 그런 선택을 하지 않을 것 같다면, 그것은 의지박약의 상황에 해당한다.

그렇다면 우리가 인생의 어떤 면에서 자제력이 부족할 경우 어떻게 해야 할까? 첫째, 우리가 해서는 안 되는 일을 똑바로 인식해야 하는데, 그건 바로 의지력에 의존하는 것이다. 여기에는 우리가 갖고 있거나 갖고 있지 않은 '의지력'이라는 것이 세상에 존재한다는 암시가 담겨 있다. 길버트 라일에게 의지의 개념은, 정신의 개념과 마찬가지로, 부당하고 쓸데없이 어떤 능력을 어떤 대상과 혼동하는 것에 불과하다. "의지가 약한 사람은 쉽게 주의가 산만해지거나 낙담하는 사람, 다음 번에 더 좋은 기회가 있을 거라고 둘러대는 사람, 혹은 그 일을 해내기 위한 동기가 충분히 강하지 않았던 거라고 스스로를 설득하는 사람이다." 반대로 의지가 강한 사람은 좌절하거나 산만해지지 않고 하던 일에 계속 매진할 수 있는 사람이다. 그렇다면 우리가 할 일은 이런 능력을 키우는 것이다.

우선은 어떤 일을 하기로 한 결정, 혹은 중단하기로 한 결정이 건전한지부터 확인하면서 모든 관련 요소를 파악해야 한다. 상황을 전체적으로 고려했을 때, 과연 직장을 그만두는 것이 최선의 선택일까?

그런 다음, 우리를 헤매게 만드는 동기를 잘 이해해야 한다. 그것의 실체는 무엇인가? 어쩌면 두려움일 수도 있다. 그것은 적절한가? 그것은 언제 나타나며, 우리의 행동에 어떤 영향을 미치는가?

마지막은 우리가 최선이라고 판단한 결정에 얼마나 매진하느냐의 문제다. 이 과정은 우리가 제멋대로인 동기의 영향을 받지 않을 때 이루어져야 한다. 할 일을 미리 생각하고, 잠재적인 퇴보의 상황을 가늠하고, 올바른 판단에 반하는 행동을 막을 구체적인 조치를 취하는 것이다. 사회과학에서는 이것을 사전조치 전략이라고 할지도 모르겠다. 예를 들어 몸에 안 좋은 음식을 집에 두지 않음으로써 유혹을 차단하는 것이다. 목표 달성 실패에 대한 대가를 높임으로써 판돈을 높이는 방법도 있다. 일례로 어떤 목표를 이루겠다고 공개적으로 맹세하면 체면을 잃지 않기 위해서라도 더 노력하게 된다.

더 효과적인 전략은 중도 포기를 불가능하게 만드는 것이다. 이러한 경우의 전형적인 예는 『오디세이』에 나온다. 율리시스는 마녀 키르케로부터 세이렌들의 섬 근처를 항해할 때 닥칠 위험에 대해 경고받는다. 세이렌들은 그들의 노래로 '그들에게 접근하는 모든 사람을 홀릴 수 있다'라고 전해졌고, '그들 주변에는 인간의 시체가 쌓여 있으며 그 아래에는 살이 썩고 남은 뼛더미가 깔려 있다'라고 했다.

율리시스는 이 신비로운 노래를 들어보고 싶었지만, 섬으로 이끌리는 자기 자신을 의지만으로 막을 수 있다고 생각하지 않았다. 율리우스를 위한 해결책은 그와 선원들이 세이렌들에게 당하는 것을 물리적으로 막는 것이었다. 그는 '밀랍으로 모든 선원들의 귀를 틀어막아 당신을 제외한 그 누구도 세이렌의 노래를 못 듣게 해야 한다'라는 조언을 얻었다. 율리우스 자신은 '돛대에 등을 댄 채 줄로 손발을 묶고 돛대에 몸을 고정시켜야 했다.' 다음번에 마음이 약해질 위기에 처한다면 율리우스를 떠올리기 바란다.

함께 보면 좋은 주제

동기Motivation, 양가감정Ambivalence, 인내Perseverance, 자기기만Self-deception, 자유의지 Free will, 카르페 디엠Carpe diem, 헌신Commitment

읽을거리

알프레드 멜레, 『퇴행: 의지박약의 이해Backsliding: Understanding Weakness of Will』

전쟁 War

> 인간은 의식적 혹은 무의식적인
> 외부로의 폭력 자행 없이는 단 한순간도 살 수 없다.
>
> — 마하트마 간디

불과 몇 세대 전만 해도, 대부분의 선진국 국민은 전쟁에 자신이 직접 참전했거나 주위에 참전한 사람을 알고 있었다. 이제 전쟁은 우리 중 대부분이 경험해보지 못한 사건이 되었다. 하지만 실제로는 (분류 기준에 따라 다르겠지만) 2차 세계대전 이후 미국과 영국은 각각 14~38건과 약 30건의 무력 충돌에 참여했다. 우리는 시민으로서 스스로에게 질문을 던져야 한다. 우리는 언제 이런 군사 충돌을 지지해야 하고, 언제 반대해야 하는가?

절대적 평화주의는 간단한 답이 될 수 있겠지만, 전쟁이 전혀 없는 세상이 가능하다고 말하는 사람은 거의 없다. 비폭력을 강조했던 간디조차 순수 평화주의는 우리가 추구해야 할 이상이지만 결코 완전히 성취될 수 없다고 인정하며 이렇게 말했다. "인간은 의식적인 혹은 무의식적인 외부로의 폭력 자행 없이는 단 한순간도 살 수 없다."

대부분 사람들은 전쟁을 유감스럽지만 필요한 일로 여긴다. 전쟁의 윤리를 지배하는 원칙에는 논쟁의 여지가 있으나 수세기에 걸쳐 주목할 만한 합의가 이루어졌다. 이것을 공정한 전쟁 이론Just War Theory이라고 부른다. 이 이론의 기원은 성 아우구스티누스의 기독교 윤리로 거슬러 올라가지만, 현대판 버전은 대부분 세속적이다.

공정한 전쟁 이론은 두 부분으로 나뉜다. 하나는 '전쟁 중의 정의jus in bello'다. 넓은 의미에서 이것은 모든 교전 당사자들이 비례적인 무력을 사용하고 군인과 민간인을 분별할 것을 요구한다. 많은 사람이 이런 이론적 원칙에 동의하지만, 현실에서는 무시되는 경우가 잦다.

더 근본적인 것은 '전쟁에 이를 때까지의 정의jus ad bellum'이다. 이 원칙의 여러 기준도 널리 인정받고 있다. 전쟁은 정당한 명분을 위해 치러져야 하고, 최후의 수단이어야 하고, 적절한 권위자에 의해 선포되어야 하고, 올바른 의도를 지녀야 하고, 합리적인 수준의 승전 가능성이 있어야 하며, 무력 규모가 비례적이어야 한다.

하지만 두 갈래의 원칙을 노골적으로 위반한 사례를 찾는 건 어렵지 않다. 일례로 1990년 사담 후세인의 쿠웨이트 침공은 아무런 정당한 명분 없이 땅과 자원을 손에 넣기 위한 도발이었다. 베트남전에서 널리 사용된 고엽제와 네이팜탄은 비례와 분별의 원칙을 위반한 사례다.

이러한 원칙의 명확함은 실전으로 들어가면 더욱 모호해진다. '최후의 수단'은 간단해 보이지만, 사람들이 잔인한 정권으로 인해 고통받고 있다면 행동에 나서기 전까지 얼마나 참고 기다려야 한단 말인가? 민간인의 부상과 사망을 피하는 건 분명히 옳은 일이지만, 적군이 주택가에서 작전을 수행 중이라면 어쩔 것인가?

정의로운 전쟁 원칙은 이 싸움이 정당한가를 판단하는 손쉬운 알고리즘을 제공하지 않는다. 하지만 이것은 우리가 전쟁 및 평화와 관련된 어려운 판단을 내릴 때 유용한 일련의 확인사항과 질문들을 제공한다. 다음번에 반전 시위 혹은 군사 개입을 촉구하는 시위에 참여하게 된다면, 정당한 전쟁의 기준을 바탕으로 시위 참여의 근거를 따져보길 바란다.

함께 보면 좋은 주제

권위Authority, 딜레마Dilemmas, 시위Protest, 애국심Patriotism

읽을거리

리처드 노먼, 『삶의 품격에 대하여』

마이클 왈저, 『전쟁과 정의』

정신건강 | Mental health

개인이 자신의 잠재적인 가능성을 실현하고,
삶의 정상적인 스트레스에 대처할 수 있고,
생산적이고 보람차게 일할 수 있고,
자신의 지역사회에 기여할 수 있는 웰빙의 상태.

-세계보건기구

최근 정신건강에 대한 인식이 빠르게 커지고 있다. 조사에 따르면 매년 네 명 중에 한 명은 정신건강 문제를 겪는다고 한다. 하지만 인식 확대는 그 자체로 정신건강에 대한 더 깊은 이해와 같지는 않으며, 정신건강에 관한 생각이 통계의 주장처럼 명확하지는 않다고 볼 만한 이유들이 있다.

현재의 상식적인 견해는 정신적 장애가 육체적 장애만큼이나 실질적이고 객관적이며 분류 가능하다는 것이다. 하지만 여기에 대한 의문이 제기되어왔다. 토머스 사즈에 따르면 정신질환의 개념은 신체질환과 근본적으로 다르다. 신체질환은 '신체의 구조적, 기능적 온전함이라는 명확히 정의된 표준 상태로부터의 이탈'을 포함한다. 우리는 제대로 작동하는 심장이 어떤 것인지 알고 있고, 심장이 제대로 작동하지 않을 경우 뭔가 잘못되었다는 것을 알아차린다. 반면 정신질환의 개념은 '윤리적, 법적, 사회적' 기준에 따라 측정되므로, 필연적으로 가치판단에 근거한다. 이러한 논리를 통해 사즈는 정신질환이 신화라는 결론에 도달했다.

정신과의사이자 철학자인 빌 풀포드를 비롯한 이들은 신체질환과 정신질환 모두 가치에 근거한다고 주장했다. 풀포드는 R.M.헤어의 연구를 인용해 이 부분을 설명했다. 헤어에 따르면 가치 용어는 설명적 요소와 평가적 요소를 가지고 있다. 예를 들어 좋은 딸기(평가)는 달콤하고 벌레 먹은 곳이 없는 등(설명) 특정한 기준을 충족해야 한다.

여기서 중요한 부분은 어떤 평가적 요소가 널리 공유된 경우, 그것이 설명적 요소로 보인다는 것이다. 개인적으로 딸기를 좋아하든 좋아하지 않든 간에, 좋은 딸기가 어떠해야 하는지는 명확해 보인다. 하지만 '좋은 그림'처럼 서로 의견이 갈리는 경우, 우리의 판단은 확실히 더 가치판단에 치우치게 된다.

풀포드에 따르면 이런 규칙이 건강과 질병에도 적용된다. 육체적 건강이 비교적 객관적이고 명쾌해 보이는 이유는 만족스러운 신체 기능에 대해 더 많은 합의가 존재하기 때문이다. 하지만 이것은 여전히 가치판단이 이루어지고 있다는 사실을 감춘다. 일례로 일부 청각장애인들은 듣지 못하는 것이 장애가 아니라, 단지 다른 형태의 능력을 갖춘 것이라고 주장한다.

정신질환의 경우 정상의 기준과 병증으로 여겨져야 할 것에 관해 더 다양한 견해가 존재하므로, 분명히 더 가치판단에 의존한다. 풀포드는 이 때문에 반反정신의학 운동은 있어도 반反심장학 운동은 없는 것이라고 설명한다.

현재의 관행에 따르면, 정신질환 진단은 증상의 객관적인 설명에 기초한다. 하지만 그 설명에는 정상의 기준에 대한 암묵적 판단이 포함되므로, 그것은 단순히 설명적인 것이 아니라 사실상 평가적이다. 일례로 세계보건기구WHO는 일반적으로 정신질환이 '비정상적인 생각, 감정, 행동, 대인관계의 혼합으로 특징지어진다'라고 규정한다.

하지만 무엇이 정상인지에 대한 생각은 변하고, 그에 따라 긍정적이거나 부정적인 평가도 바뀐다. 미국 정신의학회는 1973년에야 동성애를 정신병 목록에서 삭제했다. 현재 '신경다양성'에 관한 많은 논의가 진행 중이며, 아스퍼거장애와 환청을 병리학적 증상이 아니라 그저 남들과 다른 것으로 봐야 한다는 견해도 있다.

몸의 문제와 마음의 문제의 차이에도 불구하고, 신체와 정신의 건강은 비트겐슈타인의 말처럼 '가족 유사성'을 지니고 있기 때문에 같은 단어를 사용해 이 두 가지에 대해 말할 수 있다. 하지만 양쪽의 공통점에 주목하는 것이 어떤 면에서는 유용하겠지만, 그로 인해 서로의 차이점이 모호해져서는 안 된다.

이것이 왜 중요할까? 이런 문제를 생각하는 방식은 우리가 자기 자신과 타인의 정신건강에 관여하는 방식에 긍정적 혹은 부정적인 영향을 미치기 때문이다. 물론 당신이 정신건강과 관련된 어떤 문제를 겪고 있다면, 그것을 실질적인 것으로 받아들이고 도움을 구해야 한다. 하지만 무엇이 정상인지에 관해 너무 많은 가정을 하는 것을 피해야 한다. 일반적인 기준에서 벗어난 방식으로 번영하는 삶을 사는 것도 가능하다는 것을 기억하자. 비트겐슈타인은 많은 면에서 고통받는 영혼이었고 정신건강의 교과서적인 사례는 아니었다. 하지만 그는 죽음을 앞두고 스스로 '경이로웠다wonderful'라고 표현할 만한, 아주 의미있는 삶을 살았다.

세계보건기구는 정신건강을 '개인이 자신의 잠재적인 가능성을 실현하고, 삶의 정상적인 스트레스에 대처할 수 있고, 생산적이고 보람차게 일할 수 있고, 자신의 지역사회에 기여할 수 있는 웰빙의 상태'라고 정의한다. 이 정의는 우리가 추구할 만한 이상으로는 괜찮지만, 이것이 완전한 정신건강이라면 완벽히 건강한 사람은 거의 없을 것이다. 비현실적인 기준을 채택하는 것은 우리 자신을 괴롭히는 짓밖에 되지 않는다.

ㅈ

함께 보면 좋은 주제

건강과 질병Health and illness, 멜랑콜리Melancholy, 불안Anxiety, 스트레스Stress

읽을거리

토머스 사즈, 『정신질환의 미신The Myth of Mental Illness』

정신적 삶 Inner life

이 삶에서 모든 희망을 잃고 내 영혼을 위한 양식을
지상에서 찾을 수 없을 때,
나는 서서히 영혼의 물질로 영혼을 배불리고
내 안에서 모든 자양분을 찾는 법을 배웠다.

– 장 자크 루소

장 자크 루소는 천재였을지 모르나 거만하고 오만하고 편집증적이었다. 거의 모든 친구가 결국 그를 포기했고, 그는 자신이 잔인하고 부당한 세상의 희생자라고 생각하며 시골에서 은둔자로 살았다. 하지만 이처럼 스스로 자초한 망명생활은 그에게 '내 영혼과 대화하는 즐거움'에 관한 귀한 교훈을 가르쳐주었다.

루소는 이것이야말로 '다른 사람이 내게서 빼앗아갈 수 없는 유일한 즐거움'이라고 했다. 더 정확하게 말하자면 그에게 남겨진 유일한 즐거움이라고 해야 할지도 모른다. 하지만 이 자기연민의 묘사는 정신적 삶을 풍요롭게 키워나가야 할 중요한 이유를 잘 보여준다. 그것은 세상 그 누구도 우리에게서 빼앗을 수 없는, 드물게 훌륭한 것이기 때문이다.

그렇다면 정신적 삶은 어떻게 발전시킬 수 있을까? 우선 당신이 간과하거나 소홀히 했던 내면의 자원을 찾는 일부터 시작해야 한다. 루소는 "이 삶에서 모든 희망을 잃고 내 영혼을 위한 양식을 지상에서 찾을 수 없을 때, 나는 서서히 영혼의 물질로 영혼을 배불리고 내 안에서 모든 자양분을 찾는 법을 배웠다"라고 했다.

둘째, 책, 영화, 미술, 음악, 세상에 대해 의식적으로 관찰하면서 마음을 살찌워야 한다. 이렇게 할 때 정신적 삶은 오로지, 혹은 대체로 내면만을 향하지 않게 된다. 성찰하는 습관은 우리가 더 날카로운 시각과 통찰력으로 세상을 볼 수 있게 돕는다.

생각과 경험만으로 시뮬레이션하는 능력을 기른다면, 절대 생활이 지루해지거나 삶에 대한 흥미가 떨어질 일이 없다. 따라서 정신적 삶은 자족의 놀라운 원천이다. 행복이 우리의 생각만큼 타인에게 달린 일이 아님을 배울 수 있다. 어느새 "고독과 명상의 시간은 하루 중 유일하게 내가 온전히 나 자신이자 나의 주인일 수 있는 시간이다"라고 했던 루소의 말을 똑같이 되뇌게 될지도 모른다.

함께 보면 좋은 주제

고독Solitude, 단순함Simplicity, 마음챙김Mindfulness, 셀프케어Self-care, 속도 늦추기 Slowing down, 자기인식Self-knowledge

읽을거리

장 자크 루소, 『고독한 산책자의 몽상』

정의 | Justice

완벽한 정의가 부재하는 이유는 단지 불완전한 세상에 살고 있어서가 아니라, 종종 정의의 다양한 요구를 모두 충족하는 것이 불가능하기 때문이다.

— 아마르티아 센

크든 작든 어떤 불의의 대상이 되는 것은 정말 견디기 어렵다. 하지만 가십을 통한 부당한 명예훼손이 됐든, 이혼이나 상속 과정에 정당한 몫을 못 받게 됐든, 다른 사람에게 속아 기회를 놓쳤든 간에, 우리는 불의를 마주칠 수밖에 없다.

정의의 감각은 철학자들에 의해 만들어진 것이 아니다. 이것은 타고난 감각처럼 보인다. 프란스 드 발 같은 영장류 학자들은 다른 원숭이가 더 많이 보상받는 것을 목격한 원숭이는 보상을 거부한다는 것을 발견했다. 어린아이들은 누가 공정성의 개념을 알려주기도 전에 벌써 '그건 불공평해요!'라고 불평한다. 우리는 아이들에게 인생은 공평하지 않음을 알고 받아들여야 한다고 말하는데, 이건 어느 정도는 사실이다. 하지만 그것으로 끝나지는 않는다. 이사야 벌린은 철학자들을 '끈질기게 어린애 같은 질문을 던지는 사람들'이라고 정리한 적이 있

414

다. 그런 질문 중 하나가 바로 '정의란 무엇인가?'이다.

이 질문에 대한 첫 번째 대답 중 하나는 플라톤에게 냉대를 받았다. 『국가론』에서 폴레마르코스는 소크라테스에게 정의는 사람들에게 정당한 권리를 주는 것이라고 제안한다. 소크라테스는 이것을 갈기갈기 찢어버린다. 이런 대답은 틀린 것은 아니지만 절망적일 정도로 막연하다. 폭언이 오가는 이혼 과정에서 양측이 정당한 권리를 인정받아야 한다는 데 반대할 사람은 없다. 다만 그 정당한 권리가 무엇인지에 관한 견해가 충돌할 뿐이다. 정의의 모든 문제는 누구에게 어떤 권리가 있고 그 이유는 무엇인가이다.

하지만 정의에 대한 플라톤의 설명은 불완전하고 불만족스럽다. 정의로운 상태는 적절한 질서가 존재하는 상태인데, 플라톤에 따르면 이것은 철학자가 통치를 맡되 통치자, 군인, 노동자가 각자의 역할에 충실한 사회를 뜻한다. 『국가론』의 주요 업적은 미래의 철학자들이 정의에 관해 더 나은 정의를 내릴 수 있는 판을 깔아주었다는 것이다.

그중 가장 영향력 있는 것 하나는 존 롤스의 자유주의적 견해다. 롤스는 정의에 관한 우리의 가장 깊은 직관을 밝히기 위해 사고실험을 고안했다. 당신이 '무지의 베일' 뒤에 숨어 사회 구성원 중 누가 무엇을 가져야 할지 결정해야 하고, 이 모든 분배가 끝난 뒤 자신이 어떤 위치에 놓이게 될지 모른다고 가정해보자. 이에 따라 당신은 부유한 국가의 중산층 가정에 태어날지, 개발도상국의 가난한 농부로 태어날지 알 수 없다. 롤스는 이런 상황에서 사람들은 상당히 평등하게 분배할 수 있다고 생각했다.

이 사고실험은 좀 더 개인적인 맥락으로 옮겨질 수 있다. 진심으로 공정한 합의이혼을 하고 싶다면, 당신이 얻게 될 것에 대해서는 생각하지 말아야 한다. 대신 같은 상황에 놓인 다른 누군가에게 무엇이 공정할지 상상해보라. 그래도 당신이 처한 상황밖에 떠오르지 않는다면 스스로 상대편의 입장에서 생각해보라.

롤스의 무지의 베일은 좀 더 공정한 사고를 가능하게 해주는 하나의 도구일 뿐이지만, 공정함의 열쇠처럼 보인다. 공정함의 개념에 여전히 명확한 정리가 없는 것처럼 보인다 하더라도, 그건 철학자들이 생각하는 것만큼 심각한 문제가 아닐지도 모른다. 아마르티아 센은 우리가 완벽한 정의의 개념을 찾는 데 너무 집착해왔다고 주장한다. 대부분의 경우, 우리는 그런 것 없이도 잘 산다. 더 거칠게 말하자면, 원숭이와 어린아이와 마찬가지로, 우리 모두는 명백한 불의를 보자마자 바로 알아차린다.

덜 명백한 불의의 경우, 센은 항상 충돌하는 여러 종류의 정의가 존재하는 것이 문제라고 말한다. 그는 우리에게 세 아이 중 어느 아이에게 하나뿐인 플루트를 줄 것인지 묻는다. 다른 장난감이 하나도 없는 아이에게 줄 것인가? 유일하게 플루트를 연주할 줄 아는 아이에게 줄 것인가? 이 플루트를 직접 만든 아이에게 줄 것인가? 이 질문에 답하기 위한 알고리즘은 없다. 각각의 선택은 정의의 한 측면을 만족시키지만 다른 측면들과 상충한다. 정의는 공정한 결과, 공정한 기회, 혹은 공정한 과정일 수 있고, 때로는 이 모든 측면이 각각 다른 방향을 가리키기도 한다.

자신이 희생자처럼 느껴질 때, 그 상처와 분노가 세상에서 가장 자연스러운 감정 중 하나임을 알고 안심해도 된다. 하지만 더 객관적인 견해를 유지하려고 노력함으로써 혹시 그 부당함의 감정이 이기적인 편견에 의한 왜곡은 아닌지 점검해봐야 한다. 만약 왜곡이 아닐 경우,

센의 지적을 기억하는 것이 좋다. 완벽한 정의가 부재하는 이유는 단지 불완전한 세상에 살고 있어서가 아니라, 종종 정의의 다양한 요구를 모두 충족하는 것이 불가능하기 때문이라고.

이 모든 과정을 거친 뒤에도 실질적이고 불가피하며 심각한 불의가 존재한다고 생각된다면, 현실적인 문제가 남는다. 이것은 이길 수 있는 싸움인가? 혹은, 실패하더라도 해볼 만한 가치가 있는 싸움인가? 이 질문에 '그렇다'라고 답할 수 있는 싸움을 위해 힘을 많이 아껴두자. 바로잡을 수 있는 종류의 심각한 불의와 싸우는 것은 고귀하지만, 바로잡을 수 없는 종류의 사소한 불의와 싸우는 것은 순전히 시간 낭비, 에너지 낭비이므로.

함께 보면 좋은 주제
경쟁Competition, 사내 정치Office politics, 옳고 그름Right and wrong

읽을거리
존 롤스, 『정의론』
아마르티아 센, 『정의의 아이디어』

정체성 | Identity

한 명의 인간은 아무런 모순 없이 미국 시민인 동시에
카리브해 출신, 아프리카 혈통, 기독교인, 진보주의자,
여성, 역사학자, 소설가, 페미니스트, 이성애자,
게이와 레즈비언의 권리를 지지하는 사람, 영화 애호가,
환경운동가, 테니스 마니아, 재즈 뮤지션일 수 있다.

– 아마르티아 센

나는 누구인가? 이것은 우리가 던질 수 있는 가장 근본적인 질문 중 하나이다. 우리는 이 질문에 충분히 대답했다고 생각하면서도 종종 다시 돌아오곤 한다. 정체성의 위기는 다양한 이유로 발생한다. 자녀가 집을 떠나면 더 이상 부모로서의 역할이 최우선이 아니게 되고, 그 빈자리를 무엇으로 채워야 할지 고민하게 된다. 평소 자신을 '성공적인 전문가'로 여기지 않았을지 몰라도, 경력이 무너지는 순간이 오면 정체성의 상실로 인한 아픔을 겪는다.

사물에 이름표를 붙여 카테고리 별로 분류해두면 세상 사는 일이 더 쉬워 보인다. 몸이 아플 때 치료약 다음으로 도움이 되는 것은 보통 진단이다. 고통에 이름을 붙일 수 있기 때문이다. 우리는 다른 사람들이 명확하고 주된 정체성을 갖고 있다고 속단하기 쉽다. 예술적인 알렉스, 지적인 스테프, 스포츠를 즐기는 스파이스, 건설업자 밥. 이것을

본질화 충동essentialising impulse, 즉 모든 것에 명확한 불변의 본질을 부여하고자 하는 욕망이라고 부른다. 우리 자신에게도 이와 같은 행동을 하기 쉽다. 월트 휘트먼의 말처럼 우리 모두는 '다양한 모습을 갖고 있다'라는 것을 잘 알면서도.

"인간이 모순들의 더미가 아니면 무엇이란 말인가!" 데이비드 흄의 글이다. 그가 '더미'라는 표현을 선택한 것은 의미심장한데, 그가 다른 글에서 자아를 '인식들의 묶음'으로 묘사했기 때문이다. 자아에는 절대 불변의 단순한 본질이 없다. 자아는 늘 변화하는 생각과 감각의 연속이다. 이러한 유동성은 당신의 정체성이 시간의 흐름에 따라 변할 뿐 아니라, 그 어떤 순간에도 단순하거나 일원적이지 않다는 뜻이다.

아마르티아 센에 따르면 정체성은 '필연적으로 다원적'이다. "한 명의 인간은 아무런 모순 없이 미국 시민인 동시에 카리브해 출신, 아프리카 혈통, 기독교인, 진보주의자, 여성, 역사학자, 소설가, 페미니스트, 이성애자, 게이와 레즈비언의 권리를 지지하는 사람, 영화 애호가, 환경운동가, 테니스 마니아, 재즈 뮤지션일 수 있다."

하지만 우리는 일반적으로 센이 '고립주의적solitarist' 정체성이라고 명명한 신화에 사로잡혀 있다. 즉, 하나의 주된 정체성이 있고 이것이 나머지 전부를 지배한다는 것이다. 우리는 때로 그 정체성이 무엇인지 정확히 알고 있다. 특히 그 정체성이 어떤 위협에 대한 반응일 경우에는 더더욱 그러하다. 일례로 이성애자들은 대체로 본인의 성 정체성을 주된 정체성으로 여기지 않지만, 차별이나 박해를 받는 동성애자들에게는 성 정체성이 훨씬 큰 의미를 갖게 된다. 종교적 정체성은 모두가 같은 종교를 믿는 사회에서는 덜 중요하지만, 내가 종교적 소수자인 사회에서는 훨씬 더 강력해진다.

인생이 순조로울 때는 어떤 주된 정체성도 의식하지 못할 수 있다. 그럼에도 우리는 어떤 정체성을 안고 살아간다. 직장에서 해고되거나 이혼하거나 사랑하는 사람을 잃는 아픔을 겪을 때, 우리는 늘 당연하다고 여겼던 정체성을 위협받게 된다.

정체성에 대한 센의 관심은 주로 정치적인 것이다. 그는 고립주의적 정체성이 원주민과 이민자, 개신교도와 가톨릭교도 사이의 갈등을 조장한다고 우려했다. 하지만 고립주의적이고 본질화된 정체성은 개인뿐 아니라 사회의 안녕에도 독이 될 수 있다.

이것이 정치적인 문제이든 개인적인 문제이든 간에 나아가야 할 방향은 같다. 당신 자신이나 타인을 하나의 정체성으로 보지 말라. 여러 정체성이 가진 다양성과 유동성을 인정하라. 또한 정체성들 간에 발생하는 긴장은 복잡한 인간으로 살아가는 데 중요한 부분임을 받아들여라. '나는 누구인가?'라는 질문에 한 문장으로 답할 수는 없다. 그 답은 우리가 생각하고 느끼고 행하는 모든 것들의 어수선한 총체 속에서 발견된다.

함께 보면 좋은 주제

공동체Community, 변화Change, 자기인식Self-knowledge, 진실함Integrity, 진정성Authenticity

읽을거리

줄리언 바지니, 『에고 트릭』

아마르티아 센, 『정체성과 폭력』

정치 Politics

> 우리는 우리의 유산을 파괴할 천부적 권리가 없으며,
> 늘 끈기 있게 질서의 목소리에 귀 기울이고
> 질서 있는 생활을 모범으로 삼아야 한다.
>
> – 로저 스크루턴

최근까지만 해도 우리는 자기 자신이나 다른 사람들이 정치적으로 어느 쪽인지 알고 있는 듯 보였고, 각자 정치적 위치가 같지 않다는 것을 받아들였다. 그러나 오늘날 전 세계의 정치는 분열되고 불안해지고 예측 불가능해졌다. 오래된 이념적 지도는 업데이트가 필요한 것일까? 아니면 완전히 새로 만들어야 할까?

수 세기 동안, 대다수 철학자들은 군주제 혹은 귀족제의 장점을 옹호하고 민주주의를 깎아내렸다. 하지만 20세기 초에 들어, 자유민주주의와 새로운 이념인 공산주의가 승기를 잡기 시작했다. 마르크스는 사유재산을 불법화하는 급진적인 평등주의를 옹호하며 "능력에 따라 일하고 필요에 따라 받는다"라는 원칙을 내세웠다. 하지만 이 원칙을 적용하려면 우선 국가가 엄청난 권력을 취하는 방법밖에 없었다. 유럽 공산주의의 붕괴는 자유와 강력한 정부는 양립될 수 없다는 견해에 힘

을 실어주는 듯했다. 프리드리히 하이에크는 그 문제를 이렇게 요약했다. "나의 이웃 혹은 나의 고용주일 수도 있는 백만장자가 나에게 행사하는 권력은, 국가의 강압적 권력을 휘두르며 그의 재량에 따라 나의 삶과 노동의 여부 및 방식을 결정하는 말단의 공무원이 행사하는 권력보다 훨씬 미약하다."

민주주의 국가에서 핵심적인 질문은 '어떤 정치 체제가 최선인가?'가 아니라 '민주 정부가 어떤 정책을 실시하느냐?'가 되었다. 또한, 좌파에서 우파에 이르기까지 정치적 스펙트럼이 제법 명확해 보인다.

왼쪽으로 치우친 민주사회주의는 공산주의와는 거리를 두었지만 더 큰 평등과 공적 소유를 옹호한다는 공통점을 지녔다. 민주사회주의에 가장 강력한 지적 이의를 제기한 것은, 본인의 노동에 대한 결실을 소유할 권리가 그 무엇보다 중요하다고 주장한 로버트 노직 같은 자유지상주의자들이었다. 그는 "'폭력, 절도, 사기, 계약 집행 등으로부터의 보호'라는 좁은 기능으로 역할이 제한된 작은 정부는 정당하지만 그보다 더 큰 정부는 특정한 일을 강요당하지 않을 사람들의 권리를 침해할 것이며 따라서 정당하지 않다"라고 했다.

전통적인 보수주의자들은 다른 이유로 사회주의와 맞섰다. 그들은 에드먼드 버크의 발자취를 따라, 사회는 진화하는 생태계이며 급진적 원칙에 따라 마음대로 재건할 수 있는 대상이 아니라고 주장했다. 평등은 압제 국가에서만 강요될 수 있다. 로저 스크루턴은 "인간의 업적은 드물고 위태롭다"라며 "우리는 우리의 유산을 파괴할 천부적 권리가 없으며, 늘 끈기 있게 질서의 목소리에 귀 기울이고 질서 있는 생활을 모범으로 삼아야 한다"라고 했다. 완벽하지만 불가능한 평등을 얻기 위한 파괴적인 시도보다는 불완전한 불평등이 낫다.

자유지상주의자들(그리고 그들의 가까운 친척인 경제적 자유주의자들)과 버크 계열의 보수주의자들은 모두 우파로 분류되는데, 그들이 강력한 정부 규제와 경제 간섭에 반대하기 때문이다. 하지만 이 두 부류에게는 결정적인 차이가 있다. 이름을 통해 짐작할 수 있겠지만, 전통적인 보수주의자들은 보수적이고, 급격한 변화를 싫어한다. 반면 자유지상주의자들은 정부의 통제를 받지 않는 자유로운 개인과 시장에 의한 창조적 파괴를 환영한다.

극우와 극좌 사이에서 균형 잡기에 나선 진보주의는 자유에 대한 제한 없이 더 큰 평등을 추구했다. 대표적인 인물인 존 롤스는 우리 모두가 '무지의 베일veil of ignorance' 뒤에서, 다시 말해 우리의 사회적 위치를 알지 못하는 상태에서도 동의할 수 있는 것만이 공정한 부의 분배라고 주장했다. 그는 만약 그런 상황이라면 우리는 '모든 사람들, 그리고 특히 사회적 약자들에게 혜택을 가져다주는' 불평등에만 동의할 것이라고 믿었다. ┃ 정의Justice 참조 ┃

21세기 초, 많은 사람들의 눈에는 자유민주주의가 유일한 승자처럼 보였다. 프랜시스 후쿠야마의 유명한 선언처럼 우리는 '역사의 종언end of history'에 도달한 것이다. 20세기 초에는 전 세계에 민주주의 국가가 몇 개뿐이었지만, 2000년이 되어서는 거의 90개국으로 늘었고 나머지 독재국가들의 붕괴도 시간문제처럼 보였다. 얼마나 왼쪽 혹은 오른쪽으로 기울어진 정부가 들어서느냐의 문제일 뿐이었다.

그러다가 이상한 현상이 나타났다. 수십 년간 같은 진영을 지지해왔던 유권자들이 기존 정당을 버리고 새로운 정당을 지지하거나 편을 바꾸기 시작한 것이다. 계급 분열은 문화적 분열로 교체되었다. 세계화의 혜택을 누리던 대도시의 범세계주의자들은 그동안 소외되었던 소도시 및 시골 주민들과 대립했다. 현실과 동떨어진 엘리트 계층과 '대중the people' 간에 새로운 분열이 생겨났다.

대중을 대변한다고 주장하는 정치인들이 좌, 우, 중도에서 모두 나오고 있지만, 이들은 전부 대중주의자populist로 분류될 수 있다. 대중주의populism는 본인의 이권을 사수하려는 정치적 엘리트들이 어떻게든 꺾으려고 애쓰는 '대중의 의지'가 있다고 주장한다. 대중주의자들은 복잡할 수밖에 없는 문제에 단순한 해결책을 제시하고, 그들이 대중의 의지라고 보는 것이 실은 '일부' 대중의 의지라는 사실을 무시하는 경향이 있다.

니체는 이러한 대중의 의견에 대한 옹호를 아주 못마땅하게 여겼을 것이다. 그에게 대중성은 평범성을 의미했다. 제일 잘 팔리는 햄버거, 노래, 책은 그 나라의 전 국민은커녕 그 누구에게도 최고로 꼽히지 않을 수 있다. 그건 그저 가장 보편적인, 어쩌면 가장 얄팍한 매력을 가진 상품이다. 니체는 이처럼 가장 흔한 것을 맹목적으로 수용하는 '군중'을 비판했으며, 이들이 '귀하고 낯설고 특별한 모든 것, 고귀한 인간, 고귀한 영혼, 고귀한 의무, 고귀한 책임, 능력과 숙달의 창의적 충만함과의 전쟁'에 참여한다고 말했다.

플라톤과 아리스토텔레스도 대중주의를 경멸했다. 하지만 그들이 보기에 이것은 무지하고 편협한 다수에게 너무 큰 권력을 쥐여주는 민주주의의 자연스러운 결말이었다. 최근의 많은 선거 결과는 다수의 의견이 늘 옳은 건 아니라는 이론에 힘을 실어준다.

이런 반 대중적인 주장들은 엘리트주의로 폄하되기 쉽다. 평등주의와 민주주의로 무장한 현 시대는 어떤 사람들이 다른 사람들보다 더 똑똑하다거나 더 정확한 평가자라는 의견 자체를 거부한다. 하지만 곰곰이 생각해보면, 이런 의견은 경험이나 기술과 무관하게 모든 사람에게 동일한 자격이 있다는 생각보다 훨씬 더 신뢰할 만하다. 그렇다고 대중 의견을 엘리트 계층의 판단으로 대체해야 한다는 뜻은 아니다. 민주주의 정신은 중우정치나 테크노크라시 중 어느 한쪽을 지지하지 않으며, 대중과 전문가의 의견을 두루 경청한다.

민주주의를 구하기 위해서 우리는 민주주의가 단지 대중의 의지를 따르는 것이라는 생각을 버려야 한다. 건강한 민주주의는 과반수 득표자에게 모든 것을 맡기는 것이 아니라, 서로 다른 의견을 조율할 수 있을 때 제대로 작동한다. 승자독식의 민주주의는 분열되고 불만 가득한 사회를 낳기 때문에 그 안에서는 누구도 장기적으로 승자가 될 수 없다.

정치는 지저분하고 복잡한 협상과 타협의 과정이다. 그렇지 않은 정치를 약속하는 사람은 악당이 아니면 멍청이다. 안타깝게도, 우리는 양쪽 모두에 해당하는 정치인들을 어렵지 않게 발견할 수 있다.

함께 보면 좋은 주제
공동체Community, 관용Tolerance, 권위Authority, 시위Protest, 애국심Patriotism, 자유 Freedom, 전쟁War, 정의Justice

읽을거리
프리드리히 니체, 『선악의 저편』

조력 자살 | Assisted dying

자살자는 살고 싶어한다.
다만 자신에게 던져진 삶의 조건에
만족하지 못할 뿐이다.

– 아르투어 쇼펜하우어

죽음이 두렵지 않다고 말하는 사람 중에 진심인 경우가 있다. 하지만 죽어가는 것에 대한 두려움을 감당하기가 훨씬 어려울 것이다. 삶의 무대에서의 퇴장은 때로는 험난하고, 때로는 고통스러우며, 둘 다인 경우도 있다. 이럴 때 우리는 누군가의 도움을 받아 그 속도를 끌어올리고 싶기도 하다. 대다수 사람들에겐 합법적인 선택지가 없다. 만약 그런 선택지가 생긴다면 우린 그걸 받아들여야 할까?

조력 자살(혹은 자발적 안락사)의 윤리에 관한 논의는 어떤 면에서는 이미 합의가 이루어졌다. 거의 모든 윤리학자들은 인간에게는 죽음을 선택해 자신의 고통을 끝낼 권리가 있으며, 그것을 돕는 행위는 윤리적으로 허용된다고 믿는다. 조너선 글로버는 유명한 저서 『죽음을 야기하고 삶을 구하다』에서 '일시적 감정이 아니라' 충분한 생각을 거쳐서 내린 진지하고 이성적인 결정일 경우, 자발적인 안락사가 정당화될 수 있다는 결론을 딱 네 페이지로 정리했다.

조력 자살의 반대 근거는 주로 종교적인 것이다. 그중 하나는 살인이 나쁘다는 주장이다. 하지만 대부분의 종교는 정당한 전쟁과 자기방어의 과정에서 일어나는 살인의 경우는 허용하므로, 이것은 절대적인 원칙이 아니다. 다른 근거는 삶이라는 선물은 오직 신에 의해서만 주어지고 빼앗길 수 있다는 주장이다. 하지만 신앙심이 깊은 사람들 중에 미숙아와 중환자를 살리려고 함으로써 신의 계획을 좌절시키는 데 이의를 제기하는 경우는 거의 없다.

윤리적 주장이 이렇게 명확하다면, 왜 아직도 많은 나라에서 조력 자살은 불법일까? 대개는 여전히 종교가 중요한 요인이다. 하지만 글로버가 말한 '부작용'에 대한 우려도 있다. 말기 환자들 사이에서 조력 자살이 흔해질 경우, 살아남기 위해 도움이 필요하고 도움을 원하는 이들에 대한 사회의 동정심이 약해질 수 있다고 걱정하는 사람이 많다. 특히 장애인 인권 운동가들이 이런 부분을 많이 걱정한다.

다른 우려는 자발적 안락사가 합법인 국가에서 누군가는 자신의 바람보다 일찍 삶을 끝내야 한다는 압박감을 느끼거나, 병원이나 호스피스 시설에 입원하기를 두려워할 수 있다는 점이다. 의사들은 조력 자살에 대한 법률 개정을 주저하는 경향이 있는데, 환자와의 신뢰 관계가 깨질 가능성이 있기 때문이다. 따라서 수십 년 전부터 영국 국민 대다수는 '죽을 권리'를 지지해왔지만, 왕립의사협회는 2019년에 와서야 반대 입장을 철회하고 중립 정책을 채택했다.

부작용에 근거한 반대는 원칙에 관한 것이 아니라, 조력 자살이 합법화됐을 때 어떤 일이 벌어질 수 있는지에 관한 것이다. 이것은 경험적인 질문들이다. 실제로 벨기에, 네덜란드, 룩셈부르크와 미국 오리건주에서는 안락사가 합법이므로, 사람들이 느끼는 두려움에 충분한 근거가 있는지 확인할 수 있어야 마땅하다. 하지만 안타깝게도, 어쩌면 연구자들의 중립성 유지가 쉽지 않은 탓에, 연구마다 결과가 천차만별이다.

윤리학자 메리 워낙의 사례에서 알 수 있듯, 어떤 경우든 간에 법적인 문제와 윤리적인 문제는 별개다. 워낙의 남편 제프리가 말기 질환을 앓고 있을 때, 담당의사인 닉 모리스는 암묵적인 눈짓과 끄덕임의 대화로 환자의 고통을 덜어주었다. "우리는 남편이 죽을 거란 걸 알았고, 닉은 저에게 남편을 편안하게 해주겠다고 했습니다." 남작 작위를 받은 메리 워낙은 영국 상원에서 이렇게 말했다. "그가 '편안하게 해주겠다'라고 했을 때, 우리는 그게 무슨 뜻인지 알고 있었습니다. 남편의 고통을 끝내고 삶을 끝내겠다는 거였죠."

엄밀히 따지면 불법이지만, 대부분의 사람들은 이 의사의 행동이 윤리적이고 동정심에서 비롯되었다는 데 동의할 것이다. 실제로 당시 워낙은 이 정도면 충분하며, 따라서 안락사에 대한 법률 개정까지는 필요하지 않다고 느꼈다. "안락사 관련법이 바뀌어야 한다고 생각하지는 않습니다. 안락사의 실행 절차를 법률로 규정하기란 아주 어렵기 때문입니다. 의사들은 이미 이 일을 잘하고 있고 현재의 시스템은 잘 작동하고 있습니다." 비록 워낙은 나중에 마음을 바꿨지만, 이 이야기는 두 개의 믿음을 섞는 것이 가능함을 보여준다. 조력 자살이 언제나 잘못된 건 아니라는 믿음과 법이 조력 자살을 너무 쉽게 만들어서는 안 된다는 믿음을.

이 논의에서 가장 안타까운 부분 중 하나는 조력 자살을 고민하는 사람들이 겁쟁이라고, 혹은 자기 삶을 가치 있게 여기지 않는다고 비판받는다는 점이다. 여기에 대한 최고의 반격을 내놓은 건 쇼펜하우어였다. 그는 삶을 끝내기로 선택한 사람들은 삶의 가치를 가장 높게 평가하고 있다는, 정곡을 찌르는 주장을 했다. "자살자는 살고 싶어한다. 다만 자신에게 던져진 삶의 조건에 만족하지 못할 뿐이다."

함께 보면 좋은 주제

고통Suffering, 사별Bereavement, 삶에 대한 애정Love of life, 용기Courage, 자살Suicide, 죽음Death, 통증Pain, 필멸Mortality

읽을거리

조너선 글로버, 『죽음을 야기하고 삶을 구하다Causing Death and Saving Lives』
메리 워낙, 엘리자베스 맥도널드, 『쉬운 죽음Easeful Death』

종교 Religion

무신론자가 심판의 날은 오지 않을 것이라고 하고
다른 사람이 그날이 올 것이라고 한다면,
그들은 같은 것을 의미하는 것일까?

— 루트비히 비트겐슈타인

오늘날 철학자에게 종교에 관해 묻는 것은 채식주의자에게 스테이크 요리법을 묻는 것과 비슷하다. 직업적인 철학자들은 압도적인 비율로 신을 믿지 않는다. 대학 교수 1,803명을 비롯해 총 3,226명의 철학자를 대상으로 한 설문조사에서 73퍼센트는 무신론을 믿거나 그런 경향이 있다고 대답한 반면, 15퍼센트만이 유신론을 믿거나 그런 경향이 있다고 답했다.

상황이 늘 이랬던 건 아니다. 데카르트와 로크를 비롯해 대다수의 저명한 근대 서양 철학자들은 기독교도였다. 이슬람 세계의 거의 모든 철학자들은 신실한 종교인이었고, 따라서 그들의 학문을 종종 '이슬람 철학'이라고 일컬었다. 인도 철학의 모든 고전학파들도 종교적 성향이 강하다는 데 대부분의 학자들이 동의할 것이다.

사회의 거의 모든 구성원이 신실한 종교인인 사회에서 대다수 철학자들도 종교를 믿는 건 놀랄 일이 아니다. 그럼에도 불구하고, 철학자들은 덜 전통적인 견해를 보이는 경향이 강했으며, 이러한 견해는 종종 이단적으로 비치기도 했다. 데이비드 흄은 회의적인 불가지론으로 인해 '위대한 불신자'라고 알려졌다. 자연을 신으로 봤던 스피노자의 사상은 유대교의 야훼와는 완전히 다른 개념이었다. 또한 중국의 모든 전통은 초자연적인 세계보다는 자연 세계에 뿌리를 두고 있다.

그렇다고 해서 철학이 종교에 관한 생각을 정리하는 데 전혀 도움이 안 된다는 뜻은 아니다. 다만 철학을 통해 종교적 믿음에 관한 이성적이고 확정적인 주장을 하는 건 무의미하다는 사실을 알아야 한다. 안타깝게도, 대다수 종교철학의 도입부는 이처럼 불가능한 목표에 너무 집중한다. 학생들은 우주가 설계되었다는 증거가 있다는 주장, 우주에는 '스스로 존재하는 제1원인'이 있다는 주장, 혹은 신이라는 개념 자체가 그의 실존을 필요로 한다는 주장에 대해 고민한다. 우리는 이에 대한 반박으로 당신을 지루하게 하지 않을 것이다. 다만 다윈이 설계론에 찬물을 끼얹었고, 모든 것에 원인이 있다면 신에게도 원인이 있을 것이며, 순전히 개념에만 의존해서는 아무것도 증명할 수 없다고만 해두자. 이 설명이 너무 짧다고 생각될 경우, 직접 자료를 찾아 읽으면 그 이유를 자세히 알게 될 것이다.

더 흥미로운 것은 신앙을 위한 **공간을 확보**하기 위해 이성을 이용한 철학자들이다. 가장 눈에 띄는 현대 철학자는 앨빈 플랜팅가다. 그는 모든 증거가 어딘가에서 멈춘다고 지적했다. 우리가 진위 여부를 따지지 말고 '마땅히 기본적'이라고 여겨야 하는 무엇이 언제나 있다는 것이다. 진화이론가와 진화물리학자들은 그들이 미치지 않았다는 점, 자연은 지속적인 법칙을 따른다는 점, 그들은 가상현실 시뮬레이션 속에 살지 않는다는 점을 인정해야만 한다. 플랜팅가는 신의 존재를 경험했다고 믿는 사람들도 그 경험을 마땅히 기본적인 것으로 받아들이는 것이 정당화된다고 주장한다. 물론 그러한 경험이 신의 존재를 증명하지는 않는다. 하지만 플랜팅가에 따르면, 당신이 직접 그런 경험을 했다면 그것을 신의 존재에 대한 충분한 증거로 받아들이는 것이 합리적이라는 것이다. 몸에 대한 인식이 당신에게 몸이 있다고 생각하기에 충분한 이유가 되는 것처럼.

플랜팅가의 입장은 윌리엄 제임스의 주장과도 일맥상통한다. |신앙Faith 참조| 그들은 신의 존재에 대한 확정적 논증이 불가능하고 신의 부재에 대한 확정적 논증도 불가능하므로, 이성적 논쟁 외에 다른 기준을 통해 판단을 내리는 것이 정당화된다고 주장했다. 따라서 종교적 믿음은 이성에 맞선다는 맥락에서 **비이성적**이지 않다. 그것은 이성에 전혀 근거하지 않는다는 의미에서 **몰이성적**이다.

종교가 비이성적이지 않다고 방어하는 다른 이론은, 우리가 어떤 의미로 종교적 언어를 사용하느냐에 초점을 둔다. 루트비히 비트겐슈타인은 단어들이 세속적 맥락과 다른 방식으로 기능하는, 온전한 형태의 생명체의 일부로서 종교적 언어를 이해해야 한다고 주장했다. 비트겐슈타인은 수사적으로 물었다. "무신론자가 심판의 날은 오지 않을 것이라고 하고 다른 사람이 그날이 올 것이라고 한다면, 그들은 같은 것을 의미하는 것일까?" 비트겐슈타인은 이렇게 말했다. "종교적 대화에서 우리는 '나는 이런저런 일이 일어날 것이라고 믿는다'라는 표현을 쓰는데, 이는 우리가 과학에서 이런 표현을 사용하는 방식과는 다르다." 일례로 기독교인들이 성찬식에서 빵과 포도주가 예수의 몸과 피로 변한다고 말할 때, 그들이 의미하는 바는 빵과 포도주가 진짜 인간의 살과 피로 바뀐다는 게 아니다. 하지만 그 언어를 단순히 은유적으로 사용하는 것도 아니다. 빵과 포도주는 분명 변하지만, 그것은 과학적으로 관찰 가능한 방식의 변화가 아니다. 이것을 이해하려면 기독교인의 삶의 방식을 이해하고 일상 속에 숨겨진 신의 섭리를, 유한한 것 속에 숨겨진 무한한 것을 볼 줄 알아야 한다.

비트겐슈타인은 신이 무엇인지 정의하는 것은 불가능하다고 주장한 수많은 철학자와 신학자들 중 하나다. "유일신 혹은 다신의 존재에 관한 질문의 경우, 내가 이제껏 들어본 인간이나 물건의 존재에 관한 질문과는 완전히 다른 역할을 한다." 이와 같은 '부정신학apophatic' 전통 속에서 우리가 확실히 알 수 있는 건 어떤 존재가 신이 아닌지 뿐이다. 신은 유한하지 않고, 인간적이지 않고, 물질적이지 않고, 불완전하지 않다. '무한한, 초자연적인, 비물질적인, 완벽한' 등의 긍정적인 단어들에 대해 우리가 전부 이해했다고 말할 수는 없다. '신'은 미스터리를 지칭하는 단어이며, 우리는 언어가 신의 진정한 실체를 향해 손짓을 할 뿐 절대 그것을 움켜쥐지 못한다는 사실을 받아들여야 한다.

오늘날 대부분의 철학자들은 이성을 초월한 신을 위한 공간을 만들어내려는 시도에 별로 관심이 없다. 하지만 이러한 시도들은 과학과 이성의 시대에 종교적 믿음을 유지하는 것과 관련해 중요한 내용을 잘 보여준다. 진화 이론에는 창조주 신의 미세한 조정이 필요하다거나, 양자물리학의 미스터리는 신의 도움이 있어야만 해결될 수 있다는 과학자들의 주장을 들어봤을 것이다. 이것은 과학 속에서 설 자리가 없는 존재의 실존을 과학의 도구로 증명해내려는 잘못된 시도다. 신이 21세기에 죽지 않고 살아남으려면 그는 이성이 아닌 믿음을 통해 생명을 얻어야 한다.

어쩌면 종교가 살아남기 위해 반드시 신이 실재할 필요는 없을지도 모른다. 종교를 방어하는 또 다른 입장은 종교가 본질적으로 믿음의 문제가 아니라 실천의 문제라는 것이다. 종교 의식과 교리는 현재의 시공간을 넘어 궁극적 가치를 지닌 것들을 볼 줄 아는 삶의 방식에 형태와 모양을 부여할 뿐이다. 카렌 암스트롱은 이러한 견해를 변호하며 종교적 진실은 미신의 형태로 표현되는 '실천적 지식의 한 종류'일 뿐 과학적 지식이 아니라고 했다. 이런 관점에서 현대 철학자와 신학자들은 잘못된 질문을 두고 싸워온 셈이다. 종교는 그게 무엇이냐가 아니라 우리가 어떻게 살아야 하느냐의 문제다.

함께 보면 좋은 주제
목적의식Purpose, 미신Superstition, 사후세계Afterlife, 신앙Faith, 우주적 보잘것없음Cosmic insignificance, 위험Risk

읽을거리
카렌 암스트롱, 『사라진 성서The Lost Art of Scripture』
윌리엄 제임스, 『믿고자 하는 의지The Will to Believe』
앨빈 플랜팅가, 『충돌의 진짜 원인: 과학, 종교, 자연주의Where the Conflict Really Lies: Science, Religion, and Naturalism』
루트비히 비트겐슈타인, 『미학, 심리학, 종교적 믿음에 관한 강의와 대화Lectures and Conversations on Aesthetics, Psychology and Religious Belief』

좌절 | Frustration

어쩔 수 없는 일에 대해 안달하는 것이
많은 고통의 근원이다.

— 에픽테토스

좌절의 대상이 무엇이든 간에 (예컨대 교통체증, 줄어들지 않는 줄, 지긋지긋한 관료주의의 비효율성 등) 도저히 견딜 수 없는 상황이라면 최고의 치료법은 약간의 스토이시즘stoicism이다.

'약간'만 필요한 이유는 본격적인 스토이시즘은 우리가 통제할 수 없는 모든 것(예컨대 건강, 파트너, 친척, 성공 등)에 무관심할 것을 요구하기 때문이다. |만족Contentment 참조| 대부분의 사람에게 그건 무리한 요구다. 하지만 그렇게까지 극단적이지는 않더라도, 일이 원하는 대로 안 풀릴 수도 있음을 인정하고 그것에 너무 스트레스 받지 않는다면 인생이 훨씬 편해진다는 데에는 동의할 수 있으리라.

에픽테토스는 당신이 어쩔 수 없는 일에 대해 안달하는 것이 많은 고통의 근원이라고 믿었다. 그는 '아주 좋은 목소리와 악기 연주 솜씨를 가졌으면서도, 혼자 노래할 때는 긴장하지 않지만 극장에 들어가면

435

불안해하는 가수'의 예를 들었다. 그의 문제는 '노래를 잘하는 것은 물론 박수까지 받고 싶어하지만 그것이 그의 능력 밖이라는 것'이다.

해법은 우리의 능력 밖에 있는 것들에 대한 기대를 낮추는 것이 아니라 기대를 아예 없애버리는 것이다. 어떤 일이든 벌어질 수 있으니 계획이 틀어지더라도 놀라지 말자. 여행을 떠났는데 목적지에 도착하지 못할지도 모른다. 도로에 꼼짝없이 갇혀서 친한 친구의 결혼식에 늦게 생겼을 때, 당신이 할 수 있는 일은 없다. 휴대전화 신호도 잡히지 않고 식장에 제때 도착할 수 없다고 사람들에게 알릴 방법도 없을 때, 당신이 할 수 있는 일은 없다. 아마 좌절감은 쉽게 사그라지지 않을 테지만 몇 분만 마음을 가다듬어보자. 그러면 놀랍게도 참착함이 찾아올 것이다.

상황이 당신의 손을 벗어나더라도 그것을 받아들이고 차분해질 수 있다. 물론 이것은 교통체증 상황에서도 쉽지 않은 일이고, 더 중요한 일이 걸린 상황에서는 더더욱 어렵다. 하지만 원칙은 동일하고, 주기적으로 되새겨볼 가치가 있다. 어쩔 수 없는 일에 대해 계속 좌절감을 느끼는 건 순전히 무의미한 에너지 낭비일 뿐이다.

함께 보면 좋은 주제

만족Contentment, 불확실성Uncertainty, 비관주의Pessimism, 스트레스Stress, 통제Control, 평온Calm

읽을거리

에픽테토스, 『담화록Discourses』, 『편람Handbook』

죄책감과 수치심 Guilt and shame

고귀한 행동을 하는 것은 우리의 능력 안에 있고,
따라서 그런 행동을 하지 않고 수치스러운 행동을 하는
것도 우리의 능력 안에 있다.

– 아리스토텔레스

죄책감은 우리가 짊어져야 할 무거운 짐이고, 삶은 우리에게 그 무게를 더할 끝없는 기회를 제공한다. 스스로가 충분히 훌륭한 배우자, 부모, 아들딸이라고 믿는 사람이 있을까? 어떤 것을 먹고 마시거나, 어떤 언행을 해서는 안 된다는 것을 알면서도 매일 그런 유혹에 빠지지 않는 사람이 우리 중에 몇 명이나 될까? 죄책감은 우리를 갉아먹는다. 그렇다면 죄책감 없이 사는 게 더 나을까?

이 질문에 답을 하기 전에 우선 죄책감guilt, 그리고 그와 관련된 수치심shame이 무엇인지 정확히 짚고 넘어가자. 이것은 쉬운 일이 아니다. 이 용어들에는 일상적인 용례와 깔끔하게 맞아떨어지지 않는, 정확한 기술적 정의가 주어지기 때문이다. 일례로 심리학에서는 수치심은 자신에 대한 전반적인 평가이고, 죄책감은 자신이 저지른 어떤 행위나 행동을 향한 감정이라는 식으로 두 용어를 구분한다.

이 구분은 유용하지만 결코 보편적이지 않다. 로버트 솔로몬에 따르면, 죄책감과 수치심은 모두 자기 비난과 도덕적 책임을 수반하며 '자신을 심각한 비난을 받아 마땅한 존재'로 보는 것으로 특징지어진다. 공포 같은 기본적 감정과 비교했을 때, 죄책감과 수치심은 더 예민한 정신적 감수성을 요구한다. 고양이가 당신의 저녁을 훔쳐 먹은 것에 대해 죄책감을 느끼는 것처럼 보일 수는 있어도, 정말 엄청난 양심의 가책을 느낄 리는 없다.

솔로몬은 이러한 감정에는 세 단계의 평가가 포함된다고 본다. 첫 번째는 '자기 스스로에 대한 평가'이고, 두 번째는 '자신에 대한 다른 사람들의 평가'이고, 세 번째는 '상황의 성격에 대한 평가'이다.

솔로몬에게 죄책감과 수치심의 중요한 차이는 초점이다. 수치심은 다른 사람들의 생각에 초점을 맞추는 반면, 죄책감은 우리 내부의 도덕적 나침반에 초점을 맞춘다. 우리가 어느 쪽을 더 강하게 느끼는지와 그 이유는 부분적으로 문화의 영향을 받는다. 인류학자들은 아시아 지역에서 두드러지게 나타나는 수치심 문화권과 기독교 사회와의 연관성이 높은 죄책감 문화권을 구분한다.

교정과 자기 개선으로 이어질 수 있다는 점에서 죄책감과 수치심은 모두 유익하다. 이 감정들은 우리가 속죄와 개선을 통해 같은 실수를 반복하지 않도록 한다. 아리스토텔레스(그는 수치심을 '오명에 대한 일종의 두려움'이라고 정의했다)에 따르면 중요한 포인트는 우리가 스스로를 담금질해 도덕성을 향상시킬 수 있다는 것이다. '고귀한 행동을 하는 것은 우리의 능력 안에 있고, 따라서 그런 행동을 하지 않고 수치스러운 행동을 하는 것도 우리의 능력 안에 있기 때문'이다.

다른 종류의 죄책감은 집단적인 것이다. 우리가 속한 집단의 실패는 우리의 실패로 여겨지는데, 그 집단이 지금의 우리를 만들었고 우리의 일부이기 때문이다. 이것은 수치심 문화권에서 더 흔히 발견되며, 그 문화권의 사람들은 자신이 개인적으로 아무런 역할을 하지 않은 일에 대해 종종 자책한다. 심지어 죄책감 문화에서도, 노숙자가 존재하는 것은 사회 전체의 실패를 의미하며 우리 모두는 그것에 대한 책임이 있다고 말하는 사람을 흔히 볼 수 있다. 이러한 수치심은 더 나은 사회를 만들기 위해 시민으로서의 책임을 다하게끔 우리를 자극한다.

좀 더 모호한 형태의 죄책감도 있다. 많은 사람들은 그들이 잘못한 일이 없음에도 불구하고 습관적으로 죄책감을 느낀다. 그런 감정은 평생 우리를 괴롭힌다. 그 감정이 곪으면 우리의 기본적인 태도, 즉 자격이 없고 비난받아 마땅하다는 식의 감각으로 굳어지고 만다. 이런 감정이 근거가 없다는 것을 깨닫는 것은 대단한 해방이 될 수 있다.

우리는 이런 보편적인 죄책감을 유대교와 기독교의 원죄라는 교리와 연관시킨다. 이것은 가톨릭교회에 국한된 이야기가 아니긴 하지만, 어쨌거나 '가톨릭적 죄책감Catholic guilt'이라고도 한다. 하지만 어쩌면 더 깊은 '실존적 죄책감existential guilt'이 우리 안에서 작동하는 걸지도 모른다. 폴 틸리히는 인간의 가능성에 대한 인식에는 우리가 누구인지, 무엇이 될 수 있는지에 대한 책임감이 뒤따른다고 설명한다. 하지만 우리는 유한한 존재라서 그 가능성을 절대 실현할 수 없고, 이것이 우리가 느끼는 죄책감의 근원이라는 것이다. 인간은 기대를 충족하지 못하고 중간에 멈추는 존재다.

죄책감과 수치심 없는 삶은 양심 없고 도덕적 자각이 없는 삶이다. 이런 감정이 우리에게 더 이상 득이 되지 않는 경우는 죄책감과 수치심이 우리 자신과 우리의 지위에 집착하게 만들 때, 혹은 정당한 이유

없이 죄책감과 수치심을 느낄 때다. 하지만 유해한 자기혐오만 피할 수 있다면, 이러한 감정은 우리의 잘못을 알려주고 그것에 대해 속죄할 기회를 주는 중요한 역할을 한다.

함께 보면 좋은 주제
감정Emotions, 당혹감Embarrassment, 딜레마Dilemmas, 명성Reputation, 후회Regret

읽을거리
폴 틸리히, 『존재에로의 용기The Courage to Be』

죽음 | Death

젊음과 늙음처럼, 성장과 성숙처럼,
각각의 단계에서 겪는 모든 신체적 변화들처럼,
우리의 소멸도 다를 것이 없다.

– 마르쿠스 아우렐리우스

"죽음과 세금 외에는 어느 것도 확신할 수 없다." 영국 극작가 크리스토퍼 불럭이 1716년에 쓴 글이다. 73년 뒤, 벤저민 프랭클린은 이 말을 살짝 틀어서 더 유명한 명언을 남겼다.* 하지만 세금과 마찬가지로, 대다수 사람들은 죽음이 확정적이라고 해서 죽음을 피할 방법 찾기를 포기하진 않는다. 궁극적인 죽음을 피할 수는 없겠지만, 우리는 적어도 죽음에 대한 **생각**을 회피하는 데는 일가견이 있다. 정도의 차이야 있겠으나 죽음에 대한 생각을 아예 안 하는 사람은 거의 없다. 그것이 의식의 가장자리에서 깜빡이는 인식이든, 끊임없이 고민하는 거대한 주제든 간에, 죽음에 대한 생각은 늘 거기 있다.

고대 그리스는 철학이 평온하고 침착한 죽음을 맞도록 도와준다는

✢ "이 세상에서 죽음과 세금만큼 확실한 것은 없다."

생각을 남겼다. 이러한 이상은 소크라테스라는 인물을 통해 구체화되는데, 그는 죽음을 앞두고 전혀 동요하지 않았다고 전해진다. 플라톤의 『대화편』에 따르면, 소크라테스는 자신의 죽음을 완전히 수용했으며 철학자들은 죽음을 환영해야 한다고 주장했다. 이는 진정한 자아(영혼)는 불멸이고 또 다른 영역에서 계속 살게 될 것이라고 믿었기 때문이다. | 사후세계 Afterlife 참조 | 이러한 맥락에서 철학의 개념은 죽음에 대한 준비과정으로 떠올랐다. 거기에는 영혼이 육체로부터 해방되기 이전에 영혼의 안녕을 돌보는 과정이 포함되어 있었기 때문이다.

스토아학파는 철학자들이 죽음을 위해 훈련 중이라는 믿음을 공유했다. 그들은 인간의 가장 중요한 가치인 이성의 힘을 키우고 세속적 가치에 대한 잘못된 인식과 싸워야 했다. 죽음에 대해 자주 생각하는 것도 훈련의 일환이었는데, 이 때문에 스토아 철학자들의 글에는 죽음에 관한 내용이 자주 등장한다.

에픽테토스의 예를 들어보자. "매일매일 당신은 죽음과 유배와 끔찍해 보이는 모든 것들을 눈앞에 떠올려야 한다. 그중에서도 무엇보다 죽음을 떠올려야 한다. 그렇게 하면 정도를 넘어선 비참한 생각 혹은 욕망 따위는 절대 생기지 않을 것이다." 세네카의 글도 살펴보자. "죽음이 당신을 기다리고 있는 순간을 알 방법이 없으므로, 당신은 모든 순간에 죽음을 기다려야 한다."

죽음의 가능성에 대처하는 것은 에피쿠로스 철학의 초석이기도 했다. 그는 훌륭한 삶을 살기 위해 우리를 괴롭히는 두려움, 특히 죽음의 두려움으로부터 자신을 해방시켜야 한다고 믿었다. 그의 주된 주장은 우리가 인식하지도 못할 일에 대해 굳이 걱정할 필요가 없다는 것이다. 그는 이렇게 말했다. "죽음은 우리에게 아무것도 아니다. 썩어서

분해된 육신에는 감정이 없고, 감정이 없는 것은 우리에게 아무것도 아니므로." 에피쿠로스학파의 잘 알려진 격언 중 하나는 "우리가 있는 동안에는 죽음이 없고, 죽음이 왔을 때는 우리가 없다"이다. 에피쿠로스학파의 시인 루크레티우스도 비슷한 말을 했다. 우리가 존재하기 이전의 시간에 대해 걱정하지 않는 것처럼, 우리는 그것과 거의 유사한 상태인 죽음에 대해 걱정하지 말아야 한다고 말이다.

하지만 철학이 죽음을 위한 준비과정이라는 생각에 맞서는 의견도 있다. 공자는 제자가 '감히 죽음에 관해 여쭙고 싶습니다'라고 말했을 때 이렇게 답했다. "삶에 대해서도 모르는데 어찌 죽음에 대해 알 수 있겠느냐?" 어떻게 잘 살 것인가에 초점이 맞춰져 있을 때, 죽음은 시시하고 쓸모없는 주제가 되고 만다.

몽테뉴는 죽음을 준비한다는 생각 자체에 의구심을 갖고 이렇게 조언했다. "어떻게 죽는지 모르겠다면 걱정할 것 없다. 자연이 당신에게 어떻게 죽는지 현장에서 알려줄 테니까, 명확하고 적절한 방식으로."

하지만 두려워하는 것이 죽음 그 자체, 혹은 죽어가는 과정이 아닌 경우도 많다. 우리는 삶의 좋은 것들을 잃는다는 사실이 싫을 뿐이다. 일부 철학자들은 죽기를 싫어하는 건, 특히 풍요로운 삶을 누리고 있고 그것이 중단되지 않기를 바라는 사람에게는, 지극히 합리적이라고 여겼다. 일례로 아리스토텔레스는 죽음에는 '가장 훌륭한 것들의 상실'이 수반되므로, 죽음은 멋진 인생을 사는 사람일수록 더 고통스럽다고 믿었다.

시몬 드 보부아르는 이러한 감정의 뼈대에 살을 붙인 내용을 자서전에 남겼다. "나는 슬픈 마음으로, 내가 읽은 모든 책, 가봤던 모든 장소, 축적해온 모든 지식을 떠올리고 그것이 결국 다 사라질 것이라고 생각한다. 모든 음악, 모든 그림, 모든 문화, 그토록 많은 장소들이 한 순간에 아무것도 아니게 된다." 그녀의 파트너 사르트르는 죽음을 '나에게 아무런 가능성도 남지 않게 될 가능성'이라고 묘사하며 미래의 상실을 한탄했다.

죽음은 끝이고 우리에겐 여전히 삶에 대한 미련이 있다면 어떤 조언을 할 수 있을까? 죽음에 대한 준비는 무엇을 의미할까? 마르쿠스 아우렐리우스는 죽음이 '다른 무엇도 아닌 자연의 과정'이라는 이해를 키우는 방법밖에 없다고 말한다. "이 역시 자연이 요구하는 것들 중 하나다. 젊음과 늙음처럼, 성장과 성숙처럼, 각각의 단계에서 겪는 모든 신체적 변화들처럼, 우리의 소멸도 다를 것이 없다."

이것은 별로 대단치 않은 지적처럼 보일 수도 있지만, 큰 차이를 가져올 잠재력을 가지고 있다. 유한함을 진심으로 받아들이는 마음, 탄생과 죽음이 만물의 자연스러운 리듬의 일부라는 감각, 우리는 지구에서의 짧은 시간을 최대한 알차게 사용해야 한다는 인식 등등.

함께 보면 좋은 주제

노화Ageing, 사별Bereavement, 사후세계Afterlife, 삶에 대한 애정Love of life, 진정성 Authenticity, 카르페 디엠Carpe diem, 필멸Mortality

읽을거리

사이먼 크리츨리, 『죽은 철학자들의 서』

중년의 위기 | Midlife crisis

인생은 모든 올바른 음을 연주하되
반드시 올바른 순서로 연주하지 않는 것이다.

다가오는 상황의 징후는 다양하다. 어떤 이들은 겉보기에 행복한 가정을 떠나고, 어떤 이들은 난생 처음 문신을 새기고, 어떤 이들은 티벳으로 영적인 여행을 떠나고, 어떤 이들은 할리데이비슨 오토바이에 거금을 쓴다. 그 원인은 '중년의 위기'라고 불리며 여러 형태로 나타날 수 있다. 우리가 여태껏 소중히 여기고 열성적으로 추구했던 것들이 어느 날 갑자기 무의미해 보일지도 모른다. 마치 일에만 매달리며 몇 년을 보낸 사람이 불현듯 일은 자기 삶에 의미를 부여하지 못한다고 깨닫거나, 중요하다고 생각했던 프로젝트가 끝난 뒤 '이제 뭘 하지?'라는 질문만 남았을 때처럼 말이다.

'중년의 위기'라는 용어는 문제의 핵심을 명확히 파악하지 못한다. 중년에 접어든 모든 사람이 위기를 겪는 것도 아니고, 그런 위기가 꼭 중년에만 찾아오는 것도 아니기 때문이다. 또한 위기라고 부를 만큼

445

항상 그렇게 강력한 것도 아니다. 살면서 마음이 불안해지고 우리의 가치와 생활방식에 의문을 품기 시작하는 단계에 접어드는 것은 흔한 일이다.

『중년』의 저자 키어런 세티야는 그런 시기를 견디는 데 도움이 될 만한 철학을 연구했다. 그는 **실존적 가치**를 지닌 대상 및 활동과 단순히 **개선적 가치**를 지닌 대상 및 활동을 구분했다. 후자는 고양이를 동물병원에 데려가기, 공과금 납부, 잔디 깎기처럼 어쨌든 해야만 하는 유지보수 업무다. 굳어진 일상이 생기는 것은 중년에는 흔한 일인데, 이때 인생은 이런 유지보수 업무의 연속처럼 보인다. 그런 일이 전혀 무가치한 것은 아니다. 하지만 세티야는 그 자체로 가치 있는, 그가 '실존적 가치'라고 명명한 활동이 이때 사라진다고 했다. 따라서 중년의 위기에 대한 해결책 중 하나는 자신의 실존적 가치가 무엇인지 파악하고, 그것에 더 많은 시간을 할애하는 것이다.

고려해야 할 다른 부분은 인생의 어떤 단계에서 의미 있었던 것들이 다른 단계에서는 무의미해질 수 있고, 그 반대의 경우도 있다는 것이다. 일례로 플라톤은 사람들이 경험을 쌓고 성숙해지기 전에 철학 공부를 시작해서는 안 된다고 믿었다. 힌두교에는 전통적으로 네 가지 이상적인 삶의 단계가 있다. 그것은 공부, 가정 꾸리기, 세상으로부터 점차 물러나기, 마지막으로 금욕이다.

오래된 농담처럼, 인생은 모든 올바른 음을 연주하되 반드시 올바른 순서로 연주하지는 않는 것일지도 모른다. 우리의 인생에는 잘못된 것이 아무것도 없지만, 어쩌면 우리가 이전 단계를 아직 벗어나지 못하거나 너무 빨리 다음 단계로 나아가는 것이 문제일 수도 있다.

우리는 모두 각자 다르므로 인생의 어떤 단계에 무엇이 적절한지에 관해 지나치게 규범적이어서는 안 된다. 하지만 중년의 위기를 (청춘의 위기, 혹은 다른 모든 시기의 위기를) 피하는 또 다른 방법은 우리가 각자 삶의 어느 단계에 있든지 간에 그에 맞게 목표와 관심사를 진화시키는 것이다.

함께 보면 좋은 주제

권태Boredom, 노화Ageing, 루틴Routine, 성취Achievement, 여가Leisure, 은퇴Retirement, 의미 Meaning, 정신적 삶Inner life, 카르페 디엠Carpe diem

읽을거리

키어런 세티야, 『어떡하죠, 마흔입니다』

증거 | Evidence

실험하는 인간은 늘 수집하고 사용하는 개미를 닮았고,
추론자는 자신이 가진 재료로 거미줄을 치는
거미를 닮았다. 하지만 벌은 그 중간에 해당한다.
– 프랜시스 베이컨

요즘 거짓말이 더 뻔뻔해졌는지 아닌지는 모르겠지만, 거짓 정보의 공급과 유입이 급격히 늘어나 정보 초고속도로의 동맥을 단단히 막고 있는 것만은 사실이다. 거짓 정보 사이에서 진실을 찾아내는 건 어려운 일이다. 이를 돕는 가장 유용한 도구 중 하나는 간단한 질문이다. '증거가 무엇인가?'

철학자들은 오래전부터 사실에 기반한 믿음을 중요하게 여겼다. 예컨대 인도 철학의 모든 정통학파는 프라티약사(pratyaksha, 감각 혹은 관찰)를 유효한 지식으로 간주한다. 이슬람 황금시대의 철학 학파도 '입증할 수 있는 증거' 혹은 증거를 통한 추론을 대단히 강조했다.

하지만 증거를 지식의 가장 중요한 근원으로 여기는 것은 역사적으로 드문 일이다. 이슬람 전통 속에서 모든 사상가들은 계시의 역할을 받아들였고, 증거가 계시의 내용과 충돌할 때 어떻게 해야 하는지 치열한 논쟁이 있었다. 인도의 정통학파 중에서 유물론을 믿는 차르바카

Charvaka 학파만이 프라티약사에 우선권을 주면서 그것이 지식의 유일하게 유효한 근원이라고 평가했다. 대부분의 다른 학파들은 신뢰할 수 있는 전문가들, 주로 고대 베다경의 저자들이나 선지자들의 증언도 유효하게 여긴다.

서양에서 증거는 줄곧 논리와 경쟁 관계였다. 플라톤 시대부터 많은 철학자들은 가장 확실한 지식은 감각 인식에 기반한 추론이 아니라 이성의 적용을 통해서만 얻어질 수 있다고 믿었다. 이러한 이성주의자들의 반대 진영에는 증거가 세상의 모든 지식의 기초라고 믿는 경험주의자들이 있었다. 이 논의에서 경험주의자들에게 가장 큰 힘을 실어준 사람은 르네상스 철학자이자 정치인인 프랜시스 베이컨이었다.

베이컨은 과학적 방법을 최초로 설명한 인물 중 한 명이다. 그의 저서 『신기관New Organon』에 담긴 주요 주장은 다음과 같다. "자연의 하인이자 해석자인 인간은 자연현상에 관한 사유나 관찰한 내용에 한해 행동하고 이해할 수 있다. 그것을 넘어서면 아무것도 이해할 수 없고 어떤 행동도 할 수 없다." 그는 이성주의자들에 관해 이렇게 말한다. "논증을 통해 성립된 이치가 새로운 사실을 발견하는 데에 도움이 된다고 할 수 없는데, 그 이유는 자연의 절묘함은 논거의 절묘함보다 훨씬 대단하기 때문이다."

이 원리는 명확해 보일지 모르겠지만, 베이컨은 인간이 증거를 따라가는 것이 얼마나 힘든지도 정확히 알고 있었다. 이와 관련해 그는 다양한 사고의 편향을 예상했는데, 보통 그것들을 현대 심리학의 발견이라고 여긴다. 예컨대 그는 "인간은 실제로 발견된 것보다 더 많은 질서와 규칙성이 이 세상에 존재할 것이라고 여기는 경향이 있다"라고 했다. 그는 오늘날 '확증 편향confirmation bias'이라고 불리는 사고방식을 정확히 설명하기도 했다. "인간은 일단 하나의 의견을 채택하면 그 의견을 지지하고 그것과 일치하는 다른 모든 증거를 확대해서 받아들인다."

하지만 베이컨이 제시한 과학적 방법론을 따르기만 하면 모든 오류와 엉터리 같은 일을 피할 수 있으리라 믿는 건 순진한 생각이다. 증거에 기반한 의학을 예로 들어보자. 주류 의학 분야에서 치료는 베이컨의 주장과 같은 맥락에서 평가되어야 한다. 다시 말해, 대안요법 대조군, 위약 대조군, 혹은 비처방 대조군과 비교해 실제로 긍정적인 효과가 있는지 확인해야 한다. 치료 효과는 철저한 조사를 통해 성립된 인과관계에 의해 설명된다. 반면 대체 의학은 적극적인 실험을 거치는 경우가 드물고 실험으로는 대부분 실패한다. 대체 의학의 작동 메커니즘은 동종요법의 '물의 기억'처럼 과학으로 증명되지 않는 경우가 많다.

그렇다면 증거는 분명 대체 의학이 아니라 주류 의학 쪽으로 기울어 있는 듯하다. 하지만 이것은 보기보다 복잡한 문제인데, 대체 의학에 관한 증거가 생각보다 훌륭해서라기보다는 기존 의학에 관한 증거가 생각보다 허술하기 때문이다. 그 이유 중 하나는 파울 파이어아벤트의 주장처럼 과학자들이 사실상 우리가 짐작하는 것보다 훨씬 느슨한 방법을 이용하기 때문이다. 여기에는 수많은 시행착오, 어림짐작, 이해하기 힘든 상황이 포함된다. 파이어아벤트는 이런 글을 남겼다. "얼마나 '근본적인' 혹은 '필수적인' 규칙이든 간에, 그 규칙을 무시하는 정도가 아니라 아예 정반대로 적용하는 것이 바람직할 상황은 얼마든지 있다."

주류 의학 치료가 다른 치료보다 효과적으로 보이는 경우가 종종 있다. 그러나 거의 효과가 없거나 심각한 부작용이 따르는 주류 의학 치료도 드물지 않다. 더 걱정스러운 것은, 우리가 볼 수 있는 증거가 매우 선별적이라는 점이다. 긍정적인 실험 결과만이 발표되고 문제점을 시사하는 실험 결과는 묻히곤 한다.

그 어떤 주류 의학으로도 치료할 수 없는 질병도 많다. 예컨대 다양한 형태의 요통과 소화 장애는 치료가 쉽지 않다. 그런 경우라면 증거가 다소 부족한 치료법이라도 시도해볼 만한 가치가 있을지도 모른다. 하지만 위험에 대해서도 인지해야 한다. 어떤 치료가 몸을 변화시킬 만큼 강력하다면 악영향의 가능성도 언제나 존재한다. '자연적'인 치료도 예외가 아니다. 물론 증거와 관련된 기존 의학과 대체 의학의 거대한 괴리를 무시하는 것이 멍청한 짓인 경우도 많다. 암을 치료하기 위해 화학요법 대신 커피 관장을 택하는 사람은 의학이 보여주는 증거에 정면으로 맞서는 셈이다.

베이컨은 이러한 어려움을 잘 알고 있었으리라. 그는 "증거는 스스로 말한다"라는 단순한 격언을 곧이곧대로 받아들이지 않았다. 그는 관찰과 사고의 중요성을 모두 인정하는 균형 잡힌 시각의 소유자였다. "실험하는 인간은 늘 수집하고 사용하는 개미를 닮았고, 추론자는 자신이 가진 재료로 거미줄을 치는 거미를 닮았다. 하지만 벌은 그 중간에 해당한다. 정원과 들판의 꽃으로부터 재료를 수집하지만, 자신의 힘으로 그 재료를 소화하고 변화시키기 때문이다. 이와 다르지 않은 것이 진정한 철학자들의 역할이다. 철학자의 일은 전적으로 정신의 힘에 의지하는 것도 아니요, 자연사와 기계적 실험으로부터 얻은 재료를 있는 그대로 머릿속에 펼쳐놓는 것도 아니다. 그것은 이해를 통해 소화되고 변형된 재료를 머릿속에 펼쳐놓는 것이다."

베이컨의 글을 읽으면, 증거에 기반한 견해를 갖는 건 단순히 눈을 뜨고 상황을 보는 문제가 아님이 명확하다. 칸트의 주장처럼 지적 성숙에는 자신의 머리로 사고하는 용기가 필요하다. 눈앞에 놓인 증거를 아무런 질문 없이 받아들이는 건 뇌를 쓰지 않고 쉬운 길을 택하는 것과 같다. 그는 이런 글을 남겼다. "나는 생각할 필요가 없다. 돈만 낸다면 다른 사람들이 나를 대신해 골치 아픈 일을 전부 해결해줄 것이다." 우리는 그렇게까지 게을러져서는 안 된다.

함께 보면 좋은 주제
논쟁Argument, 미신Superstition, 지식Knowledge, 직관Intuition, 진실Truth, 합리성Rationality

읽을거리
파울 파이어아벤트, 『방법에 반대한다』
프랜시스 베이컨, 『신기관New Organon』

지식 | Knowledge

회의적인 요즘 시대에, 당신이 알아야 할 유일한 진실은 그 누구도 무엇에 대해서도 아는 것이 없다는 것이 아닐까. 과학자, 은행가, 의사, 영양사, 경제학자가 아주 잘못된 의견을 내놓은 사례는 수없이 많다. 소설이나 영화 속 '아무도 믿지 마라, 모든 사람을 의심하라'는 첩보원의 격언은 우리 시대의 주문이 되었다.

많은 사람들은 철학이 이런 회의론을 부추긴다고 믿는다. 소크라테스와 관련해 잘 알려진 내용 중 하나는, 그가 자신이 아테네에서 가장 현명한 사람이라고 주장했다는 것이다. 그는 자신이 아무것도 모른다는 것을 알지만 다른 사람들은 뭔가 안다는 착각에 빠져 있기 때문이었다. 하지만 사람들이 잘 모르면서 안다고 착각하는 사례 중 하나가, 바로 소크라테스의 말뜻을 이해했다고 생각하는 것이다.

가상의 소크라테스와의 대화를 기록한 플라톤은 진정한 지식에 대해 아주 높은 기준을 제시했다. 우리는 영원불변의 진실에 관한 절대적 확신이 있을 때에만, 전혀 틀릴 가능성이 없을 때에만 그것을 안다고 말할 수 있다. 우리가 안다고 생각하는 모든 것이 이 기준을 통과하지 못하는 건 당연한 일이다. 플라톤에게는 과학조차도 의견의 한 형태에 불과했는데 그것은 관찰과 인식의 세계에 한정되기 때문이다.

소크라테스가 자신은 아무것도 알지 못한다고 했을 때 '알다know'라는 단어는 아주 구체적이고 제한적인 의미로 쓰였으며, 이것은 일반적인 지식 게임의 규칙을 바꿔놓는다. 가령 한 과학자가 빛의 속도를 안다고 말할 때, 이것이 궁극적 실체에 관한 고정불변의 진리라고 주장하는 것은 아니다. 다만 관측 가능한 우주에 관한, 실험과 검증을 거친 사실이라는 뜻이며 그것은 지식으로 간주되기에 충분하다.

한편 미국의 실용주의자들은 급진적인 회의론에 할애할 시간이 없었다. "우리가 마음 속 깊이 의심하지 않는 것들을 철학에서 괜히 의심하는 척하지 말자." 미국 실용주의의 주요 인물인 찰스 샌더스 퍼스의 말이다. 이들은 존 로크와 데이비드 흄과 같이 경험 세계에 기반한 지식을 다루었던 영국 실용주의자들의 뒤를 따랐다. 양쪽 학파의 정신은 '나는 여기 손이 있는지 없는지 알 수 없다'라고 말하는 회의론자에게 비트겐슈타인이 해준 조언으로 요약된다. "좀 자세히 보시죠."

소크라테스는 자신이 '지식'이라는 단어를 인위적으로 좁은 의미로 사용했음을 어느 정도 인정한다. '내가 아는 단 한 가지는 아무것도 아는 게 없다는 것뿐'이라는 말은, 영원한 절대성에 못 미치는 상황에서 '알다'라는 말의 사용이 정당화될 수 있음을 인정하는 것과 같다.

약간의 의견 차이는 있지만, 서양 철학자들은 일반적으로 지식을 말로 표현할 수 있는 진리의 소유라고 생각하는 경향이 있다. 이러한 '명제적 지식'에는 '1+1=2', '프랑스의 수도는 파리'와 같이 문장으로 표현할 수 있는 진술이 포함된다. '그것에 대한 앎knowing that'은 언어화될 수 없는 기술을 의미하는 '방법에 대한 앎knowing how'과 대비된다. 이런 지식은 아시아 철학에서 더 중요한 역할을 한다. 일례로 『장자』에 나오는 포정이라는 도살의 달인은 소 잡는 솜씨가 너무 뛰어나서 살이 뼈에서 저절로 떨어진 듯했다. 그가 작업할 때 '의식적인 지식은 멈춰 선다.' 서양 전통의 철학자들은 포정에게 지식이 있다고 말하기를 주저할 것이다. 하지만 그가 도살에 관한 한 그 어떤 이론가보다 많이 안다고 말하는 것은 너무 당연해 보인다.

서양과 동양의 전통에 공통적으로 나타나는 노하우know-how의 사례는, 공자와 아리스토텔레스가 훌륭한 사람들만 가지고 있다고 했던 도덕적 지식일 것이다. 그들에게 있어 도덕적으로 옳은 것을 아는 것은 올바른 이론보다는 기술의 문제였다. ▎지혜Wisdom 참조▕

뭔가 안다고 확신하는 사람들을 만날 때, 당신 내면의 소크라테스는 그들의 과도한 자신감에 의문을 제기해야 한다. 하지만 지식에 대한 우리의 생각에 수정의 여지가 있다면, 그것을 묵살할 이유도 없다. 우리는 노하우에 적절한 경의를 표해야 한다. 이 세상의 행동가들은 한낱 사상가들이 모르는 것을 많이 알고 있기 때문이다.

함께 보면 좋은 주제

권위Authority, 불확실성Uncertainty, 지혜Wisdom, 직관Intuition, 진실Truth, 합리성Rationality

읽을거리

장자, 『장자』

루트비히 비트겐슈타인, 『확실성에 관하여』

지혜 | Wisdom

지혜는 냅킨에 적힌 재치 넘치는 아포리즘처럼 쉽게
파악되고 누구에게나 똑같이 적용될 수 있는 게 아니다.

고대 그리스에서 서양 전통이 발전하기 시작할 무렵, 철학자들은 논리
학과 그들을 둘러싼 물리적 세계를 비롯해 많은 것에 관심을 갖기 시
작했다. 하지만 어떻게 현명하게 살 것인가 하는 문제가 언제나 그 중
심에 있었다.

철학을 등한시했던 수세기가 흘러 20세기 영어권 사회에서는 지혜
가 거의 금기어가 되었다. 하지만 지혜는 끝까지 살아남았다. '어떻게
살 것인가' 하는 질문은 다시 뜨거운 화제로 떠올랐고, 스토아학파처
럼 그에 대해 고민했던 고대 철학자들에 관한 책이 인기를 끈다.

아리스토텔레스는 소피아sophia와 프로네시스phronesis라는 두 종류
의 지혜를 구분했다. 소피아는 자연세계를 움직이는 근본 원칙의 적용
을 뜻하고, 프로네시스는 우리의 행동을 지배하는 **실천적** 지혜다. 오늘
날 우리가 생각하는 지혜와 가까운 쪽은 후자다.

프로네시스는 끊임없이 이성의 목소리를 경청하고 우리에게 허락된 가장 멋진 삶을 향해 적절한 단계를 밟아나가는 것을 포함한다. 이것이 우리의 목표 달성을 보장하지는 않지만, 대체로 성공 가능성을 높여준다. 어떤 경우든 실천적 지혜와 함께하는 생활은 가장 중요한 목표, 다시 말해 인간성의 핵심에 순응해 행동하는 것을 가능케 한다. 따라서 그것 자체만으로도 보상이 될 수 있다.

실천적 지혜는 다양한 기술을 필요로 한다. 그중 하나는 진짜 중요한 것이 무엇인지 명확히 하는 것이다. ┃가치Values 참조┃ 다른 하나는, 아리스토텔레스가 말한 바와 같이, 일반적 원칙을 우리의 개별적 상황으로 옮겨올 수 있는 능력이다. 지혜는 냅킨에 적힌 재치 넘치는 아포리즘처럼 쉽게 파악되고 누구에게나 똑같이 적용될 수 있는 게 아니다. 우리는 현재 상황 속에서 나에게 친절, 용기, 수용은 무엇을 의미하는지 알아낼 수 있어야 한다. 일상에서 이것은 쉽지 않고, 지식의 한계, 혹은 가치와 우선순위의 충돌로 인해 우리를 혼란스럽게 한다. 하지만 지혜가 그렇게 간단하게 습득할 수 있는 것이라면 누구나 트위터에서 쉽게 배우지 않았을까.

ㅈ

함께 보면 좋은 주제
우유부단Indecision, 지식Knowledge, 직관Intuition, 합리성Rationality

읽을거리
배리 슈워츠, 케니스 샤프, 『어떻게 일에서 만족을 얻는가』

직관 | Intuition

직관을 믿어야 할까? 우리는 종종 이성적으로 정당화할 수 없지만 결코 무시할 수도 없는 강한 느낌을 받는다. 동시에 우리는 본인의 직관을 확신하는 만큼이나 타인의 직관을 불신한다. 법정에서 '그냥 저는 저 사람이 유죄라는 걸 **알고** 있습니다, 재판장님'이라고 말하는 경찰관을 보면 반가울까? 재판장은 과연 그 주장을 받아들일까? '그냥 알고 있다'는 인식은 우리 자신에게는 충분하지만, 다른 사람들의 경우에 한심할 정도로 부족해 보인다.

직관이 진실을 직접적으로 포착하는 신비한 능력이라는 생각은 유혹적이다. 어떤 면에서 직관은 실제로 그런 의미를 가지고 있다. 대다수 철학자들은 증명할 수 없는 어떤 근본적인 진실 혹은 원칙이 있다는 데 동의한다. 수학의 예를 들어보자. '1'과 '2'와 '+'와 '='를 이해한다면 '1+1=2'가 사실이라는 것을 바로 알 수 있다.

458

그렇기 때문에 아리스토텔레스는 과학을 일종의 '논증적 이성'이라고 묘사했지만, 과학은 과학의 전제가 되는 기본 원칙을 증명할 수 없다. 건물은 그 건물의 기반이 될 수 없는 것이다. 따라서 논증적 이성이 아니라 '직관적 이성이 기본 원칙들을 파악하는 역할을 한다.' 이와 비슷하게 데카르트는 논리적 주장에는 한계가 있으며 어떤 것들은 일명 '자연의 빛'에 의해서만 진실로 보일 수 있다고 생각했다. 우리의 지식이 얼마만큼 직관에 의존하는지에 관해서는 논란의 여지가 있다.

아리스토텔레스와 데카르트는 직관의 역할을 지식의 기본적 토대로 한정했다. 하지만 일부 철학 전통에서는 적절한 훈련을 통한다면 만물의 궁극적 본성을 아는 수준까지 직관력을 키울 수 있다고 믿는다. 많은 인도 철학 학파는 '리시스(rishis, 보는 사람)'의 권위를 인정한다. 이들은 '앤빅시키(anvikshiki, 보는 것)'를 훈련함으로써 현실을 직접적으로 깨달을 수 있는 사람들이다.

더 약하게는, 도덕적 원칙은 사실이라고 증명될 수 없고 단순히 이해할 뿐이라고 주장했던 18~20세기 도덕적 직관주의자들이 있다. 가령 불필요한 해를 끼치는 것은 나쁘다는 것은 너무 자명하다.

직관에 대한 방어들 중 그 어느 것도 뒷받침되는 증거 없이 옳다고 생각하는 어떤 판단을 정당화하지 못한다. 어떤 지식은 직관을 통해 얻어질 수밖에 없다는 사실은, 증거 제시와 논쟁이 가능하고 바람직한 상황에서조차 직관에 의존해도 괜찮다는 뜻은 아니다.

하지만 일상적인 판단을 내리는 데 정당한 역할을 하는 또 다른 형태의 직관이 있다. 아리스토텔레스는 이것을 직관이 아니라 실천적 지혜라고 불렀다. | 지혜Wisdom 참조 | 실천적 지혜는 경험에 기반한 판단 능력을 말한다. 우리는 판단의 이유를 늘 완벽하게 설명하거나 정당화

할 수 없다. 그렇다고 그저 감으로 내린 결정도 아니다. 예를 들어, 실천적 지혜를 가진 의사는 경험 적은 의사 눈에는 잘 보이지 않는 의심스러운 검사 결과를 빨리 알아챈다. 따라서 아리스토텔레스는 이렇게 주장했다. "우리는 경험 많고 나이든 사람들 혹은 실천적 지혜를 가진 사람들의 논증되지 않은 말과 의견을 논증 못지않게 경청해야 한다. 그들은 경험을 통해 정확하게 보는 눈을 얻었기 때문이다."

이러한 직관이 진짜라는 데는 의심의 여지가 없다. 더 어려운 질문은 이것이다. 우리는 언제 그런 직관을 가질 수 있을까? 직관에 기대고 싶은 마음이 생길 때, 두 가지 질문을 던져봐야 한다. 첫째, 나의 직관이 **지금과 같은 상황**에서 신뢰할 만한 충분한 근거가 있는가? 직관은 모든 상황에 적용되는 기술이 아니다. 경주마에 대한 직관은 기가 막히지만, 애인 후보에 대한 직관은 형편없을 수도 있다. 둘째, 내 직관을 믿을 필요가 있는가? 아니면 더 신뢰할 만한 방법이 따로 있는가? 더 나은 증거와 주장들이 있다면 그것을 무시할 이유는 없다.

우리는 우리의 느낌이 실제보다 더 정확하다고 믿는 유혹에 쉽게 빠지므로, 직관을 사용할 때는 주의해야 한다. 직관의 역할은 이성을 대체하는 것이 아니라, 이성이 할 수 없는 일을 하는 것이다.

함께 보면 좋은 주제
무의식Unconscious, 미신Superstition, 지식Knowledge, 지혜Wisdom, 합리성Rationality

읽을거리
아리스토텔레스, 『윤리학Ethics』 제6권

진실 | Truth

진실은 어딘가에 있지만 그것은 조각나 있고
우리는 최선을 다해 그 조각들을 연결해야 한다.

당신은 진실에 신경을 쓰는가? 대부분 사람들은 그렇다고 대답할 것
이다. 우리는 속임수에 넘어가는 것을 싫어하고, 우리를 기만하는 정
치인, 기업, 과학자들에게 분개한다. 하지만 동시에 '진리' 같은 건 없
으며, '나를 위한 진실' 혹은 '너를 위한 진실'이 존재할 뿐이라는 견해
도 널리 퍼져 있다. 우리 자신의 진실에 대한 권리는 본질적인 것 같
다. 그렇다면 진실에 대한 진실은 무엇일까?

그에 대한 답은 기원전에 쓰인 불교 경전 『우다나』에 처음 소개된 이
야기에 담겨 있다. 왕이 선천적인 맹인들을 불러와 한 명씩 코끼리의
다른 부위, 즉 머리, 귀, 상아, 코, 몸통, 다리, 허벅지, 꼬리 윗부분,
꼬리 끝부분을 만지도록 했다. 그런 다음 그들에게 코끼리가 어떤 동
물인지 묘사해보라고 하자, 맹인들은 코끼리가 냄비, 키, 쟁기 날, 쟁
기 손잡이, 창고, 기둥, 막자사발, 막자, 빗자루를 닮았다며 각자 다

른 답을 내놓았다. 모순된 주장들이 오가다가 그들은 주먹다짐을 시작했다. 왕은 이 광경에 기뻐했는데, '그들이 한쪽 면만 보는 사람들처럼 다툰다'라는 중요한 사실을 깨달았기 때문이다.

이 이야기의 교훈은 어떤 진실을 아는 것만으로는 부족하다는 것이다. 그 진실이 다른 진실들과 어떻게 맞물리는지 파악해 더 크고 정확한 그림을 그릴 수 있어야 한다. 진실의 일부만 아는 것은 진실을 아예 모르는 것만큼이나 사람을 오도하기 쉽다. 이것이 '불완전한 지식은 위험하다'라는 격언의 핵심이다.

이 때문에 사람들이 '진리'를 안다고 주장할 때 우리는 이따금 회의적인 태도를 취해야 한다. 사람들은 보통 진실의 일부만 알고 있으면서 전부를 안다고 착각한다. 우리는 진실의 몇몇 조각들을 가지고 있으면서 전부를 다 가지고 있다는, 혹은 적어도 필요한 조각은 다 가지고 있다는 착각에 쉽게 빠진다.

하지만 그저 의견이 아니라 실제 진실이 존재할 때에만 이 이야기가 통한다는 사실을 기억해야 한다. 맹인이 상아를 만진 뒤 그것이 빗자루를 닮았다고 했다면 착각이거나 거짓말일 것이다. 우리는 그 어떤 오래된 '진실'도 우리의 것이라고 주장할 권리가 없다. 어떤 것이 진실이라는 주장은 단순히 우리의 의지가 아니라 현실과 일치해야 한다.

자이나교는 맹인과 코끼리의 이야기를 한 단계 더 발전시켜 아네칸타바다anekantavada, 즉 다면성의 개념을 설명하는 데 이용했다. 진실과 현실은 복잡하고 여러 측면을 가지고 있다. 따라서 그 어떤 하나의 진술도 완전한 진실을 완벽히 포착할 수 없으며 대부분의 진술은 부분적으로 불완전한 것으로 간주해야 한다. 13세기의 자이나교도 말리세나는 이렇게 말했다. "부분적인 관점으로 인한 극단적 망상 때문에 미

성숙한 사람들은 어떤 측면을 부정하고 다른 측면을 확고히 하려고 한다. 이것이 이 이야기의 교훈이다."

진실, 온전한 진실, 오로지 진실만을 아는 사람이 세상에 없다는 데 실질적으로 동의하기 위해 아네칸타바다의 개념까지 받아들일 필요는 없다. 이것은 독단주의와 부당한 확신에 대한 일종의 예방약이다. 하지만 이것이 모든 진실의 가능성에 대해 어깨를 으쓱하며 회의적으로 반응할 이유가 되지도 않는다. 진실을 불완전하게나마 파악하려고 애쓰는 것과 의도적으로 진실을 왜곡하고 개인적 의견을 진실이라고 주장하는 것은 완전히 다르다. 맹인과 코끼리의 이야기는 우리가 파악하기 위해 애써야 하지만 전체를 알기는 어려운 진실에 대한 우리의 존경을 불러일으켜야 마땅하다.

이것은 실생활에서 우리가 누군가를 믿어야 할지 믿지 말아야 할지 고민할 때, 늘 그들이 하는 말이 진실인지 거짓인지가 중요한 건 아니라는 뜻이다. 더 좋은 질문은 '이것이 완전한 진실일까?' 혹은 '이 사람을 말하지 않는 건 무엇일까?'이다. 진실은 어딘가에 있지만 그것은 조각나 있고 우리는 최선을 다해 그 조각들을 연결해야 한다.

함께 보면 좋은 주제

거짓말Lying, 지식Knowledge, 직관Intuition, 합리성Rationality

읽을거리

『우다나』
줄리언 바지니, 『진실사회』

진실함 Integrity

군자는 진실되지만 융통성이 없는 것은 아니다.

– 공자

누군가에게 진실한 사람이라고 말해주는 것보다 더 멋진 칭찬은 없다. 하지만 그런 미덕의 귀감이 되는 일은 결코 쉽지 않다. 우리는 때때로 진실성을 위협받는다. 멋진 일자리를 제안받았는데 당신이 동의할 수 없는 가치를 가진 회사라거나, 공짜 여행 기회를 얻었는데 평소 환경오염의 주범이라고 비난했던 장거리 비행을 해야 한다거나.

하지만 진실함은 더 심오한 이유에서 유지하기 어렵고, 그것이 무엇인지조차 명확하지 않다. 진실함이라는 단어는 '완전한', '흠 없는'을 뜻하는 라틴어 'integer'에서 유래했다. 진실하다는 것은 당신의 가치를 온전히 유지하는 것이다. 당신에게 가장 중요한 가치에 충실하고 미덕을 온전하게 유지한다는 뜻이다. 진실함이 부족한 사람은 상황에 따라 편리한 선택을 함으로써 자아의 도덕적 일관성을 해치게 된다.

이론상으로는 간단해 보이지만, 실제로는 그렇지 않다. 우리의 가치가 우리에게 요구하는 바가 늘 명확하다면 문제는 간단할 것이다. 하지만 그렇게 딱 떨어지는 도덕률을 따르는 사람은 거의 없다.

진실함의 복잡성은 유교 전통에서 보다 분명히 드러난다. 아리스토텔레스처럼 공자도 인성 함양이 선행의 기본이라고 믿었다. 따라서 군자는 어떤 상황에서도 선에 충실할 수 있는 최고의 진실성을 가진 사람이다. 하지만 상황이 각각 다르기 때문에 상황에 맞게 행동을 조정해야 한다. 공자는 "군자는 진실되지만 융통성이 없는 것은 아니다"라고 했다. 끔찍한 일을 해야만 약속을 지킬 수 있다면, 이를테면 무고한 생명을 위태롭게 해야 하는 상황이라면, 신뢰를 저버릴 수도 있다.

이것의 배경이 되는 유교적 원칙은 재량행위를 뜻하는 '권權'이다. 이 단어의 원래 뜻은 '무게'인데, 여기에는 다양한 행동 방침의 무게를 신중하게 측정하는 과정이 포함된다는 것을 암시한다. 이것은 단순히 규칙을 기계적으로 적용하는 방식과 대비된다. 공자는 이런 경직성을 자주 비판했다. "중요한 덕과 관련된 선을 넘지 않는 한, 사소한 덕과 관련된 이런저런 선을 넘는 것은 허용된다."

군자의 덕은 두 가지 잘못된 형태의 진실함과 대비된다. 하나는 고정불변의 원칙을 맹목적으로 따르는 것이다. 이것은 버나드 윌리엄스가 '도덕적 방종'이라고 일컫는 상태를 야기한다. 다시 말해, 더 총체적인 관점에서 봤을 때 예외로 삼아야 할 상황임에도 불구하고, 원칙적으로 잘못됐다고 생각하는 일을 하지 않음으로써 스스로 만족해하는 것이다. 자신의 견해가 어떤 신문사 독자들에게 큰 도움이 될 수 있음에도 불구하고, 해당 신문사의 정치적 견해가 마음에 안 든다는 이유로 기고를 거부하는 기자를 떠올려보자. 혹은 부모의 임종을 지켜야 함에도 불구하고 장거리 비행을 거부하는 환경운동가를 예로 들 수 있다. 그는 기후변화와의 싸움에 미미한 기여를 하느라 소중한 사람들에게 돌이킬 수 없는 상처를 남기게 된다.

두 번째 잘못된 형태의 진실함은 그것을 어떤 일이 있어도 '자신에게 진실한 것'의 의미로 받아들이는 것이다. 우선 우리 모두가 언제나 훌륭한 건 아니라서, 자신에게 진실한 것이 자칫 판단해야 하는 상황에서 그냥 따라가는 것밖에 되지 않을 때가 종종 있다. 또 하나는 당신이 늘 충실해야 하는, 불변의 본질적 자아 같은 것이 있다는 가정을 깔고 가는 것이다. ∣ 정체성Identity 참조 ∣ 자아는 늘 만들어지는 중임을 받아들이는 것이 더 솔직하고 현실적이다. 오늘의 내가 가진 원칙에 집착하는 것은 더 나은 내일의 나를 위한 노력을 게을리하는 것과 같다.

이 두 가지 잘못된 형태의 진실함은 진실함이라는 것이 고정되고 변하지 않는다는 오해를 낳는다. 진정한 진실성은 좀 더 복잡하다. 그것은 옳은 것을 굳게 지키며 그에 따라 기꺼이 행동을 수정하는 것이다. 진실함은 우리가 단순히 소유할 수 있는 무엇이 아니라, 끊임없는 훈련을 통해 키울 수 있는 기술이다.

함께 보면 좋은 주제
딜레마Dilemmas, 신뢰Trust, 양가감정Ambivalence, 의무Duty, 인성Character, 정체성Identity, 진정성Authenticity, 책임Responsibility

읽을거리
버나드 윌리엄스, 『도덕적 운Moral Luck』 중 〈공리주의와 도덕적 방종Utilitarianism and Moral Self-indulgence〉
공자, 『논어』

진정성 Authenticity

당신이 이제까지 진짜 좋아했던 것, 당신의 영혼을
끌어당기던 것, 당신의 영혼을 지배하면서
행복하게 했던 것은 무엇인가?

– 프리드리히 니체

현대 서구 문화는 진정성과 '진실되게 행동하기'를 중요시한다. 심지어 유권자들은 훨씬 유능하나 지나치게 세련되고 전문적인 정치인보다, '진짜처럼 보이는' 편협한 정치인을 선호하는 듯하다. 그런데 어떤 그림이 진품이라는 말은 명확히 이해할 수 있다지만, 사람의 진정성이란 도대체 무엇을 의미할까?

한 가지 분명한 대답은 '자신을 속이지 않는 것'이다. 이때 진정성은 우리가 누구인지 제대로, 깊이 알고 그에 따라 행동하는 것이다. 이것은 우리에게 스스로 발견하고 속이지 말아야 할 진실된 자아가 존재한다는 상식적인 가정을 반영한다.

프리드리히 니체는 다른 견해를 갖고 있었다. 그에게 진정성이란 어디선가 발견되기를 기다리고 있는 진정한 자아를 **찾는** 것이 아니었다. 그보다는 자아를 **창조하는** 것을 의미한다. 우리는 자신의 정체성을 선택하고 스스로를 삶의 영웅으로 만들어야 한다. 예술 작품을 창조하듯이, 혹은 소설을 쓰듯이 우리 자신을 창조해야 한다. 진정성의 증거는 우리의 존재에 대한 저자 서명란에 우리 이름이 적혀 있는 것이다.

우리가 늘 변화하는 상태이며 정체성을 규정하는 자아에 절대로 변하지 않는 본질은 없다는 생각에는 분명 많은 진실이 담겨 있다. ▎정체성Identity 참조▎ 스스로 원하는 사람이 되고자 할 때, 스스로 무엇을 가치 있게 여기는지 자문해봐야 한다. 니체는 우리의 생각을 자극하기 위해 이런 질문을 던진다. "당신이 이제까지 진짜 좋아했던 것, 당신의 영혼을 끌어당기던 것, 당신의 영혼을 지배하면서 행복하게 했던 것은 무엇인가? 이 소중한 것들을 눈앞에 펼쳐놓자. 그것들의 본질과 순서는 당신의 진정한 자아를 지배하는 어떤 근본적인 법칙을 보여줄 것이다."

하지만 자아 창조의 가능성에 너무 심취할 때 두 가지 위험이 뒤따른다. 첫째, 윤리적 제약을 무시하고 부적절한 방식으로 자아를 만들어낼 가능성이다. 이것은 패트릭 해밀턴의 희곡『로프』에 나온 학생들이 저지른 실수다. 니체의 글을 대강 이해한 학생들은 자신들이 인습적 도덕에 얽매이지 않는다는 것을 증명하기 위해 불필요한 살인을 저지른다. 이는 극단적인 예지만, 윤리적 고민 없이 자기표현만 우선시하는 관점에는 언제나 위험이 따른다.

다른 위험은 현실의 제약을 무시하는 것이다. 우리에겐 각자 재능과 장단점이 있고, 어떤 선택에 앞서 이것들을 고려해야 한다. 우리가 삶의 주인이 될 수 있다는 생각에 너무 도취될 경우, 자신의 현실을 무시하고 과대망상에 사로잡히기 쉽다.

한 가지 제약은 우리 중 누구도 진공상태에서 태어나지 않았다는 것이다. 찰스 테일러는 과도한 개인주의로 진정성의 이상이 타락했다고 주장한다. 그는 "나의 방식으로 인간다워지는 길이 있다. 나는 타인의 삶을 모방하지 않고 내 삶을 내 방식대로 살도록 요구받는다"라고 했다. 하지만 그는 우리의 가치가 선에 대한 공통된 관념과 완전히 분리될 수 없음을 인식할 때, 진정성의 이상이 비로소 의미를 지닐 수 있다고 생각한다. 우리는 모두 시대와 문화의 산물이다. 따라서 진정성에는 개인적 차원뿐 아니라 사회적 차원도 포함된다. "자아 정체성 발견은 혼자 노력하는 것을 의미하지 않는다. 때로는 공개적으로, 때로는 타인과의 내밀한 대화를 통해 협상하듯 찾아내는 것을 의미한다."

자아 정체성을 찾으려는 '노력'은 너무 개인주의적이어도 안 되고, 모든 것을 사회를 위해 결정할 만큼 너무 수동적이어도 안 된다. 이것은 하이데거가 내놓은 진정성에 관한, 변화 가능하고 모호한 견해의 핵심 메시지처럼 보인다. 그는 사람들은 대부분 진정성이 결여된 상태인데 자신의 삶이 집단, 일명 타자들the They의 사회규범에 의해 결정되도록 내버려두기 때문이라고 말한다. 그렇게 함으로써 자신의 도덕성에 맞서는 일과 자신의 선택에 책임지는 일을 회피하는 것이다.

하지만 때로는 무사안일주의의 마법이 깨지고 죽음의 현실성, 필연성, 갑작스러움이 우리의 의식으로 불쑥 끼어든다. 이를 통해 우리는 일상의 산만함과 혼란을 접어두고 정말 중요한 것에 집중하게 되는데, 바로 그때 진정성을 획득하고 가장 자신에 가까운 사람이 된다.

반면 하이데거는 이러한 진정성이 역사적 전통에 뿌리를 두고 있다고 봤다. 그건 우리의 도덕성을 창조하는 것이 아니라, 사회의 진정한 가치에 의존하는 것에 관한 문제다. 우리가 의식적으로 이런 노력을 할 때, 아무 생각 없이 이러한 가치를 따라가는 오류를 피할 수 있다.

이를 통해 진정성은 결과가 아닌 존재의 한 방법으로 이해하는 것이 최선임을 알 수 있다. 우리가 추구하는 삶의 가치와 현재의 우리를 만든 이전의 가치를 잘 파악할 때 진정성 있는 삶을 살 수 있다. 우리 자신의 성향, 능력, 한계에 대해서는 현실적이어야 하지만, 그것이 우리의 정체성 전부를 결정하도록 둬선 안 된다. 어릴 때 흡수한 규범을 의심 없이 받아들여서도 안 되고, 별 이유 없이 무작정 폐기처분해서도 안 된다. 이 자기계발의 과정은 필연적으로 윤리적인 숨은 뜻을 갖는다. 우리가 포용하는 가치들은 우리가 이 세상에서 행동하고 타인과 관계하는 방식의 근간이기 때문이다.

함께 보면 좋은 주제

인성Character, 자기기만Self-deception, 자기인식Self-knowledge, 자아실현Self-actualisation, 자유의지Free will, 정체성Identity, 죽음Death, 진실함Integrity

읽을거리

찰스 기뇽, 『진정성에 관하여On Being Authentic』

질투 | Jealousy

대중음악의 역사를 살펴보면 다양한 주제의 노래가 가득하다. 그중 가장 많이 등장하는 주제가 사랑이라면, 그에 못지않은 것이 바로 질투다. 질투에 관한 노래는 너무 많다. 어떤 주제가 대중음악에 끊임없이 등장한다면 그것은 거의 모든 사람들이 느끼는 감정이라는 걸 알 수 있다. 여러 노래에서 질투는 보통 씁쓸하고 파괴적이고 비이성적이고 통제하기 힘든 감정으로 묘사된다. 이런 야수를 어떻게 길들일 수 있을까?

우리는 종종 질투를 '시기Envy'와 혼동한다. 하지만 시기와 달리 질투는 인간관계의 맥락 속에서, 우리가 '라이벌'에 의해 위협받고 있다고 느낄 때 생겨난다. | 시기Envy 참조 | 질투가 반드시 개인적이거나 성적인 것은 아니지만 보통 그런 경향이 강하다.

질투가 그렇게 어렵고 복잡한 감정인 이유 중 하나는, 그것이 현실에 대한 우리의 지배력을 약화시키기 때문이다. 프리드리히 실러의 표현에 따르면 질투는 적어도 '사소한 일들을 확대하는 감정'이다. 피터 골디는 흥미로운 분석을 통해 질투에 사로잡혔을 때의 관계와 위협은 완전히 상상에 기반한 것일 수도 있다고 지적했다. 이때 왜곡된 시각을 바로잡기가 어려운 것은, 질투가 우리를 양방향으로 잡아당기며 '의심과 맹신 양쪽에 모두 취약한 인간'으로 만들기 때문이다. 우리는 양극단에 위치한 악마의 손쉬운 먹잇감이 된다. 한편으로는 지나친 의심을 품은 채, 사소한 것들을 악의로 받아들인다. 다른 한편으로는 '우리를 안심시키려는 연인이나 라이벌의 말에 지나치게 마음을 놓아버리기도 한다.' 이런 상황에 우리가 편집증적인지 순진한지 알기는 어려울 수 있다.

분별력을 떨어뜨린다는 사실 외에도, 질투가 문제가 되는 다른 이유들이 있다. 무엇보다 질투는 자기패배적인 행동을 부추기는 경향이 있고, 사랑하는 사람들을 소유물처럼 다루는 못난 습관으로 표출되는 경우가 많다.

이 모든 것을 고려해볼 때, 우리의 머릿속에는 질문이 떠오른다. 그렇다면 질투는 무슨 소용이란 말인가? 질투가 아예 없으면 더 살기 좋지 않을까? 골디는 질투할 줄 모르는 것이 반드시 좋은 것만은 아니라고 한다. 그는 "질투는 특정한 인물들을 위한 특정한 형태의 사랑이 존재하기 위해 치러야 할 대가이며, 누군가는 그 특정한 인물들을 위한 특정한 형태의 사랑이 없는 것을 원치 않을 것이다"라고 결론 내렸다.

그의 견해에 따르면 질투는 때때로 '연인을 윤리적으로 문제가 될수 있는 방식으로 다루는 것을 제외한, 서로 간의 정당한 기대를 포함한다'라고 했다. 이를테면, 약속에 대한 정당한 기대가 충족되지 않으면 질투는 적절할 수 있다.

골디에게 힘든 과제는 질투를 관리하는 것이다. 그는 질투가 '통제 불능이 되는 경향'이 있으므로 '주의를 게을리해서는 안 되는 성격 특성'이라고 인정했다. 우리는 늘 질투심을 경계해야 한다. 질투가 괜히 '초록색 눈의 괴물'로 묘사되는 게 아니다.

ㅈ

함께 보면 좋은 주제

감정Emotions, 관계Relationships, 배신Betrayal, 시기Envy, 신뢰Trust

읽을거리

피터 골디, 『감정The Emotions』

집 | Home

나는 모든 땅의 문화가 바람처럼 우리 집 안으로 최대한
자유롭게 불어 들어왔으면 좋겠다. 하지만 나는
그 어떤 문화에 의해서도 날려가지 않을 것이다.

—마하트마 간디

『오즈의 마법사』에서 주인공 도로시는 '집만큼 좋은 곳이 없다'라는 교훈을 힘들게 배운다. 하지만 최근에 사람들이 겪는 문제는 약간 다르다. 집이라고 할 만한 곳이 없기 때문이다. 적어도 집처럼 느껴지는 곳이 없다는 뜻이다. 이것은 우리 삶에서 실질적인 공백이자, 어쩌면 개인적 실패로까지 느껴질 수 있다.

우리 모두는 집이라고 부를 만한 장소를 갈망하는 걸지도 모른다. 하지만 때로는 그것을 찾지 못하는 데서 오는 초조함이 창조적 에너지의 원천이 될 수도 있다. 데이비드 흄은 평생 도시가 주는 지적 자극의 즐거움과 과도한 사교생활에 대한 염증 사이에서 갈등했다. 그는 때때로 스코틀랜드 국경 혹은 프랑스 시골의 조용한 지역이 더 집 같다고 느꼈다. 그는 집이라고 부를 만한 단 한곳을 발견하지는 못했다. 하지만 그때그때 자신이 머무는 곳을 최대한 활용했다. 또한 정착하지 못

하는 성향 덕분에 여행으로 더 넓은 세상을 볼 수 있었다. 이것은 영원히 떠나기 싫은 매력적인 장소가 존재하지 않는 대신 얻을 수 있는 충분한 보상이라 할 수 있다.

우리가 영원히 집이라고 느낄 만한 곳이 세상 어딘가에 있다는 생각은 환상일지도 모른다. 젊고 부유하던 시절의 루트비히 비트겐슈타인은 노르웨이의 작은 호숫가에 집을 지었다. 이것은 진정으로, 온전히 그의 것이라고 부를 만한 유일한 집이었다. 하지만 39년에 걸친 세월 동안 그가 그 집에 머문 기간은 길어야 2년 정도였다.

집은 당신의 뿌리가 있는 곳이 될 수도 있다. 옛 격언에 따르면, 어떤 장소에서 사람을 끄집어낼 수는 있지만 어떤 사람에게서 장소를 끄집어낼 수는 없다. 집이 우리의 자아 형성에 끼친 영향을 인정하는 것은 자신을 온전히 이해하는 데 필수적이다. 따라서 출신 지역에 대해 특별한 유대감을 느끼는 것이 반드시 옹졸한 우월주의는 아니다.

가장 이상적인 것은 한곳을 집처럼 여기면서 다른 곳에도 열려 있는 태도다. 간디는 이것을 아름답게 정리했다. "나는 내 집이 사방의 벽에 둘러싸이고 나의 창문이 막혀 있는 것을 원하지 않는다. 나는 모든 땅의 문화가 바람처럼 우리 집 안으로 최대한 자유롭게 불어 들어왔으면 좋겠다. 하지만 나는 그 어떤 문화에 의해서도 날려가지 않을 것이다. 다른 사람의 집에서 침입자, 걸인, 혹은 노예로 살지 않을 것이다."

여기서 한발 더 나아가는 사람들도 있다. 그들은 코즈모폴리턴, 즉 세계 시민이다. 이론적으로 코즈모폴리터니즘은 우리가 세계 어느 곳에 있더라도 집처럼 느낄 수 있게 해준다. 하지만 실상에서는 그 어떤 곳에서도 진짜 집 같은 느낌을 받을 수 없다는 의미이기도 하다. 세계 시민이 되기를 원하는 사람들에게 이것은 기꺼이 치를 만한 대가다.

하지만 콰미 앤서니 아피아는 코즈모폴리터니즘과 지역적 애착이 결합될 수 있다고 말한다. 그는 가나 출신에 민족주의 성향이 강한 자신의 아버지의 예를 들었다. 그의 아버지는 자녀들에게 "너희가 세계의 시민이라는 것을 기억해라"라는 유언을 남겼다. 아피아는 "아버지는 지역적 편파성과 보편적 도덕성이, 다시 말해 우리가 속한 장소의 일부로 사는 것과 더 넓은 인간 공동체의 일부로 사는 것이 충돌한다고 보지 않았다"라고 말한다.

집을 떠올리면 따뜻하고 아늑한 기분이 들고 안심이 된다. 집이 없는 듯한 기분은 애통한 그리움을 불러일으킨다. 하지만 때로는 그 고통을 그대로 두고, 뿌리 없음 혹은 초조함의 감정을 끌어안는 것이 더 낫다. 우리가 어디에 있는가보다 우리가 누구인가를 편안하게 받아들이는 것이 더 중요하다.

함께 보면 좋은 주제

가족Family, 공동체Community, 애국심Patriotism, 여행Travel, 진정성Authenticity

읽을거리

콰미 앤서니 아피아, 『세계시민주의』

채식주의 Vegetarianism

> 문제는 그들에게 이성이 있는지 혹은 언어를 구사할 수 있는지가 아니라 고통을 느낄 수 있는지다.
>
> — 제러미 벤담

오랫동안 세계의 많은 지역에서 채식주의자들은 이상주의적인 별종으로, 완전 채식주의자인 비건은 사실상 미치광이로 여겨져왔다. 하지만 최근 들어 채소 기반의 식단은 주류로, 최소한 새로운 라이프 스타일로 자리 잡았다. 일부는 건강상의 이유로, 다른 일부는 도덕적인 이유로 채식을 택한다. 여전히 스테이크와 프라이드치킨을 먹는 사람들은 그런 도전에 맞서야 한다. 과연 고기는 죽음을, 우유는 고통을 의미하는 것일까?

역사적으로 많은 시간과 장소에서 사람들이 동물 복지를 전혀 고려하지 않았다는 것은 좀 신기해 보인다. 르네 데카르트는 동물이 이성이나 언어가 결여된 기계장치나 다름없는 조형물에 불과하며, 따라서 인간에게 의식을 부여하는 무형의 영혼이 동물에게는 없다고 했다. 그는 이런 글을 썼다. "내 의견은 동물에게 잔인하다기보다는 인간에게 관대하다. 동물을 먹거나 도살할 때 인간의 범죄 혐의를 풀어주기 때문이다."

하지만 데카르트는 동물의 생명이나 감각을 부정하지는 않았다. 제러미 벤담은 이것만으로도 우리는 동물의 복지를 고려해야 한다고 주장했다. 벤담은 데카르트에 대한 반박이라고 해도 좋을 만한, 동물에 관한 글을 남겼다. "문제는 그들에게 **이성**이 있는지 혹은 **언어**를 구사할 수 있는지가 아니라 **고통**을 느낄 수 있는지다." 벤담은 시대를 훨씬 앞서갔다. "프랑스인들은, 인간이 단지 피부가 검다는 이유만으로 아무런 대책 없이 고문하는 사람의 손아귀에 내맡겨져서는 안 된다는 것을 이미 깨달았다. 언젠가는 감각이 있는 존재를 이러한 운명에 처하도록 방치하는 근거로서 다리의 개수, 털의 유무, 꼬리의 유무는 불충분하다고 깨닫는 날이 올 것이다."

벤담은 인종차별과 동물에 대한 처우를 분명히 비교하고 있다. 20세기에 리처드 D. 라이더는 이 부분을 명확히 드러내기 위해 '종 차별'이라는 용어를 만들었다. 어떤 종에 속한 동물인지에 따라 생명체를 차별적으로 대하는 사람을 종 차별주의자라고 한다. 이는 우리가 모든 종을 똑같이 대해야 한다는 의미가 아니다. 하지만 차별적 대우는 도덕과 관련된 어떤 차이에 의해 정당화되어야 한다. 일례로 식용 돼지 도살은 허용하고 식용견 도살은 허용하지 않을 때, 이처럼 다른 기준을 정당화할 수 있는 개와 돼지 간의 도덕적 차이가 전혀 없다면 그건 종 차별에 해당한다.

넓은 의미에서 볼 때, 한때 급진적으로 여겨졌던 벤담의 사상은 이제 주류의 상식이 되었다. 대다수 사람들은 동물이 고통을 느낄 수 있고 동물의 복지를 고려해야 한다고 믿는다. 우리가 전부 채식주의자가 아닌 이유는, 여전히 많은 사람들이 고통을 배제한 방식으로 동물을 사육해 고기와 우유를 얻을 수 있다고 믿기 때문이다.

채식주의의 도덕적 정당성을 확보하려면, 동물을 죽이는 것 자체가 도덕적으로 잘못되었다는 주장을 뒷받침할 만한 이유를 보여줘야 한다. 이건 어려운 일이다. 그 누구에게도 다른 생명체의 목숨을 빼앗을 권리가 없다고 말할 수도 있겠지만, 그렇다면 자연 전체가 정의를 위반하는 셈이 된다. 지구에는 수많은 잡식동물과 육식동물이 있고, 생명의 순환은 여기에 달려 있다.

식용 목적으로 동물을 죽이는 것이 도덕적으로 잘못되지 않았음을 인정한다면, 훌륭한 복지와 인도적인 도축이 보장될 경우 축산도 허용 가능하다. 일부 공리주의자들은 축산업이 거의 의무적이어야 한다고 주장한다. 저명한 동물 해방 운동가 피터 싱어는 세상에 만족스러운 삶을 사는 생명체가 많으면 많을수록 더 좋다고 주장하는 공리주의자다. 이를테면 기쁨도 못 느끼고 의식도 없는 밀이 들판을 뒤덮고 있는 것보다 행복한 양들이 들판을 뛰놀다가 덜 고통스러운 죽음을 맞는 것이 낫다는 것이다. 동물이 그 순간을 사는 존재라면, 그런 행복한 순간을 최대한 많이 만들어주는 것이 제일 중요하다. 개별 동물의 수명은 중요하지 않다.

하지만 복지가 진짜 문제라면 대부분의 우리는 기준을 좀 더 강화할 필요가 있다. 잘 길러지고 인도적으로 도축된 고기를 먹는 것이 도덕적으로 용인된다는 원칙은, 동물들이 대체로 비참한 환경에서 길러지는 오늘날의 축산업 현실과 충돌한다. 특히 산란용 조류와 유제품을 얻기 위해 길러지는 동물들의 생활환경은 더 끔찍한 경우가 많기 때문에, 동물성 식품의 출처를 꼼꼼히 따지지 않는 부분적 채식주의자는 동물 복지 식품만 구입하는 잡식주의자보다 동물의 고통에 더 많이 기여하게 된다.

비건은 동물의 고통에 관한 논의에서 자유롭다고 느낄 수도 있다. 하지만 농장에서 사육되는 동물의 수가 줄어드는 것이 동물 복지에 도움이 되는지는 분명치 않다. 자연은 잔인하고 야생에는 수의사도 없다. 마크 브라이언트 부돌프슨은 "인도적으로 (길러지고) 도살된 동물들은 그들이 야생에 내던져졌을 때 예상되는 것보다 훨씬 더 나은 삶을 산다"라고 했다.

게다가 비건의 식단이라고 해서 동물의 죽음과 전혀 무관한 것도 아니다. 기계장비와 화학약품을 사용하는 오늘날의 곡식 농사로 인해 매년 수많은 동물이 죽는다. 한 추정치에 따르면 그 규모는 무려 73억 마리에 달한다. 밥 피셔와 앤디 래미는 이런 추정치를 그대로 신뢰하기는 어렵다고 주장한다. 하지만 실제 숫자가 어떻게 됐든 그 규모가 대단한 것만큼은 확실하고, 따라서 거의 모든 비건 식단도 동물의 죽음과 관련이 있다.

동물 복지 관점에서 부분 채식 혹은 완전 채식을 하는 사람도 있지만, 환경 측면에서 채식을 하는 사람도 있다. 세계적으로 지속 가능한 식단에는 현재 선진국에서 일상적으로 소비하는 것보다 훨씬 적은 양의 고기가 포함된다는 것이 중론이다. 하지만 토지를 가장 효율적으로 사용하려면 적당한 가축 사육도 도움이 된다. 가령 돼지와 닭은 인간이 먹을 수 없는 부산물을 먹고, 반추동물은 작물이 자랄 수 없는 땅의 풀을 뜯는다.

축산의 방식도 중요하다. 일례로 목초지에서 사육되는 소는 메탄을 배출하지만, 풀밭은 분해된 메탄을 저장하는 탄소 흡수원이기도 하다.

이에 반해, 많은 견과류 우유는 엄청난 농업용수와 농약 사용이라는 비용을 치르고 생산된다. 몇몇 식물 기반 식품은 농장 가축들보다 더 큰 탄소발자국을 남기기도 한다.

우리에게 식생활과 관련해 지구와 동물의 복지를 생각할 도덕적 의무가 있다는 주장에 대해서는 반박의 여지가 없다. 하지만 우리에게 요구되는 것이 무엇인지는 그리 명확하지 않다. 비건과 채식주의자가 고기를 먹는 사람보다 자동적으로 도덕적 우위에 오르는 것은 아니다. 하지만 적어도 그들은 그것을 위해 노력 중이다. 당신은 어떤가?

함께 보면 좋은 주제

애완동물Pets, 자연Nature

읽을거리

줄리언 바지니, 『철학이 있는 식탁』

제러미 벤담, 『도덕 및 입법의 원칙에 대한 서론』

벤 브램블, 밥 피셔, 『육식의 도덕적 복잡성The Moral Complexities of Eating Meat』

책임 | Responsibility

> 우리가 갈망하는 것은 온건한, 살짝 축소된 책임이다.
> – 대니얼 데닛

『은하수를 여행하는 히치하이커를 위한 안내서』 시리즈에서 더글러스 애덤스는 'SEP 필드'라는 개념을 소개한다. 이것은 인간의 뇌가 책임감을 회피하려고 만들어낸 일종의 보호 망토다. 우리가 어떤 일을 '남의 문제Somebody Else's Problem'라고 결론 내릴 때마다 마치 마법같이 SEP 필드가 펼쳐진다.

애덤스는 여기에 '내 책임 아님Not My Responsibility'의 앞 글자를 따서 'NMR 필드'라는 이름을 붙일 수도 있었을 것이다. 어떤 이름을 붙이든 간에, 책임감 축소는 인간의 간절한 소망처럼 보인다. 책임은 언제나 내가 아닌 다른 운전자에게, 우리를 열 받게 한 사람에게, 혹은 그냥 '시스템'에 있다.

철학은 우리가 애초에, 어떤 일에 대해서든, 책임이 있기나 한 건지 반문함으로써 책임 회피의 가능성을 완전히 새로운 차원으로 끌어올린다. 이 주장은 최소한 책임이 줄어들 수 있다고 모든 사람들이 인정하는 극단적인 상황에서 출발한다. 외상이나 병, 약물로 인해 뇌에 변화가 생기면 성격이나 행동이 크게 바뀔 수 있는 건 분명하다. 뇌종양으로 인해 아동 포르노에 관심을 보이기 시작한 사람처럼 충격적인 사례도 존재한다. 이 환자의 경우 종양이 제거되자 새롭게 고개를 내밀던 성향도 함께 사라졌다. 또한 약물을 교체하자 심각한 도박 성향을 보인 파킨슨 환자들의 사례도 있다.

이 같은 극단적인 병리학적 사례를 제외하더라도, 우리 모두는 물려받은 유전자와 삶의 경험을 통해 지금의 모습이 될 수 있었다는 것역시 사실이다. 당신은 근본적인 성격 특성, 사회적 성, 성적 취향, 부모, 어린 시절의 사회적 배경을 선택할 수 없으며, 이 모든 것은 당신을 만드는 데 기여했다. 따라서 우리는 궁극적으로 선택을 통해 지금의 모습이 된 것이 아니다.

그렇다면 우리를 비롯한 모든 사람들은 자기 행동에 책임질 필요가없다는 뜻일까? 우리의 잘못된 선택을 전부 천성과 양육환경 탓으로돌려도 될까? 갤런 스트로슨은 그렇다고 생각한다. 그는 사람들의 행동에 대해 상이나 벌을 주는 것은, 그들의 머리카락 색깔 혹은 얼굴형에 대해 그렇게 하는 것과 같다고 했다.

하지만 우리는 이렇게 쉽게 책임을 포기해서는 안 된다. 우리가 우리 행동의 **궁극적인** 저자까지는 아니더라도, 인간으로서 자기 행동을수정하고 자제력을 발휘할 수는 있다. 우리가 자기 행동을 통제하는능력은 결코 절대적이지 않지만, 충동조절장애가 있는 사람과 그렇지않은 사람 간에는 분명히 차이가 있다.

대니얼 데닛에 따르면 우리가 갈망하는 것은 '온건한, 살짝 축소된 책임'이라고 했다. 하지만 이 온건한 책임은 우리 사회에 아주 중요하다. 왜냐하면 사람들에게 책임을 물음으로써 향후 더 나은 행동을 하도록 격려할 수 있기 때문이다. 우리는 아이들을 이런 식으로 키운다. 우리는 칭찬과 비난에 반응할 수 있고, 그거면 충분하다. 데닛은 사람들에게 책임을 묻는 것이 '가장 인기 있는 게임'이라고 말한다.

책임을 회피하는 것이 인간의 가장 흔한 악습 중 하나지만, 반대로 과도하게 책임을 지려고 하는 악습도 피해야 한다. 어떤 사건에 단순히 조금 기여한 것과 그 사건에 온전한 책임이 있는 것 사이의 차이를 파악하기란 어렵다. 우리가 어떤 나쁜 일에 인과적 기여를 했다고 느낄 때, 거의 자동으로 책임감과 죄책감을 느낀다.

영국 TV 시트콤 〈테드 신부〉에 나오는, 실제가 아니라서 천만다행인 한 상황을 예로 들어보자. 테드 신부는 래리 더프 신부에게 전화를 거는데, 마침 래리 더프 신부는 스키를 타고 슬로프를 내려오는 도중에 전화를 받는다. 그 바람에 더프 신부는 산에서 굴러 떨어져 목발 신세를 지게 된다. 테드 신부가 전화를 안 했다면 더프 신부는 사고를 당하지 않았을 것이다. 하지만 테드 신부는 사고에 일부 기여했을 뿐, 더프 신부의 부상에 전적인 책임이 있는 건 아니다. 그에게 책임을 전가하려면 의도적 요소, 혹은 태만의 과실이 있어야 한다.

그럼에도 이런 상황에서는 여전히 부정적인 감정이 느껴질 수밖에 없다. ┃딜레마Dilemmas 참조┃ 버나드 윌리엄스는 더욱 심각한 상황, 즉 운전자의 과실이 아니었지만 어쨌거나 아이를 친 상황을 예로 든다. 이때 안타까움을 전혀 느끼지 않는 운전자는 비인간적이다. 하지만 이런 부정적인 감정이 책임과 연결되어서는 안 된다. 우리가 아무것도 잘못하지 않았을 때 죄책감과 자책감을 느끼는 것은 적절하지 않다.

우리가 느끼는 건 일종의 유감스러움일지도 모르겠다. 우리가 저지른 잘못에 대해 책임진다는 의미가 아니라 그 상황을 안타깝게 생각한다는 의미에서. | 후회Regret 참조 |

아리스토텔레스는 강압이나 무지로 인해 발생한 일, 다시 말해 비자발적인 상황에서 발생한 일에 대해 우리가 칭찬이나 비난을 받아선 안 된다는 아주 타당한 주장을 했다. 하지만 이 부분도 좀 더 짚고 넘어가야 한다. 아리스토텔레스는 때로는 우리가 우리의 무지에 대해 책임이 있다고 했다. 이를테면 술에 취해서 주사를 부리거나 안전 지침서를 제대로 읽지 않아 부상이 발생하는 경우가 그러하다.

우리는 책임을 회피해서도, 우리의 책임을 지나치게 확대해서도 안 된다. 물론 우리에게 **궁극적인** 책임은 없다지만, 애초에 그렇게 믿은 사람이 있기나 했을까? 우리에게 필요한 건 칭찬, 비난, 보상, 처벌에 반응할 만큼의 **적당한** 책임이며, 우리는 여기에 적절히 반응하고 있다. 이런 것들이 없다면 인간이 제대로 기능하기 어려울 것이다.

함께 보면 좋은 주제

딜레마Dilemmas, 만약What if, 의무Duty, 자기기만Self-deception, 자유의지Free will, 자제력Self-control, 죄책감과 수치심Guilt and shame, 후회Regret

읽을거리

대니얼 데닛, 『엘보우 룸Elbow Room』

취약성 Vulnerability

이 책을 쓰는 시점에 브레네 브라운의 '취약성의 힘'이라는 테드 강연은 거의 4400만 건의 조회수를 기록했다. 이는 분명 아주 강력한 주제다. 우리는 취약해지는 것을 좋아하지 않는데, 브라운에 따르면 그건 우리의 약점과 불완전함을 드러내고 타인의 판단과 거부에 스스로를 열어두는 일이기 때문이다. 하지만 그는 이렇게 타인에게 우리의 전부를 보여줄 때 비로소 타인과 진정으로 연결될 수 있다고 믿었다.

역사적으로 많은 사상가들은 취약성을 찬양하기보다는 축소하는 데더 열심이었다. 스토아학파와 불교에서는 욕망과 애착을 억제함으로써 취약성을 줄일 수 있다고 생각했다. 마르쿠스 아우렐리우스는 스스로에게 이렇게 말했다. "열정이 없는 마음은 요새다. 더 안전한 곳은 없다. 그곳으로 피신하면 우리는 영원히 안전하다."

하지만 에피쿠로스는 이러한 자기 보호에도 한계가 있다고 지적했다. "다른 것들로부터의 안전은 확보할 수 있지만, 죽음과 관련해서 모든 인간은 성벽 없는 도시에 산다." 취약성을 줄이는 것이 설령 가능하다 하더라도, 비용이 들지 않는 건 아니다. 우리는 인간성과 인간 경험의 풍요로움을 포기하는 대가를 치른다. 토드 메이는 자신이 '취약주의vulnerabilism'라고 명명한 것을 높이 평가하는 글을 썼다. 메이가 봤을 때 비취약성의 이상은 '감정적으로 현실과 너무 단절'되어 있었고, '인간의 감정과 반응의 범위'를 축소시켰다. 우리가 사람과 일에 신경을 쓰면 필연적으로 애착을 느끼게 된다. 그리고 애착을 느끼면 고통에 취약한 상태가 된다. 바로 그거다. 우리는 '우리의 본질적인 근간이 뒤흔들릴 수 있다는 생각'을 받아들여야 한다.

당신은 우리가 연민을 가지되 약간의 거리를 유지하는 방식으로 행동할 수 있지 않겠냐고 물어볼 수도 있다. 하지만 그건 감정적인 투자가 필요한 보살핌caring이 아니다. 메이에 따르면 보살핌은 '일종의 일괄 계약이라서 다른 사람을 보살피면서 우리 자신을 고통에 노출시키든지, 평온한 연민을 느끼되 우리 자신을 고통에 노출시키지 않든지 둘 중 하나다.'

다만 메이는 비취약성의 이상이 일부에게는 통할 수도 있다고 인정했다. 우리가 비취약주의로부터 배울 수 있는 실천방안들이 있다. 전체적인 시야로 상황을 조망하기, 가능성이 희박한 일을 미리 걱정하지 않기, 피에르 아도가 '작게 쪼개서 봤을 때 언제나 견딜 만하고 통제 가능한 현재의 미세한 순간'이라고 설명한 것에 집중하기 등등. 하지만 메이는 대부분의 사람들에게 이런 실천방안은 세상과의 균형 및 평화 유지라는, 덜 극단적인 목표를 돕는 데에 더 유용하다고 생각했다. 이 목표가 더 달성하기 쉽고 바람직하다.

이것의 핵심은 수용이다. 수용해야 할 것은, 우리가 벌어지는 일을 통제할 수 없으므로 우리에게 악영향을 미치는 사건에 취약할 수밖에 없다는 사실이다. 이런 일이 벌어질 때 우리는 슬프고 속상한 기분이 든다. 그 상황을 받아들인다고 해서 고통이 사라지진 않지만 조금은 덜어진다. 반면 현실에 거세게 저항하는 것은 십중팔구 고통을 가중시킬 뿐이다. ┃ 만족Contentment, 고통Suffering 참조 ┃

취약한 것은 우리의 자연스러운 상태다. 우리가 추구해야 할 것은 비취약성이 아니라, 메이가 말한 '살짝 덜 지독한 취약성'이다.

함께 보면 좋은 주제

건강과 질병Health and illness, 고통Suffering, 만족Contentment, 손실Loss, 실패Failure, 통제Control, 평온Calm, 필멸Mortality

읽을거리

토드 메이, 『부서지기 쉬운 삶』

침묵 | Silence

도를 아는 사람은 도를 말하지 않는다.
도를 말하는 사람은 도를 모른다.

– 『도덕경』 중에서

우리는 시끄럽고, 말 많고, 인터넷의 출현으로 한층 더 수다스러워진 세상에 살고 있다. 우리는 계속해서 '대회에 참여'할 것을 요구받고 그렇게 하지 않을 경우 소외감을 느낀다. 침묵은 너무 드물어서, 어떤 사람들은 그것을 두려워하고 침묵을 몰아내기 위해 라디오를 켠다.

지나친 소음은 짜증과 스트레스의 원인이라는 걸 모르는 사람은 없다. 하지만 철학자들이 가장 관심을 보인 침묵은 소리의 부재가 아니라 언어의 부재였다. 서구 사상은 '로고스 중심적'이라고 설명되는데, 이것은 언어 중심적이라는 뜻이다. 현대 도시 환경에서는 이러한 경향이 더욱 두드러진다. 오늘날 사람들은 스크린, 간판, 헤드폰, 스피커, 대화에 둘러싸여 있다. 우리는 평균적으로 매일 7000 단어를 말하고 3만 단어를 읽는다고 알려져 있다.

반면 비서구권에서는 인생에서 중요한 많은 것은 언어로 표현될 수

ㅊ

없다는 공통된 믿음이 있다. 예를 들어 도교에서 '도道'는 절대 언어로 적절히 표현될 수 없다. 『도덕경』에는 이런 말이 나온다. "도를 아는 사람은 도를 말하지 않는다. 도를 말하는 사람은 도를 모른다." 비슷한 이치로, 정통 인도 철학에서는 궁극적 실체인 브라만Brahman을 언어로 설명할 수 없는 존재로 본다. 이는 브라만을 '네티 네티neti neti', 즉 '이것도 아니고 저것도 아니다'라고 기술한 부분에서 잘 드러난다. 도교와 정통 인도교는 '도' 혹은 '브라만'에 대한 어느 정도의 지식을 얻는 것이 가능하다는 입장이지만, 이런 지식은 직접적인 경험의 형태로 찾아올 뿐 언어로 표현될 수는 없다.

불교 철학과 그와 관련된 학파에서 흔히 찾아볼 수 있는 개념은 언어가 현실의 진정한 특성과는 불일치하는 언어적 틀 안에 현실을 배치함으로써 그것을 왜곡한다는 것이다. 20세기 일본 철학자 니시다는 "의미와 판단은 실제 경험의 관념적인 부분이고, 실제 경험과 비교했을 때 그 내용이 빈약하다"라고 말했다. 이에 따라 역설적으로 들리는 결과가 발생하는데, 우리가 실수를 할 수 있는 건 무언가를 언어화할 때뿐이라는 것이다. "내가 어떤 명제를 내놓으면 그것으로 인해 나는 논리적 오류를 범하게 된다." 기원전 3세기 철학자 나가르주나는 이렇게 말했다. "하지만 나는 명제를 내놓지 않는다. 고로 나는 오류를 범하지 않는다."

이러한 견해들은 많은 의문을 제기한다. 그중 하나는 궁극적인 현실의 비언어적인 경험이 가능한지에 관한 것이다. 칸트는 그것이 불가능하다고 생각했다. 우리는 지각할 수 있는 현상적 세계에 갇혀 있고, 물자체物自體의 본체적 세계는 전혀 알 수 없다.

우리가 이 거대한 형이상학적 질문에 대해 어떤 결론을 내리든 간에, 언어가 때로는 경험을 방해한다는 일반적인 생각에는 분명 진실이 담겨 있다. 대화에서 한발 물러나 내적 독백의 볼륨을 줄일 때, 우리는 비로소 그 언어가 가렸던 다른 것들을 발견하기 시작할 것이다, 나뭇잎의 색깔부터 우리가 느끼는 실제 감정까지. 그렇게 발견한 것들을 언어로 옮길 수 있을지는 모르겠지만, 일단은 언어를 잠시 한쪽으로 치워놓아야 그런 인식과 감성의 순간을 맞을 수 있다.

함께 보면 좋은 주제

가십Gossip, 고독Solitude, 마음챙김Mindfulness, 분주함Busyness, 소음Noise, 속도 늦추기 Slowing down, 정신적 삶Inner life

읽을거리

줄리언 바지니, 『세상이 생각하는 방법How the World Thinks』

카르페 디엠 | Carpe diem

얻을 수 있는 모든 즐거움을 지체 없이 얻어라.
다가올 밤에 대한 기약 같은 것은 없다.

— 세네카

호라티우스의 시 구절 '카르페 디엠'의 가장 일반적인 영문 번역은 '오늘을 잡아라 seize the day'이지만 그 대안인 '오늘을 수확하라 pluck the day'가 훨씬 멋지다. 움켜쥠의 잠재적인 폭력성보다는 잘 익은 과일을 손으로 따는 기분 좋은 느낌이 더 낫기 때문이다. 이 말을 어떻게 번역하든 간에, 많은 사람들은 카르페 디엠을 모토로 삼는다. 이것은 가장 흔히 쓰이는 타투 문구 중 하나이기도 하다. 이 긴급한 요구는 어떤 일이 잘못되었을 때 우리의 마음속에 불쑥 떠오르는 경향이 있다. 어떤 위기라든지 가진 것을 잃을 뻔한 경험은, 우리가 당연하다고 여기는 미래가 어쩌면 오지 않을 수도 있음을 일깨워준다. 호라티우스의 시구는 이렇게 이어진다. '쾀 미니뭄 크레둘라 포스테로 Quam minimum credula postero.' 가급적 내일이라는 말은 최소한만 믿어라.

오늘을 잡는다는 것은 **실제로** 무슨 의미일까? 우리는 그저 '먹고 마

시고 즐거워하고' 빈둥거리며 내일은 걱정하지 말아야 할까? 이는 고대 그리스의 키레네학파가 주장한 것과 거의 일치한다. 그들은 미래가 올지 안 올지 모르기 때문에, 미래를 걱정하지 말고 오늘 당장 즐거운 일을 해야 한다고 믿었다. 또한 과거는 이미 흘러간 것이므로, 과거에 대해서도 마음 쓰지 말아야 한다고 생각했다. | 쾌락Pleasure 참조 |

에피쿠로스는 이처럼 현재 지향적인 입장, 즉 현재에서 즐거움을 찾고 미래에 대한 불안을 제거하는 것이 중요하다는 입장을 전적으로 지지하는 듯 보일 수도 있다. 세네카에 따르면 에피쿠로스는 이렇게 말했다. "어리석은 삶은 감사를 모르고 두려움으로 가득하다. 그것은 오로지 미래만 바라본다." 하지만 에피쿠로스는 과식, 과음, 외도 같은 탐닉적인 쾌락이 그 순간에는 즐거울지 몰라도, 미래에는 거의 불가피하게 문제를 낳는다는 것도 알고 있었다. 삶에서 욕망만 따르는 것은 쾌락보다는 더 큰 고통을 낳는 지름길이다.

키르케고르는 가상의 연회를 통해 이러한 위험을 묘사했는데, 이 연회에서는 현재의 즉시성에 대한 연회 주최자들의 헌신이 잘 드러난다. 마지막에는 지속되는 모든 것을 신경 쓰지 않겠다는 표시로 와인잔까지 깨버린다. 하지만 쾌락주의자 손님들은 공허할 뿐이다. 그들은 영원히 흘러가고 있는 '순간'만을 위해 살고 있어 어떤 종류의 만족감도 느낄 수가 없다. 이 순간이 얼마나 즐겁든 간에, 그것이 지나간 다음에 할 수 있는 일은 다음 순간을 향해 손을 뻗는 것뿐이다.

그렇다고 해서 이따금 마음을 완전히 놓는 것이 나쁘다는 말은 아니다. 진지함과 절제를 옹호한 세네카조차 때로는 마음이 '유쾌한 자유를 만끽해야 한다'라고 했고, '술기운이 돌 때까지' 술도 한 번씩 마셔야 한다고 했다.

하지만 카르페 디엠의 전반적인 메시지는 당장 기분 좋은 것에 집중하라는 선동이 아니라, 가장 가치 있는 것을 소중히 여기라는 제안이다. 여행이나 친구와 어울리는 시간이 중요하다면, **지금 당장** 그것을 우선순위로 삼아야 한다. 은퇴할 때까지, 경력이 정상 궤도에 오를 때까지, 혹은 원하는 상황이 올 때까지 기다릴 일이 아니다.

카르페 디엠은 새로운 지평을 찾기보다는 우리 주변에 널려 있는 일상의 작은 즐거움을 만끽할 것을 요구하는 초대장이 될 수 있다. 때때로 우리는 미래를 향해 나아가는 데 열중한 나머지 우리가 먹는 음식의 맛이나 지나쳐가는 건축물의 아름다움을 느끼지 못한다. 세네카는 이렇게 말했다. "얻을 수 있는 모든 즐거움을 지체 없이 얻어라. 다가올 밤에 대한 기약 같은 것은 없다. 아니, 기간을 너무 길게 잡은 것 같다. 다가올 한 시간에 대한 기약 같은 것은 없다."

카르페 디엠의 한 가지 중요한 조건은, 내일 무슨 일이 벌어질지 혹은 내일이 과연 찾아올지 알 수 없지만, 우리의 전반적인 삶은 이 순간을 지나서까지 이어진다는 것이다. 현재를 즐기는 데 너무 집중하다 보면 우리 삶에 가장 큰 의미를 부여하는 것들, 이를테면 장기적인 관계, 목표 설정 및 달성, 가치 있는 프로젝트 추진 등을 놓칠 수 있다. 우리는 지금 이 순간을 만끽하는 동시에, 우리의 미래 자아의 안녕을 느긋한 눈길로 주시할 필요가 있다. 에피쿠로스의 말처럼 이것을 명심해야 한다. "미래는 전적으로 우리의 것도 아니고, 전적으로 우리의 것이 아닌 것도 아니다. 미래가 올 것임을 확신하지도 말고, 그 미래가 오지 않을 것이라고 미리 체념하지도 말아야 한다."

오늘만을 위해 살다 보면 내일이 엉망이 될 위험이 있다. 내일만을 위해 살다 보면 오늘을 놓칠 위험이 있다. 쇼펜하우어는 이런 딜레마를 잘 이해했던 모양이다. "가장 위대한 **지혜**는 현재를 즐기고, 이러한 즐거움을 삶의 목표로 삼는 것이다. 왜냐하면 현재만이 유일한 현실이고, 그 밖의 모든 것은 상상에 불과하기 때문이다. 하지만 이러한 삶의 방식을 가장 위대한 **어리석음**이라고 말할 수도 있다. 한순간에 존재하지 않게 되는 것, 꿈처럼 완전히 사라지는 것에는 진지한 노력을 쏟을 가치가 없기 때문이다."

내일이 망가질 만큼 격렬하게 오늘을 붙잡아서는 안 된다. 하지만 일반적으로 우리는 미래를 걱정하느라 현재를 놓치는 경향이 있으므로, 좀 더 자주 현재 중심적인 방향으로 마음의 균형을 잡아야 한다. 마르쿠스 아우렐리우스는 "당신에게 지금 이 순간이라는 선물을 줘라"라고 말했다. 그 선물의 값을, 그것도 이자까지 쳐서 나중에 치르는 일이 없도록 하자.

함께 보면 좋은 주제

감사Gratitude, 만족Contentment, 분주함Busyness, 삶에 대한 애정Love of life, 성취Achievement, 중년의 위기Midlife crisis, 쾌락Pleasure, 평온Calm

읽을거리

쇠렌 키르케고르, 『인생길의 여러 단계Stages on Life's Way』

ㅋ

커리어 Career

당신에게는 선택권이 있다.
야망을 포기하든지,
혹은 열정을 따르기 위해 모든 희생을 감수하든지.

예전에는 출세를 하기 위해서는 직업을 '선택할' 필요가 있다고 널리 믿어졌다. 이것은 역사적으로 봤을 때 이례적인 경우였다. 수세기 동안 사람들은 보통 대대로 이어지는 가업을 물려받거나, 현모양처가 되거나, 속 편하고 부유한 지주로 살았다. 우리가 아는 직업은 대중교육과 중산층 확대의 산물이다.

우리는 이미 직업의 전성기를 통과하고 있다. 세상이 빠르게 변하면서 사람들은 평생 동안 두 개 혹은 그 이상의 '직업들'을 갖는 경우가 많다. 수년간의 훈련이 필요한 의료계나 법조계의 일자리도 이제 평생 직업은 아니다. 많은 사람들에게 정년 은퇴라는 것이 불투명해진 오늘날에는 더더욱 그렇다.

그럼에도 불구하고 뚜렷한 직업적 성공을 얻지 못해 불안함을 느끼거나 어떤 직업을 가져야 할지조차 모르는 사람들에게 철학자들은 위안이 될 만한 사례들을 제공한다. 니체는 안정적이고 평범한 대학 교수로 출발했지만 더 독립적인 생활을 위해 30대에 그 직업을 포기했다. 그 이후로 원칙들의 충돌이 이어져 그의 직업적 삶은 힘들어졌다. 몇 년 뒤 학계 복귀를 시도할 무렵, 그는 너무 논란이 많은 인물로 여겨졌다. 곧이어 그는 자신의 편집자 에른스트 슈마이츠너의 반유대주의적 견해에 혐오감을 느껴 그와 결별했다. 이는 니체가 다음 저서인 『선악의 저편』을 자력으로 출판해야 한다는 뜻이었다.

니체는 평탄한 경력이 (일반적으로) 반문화적 성향과 양립할 수 없음을 보여주는 사례다. 이는 둥근 구멍에 네모난 조각을 끼워 맞추는 것과는 다르다. 세상에는 그 어떤 형태의 경제 활동이라는 틀에도 들어맞지 않는, 흥미롭고 복잡한 모양의 사람들이 있기 마련이다. 이것은 그 사람이 후회스럽게 여기는 동시에 자랑스러워할 만한 무엇이다.

젊은 시절의 데이비드 흄은 물려받은 유산이 없었으므로, 학자의 꿈은 현실적이지 않으며 더 합리적인 직업을 구해야 한다고 생각했다. 그는 브리스틀의 상인 밑에서 일하려 했지만 '몇 달이 지나지 않아 그 일이 자신에게 맞지 않다는 걸 깨달았다'. 그는 훌륭한 경험주의자답게 경험으로부터 재빨리 교훈을 얻었고, 결국 글로 먹고살기로 결심했다. 그러기 위해 '부족한 재산을 극단적인 검소함으로 벌충함으로써 독립성을 유지하고, 문학적 재능을 향상하는 일 외에 모든 것을 하찮게 여기겠다'라고 마음먹었다.

흄은 그 약속을 지켰다. 그가 경제적 여유와 오늘날까지 이어지는 명성을 모두 얻는 데는 오랜 시간이 걸렸다. 그는 자신이 적임자임에 틀림없는 스코틀랜드대학의 교수직을 두 차례나 거절당하는 등 다른 기회를 놓치기도 했다.

흄은 남들이 실용적이지 않다고 말하는 야망을 가진 사람에게 좋은 본보기다. 당신에게는 선택권이 있다. 야망을 포기하든지, 혹은 열정을 따르기 위해 모든 희생을 감수하든지. 그로 인해 돈을 적게 벌 준비가 되어 있다면, 혹은 흄처럼 가정을 꾸리는 것도 포기할 준비가 되어 있다면, 당신의 '열정'은 더 이상 게으른 환상이 아닐지도 모른다.

철학 역사상 가장 악명 높은 직업 변경의 사례는 왕실에 입성한 데카르트가 아닐까 싶다. 스웨덴의 크리스티나 여왕은 놀랍도록 지적이고 사색적인 군주로, 데카르트와 서신을 주고받곤 했다. 다른 시대에 태어났다면 철학자가 됐을지도 모를 인물이다. 여왕은 데카르트를 스톡홀름에 초빙해 자신의 가정교사 겸 새로운 과학 아카데미의 책임자로 고용했다. 소문에 따르면 데카르트는 몹시 추운 성에서 새벽 5시마다 수업을 하느라 폐렴에 걸렸다고 한다. 병의 진짜 원인이 무엇이든 간에, 그는 그로 인해 사망했다.

데카르트의 사례는 우리에게 이렇게 경고한다. 매력적이고 보수가 두둑하고 명성까지 따르는 직업을 경계하라. 때로는 그 일이 당신을 죽일 수도 있다.

함께 보면 좋은 주제
부Wealth, 실업Unemployment, 은퇴Retirement, 일Work, 중년의 위기Midlife crisis, 진정성 Authenticity

읽을거리
수 프리도, 『니체의 삶』

쾌락 | Pleasure

'쾌락'은 '즐겁다pleasing'. 두 단어는 같은 어원에서 파생되었으므로 연관이 있다. 하지만 우리는 쾌락에 너무 중점을 두는 것을 못 미더워하는 경향이 있다. 우리는 쾌락이 훌륭한 삶을 위한 얄팍한 기반이며 쾌락에는 짧은 유통기한과 중독성 같은 중대한 한계가 있다고 믿는다. 세네카는 쾌락이 '우리 목을 조르기 위해 우리를 껴안는다'라고 했다. 이러한 경계심은 정당화될 수 있을까? 혹은 인간의 삶이 지닌 유한하고 육욕적인 면에 대한 청교도적 반발에 불과할까?

제러미 벤담 같은 쾌락주의자는 고통과 쾌락이 우리의 '군주들'이며 '그들만이 우리가 무엇을 해야 하는지, 무엇을 하게 될지 결정해준다'라고 했다. 그에 따르면 쾌락은 유일하게 그 자체로 훌륭한 것이다. 우리가 인생에서 훌륭하다고 여기는 다른 것은 그 자체로서가 아니라 그것이 만들어내는 쾌락만큼 가치를 지닌다.

우리가 어떤 종류의 쾌락을 얻는지가 중요할까? 벤담은 그렇게 생각하지 않았다. 중요한 건 쾌락의 양이지 그것의 출처가 아니었다. 그는 빅토리아 시대의 단순한 게임인 푸시핀이 '시만큼이나 훌륭하다'라고 했다. 하지만 그의 세속적 대자(代子)이자 동료 공리주의자였던 존 스튜어트 밀은 쾌락이 양적으로뿐만 아니라 질적으로도 차별화된다고 믿었다. 저급한 쾌락은 감각적 경험에 기반하고, 수준 높은 쾌락은 더 복잡한(지적, 도덕적, 미학적) 능력을 요구한다. 밀은 양쪽을 모두 경험한 사람은 수준 높은 쾌락을 택할 수밖에 없다고 믿었다. 그는 음란하거나 식탐이 많거나 알코올에 중독된, 혹은 이 모든 악습을 골고루 갖춘 수많은 지식인들을 계산에 넣지 않은 게 분명하다.

쾌락주의는 종종 이기적이라고 여겨지지만, 벤담과 밀의 공리주의는 철저히 이타적이고 윤리적이다. 여기서 우리가 극대화해야 할 것이 우리 자신의 쾌락이 아니라, 이 세상에 존재하는 쾌락의 총량이기 때문이다. 따라서 우리는 최대 다수의 사람들을 위한 최대의 쾌락(혹은 행복)을 만들어내기 위해 노력해야 한다. 그 과정을 돕기 위해 벤담은 강도, 지속성, 확실성/불확실성, 근접성/원격성, 생산성, 순수성 측면에서 어떤 행위가 만들어내는 쾌락의 총량을 계측하기 위한 쾌락 혹은 행복 계산법이라는 별난 아이디어를 내놓기도 했다.

쾌락주의에 관한 더 상식적인 인식은 고대 그리스 키레네학파에서 발견되는데, 이들은 자신의 쾌락, 특히 육체적 쾌락의 추구를 옹호했다. 하지만 당대 최고의 쾌락주의자였던 에피쿠로스의 견해는 조금 더 섬세했다. 그는 지나친 탐닉의 폐해를 잘 알고 있었다. 그는 "그 자체로 악한 쾌락은 없으나 특정한 쾌락과 관련된 활동에는 쾌락보다 몇 배는 더 골치 아픈 문제가 뒤따른다"라고 했다.

에피쿠로스가 말한 올바른 쾌락은 탐닉과는 다른 종류를 의미한다. 그것은 육체적, 정신적 고통에서 최대한 자유로울 수 있는 단순한 삶에 가깝다. "쾌락이 우리의 목표라고 할 때, 그건 난봉꾼의 쾌락이나 관능의 쾌락이 아니다." 그는 이렇게 설명한다. "우리가 말하는 '쾌락'은 육체적 고통과 정신적 혼란의 부재를 뜻한다. 즐거운 삶은 끊임없는 음주, 춤, 섹스가 아니다. 호화로운 식탁 위에 놓인 생선 요리나 다양한 별미를 맛보는 것이 아니다. 그것은 우리 마음을 아주 심란하게 하는 이러한 믿음들을 거부할 줄 아는 진지한 깨달음이다."

이런 중요한 문제에 관한 견해는 너무 다양해서 혼란스럽다. 하지만 유사점과 공통점도 있다. 우선 우리는 쾌락의 추구에 있어 노련해야 하는데, 그러지 않으면 비만이 되거나 병에 걸리거나 공허감과 피로감만 얻게 된다. 춤과 생선 요리까지 싸잡아 비난한 건 과했지만, 어떤 쾌락이 장기적으로 고통을 불러온다는 에피쿠로스의 지적은 옳다.

다른 공통점을 꼽자면, 모든 쾌락이 동일하지 않다는 부분에 대체로 동의한다는 것이다. 다양한 쾌락을 구분하고 우선순위를 매기는 데 있어 가장 유용한 조언을 한 사람은 아리스토텔레스다. 그는 육체적 욕구 충족부터 철학 공부에 이르기까지 다양한 종류의 쾌락이 존재한다고 주장했다. 우리는 생물학적 존재이므로 훌륭한 삶에는 적당한 수준의 육체적 만족이 포함되어야 한다. 하지만 거기에 너무 집착해서는 안 된다. 육체적 쾌락의 노예가 된 삶은 '가축에게나 어울리기' 때문이다. 아리스토텔레스는 우리가 미각이나 촉각과 관련된 쾌락에 특히 취약하며 이런 쾌락은 우리의 무절제함을 먹잇감으로 삼는다고 했다. 우리는 강박적으로 오페라를 듣거나 미술관을 찾는 사람이 되기보다는, 폭식을 일삼거나 섹스에 중독될 가능성이 훨씬 높다.

사실 오래전부터 이어진, 육체적 쾌락과 지적 쾌락의 구분은 너무 단순화된 것일지도 모른다. 진짜 중요한 건 쾌락이 어디서 오느냐가 아니라 그것을 **어떻게** 즐기느냐가 아닐까. 우리는 돼지처럼 음식을 허겁지겁 삼킬 수도 있고, 제대로 음미할 수도 있다. 부와 지위를 과시하기 위해 오페라 공연에 갈 수도 있고, 진심으로 공연을 즐길 수도 있다.

가장 깊은 쾌락은 우리가 가진 모든 것, 즉 몸과 마음을 전부 이용할 때 얻을 수 있다. 그것은 역설적이게도, 직접적인 쾌락 추구에서 얻어지는 것이 아닐지도 모른다. 아리스토텔레스는 보람 있는 일에 전념할 때 가장 훌륭하고 지속적인 쾌락을 얻을 수 있다고 했다. 뒤따르는 쾌락 때문이 아니라 그 자체로 가치 있는 일에 참여하는 것을 말한다.

대개 그렇듯, 철학자들은 이번에도 확실한 답을 알려주지는 않지만, 우리가 스스로에게 던져볼 수 있는 질문거리를 남겨준다. 어떤 종류의 쾌락이 가장 중요한가? 쾌락은 우리 삶에서 어떤 자리를 차지하는가? 모든 것은 결국 쾌락으로 귀결되는가? 쾌락과 별개로 가치 있는 것에는 무엇이 있을까? 어떤 결론에 얻든 간에, 우리는 숙취와 찜찜한 기분만 안겨주는 일차원적인 쾌락 추구를 경계해야 한다.

함께 보면 좋은 주제

금욕Asceticism, 섹스Sex, 소비주의Consumerism, 욕망Desires, 자제력Self-control, 카르페 디엠Carpe diem, 행복Happiness

읽을거리

존 스튜어트 밀, 『공리주의』

타인 Other people

아침에 눈을 뜨면 스스로에게 이렇게 말하라.
오늘 만나게 될 사람들은 간섭을 좋아하고,
고마워할 줄 모르고, 오만하고, 정직하지 못하고,
시기심 많고, 무례할 거라고.

– 마르쿠스 아우렐리우스

가장 유명한 선언 중 하나는 사르트르의 "타인은 지옥이다"이다. 언뜻 보기에는 우리 삶에서 사람들의 역할에 대한 대단한 혹평 같다. 타인이 다른 어떤 것보다 심각한 골칫거리인 건 사실이다. 하지만 우리는 개인적 경험은 물론 수많은 연구와 조사를 통해, 관계가 삶에 의미를 부여할 수 있음을 알고 있다. 타인은 우리 인생에서 최선과 최악의 원천이 아닐까.

이 표면상의 역설을 해결하기 위해 우리는 사르트르의 유명한 격언을 더욱 자세히 뜯어봐야 한다. 이 문장은 죽어서 지옥에 떨어진 세 인물이 등장하는 사르트르의 희곡 『닫힌 방』에 나온다. 그런데 이 인물들에게는 고문과 영원한 화염이 아니라 한 방에 갇힌 채 서로에게 끊임없이 고통을 주는 형벌이 주어진다.

사르트르는 이 문장이 늘 오해받아왔으며, 자신은 우리와 타인의 관계가 항상 나쁘다는 뜻에서 이 말을 쓴 것이 아니라고 설명했다. 그가 말하고 싶었던 것은 우리가 서로의 인생을 지옥으로 만들어버리는 어떤 구체적인 방식이었다. 그는 우리의 자아 이미지가 주로 우리에 대한 타인의 평가에 바탕을 두고 있는데, 그것은 우리를 아주 좁은 상자 안에 가두는 경향이 있다고 했다. 이를테면 '그는 고집불통이야' 혹은 '그는 대인관계가 좋아' 같은 말들이 그러하다. 이런 평가는 우리 스스로를 자유롭게 선택하고 변화하는 존재가 아니라 고정불변의 존재로 인식하게 한다. 하지만 우리는 더 용감해질 수 있으며, 타인에 의해 규정된 자기 모습을 거부할 수 있다.

이유야 다르겠지만, 스토아 철학자들도 타인을 끔찍해했던 듯하다. 세네카와 마르쿠스 아우렐리우스는 오늘도 불쾌하고 비협조적인 인간들을 만나게 될 것이라고 마음의 준비를 하며 매일 하루를 시작하는 것이 좋다고 했다. 마르쿠스는 이렇게 조언했다. "아침에 눈을 뜨면 스스로에게 이렇게 말하라. 오늘 만나게 될 사람들은 간섭을 좋아하고, 고마워할 줄 모르고, 오만하고, 정직하지 못하고, 시기심 많고, 무례할 거라고."

하지만 자세히 들여다보면 스토아 철학자들은 꽤나 관대하다. 세네카는 우리 모두가 평소 의도보다 못되게 행동하는 경우가 많고 지혜를 얻기는 힘들다는 사실을 떠올린다면, 타인의 단점과 나쁜 행동에 이해심을 발휘할 수 있다고 조언했다. 타인에 대한 암울한 평가는 인간 혐오가 아니라 공감과 동지애로 이어진다. 우리가 한 배를 탄 사이이며, 정도의 차이야 있겠지만 하나같이 무지몽매한 존재들이라면, 우리는 타인의 결함에 더 너그러워질 수 있다.

좀 더 명확히 긍정적인 톤으로, 아리스토텔레스는 훌륭한 삶을 구성하는 한 가지 요소라고 여겼던 '필리아philia'에 관해 긴 글을 썼다. 이 그리스어 단어는 영어 접미사 '−phile'의 어원이며, 이 접미사는 '프랑스를 좋아하는 사람Francophile', '신기술에 열광하는 사람Technophile' 등 어떤 대상에 대한 애호가를 의미한다. 필리아는 흔히 '우정'으로 번역되지만, 사실상 가까운 가족과 친구부터 이웃, 동료, 같은 헬스클럽 회원, 동네 상점 주인에 이르기까지 모든 종류의 긍정적인 관계를 아우른다. 즉 어떤 방식으로든 우리와 사이좋게 지내는 모든 사람을 말한다. 아리스토텔레스는 모든 사회에는 모종의 필리아가 있다고 했다.

필리아의 기본 조건은 단순히 서로 간의 호의이며, 스토아 철학자들을 통해 우리는 억지로 인류를 이상적으로 바라보지 않아도 호의를 가질 수 있음을 알게 되었다. 완벽과는 거리가 먼 우리에게 타인이 보여줬으면 하는 연민과 공감을 우리 스스로 타인에게 보여줄 수 있는 것이다. 마르쿠스는 '실수하는 사람에게조차 애정을 느끼는 건 인간에게만 가능한 일'이라고 하지 않았던가.

함께 보면 좋은 주제

공감Empathy, 공동체Community, 관계Relationships, 대상화Objectification, 우정Friendship, 이타주의Altruism

E

읽을거리

장 폴 사르트르, 『닫힌 방』

통제 | Control

> 하늘의 길은 애쓰는 것이 아니라
> 능숙하게 넘어서는 것이다.
>
> — 도교의 담론 중에서

우리가 어떻게 할 수 없는 모든 것들, 예를 들면 과거에 발생한 사건이나 다른 사람의 태도와 행동, 인간의 노화와 죽음 같은 삶의 진실 등에 대해 괴로워하고 속상해하는 건 흔한 일이다. 우리는 이러한 것들을 바꿀 수 없거나, 혹은 바꿀 수 있는 가능성이 매우 낮다는 것을 분명히 알고 있다.

스토아 철학자들은 이와 관련해 아주 명쾌한 충고를 했다. 당신이 통제할 수 있는 것과 그럴 수 없는 것의 차이를 항상 명심하고, 후자의 경우 어떤 것이라도 있는 그대로 받아들여라. 에픽테토스는 이 문제를 몇 번이고 언급했다. "어떤 것들은 우리에게 달렸고 다른 것들은 그렇지 않다. 우리에게 달린 것은 의견, 충동, 욕망, 혐오, 다시 말해 우리 자신의 모든 행동이다. 우리에게 달려 있지 않은 것은 몸, 재산, 명성, 지위, 다시 말해 우리의 행동이 아닌 모든 것이다." 이에 따라 그는

"우리의 통제하에 있는 것을 최대한 활용하고 나머지 일들은 자연스럽게 일어나는 대로 받아들여라"라고 조언한다.

에픽테토스는 우리에게 달린 일과 그렇지 않은 일 사이의 경계가 명확한 것처럼 말한다. 하지만 대다수 사람들에게 그 경계가 늘 명확한 건 아니다. 우리가 과거를 바꾸거나 죽은 사람을 살릴 수 없다는 것은 분명하다. 하지만 다른 것들, 즉 우리의 건강, 다른 사람, 불만스러운 상황을 바꾸는 문제에 관해서는 우리에게 어느 정도의 영향력이 있다. 물론 그게 어느 정도인지 정확히 파악하는 건 쉽지 않지만.

자신의 생각과 행동을 바꾸는 문제는 에픽테토스가 제시한 것보다 어려울 수 있다. 우리는 마치 무의식과 몸에 밴 습관들의 뒤엉킨 실타래와 같아서 수년간의 상담을 통해서만 조금씩 실마리를 찾을 수 있고, 그 실타래를 완전히 풀기란 불가능하다. 다른 사람보다야 자기 자신을 바꾸는 게 더 쉬울 수도 있지만, 자기 자신에 대한 스스로의 통제 역시 부분적이고 제한적이다.

우리의 영향력 밖에 있는 것들을 온전히 받아들이는 연습은 분명 현명한 일이다. 상황을 바꾸기 위해 노력하는 동시에, 한편으로 결과는 우리의 노력뿐 아니라 세상의 도움에 좌우되며 보통 세상은 그렇게 협조적이지 않음을 기억하는 것이 중요하다. 그러면 변화를 위한 노력이 수용으로 바뀌는 시점이 찾아올지도 모른다.

역설적으로, 때로는 긴장하며 노력할 때보다 우리의 능력이 얼마나 제한적인지 받아들일 때 더 좋은 변화의 결실을 맺히기도 한다. 도교에는 "하늘의 길은 애쓰는 것이 아니라 능숙하게 넘어서는 것이다"라는 말이 있다. 우리가 만물의 자연스러운 질서, 하늘의 길天道에 순응하지 않기 때문에 삶이 고달파진다는 것이다. 이 자연스러운 질서에 따라 행동하고 '흐름에 몸을 맡기면' 모든 것이 쉬워진다. 문제는 세상의 결에 순응하는 법을 배우려면 마치 나무에 대한 감각이 뛰어난 노련한 목수처럼 경험과 훈련이 필요하다는 것이다. 하지만 이런 목표를 의식하는 것만으로도 도움이 될 수 있다. 우리가 느끼는 좌절의 원인이 세상의 결을 거스르기 때문이라면, 방향을 수정함으로써 마침내 앞으로 나아갈 수 있다.

함께 보면 좋은 주제

만족Contentment, 불확실성Uncertainty, 좌절Frustration, 후회Regret

읽을거리

에픽테토스, 『담화록Discourses』, 『편람Handbook』

통증 | Pain

삶을 살아가기 원한다면 육체적, 감정적 통증을 견뎌야 한다. 통증은 일시적이어도 충분히 힘들고, 장기적이고 현재 진행 중일 때는 더더욱 힘들다. ‖고통Suffering 참조‖ 통증을 없애주는 철학은 없지만, 어떤 철학은 통증에 더 잘 대처하는 법을 알려주기도 한다.

에피쿠로스는 놀랍도록 실용적이고 상식적인 조언을 했다. "좋았던 기억으로 고통스러운 순간에 힘을 얻어라." 그는 과연 임종의 순간에도 친구 이도메네우스에게 편지를 쓰며 고통을 이겨낸 듯하다. "인생에서 진정 행복한 날인 오늘, 나는 죽음의 문턱에서 자네에게 이 편지를 쓰고 있네. 내 방광과 위장의 병은 계속 진행되고 있고 극심한 통증도 평소와 다를 바 없지. 하지만 이 모든 통증 속에서도 자네와의 대화를 떠올리면 내 가슴에 기쁨이 차오른다네."

허울 좋은 말처럼 들릴 수도 있지만, 빅터 프랭클도 비슷한 방법을

E

통해 아우슈비츠 수용소 시절을 견뎠다고 한다. 그는 "내 의식은 아내의 이미지에 매달렸으며, 기괴할 정도로 선명하게 그 이미지를 떠올렸다"라고 회상했다. "내 말에 대답하는 아내의 목소리를 들었고, 그녀의 미소, 솔직하고 격려하는 듯한 얼굴 표정을 봤다. 실제든 아니든 간에, 그 모습은 막 떠오른 태양보다 더 환하게 빛났다."

에피쿠로스학파의 또 다른 팁은 극심한 통증이 지속되는 시간은 매우 짧고, 육체의 쾌락을 조금 방해하는 수준의 통증은 기껏해야 며칠 밖에 지속되지 않는다는 사실을 기억하는 것이다. 이와 아주 비슷하게, 마르쿠스 아우렐리우스는 '견딜 수 없는 통증은 시작과 동시에 끝이 정해져 있다. 만성적인 통증은 늘 견딜 만하다'라고 믿었다. 여기서 '늘'이라는 표현은 쓸쓸하게 낙관적이지만, 대체로 가벼운 통증은 참을 만하고 극심한 통증은 오래 지속되지 않는다. 이 점을 기억하면 둘 중 어떤 종류의 통증을 겪든지 간에 위안이 된다.

부처는 불가피한 통증과 고통이 있고, 우리가 자초한 통증과 고통이 있다고 했다. 그는 이것을 유명한 비유를 통해 설명했다. "사람들이 한 남자에게 화살을 하나 쏘고, 곧바로 화살을 하나 더 쏴서 그가 두 개의 화살로 인한 통증을 겪게 된다고 생각해보자. 이와 마찬가지로, 깨우치지 못한 속인은 고통스러운 감정을 겪으면서 두 가지를 느낀다. 육체적 통증과 정신적 통증이다."

이 두 개의 화살은 무엇인가? 하나는 우리가 처음에 느끼는 통증, 혹은 고통이다. 다른 하나는 우리가 첫 번째 통증 주변으로 치기 시작하는 마음속의 거미줄이다. 정말 끔찍해, 이 통증은 절대 사라지지 않을 거야, 불공평해, 난 여기에서 벗어날 수 없어, 내가 이런 대우를 받을 이유가 없어. 하지만 반드시 이런 생각에 빠질 필요는 없다. 부처에 따르면, 우리는 훈련을 통해 현재의 통증을 받아들이면서 새로운 통증을 추가하지 않을 수 있다.

부처는 육체적 통증을 예로 들었지만, **정신적 고통**에도 같은 방식을 적용할 수 있다. 우리는 종종 스스로를 평가하거나 지금 느끼는 감정은 잘못되었다고 자책함으로써 상황을 악화시킨다. 어떤 경우든 간에, 두 번째 화살을 제거하는 것은 삶이 우리에게 쏜 화살에 대한 우리의 **반응**을 바꾸는 것을 의미한다. 다른 모든 것과 마찬가지로 통증도 영원하지 않음을 기억하며, 단순히 통증을 알아차리고 그것이 지나가도록 두는 방식으로 반응하는 것이다.

이 조언들은 하나같이 간단해 보이지만, 각자 시행착오를 거쳐야만 통증이 찾아온 순간에 자신에게 위안이 될 만한 방법이 무엇인지 찾아낼 수 있다. 하지만 세 가지 방법 뒤에는 건전하고 보편적인 하나의 원칙이 숨어 있다. 통증과 고통은 피할 수 없지만, 그 강도를 키우거나 줄이는 건 각자의 반응이라는 점이다.

함께 보면 좋은 주제
건강과 질병Health and illness, 고통Suffering, 마음챙김Mindfulness

읽을거리
에피쿠로스, 『행복의 기술The Art of Happiness』

평온 | Calm

평소에 허둥지둥하는 사람에게, 힘든 상황에서도 평온을 유지하는 사람들은 존경스럽고 부럽다. 그런 태도는 천성적으로 태평스러운 사람에게만 가능한 일일까? 아니면 누구나 키울 수 있는 능력일까?

평온을 얻고자 하는 많은 이들은 요가를 한다. 원래 요가는 영적이고 철학적인 훈련이며, 고대 경전인 『요가 수트라』에 따르면 '일상적인 의식 기능의 정지'로 정의된다. 요가의 목적은 우리를 산만하게 하는 끊임없는 감각과 생각을 멈춤으로써 수행자들이 사물의 실상을 볼 수 있게 하는 것이다. 다양한 인도 학파들의 믿음처럼, 절대적 현실을 꿰뚫을 수 있다는 데에는 동의하기 힘들지도 모른다. 하지만 좀 더 평범한 관점에서 봤을 때, 일상의 혼돈 속에서는 잘 보이지 않던 것들이 마음을 차분히 가라앉히면 잘 보이게 되는 건 사실이다.

여기에는 스토아학파와 에피쿠로스학파가 침착 혹은 평정이라고 불렀던 것의 가치와 유사한 부분이 있다. 그들은 인생에서 무엇이 중요하고 무엇이 중요하지 않은지 명확히 파악했을 때 따라오는 부산물이 평온이라고 믿었다. 우리는 인생에서 자주 큰 그림을 놓치게 되는데, 그럴 경우 생각한 길에서 약간만 멀어지면 지나치게 걱정하거나 화가 나곤 한다. 하지만 올바른 가치를 받아들이면 평온은 저절로 따라온다. 우리가 물질적인 것에 신경 쓰지 않는다면 그것이 망가지거나 분실되더라도 화가 나지 않을 것이다. 에픽테토스는 이렇게 말했다. "어떤 항아리를 좋아한다면 '이건 내가 좋아하는 항아리다'라고 말하라. 그러면 혹여나 항아리가 부서져도 상심하지 않을 것이다."

이 고대 그리스인들에 따르면, 평온을 얻는 것은 원칙적으로 모두에게 가능하다. 가치 없는 것에 집착하게 만드는 잘못된 사고에 격렬히, 반복적으로 저항하면 된다. 에픽테토스의 견해를 자동차, 옷, 주택에 적용한다면 훨씬 평온해질 수 있을 것이다.

모든 사람이 이런 식으로 스스로를 변화시킬 수 있을지는 잘 모르겠다. 각자 타고난 기질이 있고, 이것을 바꾸기 힘든 경우도 있기 때문이다. 하지만 그것이 완벽한 변화가 아닌 점진적 변화라 할지라도, 전반적으로 사고의 전환이 경험의 변화로 이어진다는 생각은 이치에 맞다.

평온의 열쇠가 무엇이 진짜 중요한지에 관한 큰 그림을 이해하기 위한 것이라면, 우리는 어떻게 그 큰 그림을 파악할 수 있을까? 버트런드 러셀에 따르면, 거대한 철학적 질문에 관한 고민은 우리의 편협한 목표와 관심 위주의 삶에 대한 훌륭한 해독제라고 한다. "그런 삶은 과열되고 제한적인 것에 반해, 철학적인 삶은 평온하고 자유롭다."

자신보다 거대한 무엇(자연, 과학, 역사 등)에 대해 고민하다 보면 인간은 거대한 세계 속에서 그리 대단치 않은 존재임을 깨닫게 되고 자기중심적인 고민들은 아주 사소해 보인다. 따라서 좀 더 침착한 시야를 갖게 된다. 마르쿠스 아우렐리우스는 사물들의 큰 그림을 보기 위해 공간과 시간 명상을 즐겼다. 그는 이런 글을 남겼다. "과거와 미래의 무한함이 우리 앞에 입을 벌리고 있다. 우리는 그 구멍의 깊이를 알 수 없다. 따라서 멍청이만이 자만이나 도탄에 빠질 것이다. 혹은 분노라든지. 마치 우리를 괴롭히는 것들이 영원히 사라지지 않을 것처럼."

또한 그는 이렇게 말한다. "우리가 하는 말과 행동은 대부분 필수적인 것이 아니다. 그것을 제거한다면 더 많은 시간과 평화를 얻으리라." 그는 우리가 스스로에게 주기적으로 '이것이 꼭 필요한가?'라는 질문을 던져야 한다고 조언한다. 그에 대한 대답은 아마 어렵지 않다. 이게 왜, 어디에 필요하지? 생존에? 번영에? 가장 좋은 기준은 '나의 소중한 가치들을 위해 필요한지'일 것이다. | 필요Needs 참조 |

따라서 평온함을 기르고 싶다면 마음을 진정시키고, 큰 그림을 파악하고, 자아보다 더 거대한 대상에 관심을 기울이고, 개별적인 것들이나 당신이 하는 일이 얼마나 중요한지 자문하는 것이 좋다. 하지만 큰 기대를 해선 안 된다. 천성적으로 마음이 조급한 사람이 평온해져야 한다는 강박을 갖게 된다면 오히려 불안만 가중될 수 있으니 말이다.

함께 보면 좋은 주제

걱정Worrying, 마음챙김Mindfulness, 만족Contentment, 분노Anger, 속도 늦추기Slowing down, 우주적 보잘것없음Cosmic insignificance, 좌절Frustration

읽을거리

마르쿠스 아우렐리우스, 『명상록』

포르노 | Pornography

> 포르노는 여성을 침묵하게 한다.
>
> ― 래 랭턴

영국과 미국을 비롯한 많은 나라에서 포르노에 대한 태도는 최근 몇 년 사이 훨씬 관대하게 바뀌었다. 2011년, 미국인의 32퍼센트는 포르노가 도덕적으로 허용 가능하다고 응답했다. 2018년에는 45퍼센트가 그렇게 대답했으며, 그렇지 않다고 응답한 나머지 55퍼센트도 모두 자신의 대답대로 살고 있지는 않을 것이다.

많은 사람들은 포르노에 관대해진 분위기가 더 자유분방해진 태도와 관계가 있다고 본다. 성적인 영역은 점점 더 개인의 문제로 여겨지고 있다. 그것이 도덕적 문제로 발전하는 건 폭력, 협박, 사기가 포함되거나 상대에게 해를 입힐 경우뿐이다.

이렇게 점점 커지고 있는 의견에 래 랭턴은 강력한 이의를 제기했다. 그는 J. L. 오스틴의 발화 행위 이론을 이용했다. 이 이론의 핵심은 말이 단순히 발화로 끝나지 않는다는 것이다. 우리는 말을 통해 다른

ㅍ

일을 **수행한다**. 우리는 어떤 커플이 부부가 되었음을 선언하고, 누군가를 비하하고, 폭력을 선동하는 말을 할 수 있다. 랭턴은 포르노도 비슷한 맥락에서 고려되어야 한다고 주장했다. 그것은 섹스의 행위를 **표현할** 뿐 아니라, 이용자와 사회 전반을 상대로 어떤 역할을 한다.

랭턴의 주장은 포르노가 여성을 대상화한다는 페미니즘의 오랜 비판을 기반으로 한다. ｜대상화Objectification 참조｜ 포르노 속 여자들은 대체로 인간성을 상실한, 남성의 쾌락을 위해 쓰이는 성적 대상으로 묘사되며, 이것은 여성을 그런 식으로 대해도 괜찮다는 인식을 심어줄 수 있다. 포르노의 효과 중 하나는 여성을 성적 대상으로 등급화하고 여성에 대한 차별적 태도를 정당화하는 것이다.

또한 랭턴은 포르노가 여성을 침묵하게 한다고 믿는다. 포르노에서 일반적으로 여성의 섹스 거부는 거짓말이거나 무시해도 좋은 의견으로 여겨진다. 여성이 무슨 말을 하든 간에 '실은 그것을 원한다'는 것이다. 포르노 문화는 이런 인식을 정당화하므로 여성의 섹스 거부는 효력이 미미하고 진지하게 받아들여지지 않는다.

포르노가 실제로 부정적인 영향을 끼치는가는 그것이 랭턴의 설명처럼 이른바 권위적인지 여부에 달려 있다. 부하 직원이 성차별적인 발언을 할 경우 그건 잘못된 일일지언정 반드시 직장 내 여성의 지위를 약화시키는 것은 아니다. 하지만 그런 말이 고위 간부의 입에서 나오거나 혹은 고위 간부가 그것을 용인할 경우, 직장 내 여성의 역량은 제한될 수도 있다. 이런 의미에서 포르노가 **권위적인지** 여부는 판단하기 어렵다.

하지만 포르노가 사회적 규범에 실제로 영향을 미친다는 증거가 있다. 일례로 젊은 남성들의 발기부전 증가 추세가 과도한 포르노 이용과 연관이 있다는 주장이 있다. 이 논문에 따르면, 포르노는 성행위에 대한 비현실적이고 불가능한 기준을 제시함으로써 불안을 키운다. 또한, 특히 젊은 여성들은 그들에게 불편하게 느껴지는 섹스 행위를 해야만 한다는 압박을 느끼는데, 그런 행위가 포르노에서는 평범한 것으로 묘사되기 때문이다. 따라서 거절은 내숭으로 비친다.

랭턴은 포르노가 태도를 변화시키며 충분히 권위적이라는 증거가 있다고 생각했다. 그는 "특정한 포르노에 노출되었을 때 사람들의 생각과 욕망이 바뀔 수 있다는 것은 경험적으로 아주 명백하다"라고 했다. "이때 사람들은 여성을 열등한 존재로 여길 가능성이 높다. 그들은 강간 피해자가 강간을 당할 만했다고 생각할 가능성이 높다. 또한 강간범에게 관대한 형을 선고할 가능성이 높다."

랭턴의 주장을 전부 받아들이든 그렇지 않든 간에, 여기에는 각각 주의해야 할 점과 기억해야 할 점이 포함되어 있다. 주의할 점은 포르노의 잠재적 폐해가 제작에 참여하는 사람들, 특히 반복적으로 착취당하는 배우들에게 한정된다고 가정해서는 안 된다는 것이다. 기억해야 할 점은 우리가 대상화를 일삼는 포르노를 정상으로 여길 때, 대상화 자체가 정상으로 여겨진다고 해도 놀라서는 안 된다는 것이다.

함께 보면 좋은 주제
대상화Objectification, 섹스Sex, 습관Habits, 인성Character

읽을거리
줄리언 바지니, 제러미 스탱룸, 『신영국 철학New British Philosophy』

프라이드 | Pride

프라이드는 자랑스러워할 만한 무엇일까? 지나치게 오만한 사람들은 종종 비난을 받고, 오래된 격언에 따르면 자만에는 추락이 뒤따른다. 하지만 때로 프라이드는 찬양받고 장려되기도 한다. 가장 눈에 띄는 예는 '프라이드 페스티벌'이라고도 불리는 성소수자LGBTQ 축제와 '블랙 프라이드' 같은 흑인 인권 운동이다.

프라이드가 좋은지 나쁜지는 우리가 무엇에 대해 프라이드를 느끼는지에 달려 있다. 제인 오스틴의 소설 『오만과 편견』에서 루카스는 다아시에 대해 이렇게 말한다. "그의 오만은 다른 오만이 보통 그런 것처럼 나를 불쾌하게 하지 않는데, 거기엔 그럴 만한 이유가 있기 때문이야. 설명하자면, 그에게는 오만할 권리가 있기 때문이지."

이는 어떤 사람이 '위대한 능력을 지니고 있음을 스스로 알고 그것이 사실이라면 그가 자긍심을 갖는 것이 정당하다'고 했던 아리스토텔레스의 견해와 일치한다. 적절한 프라이드의 경우, 우리가 어떤 자질이나 성과에 부여하는 가치와 그것의 실제 가치 간의 균형이 존재한다. 성소수자와 흑인 인권 단체들이 프라이드를 외치는 것은 정당한데, 이들은 사회로부터 무시당해온 그들의 정체성 중 중요한 부분을 자랑스러워할 자격이 있기 때문이다.

프라이드가 변질되는 것은 그 주체가 타당한 수준을 넘어선 프라이드를 가질 때다. 이때 프라이드는 허영으로 바뀐다. 아리스토텔레스는 "위대한 능력을 지니고 있다고 스스로 생각하지만 실제로 그렇지 못한 사람은 허영이 강한 것이다"라고 했다. 그는 과도한 프라이드만큼이나 지나치게 부족한 프라이드에 대해서도 경계했다. "자기 자신을 실제 가치보다 낮게 평가하는 사람은 겸손이 지나친 것이다." 요즘 표현으로 바꿔 말하자면 자존감이 부족한 사람이라고 할 수 있겠다.

흄에게 프라이드와 허영은 한 끗 차이지만 그 차이는 중요했다. 그에 따르면 세상은 당연히 잘 통제된 프라이드를 높이 평가하지만, 이는 프라이드가 '부적절하고 허영심에 찬 표현으로 바뀌어 다른 사람을 불쾌하게 하는 일 없이 우리에게 기운을 주는' 경우만 해당된다.

미덕으로 여겨지는 프라이드와 허영은 너무 가깝기 때문에 흄은 허영도 꽤 견딜 만한 것으로 봤다. "허영은 미덕과 밀접한 관계가 있다. 칭찬받을 행동에 따르는 명성을 좋아하는 것은 칭찬받을 행동 그 자체를 좋아하는 것과 아주 가깝다." 우리가 어떤 일을 칭찬받을 만하다고 여긴다면 그 일로 인해 칭찬받을 때 자연스럽게 기뻐할 것이고, 그렇다면 그것은 무해한 허영이다.

프라이드와 허영의 결정적인 차이를 가장 잘 포착한 사람은 아마 제인 오스틴일 것이다. 『오만과 편견』에서 메리는 이렇게 말한다. "프라이드는 우리 자신에 대한 우리의 의견과 관련이 있고, 허영은 우리가 다른 사람이 가졌으면 하고 바라는 우리의 이미지와 관련이 있다."

당신이 선하거나 가치 있다고 여기는 당신의 성격이나 행동과 관련된 프라이드는 타당하다. 프라이드가 허영이 되는 것은 당신이 스스로를 다른 사람이 보는 것보다 더 높이 평가할 때, 칭찬받는 이유보다 칭찬 그 자체를 더 신경 쓸 때, 혹은 스스로 프라이드를 느낄 만한 이유가 전혀 없을 때다.

함께 보면 좋은 주제
가면증후군Impostor syndrome, 명성Reputation, 자기애Self-love, 자아도취Self-absorption

읽을거리
제인 오스틴, 『오만과 편견』

필멸 | Mortality

내게는 최소 1000년은 있어야 다 마칠 수 있는
밀린 일들이 있고, 그걸 다 마칠 무렵에는
최소 1000년이 더 걸리는 밀린 일들이 또 생길 것이다.

— 오브리 드 그레이

"영원하지 않을 거라면 나는 왜 태어났는가?" 이오네스코의 희곡 『왕의 퇴장』에서 주인공인 왕은 이렇게 외친다. 죽음을 쉽게 받아들이지 못하는 사람은 그뿐만이 아니다. 그의 절박한 질문에 어떤 좋은 대답이 있을까?

어떤 철학자들은 실은 우리가 죽지 않으므로 전혀 걱정할 필요가 없다고 주장한다. 일례로 소크라테스는 처형을 앞두고 쾌활했는데, 플라톤에 따르면 그는 죽음으로 인해 자신의 영혼이 '육체의 사슬로부터' 해방되어 '보이지 않는 세계, 신성함과 불멸과 이성의 세계'로 떠날 것이라고 믿었기 때문이다. ‖ 사후세계Afterlife 참조 ‖

대다수 인도 철학에서도 죽음은 진정한 자아의 종말이 아니라고 가르친다. 그들의 가르침에 따르면 우리가 개별적 자아라고 생각하는 것은 실은 브라만, 즉 우주적 자아의 일부다. 따라서 죽음과 환생의 사슬

521

에서 벗어나면 우리는 바로 이곳으로 돌아가게 된다.

대다수 철학자들은 사후에 대해 덜 낙관적인 반면, 오늘날 몇몇 철학자들은 불멸, 혹은 그와 비슷한 것이 우리 손에 닿는 곳에 있다고 믿는다. 이러한 '트랜스휴머니스트transhumanist'는 기술의 도움을 통해 육체적 한계를 극복함으로써 수명을 무한대로 연장하거나, 물질세계의 위험으로부터 안전한 가상현실 세계로 자아를 옮겨놓을 수 있다고 믿는다.

트랜스휴머니즘은 우리가 필멸을 받아들여야 한다는 생각을 완전히 거부한다. 오히려 그들은 필멸은 끔찍한 것이며, 그것과 필사적으로 싸워야 한다고 생각한다. 저명한 트랜스휴머니스트 닉 보스트롬은 이렇게 말한다. "노화의 치료법을 찾는 것은 우리가 언젠가 짬을 내서 해야 할 일이 아니다. 그것은 시급한, 절규에 가까운 도덕적 문제다."

불멸은 자연적 상태라는 플라톤의 말이, 혹은 불멸은 우리가 곧 성취할 가능성이 있는 인위적인 상태라는 보스트롬의 말이 믿기지 않는다면, 당신은 불멸이 어쨌거나 바람직하지 못한 목표라고 자신을 설득할 수 있을 것이다.

버나드 윌리엄스는 카렐 차페크의 희곡이자 야나체크가 오페라로 각색한 『마크로풀로스의 비밀』에 관한 에세이에서 이런 내용을 주장했다. 이 이야기의 주인공은 불로장생의 영약을 발견한 여자이며, 이제 342살이다. 윌리엄스는 "그의 끝나지 않는 삶은 지루함, 무관심, 냉담함에 이르렀다"라고 말한다. 결국 주인공은 불멸을 축복이 아닌 저주로 여기며 약 복용을 중단하고 죽음을 맞기로 결심한다.

윌리엄스는 필멸의 아픔이 모두 사라져야 마땅하다고 결론 내리지는 않는다. 삶에 대한 욕망은 강하고 '그 욕망이 남아 있는 한, 나는 죽고 싶지 않을 것이다.' 하지만 '영생은 살 만한 것이 아니다'라는 말도 사실이다. 필멸은 이상적이지 않지만 그 대안인 불멸보다는 낫다.

모든 사람이 납득하지는 않을 것이다. 노화의 '치료약'을 찾으려고 했던 노년학자 오브리 드 그레이는 "참 안타까운 일이 아닌가?"라고 말했다. "적절한 교육을 받은 사람이라면 절대 할 일이 바닥나진 않을 것이다. 내게는 최소 1000년은 있어야 다 마칠 수 있는 밀린 일들이 있고, 그걸 다 마칠 무렵에는 최소 1000년이 더 걸리는 밀린 일들이 또 생길 것이다."

윌리엄스에 동의하든 그레이에 동의하든 간에, 예측 가능한 미래에 우리가 할 수 있는 일은 필멸을 최대한 잘 받아들이기 위해 노력하는 것밖에 없다. 그 방법 중 한 가지는 삶의 선물과 죽음의 대가가 분리될 수 없음을 스스로 상기하는 것이다. 인생은 끊임없이 변화하고 비영구적인 성장과 쇠퇴의 반복이다.

동아시아 철학은 이 점을 강조해왔다. 예를 들어, 도교 경전인 『장자』에는 이런 내용이 나온다. "인생은 채무자가 존재의 총합 위에 더 많은 흙과 먼지만 쌓아가는 부채다. 삶과 죽음은 낮과 밤과 같다. 당신과 내가 우리를 둘러싼 필멸의 증거들을 응시하는 가운데 그 필멸이 나를 덮친다 한들, 내가 왜 그것을 끔찍해해야 한단 말인가?"

이런 지혜에는 고개를 끄덕이기 쉽지만, 이오네스코의 희곡에 나오는 왕처럼 대다수의 사람들은 어떤 위로의 말을 들어도 완전히 마음을 놓지는 못한다. 누군가가 다른 형태의 불멸을 약속하며 왕에게 "전하께서는 우주의 연보에 영원히 이름이 새겨질 것입니다"라고 말한다. 왕은 "누가 그 연보를 들여다본다는 말이냐?"라고 반문한다. 왕비는 왕에게 '삶은 망명'이라고, 비존재라는 자연 상태에서의 일탈일 뿐이라고 조언한다. 왕은 꿈쩍도 하지 않으며 말한다. "하지만 나는 망명 상태로 있는 것이 좋소."

이오네스코는 그의 작품 속 철학이 사람들에게 필멸을 더 잘 받아들이도록 돕는다고 생각하지 않았다. 그는 "인류는 있는 그대로의 현실에 결코 만족하지 못한다"라고 말한다. "나는 죽는 법을 배우기 위해 이 작품을 썼지만, 그 일을 해내지 못했다." 우리는 우리의 필멸에 어느 정도 수긍할 수는 있겠지만, 그렇다고 해서 그것을 아주 쾌활하고 만족스럽게 받아들여야 할 필요는 없다.

함께 보면 좋은 주제
가상세계Virtual life, 노화Ageing, 사별Bereavement, 사후세계Afterlife, 삶에 대한 애정Love of life, 우주적 보잘것없음Cosmic insignificance, 죽음Death, 카르페 디엠Carpe diem

읽을거리
버나드 윌리엄스, 『자아의 문제Problems of the Self』 중 〈마크로풀로스의 비밀The Makropulos case〉

필요 Needs

필요는 유한하고 객관적이지만,
욕구는 순전히 주관적이며 양적, 질적 측면에서
무한대로 확장 가능하다.

— 로버트 스키델스키, 에드워드 스키델스키

우리는 '필요'라는 말을 일상에서 흔하게, 느슨하게 사용한다. 우리는 더 많은 돈, 새 코트, 휴가, 혹은 술 한잔이 '필요'하다. 필요한 것과 원하는 것의 차이를 어렴풋이 의식할 때도 있으나 보통은 우리가 필요로 하는 것이 진짜 필요한 것인지, 혹은 그것이 충족되지 않으면 어떻게 될지 의문을 품지 않는다.

우리에겐 대체 무엇이 필요할까? 이 질문은 보기보다 까다롭다. 어떤 목표를 기준으로 하면 필요한 것을 말하기가 쉽다. 의사가 되려면 의학 학위가 필요하다. 집을 사려면 충분한 자금이 필요하다. 하지만 특정한 목표와 무관하게 인간으로서 우리에게 필요한 건 무엇일까? 생존에 필요한 음식, 음료, 산소를 제외하면 나머지는 훨씬 복잡하다. 우리가 인간으로서 훌륭한 삶을 살기 위해 충족되어야 하는 보편적인 필수 요소가 있기는 할까?

ㅍ

이제까지 다양한 필수 요소들이 제안되었다. 그 내용은 각각 다르지만, 보통 인간의 생리적 욕구, 안전, 사회적 유대, 존중, 자율성 등이 포함된다. 최근 목록 중 하나는 경제학자 로버트 스키델스키와 그의 아들이자 철학자인 에드워드가 작성했다. 그들은 '품위 있는 인간 존재를 위한 필수 요소'로 여겨지는 것들을 지칭하기 위해 '기본 물품 basic goods'이라는 용어를 사용했다. 기본 물품이 부족하면 우리 삶의 질이 저하된다.

경제학자 스키델스키와 철학자 스키델스키는 모든 일반적인 요소를 어떤 형태로든 기본 물품에 포함시킨다. 그들이 포함시킨 독특한 요소로는 여가활동과 자연과의 조화가 있다. 그들은 후자의 경우 어느 정도 논란이 있다는 것을 인정하면서도, 동물, 식물, 풍경과 어느 정도 친밀감을 유지하는 것이 인간다운 삶에 필수적이라고 생각했다. 많은 사람들이 자연에서 멀리 떨어진 도시에 살고 있는 오늘날에는 더더욱 그러하다.

여가활동을 휴식과 휴양으로 이해할 경우, 이것이 필수 요소라는 입장은 직관적으로 어긋나는 듯하다. 하지만 스키델스키 부자에게 여가활동은 그 자체를 위해 행해지는 모든 활동으로 봤던 그리스 철학자들의 정의에 가깝다. | 여가Leisure 참조 |

스키델스키 부자는 개인적, 문화적 변수가 많다고 인정했다. 엠리스 웨스타콧은 사람들이 필요하다고 여기는 것은 '시간, 장소, 사회계급에 따라 달라진다'라고 말했다. 따라서 이러한 개념은 상대적이다. 디오게네스 시대를 살던 평범한 아테네 시민은 21세기의 뉴요커보다 훨씬 적은 장비가 필요할 것이다.

기본적인 필요조차 동일하게 정해져 있는 건 아니다. 어떤 사람들은 위에 언급된 물품 중 한 가지 혹은 여러 가지를 필요 없다며 거부하는 쪽을 택하기도 한다. 일부 철학은 훌륭한 삶을 위해서는 무언가가 필요하다는 일반적인 상식 자체에 반기를 든다. 가장 극단적인 경우가 금욕주의다. 일례로 부처가 살던 시대의 일부 금욕주의자들은 생존을 위한 최소한의 물품조차 스스로에게 허용하지 않을 정도로 극단적이었다. ‖ 금욕Asceticism 참조 ‖

게다가 필요needs와 욕구wants를 구분하는 건 까다로운 일이다. 우리가 뭔가 필요하다고 느낄 때, 대부분은 그것을 정말, 진심으로 원하는 것일 가능성이 높다. 우리에게 모피코트나 금으로 도금된 문고리가 필요하지 않다는 건 어렵지 않게 알 수 있다. 반대로 어떤 것들은, 이를테면 하반신이 마비된 사람을 위한 휠체어 같은 것은 일상생활을 유지하기 위해 필수적이다. 그렇다면 자동차는 어떨까? 도시 거주자에게는 불필요할지 몰라도, 당신이 시내와 몇 킬로미터는 족히 떨어진 외딴 시골에 살고 있다면? 스마트폰은 어떨까? 개발도상국 농부 중에는 수확 작물을 적절한 타이밍과 적절한 가격에 시장에 내놓기 위해 스마트폰을 활용하는 경우도 있다.

어쩌면 필요와 욕구 간의 이분법적 사고에서 벗어나는 것이 최선일지도 모른다. 둘의 관계는 스펙트럼에 가깝다. 한쪽 끝에는 아주 적은 숫자의 절대적인 필요(음식, 물, 주거지, 산소)가 존재하고, 반대쪽에는 철저히 선택적인 욕구가 존재한다. 그 사이에는 온갖 종류의 그러데이션이 놓여 있다. 풍족한 삶을 위해 아주 중요한 것들부터 하나쯤 있으면 좋겠지만 없어도 별문제 없는 물건들까지.

이런 식으로 생각할 경우 필요와 욕구를 구분하는 것보다, 실제보다 더 많은 것이 필요하다고 가정하는 우리의 성향을 감시하는 것이 중요하다는 답이 나온다. 스키델스키 부자는 "필요는 유한하고 객관적이지만, 욕구는 순전히 주관적이며 양적, 질적 측면에서 무한대로 확장 가능하다"라고 했다. 우리는 이웃이 가진 물건, 광고주들이 팔고자 하는 물건을 우리 역시 가져야 한다고 느낀다. 아무리 많이 가져도 절대 충분하지 않다. 이런 불만족에 대응하는 가장 좋은 방법은 애초에 우리에게 왜 이렇게 많은 것들이 필요한지 의문을 제기하는 것이다.

함께 보면 좋은 주제
금욕Asceticism, 단순함Simplicity, 만족Contentment, 부Wealth, 소비주의Consumerism, 여가Leisure, 욕망Desires

읽을거리
로버트 스키델스키, 에드워드 스키델스키, 『얼마나 있어야 충분한가?』
엠리스 웨스타콧, 『단순한 삶의 철학』

합리성 | Rationality

우리의 가장 내밀한 경험에 속한 것들이나 사실들이
이성의 영역 너머에 있다.

– 스즈키 다이세쓰

'넌 비합리적이야'라는 말은 절대 칭찬이 아니다. 하지만 인생의 많은 것들, 특히 사랑은 합리적이지 않다고 널리 알려져 있으며, 따라서 지나치게 합리적인 것도 분명 가능하다. 잘 생각해보면 중요한 질문은 '우리가 얼마나 합리적이어야 하는가?'가 아니라 '우리가 어떻게 합리적이어야 하는가?'이다.

합리성이라는 말에는(혹은 거의 동의어로 쓰이는 이성reason이라는 말에는) 이미지의 문제가 있다. 이성은 감정과는 완전히 분리된 상태로 보이며, 영화 〈스타트랙〉의 감정 없는 미스터 스팍이 '그건 비논리적입니다, 선장님'이라고 말하는 장면으로 흔히 이미지화된다. 또한 합리성은 이기적인 도구적 사고와 연결된다. 경제학에서 합리적 선택이론은 사람들이 합리적으로 행동할 때 그들의 경제적 이익을 극대화할 수 있다는 내용을 담고 있다.

합리성에 관한 이 두 가지 인식은 동일한 이유에서 거짓이다. 데이비드 흄이 다소 극적으로 말한 바와 같이 '이성은 열정의 노예이며 오로지 열정의 노예여야 하기' 때문이다. 여기서 그가 말하고자 하는 것은 이성은 무엇이 진실인지, 어떤 일을 해내는 가장 좋은 방법은 무엇인지, 우리의 행동이 모순되지 않는지 우리에게 알려주는 도구라는 점이다. 반면 이성은 우리에게 행동에 나서기 위한 주된 **동기**를 부여할 수 없다. 그러므로 '감정이 없으면 폭력의 동기도 없다'라고 했던 스팍의 말은 옳다. 다만 그는 감정이 없으면 친절함과 사랑의 동기도 없다는 말을 덧붙였어야 했다.

그러므로 합리적 선택이론은 이름부터 잘못됐다. 자신의 경제적 이익을 극대화하려는 노력은 합리적이지도 비합리적이지도 않다. 그건 전부 개인의 목표와 동기에 달려 있다. 당신이 공정함과 정의를 믿는다면, 재산을 축적하기보단 나누는 데 더 관심이 많을 것이다.

흄의 주장은 다소 과장된 것일 수도 있다. 우리는 이성을 통해 우리의 가치와 동기를 분석하고 그에 따라 종종 가치와 동기가 바뀌기도 한다. 이성과 정의에 관해 곰곰이 생각해보면 그것의 중요성에 대한 당신의 견해가 바뀔 수도 있다. 하지만 우리의 기본 욕구는 논리적 추론이나 과학적 발견의 결과가 아니라는 흄의 주장은 근본적으로 옳다. 설득만으로 누군가를 배려심 많은 사람, 혹은 싫어하던 것을 좋아하는 사람으로 만들 수는 없다.

이성에는 다른 한계도 있다. 때로는 이성만으로는 우리의 욕망에 최선으로 부합하는 것이 무엇인지 알아낼 수 없다. 그럴 때 우리는 직감, 주관적 선호, 혹은 동전 던지기에 의존해야 한다. 그건 비이성적이지 않다. 우리가 이성이 아닌 다른 것에 의존해야 할 때, 우리는 그저 몰이성적non-rational인 것일 뿐이다. 우리가 비이성적irrational일 수 있는 건 오직 이성에 맞설 때뿐이다. 이것은 중요한 차이점이다. 당신이 만족스러운 식사를 하고 싶을 때, 평소 싫어하던 메뉴를 고르는 건 비이성적이다. 하지만 맛을 기준으로 메뉴를 선택할 수 없을 때, 메뉴판의 글씨체만 보고 피자가 아닌 리소토를 주문하는 건 몰이성적이다.

서구 전통은 전반적으로 이성의 힘에 대해 상당히 낙관적이었다. 하지만 비서구 지역에서는 회의론이 더 많다. 특히 선종은 현실을 온전히 포착하지 못하는 이성의 한계에 주목했다. 스즈키 다이세쓰는 "우리는 지성에 한계가 있다는 사실을 받아들여야 한다"라고 말했다. 그는 '우리의 가장 내밀한 경험에 속한 것들이나 사실들이 이성의 영역 너머에 있다'라고 생각했다. 선종에 따르면, 그것을 더 잘 이해하는 방법은 이성을 이용하는 것이 아니라 신중한 주의를 기울이는 것이다.

합리적 추론 능력은 놀라운 것이며, 우리는 기회가 있을 때마다 이것을 활용해야 한다. 하지만 이 능력을 합리성의 영역을 벗어난 곳에 사용해서는 안 된다. 이성에는 한계가 있다. 가장 합리적인 사람들은 이성의 한계를 잘 알고 그것을 넘어서지 않는다.

함께 보면 좋은 주제
미신Superstition, 신앙Faith, 지식Knowledge, 지혜Wisdom, 직관Intuition, 진실Truth

읽을거리
줄리언 바지니, 『위기의 이성』

행복 | Happiness

인류는 행복을 추구하지 않는다.
오로지 영국인만 행복을 추구한다.

– 프리드리히 니체

대부분의 사람이 행복은 좋은 것이고 다른 모든 조건이 같을 경우 행복한 것이 그렇지 않은 것보다 낫다고 생각한다. 오늘날에는 행복을 쟁취하기 위한 도구와 기술을 판매하는 거대한 산업이 있으며, 실험 심리학의 승인을 받은 도구와 기술도 마련되어 있다. 그렇다면 왜 우리가 다양한 단계의 만족과 불만족의 늪을 헤매는 동안, 왜 다른 사람들은 더없이 행복해 보일까? 명상과 요가를 더 많이 하고 치료사를 더 자주 만나야 할까? 우리를 불편하게 하는 불만은 나 자신의 잘못일까? 어쩌면 우리는 행복이 정말 쟁취할 수 있는 것인지 자문해봐야 할지도 모르겠다. 행복은 모두가 기대하는 그런 게 아닐지도 모른다. 행복이란 대체 무엇일까?

가장 간단한 버전의 행복은 그냥 기분이 좋은 것이다. 이 생각의 배경에는 행복을 인간의 가장 높은 선▩이라고 주장하는 공리주의가 놓

532

여 있다. 제러미 벤담과 존 스튜어트 밀 같은 초기 공리주의자들은 행동의 도덕성은 그 행동이 인간의 행복을 얼마나 증가시키거나 감소시키느냐를 통해 판단해야 한다는 데 동의했다.

플라톤은 행복의 증진을 최고의 선으로 여기는 것이 그릇된 판단이라고 여겼을 것이다. 그는 모든 쾌락이 그와 동등하면서 상반되는 고통에 의해 상쇄된다고 믿었다. 우리의 자연 조건은 행복하지도 슬프지도 않은 균형 상태다. 우리가 일시적으로 비참해지거나 행복해지더라도 얼마 지나지 않아 안정된 상태로 돌아올 것이다. 플라톤이 보기에 우리가 행복이라고 부르는 것은 고통에서 해방된 후에 느끼는 안도감에 불과했다.

비슷한 이유에서 쇼펜하우어는 "모든 만족 또는 흔히 행복이라고 불리는 것은 실질적, 본질적으로 언제나 부정적이며 결코 긍정적이지 않다"라고 했다. 플라톤과 쇼펜하우어의 말이 다소 과장일 수는 있겠으나 그들은 행복이 지속적이지 않다는 사실을 정확히 지적했다. |고통 Suffering 참조|

행복이 최고의 선이라는 견해에 대해 가장 강도 높게 비난한 사람은 니체다. 그는 밀과 벤담을 겨냥해 '인류는 행복을 추구하지 않는다. 오로지 영국인만 행복을 추구한다'라고 말했다. 니체는 행복의 이상화가 위대함을 향한 열망을 가벼운 위안에 대한 욕구로 덮어버린다고 생각했다. 따라서 그는 '영국의 편협함'이 '현재 지구상 최대의 위험'이라고 설명했다. 그에 따르면 행복은 바구니 속에 몸을 웅크린 고양이나 물놀이장에서 물장난을 치는 아이처럼 단순한 생명체들을 위한 것이다. 진지한 어른들은 더 높은 목표를 가지고 있어야 한다.

20세기 후반에 로버트 노직은 행복을 궁극적인 목표로 삼는 것이 왜 문제가 되는지 설명하는 또 다른 방법을 고안했다. 가상현실_{VR}이 현실화되기 수십 년 전, 그는 그 기계에서 벗어나지 않는 한 영원히 행복한 삶을 보장하는 VR 기계를 상상했다. 당신은 과연 현실 세계에서 모험에 나서는 대신 행복 기계 안에서의 삶을 택할 것인가? 노직은 대부분이 시뮬레이션의 평온함보다는 유기적인 삶의 기복을 선택할 것이라고 제대로 판단했다. 이는 우리가 그저 오래된 행복을 원하는 게 아님을 알려준다. 우리가 원하는 것은 자신의 능력 안에서 최선의 삶을 사는 데에서 오는 행복이다.

따라서 행복이 인간의 최고선이라는 생각은 철학적으로 논란의 여지가 있는 것으로 드러났다. 단순히 좋은 기분으로서의 행복(현대 심리학 용어로는 긍정적인 정서positive affect라고 한다)은 너무 얕은 목표다. 이것은 철학자가 아닌 사람들도 감지하는 부분이다.

행복보다 더 나은 목표는 그리스어 '에우다이모니아eudaimonia'로 정리될 수 있다. 이 단어는 종종 '행복happiness'으로 옮겨지지만, 더 정확한 번역은 '번영flourishing'이다. 이것은 아리스토텔레스가 생각한 최고선이다. 번창하기 위해서는 어떤 유기체에게 허락된 최고의 삶을 살아야 한다. 활짝 핀 장미, 자유롭게 자기 영역을 활보하는 고양이, 사냥감을 공격하는 독수리. 이것이 바로 번영이다.

우리에게 번영은 우리의 모든 능력, 특히 인간적인 능력을 전부 활용하는 것을 뜻한다. 아리스토텔레스는 그중 이성을 최고의 자리에 올려놓았는데, 철학자로서는 편리한 선택이 아닐 수 없다. 우리는 여기에 창의력, 이타주의, 장인정신을 포함시킬 수 있다.

번영하는 삶을 살 때 우리는 일반적으로 더 행복하다. 하지만 **언제나 혹은 필연적으로** 행복하지는 않다. 고통받는 천재도 번영할 수 있고,

우리는 대부분 행복한 와중에도 부침을 겪는다.

행복해지는 건 좋지만, 절망적으로 비참해지지 않는 한, 무엇보다 중요한 것은 우리가 살 수 있는 최고의 삶을 살고 우리가 될 수 있는 최고의 인간이 되는 것이다. 우리가 얼마나 더 행복해져야 하는지에 대해 걱정하는 건 우리의 번영에, 혹은 더 큰 행복에 전혀 도움이 되지 않는다.

함께 보면 좋은 주제

감사Gratitude, 만족Contentment, 삶에 대한 애정Love of life, 성공Success, 여가Leisure, 욕망 Desires, 쾌락Pleasure

읽을거리

아리스토텔레스, 『니코마코스 윤리학』
로버트 노직, 『무정부, 국가 그리고 유토피아Anarchy, State, and Utopia』

행운 Luck

지혜를 가진 자는 운이 필요 없다.

― 플라톤

2014년 3월, 말레이시아 항공에 근무하던 승무원 탄 비 적은 다른 조와 교대했다. 그것은 승무원들이 늘상 하는 일이었지만, 이로 인해 그는 남중국해 어딘가에서 사라져 결코 발견되지 않을 MH370 항공기에 타는 것을 피할 수 있었다. 4개월 뒤, 탄 비 적의 남편이자 동료인 산 지드 싱은 또 한 번의 근무교대를 통해 MH17 항공기에 탑승했다. 그 비행기는 우크라이나 동부 상공에서 러시아의 지원을 받는 분리주의 자들에 의해 격추되었고 탑승자 전원이 사망했다.

이 사건들은 따로 떼어놓고 보면 각각 놀라운 행운과 불운의 사례다. 두 사건이 한 가정 내에서 벌어졌다는 것은 믿기 어려운 우연, 혹은 우연이라고 하기에는 너무 비범한 일처럼 느껴진다.

이처럼 극단적으로 갈리는 운명은 드물다. 하지만 우리 모두는 행운과 불운을 경험해왔고, 견디기 힘든 쪽은 역시 불운이다. 우리는 최선을 다하지만 합격하지 못하거나 꿈에 그리던 삶의 동반자를 찾지 못한다. 잘못된 타이밍에 잘못된 장소에 있거나, 고약한 병에 걸리거나, 인생이 바뀌는 사고를 당한다. 이제야 꿈에 그리던 집을 얻었다고 생각하는 순간, 지옥에서 온 것 같은 사람이 이웃으로 이사 온다.

많은 사람들은 순전히 우연에 의해 이 모든 사건이 벌어진다는 것을 받아들이기 힘들어한다. 대신 모든 일은 다 이유가 있어서 일어나는 것이고, 행운은 어쩌면 우리 스스로의 힘으로 만들어지는 것이라고 믿는 쪽을 더 마음 편안해한다.

인간은 불규칙하게 발생하는 이러한 사건들을 설명하기 위해 많은 방법을 고안해왔다. 고대 인도의 많은 철학 사상들은 수천 년 동안 카르마karma 사상을 수용했다. 원래 카르마는 행동에는 결과가 따른다는 원칙 이상의 의미를 갖지 못했다. 초기 브라만교에서 카르마란 주로 원하는 효과를 얻기 위해서는 제대로 의식을 치러야 한다는 정도의 의미였다. 시간이 흐르면서 카르마는 어떤 행동에는 어떤 결과가 따른다는 사상으로 바뀌었다. 좋은 행동은 좋은 결과로, 나쁜 행동은 나쁜 결과로 나타난다는 것이다. 불교에서 카르마는 행동뿐 아니라 좋은 생각 혹은 나쁜 생각에도 적용된다. 인도 밖에서 많은 사람들은 더 일상적인 버전의 카르마를 믿는데, 그 핵심은 '남에게 한 대로 나에게 돌아온다'라는 속담으로 잘 표현된다.

카르마를 믿는 사람이 누군가를 '행운아'라고 했을 때, 그 말은 그 사람이 '카르마의 선물'을 받았으며 그들의 행운이 현생에서의 노력이 아닌 전생에서의 행동의 결과라는 뜻이다. 이것은 지금 이 순간, 이곳에서의 운이 우리의 통제 밖인 동시에, 행운이나 불운은 어쨌거나 우리의 행동의 결과라는 의미다.

반면 서양 전통에서 우리의 삶에 때로 끔찍한 일이 벌어지기도 한다는 사실을 받아들이는 한 방법은, 성공을 위해 반드시 행운이 필요한 건 아니라고 주장하는 것이었다. 이러한 관점의 대표적인 옹호자는 플라톤이었다. 그는 두 번의 대화에서 '훌륭한 인간에게는 악한 일이 일어날 수 없다', '지혜를 가진 자는 운이 필요 없다'라고 주장했다. 플라톤의 말은 완벽한 미덕을 갖춘 사람은 운의 영향을 받는 것, 이를테면 육체적 건강과 물질적 부 따위에 가치를 두지 않는다는 뜻이다. 훌륭한 인간은 오로지 지혜만을, 운명의 투석기와 화살이 함부로 흠집 낼 수 없는 그것만을 추구한다.

이것은 비록 고귀하지만 대부분의 사람들에겐 너무 동떨어진 사상이다. 아리스토텔레스는 언뜻 자신의 스승을 공격하는 듯한 글을 남겼다. "훌륭한 인간이라면 끔찍한 고통을 겪으면서도, 혹은 거대한 재앙에 휩싸여서도 행복할 수 있다는 입장을 고수하는 사람들은 허튼소리를 하는 것이다."

운에 관한 대부분의 논의에서 초점은 토머스 네이글이 **상황적 운**circumstantial luck이라고 했던 것에 맞춰진다. 이것은 우리가 직면한 삶의 상황이 좋은지 나쁜지에 관한 문제, 즉 평화의 시기를 사는지 전쟁의 시기를 사는지, 훌륭한 교육을 받을 기회가 주어지는지 등을 일컫는다. 하지만 네이글은 **구성적 운**constitutive luck에도 관심을 기울이는데, 이것은 천성과 교육의 조합인 우리의 성향과 기질을 비롯해 우리가 어떤 사람인지에 관한 문제다.

삶에서 얼마나 많은 것이 상황적 운과 구성적 운에 달렸는지 생각해볼 때, 심지어 도덕성도 운의 문제일 수 있다는 불편한 가능성이 떠오른다. 당신이 도덕적으로 행동할 수 있는지는 당신의 기질들, 당신의 양육환경이 친사회적 성향을 키워줬는지 여부, 당신이 처한 상황 등에 달려 있다. 제3제국의 강제수용소 경비원으로 일했던 사람은, 평화로운 사회에서 평범하게 자란 사람과 근본적으로 다르지 않을지도 모른다. 우리 중 많은 사람은 너무 피곤하거나 심란할 때 운전을 해본 경험이 있겠지만, 결국 사고를 낸 사람이 그 결과로 인해 더 나쁜 행동을 한 것으로 평가받는다.

따라서 운의 역할에 관한 현실적인 견해는, 삶에서 운이 큰 역할을 한다는 것을 우리가 기꺼이 받아들이게 한다. 이로 인해 우리는 자기 자신과 타인에게 더 연민을 느낄 수 있게 된다. 뭔가 큰 잘못을 저지르는 사람과 그렇지 않은 사람의 차이가 알고 보면 그저 운일 수도 있음을 알기 때문이다.

우리가 운으로부터 위안을 얻고자 한다면, 이 세상이 존재하는 것과 우리가 그 안에 살고 있는 것이 얼마나 불가능에 가까운 행운인지 생각해보자. 우리가 이 세상에서 새 소리를 듣고 햇살의 온기를 느끼고 와인을 마시는 것은 순전히 운 덕분이다. 그와 비교해봤을 때, 전부까진 아니더라도 대부분의 경우, 우리의 불행은 충분히 지불할 만한 대가가 아닐까.

함께 보면 좋은 주제
만약What if, 미신Superstition, 운명Fate, 위험Risk, 통제Control, 후회Regret

읽을거리
토머스 네이글, 『도덕적 질문Moral Questions』 중 〈도덕적 운Moral Luck〉

헌신 | Commitment

헌신을 택하는 것은 불확실성을 끌어안는 것이다.

만약 지금 당신이 헌신과 관련된 문제를 겪고 있다면, 헌신 자체가 하나의 문제라서 그런 것도 있으니 너무 걱정하지 말고 안심하자.

우리가 과감하게 일을 저지르지 못하는 것은 종종 의지박약 탓이다. | 자제력Self-control 참조 | 하지만 불확실성에 뿌리를 두고 있는 경우가 더 많다. '이것이 정말 옳은 선택일까?' '위험이 너무 크지 않을까?' '마음이 바뀌면 어떡하지?' 다양한 갈래의 철학자들은 바로 그런 상황에 헌신이 가장 필요하다고 주장했다. 행동에 돌입하기 위해 불확실성을 해소해야 한다고 생각한다면 그건 오산이다. 오히려 우리는 불확실성에 대응하기 위해 일을 저지를 필요가 있다.

윌리엄 제임스와 쇠렌 키르케고르에 따르면, 삶에는 신을 믿어야 할지 혹은 도덕적 원칙을 지켜야 할지 등 이성으로 옳은 결정을 내릴 수 없는 순간들이 있다. | 신앙Faith 참조 | 우리는 반드시 무언가를 믿어야

하므로, 그럴 경우 '신뢰의 도약leap of faith'을 해야 한다. 키르케고르는 지식이 이성적 과정에 의해 늘 진보한다고 믿었던 헤겔 같은 철학자들을 비판했다. 키르케고르의 견해에 따르면 이성은 그렇게 강력하지 않다. 우리가 삶에서 직면하는 모순을 극복할 수 있게 해주는 것은 이성이 아니라 열정 혹은 헌신이다.

이들을 비롯한 여러 철학자들은 삶의 거대한 문제들, 이를테면 죽음과 신에 초점을 맞추는 경향이 있었다. 하지만 그들의 결론은 좀 더 일상적인 문제에도 똑같이 적용된다. 최선의 행동이 무엇인지 빤히 보일 때에는 일을 저지르는 것이 너무 쉬워서 일을 저지른다는 느낌조차 들지 않는다. 그냥 하면 된다. 하지만 살다 보면 종종 무엇이 최선인지 알 수 없는 순간이 찾아온다. 실행에 옮길 때와 옮기지 않을 때의 장단점을 따져볼 수야 있지만, 미지의 요소들이 너무 많다. 헌신이 가장 필요한 건 바로 그런 순간이다.

주택 구입을 예로 들어보자. 어떤 집에 살아보기 전에는 그 집에서 사는 게 얼마나 좋을지 알 수 없고, 향후 수입이 지금과 같을 것이라는 확신이 있지 않고서야 주택 담보대출이 얼마나 부담이 될지 가늠할 수 없다. 그렇다고 확신이 설 때까지 기다리다 보면 절대 행동에 나설 수 없다. 이쪽이든 저쪽이든 어느 순간에는 선택을 해야 한다.

이러한 상황은 휴대전화, 차, 관계, 직업 등 모든 것에 똑같이 적용된다. 물론 진지한 고민을 거치지 않고 중대한 결정을 내리는 사람은 없다. 하지만 이성적인 숙고는 당신을 딱 거기까지만 데려갈 수 있다. 선을 넘으려면 몸을 던져야 한다.

헌신은 우리가 선택의 결과를, 그것이 좋은 결과든 나쁜 결과든 간에, 받아들이도록 도울 수 있다. 아무것도 보장되지 않은 상황에서 결정을 내렸음을 알고 있으면, 일이 잘 풀리지 않았을 때 그 상황을 받아들이기가 더 수월하다. 실수에 대해 자책함으로써 문제를 키우지 않을 수 있다. 세 라 비C'est la vie, 그것이 인생이므로.

헌신을 택하는 것은 불확실성을 끌어안는 것이다. 헌신을 회피하는 것은 불확실성이 당신을 끌어안도록 두는 것이다. 이것은 위험과 안전 사이의 선택이 아니다. 어떤 위험을 우리가 스스로 감수할 것인지, 어떤 위험을 운명의 흐름에 내맡길 것인지에 관한 선택이다.

함께 보면 좋은 주제

딜레마Dilemmas, 불확실성Uncertainty, 선택Choice, 신앙Faith, 실수Mistakes, 우유부단Indecision, 위험Risk, 취약성Vulnerability

읽을거리

쇠렌 키르케고르, 『키르케고르의 지혜The Living Thoughts of Kierkegaard』
윌리엄 제임스, 『믿고자 하는 의지The Will to Believe』

회복력 Resilience

역경을 삶의 표준으로 받아들여라.

— 세네카

회복력은 오늘날 많은 찬사를 받는 성격적 강점이 되었고, 회복력 키우기는 널리 장려된다. 이것은 기본적으로 역경에 대처하고 빠르게 회복하는 능력을 말한다. 유용한 기술임에 틀림없다. 문제는 어떻게 회복력을 키울 수 있느냐다. 회복력을 키워준다고 약속하는 수많은 수업과 책이 존재하지만 기본 원칙은 간단하다.

세네카는 그의 저서 『마르시아를 위한 위안서』에서 삶에는 "수많은 몸과 마음의 고통, 전쟁, 강도, 독약, 난파 사고, 자연재해, 신체적 장애, 사랑하는 이들을 향한 슬픔, 자비로울 수도 있고 벌과 고문에 의한 것일 수도 있는 죽음이 뒤따른다"라고 했다.

우리의 회복력을 시험하기 위한 무대로 충분해 보인다. 여기에 대처하기 위한 세네카의 조언은 그저 역경을 삶의 표준으로 받아들이라는 것이다. 살고자 한다면 '주어진 조건에 따라 살아야만 한다.'

회

인생은 원래 힘든 거니까 그냥 그렇게 살아라. 이 말이 너무 잔인하게 들릴 수 있다. 우리에겐 분명 인생을 잘 살아가는 데 도움이 될 만한 자원들이 더 있다(이 책도 그런 자원이길 바란다). 하지만 모든 문제에 대해 그것이 무슨 의미인지, 어떻게 받아들이는 것이 최선인지 꼬치꼬치 따져보는 태도는 위험하다. 가끔은 은유적인 의미에서, 우리 스스로 자신의 뺨을 한 대 때려줄 필요가 있다. 인생은 시궁창이니까 그냥 익숙해지라고 말하면서.

함께 보면 좋은 주제
고통Suffering, 문제Problems, 손실Loss, 스트레스Stress, 실수Mistakes, 실패Failure, 인내Perseverance, 희망Hope

읽을거리
넬슨 만델라, 『자유를 향한 머나먼 길』

후회 | Regret

내 삶을 다시 산다면 나는 내가 살았던 그대로
다시 살 것이다. 과거를 불평하지도,
미래를 두려워하지도 않을 것이다.

− 미셸 드 몽테뉴

어떤 사람들은 '난 절대 후회하지 않아'라고 말한다. 운 좋은 사람들이다. 우리는 대부분 돈과 관련된 과거의 끔찍한 실수, 친구를 서운하게 했던 일, 아쉽게 놓친 기회 등을 떠올리며 지독한 후회의 아픔을 느낀다. 우리는 같은 상황에 다르게 행동하는 것을 상상해보곤 하는데, 그건 충분히 가능한 일처럼 보인다. 마음만 먹으면 다르게 행동할 수도 있었다는 생각에, 정말 그럴 수 있었다는 생각에 가슴이 찢어진다.

'다르게 행동할 수도 있었다'라는 생각은 좋은 출발점이다. 하지만 그 말이 정말 사실일까? 대니얼 데닛은 J. L. 오스틴의 아이디어를 차용해, 퍼팅을 놓친 한 골퍼의 예를 들었다. 그는 자신이 공을 홀에 넣을 수도 있었다고 자책한다. 물론 골퍼는 **상황이 달랐을 경우** 자신이 퍼팅을 성공시켰을 거라고 생각하지 않는다. 그는 정확히 **똑같은 조건**에서(그의 실력, 몸 상태, 감정, 날씨, 경쟁자, 전날 밤 수면 시간 등등) 퍼팅을 성공시켰을 거라고 생각한다. 하지만 데닛은 조금만 깊이 생각해보면 이 말이 사실이 아님을 알 수 있다고 한다. 시간을 되돌려 **정확히** 그 순간으로 간다면, 첫 번째 시도를 실패로 이끈 바로 그 원인(자만심, 갑작스러운 돌풍, 긴장감 등등)이 또 우리를 실패로 이끌 것이다. 결국 여기서 다른 결과를 상상할 때 우리는 '정확히 똑같은 조건'이 아니라 작은 변화가 가미된 조건을 원하는 것이다.

우리가 다르게 행동할 수 있었다고, 다르게 행동했어야 한다고 생각하는 상황은 대개 이런 식이다. 몇 가지 면밀한 질문에 스스로 답을 해보면, 우리가 정확히 같은 상황에서 다르게 행동할 수 있었다는 뜻은 아니란 걸 알 수 있다. 우리가 말하고자 하는 바는, 이상적인 행동을 하는 것이 우리의 일반적인 능력 범위 안에 있었다는 것이다. 그건 사실일지도 모르지만, 어떤 이유에서든 과거에는 그렇게 하지 못했다. 따라서 다르게 행동할 수 있었다는 가능성을 곱씹는 것은 큰 의미가 없다. 어차피 우린 그렇게 할 수 없었을 테니까.

하지만 지나친 자책에 함몰되지 않는다면, 무엇이 잘못되었는지 따져보는 건 유익하다. 그 순간 우리가 다르게 행동하는 걸 막은 건 무엇이었나? 그 경험에서 무엇을 배울 수 있는가? 다음번에는 좀 더 바람직한 방식으로 행동하기 위해 우리가 키워야 할 자질은 무엇인가? 이런 회고의 과정은 미래에 일어날 수 있는 비슷한 실수의 재발을 막아줄지도 모른다.

후회스러운 감정이 들 때 명심할 다른 한 가지는 우리가 다른 선택을 했을 때, 당장 보기엔 그것이 훨씬 나은 선택이라 해도 실제로는 어떤 결과가 나올지 알 수 없다는 점이다. 현실에서는 더 나은 결과가 아니라 더 나쁜 결과가 나올 수도 있다. | 만약What if 참조 |

인생의 전반적인 후회와 관련하여, 니체는 우리가 삶을 긍정하는 태도를 지니고 있는지 테스트해볼 수 있는 방법을 제공한다. 아래의 상황을 상상해보자.

"당신은 지금 살고 있는 삶, 이제껏 살아왔던 삶을 또다시, 끝없이 반복해서 살게 될 것이다. 그 안에는 새로운 것이 전혀 없고, 당신 삶의 모든 고통, 기쁨, 생각, 한숨, 형언할 수 없을 정도로 크고 작은 모든 일들이 똑같은 패턴과 순서로 당신을 다시 찾아올 것이다. 영원한 존재의 모래시계는 뒤집히고 또 뒤집힐 것이고, 그 안의 당신은 작은 먼지 하나다!"

당신은 어떻게 반응할 것인가? 니체가 생각한 정답은 모든 것을 온전히 수용하는 것이다. 그는 이것을 아모르파티, 즉 운명애라고 부르며 이렇게 설명했다. "아무것도 바뀌지 않기를 바라는 것, 앞으로도, 뒤로도, 영원토록. 필요한 것을 그저 견디는 것이 아니라, 그것을 감추는 것이 아니라 그것을 **사랑**하는 것."

이것은 어려운 요구다. 우리는 전반적으로 잘못된 선택이나 도덕적 실수를 삶의 일부로 받아들인다. 우리가 삶에 대체로 만족한다는 것은 그 과정에 했던 실수를 인정하는 것을 의미한다. 하지만 아모르파티는 더 많은 것을 요구한다.

몽테뉴는 이 어려운 요구에 부응했던 것 같다. "내가 내 삶을 다시 산다면 나는 내가 살았던 그대로 다시 살 것이다. 과거를 불평하지도, 미래를 두려워하지도 않을 것이다." 그는 이렇게 썼다. "나는 풀, 꽃, 열매를 봤고 이제 시드는 모습을 지켜본다. 이것은 자연스러운 일이기에 기쁜 마음으로."

하지만 우리가 했던 모든 일들을 전적으로 긍정할 필요는 없을지도 모른다. 수용만으로 충분할 수 있다. 세상에는 수용할 것들이 많다. 우리 자신, 우리의 불완전함과 능력의 한계, 엎질러진 물은 이미 엎질러졌다는 것, 우리는 그때 다르게 행동할 수 없었다는 것, 다르게 행동했다 해도 상황이 더 좋아지긴커녕 나빠질 수도 있었다는 것, 인생의 절대적 진실 중 하나인 우리는 과거를 바꿀 수 없다는 것, 그러므로 우리가 할 수 있는 일은 실수를 만회하고 앞으로는 달라지기 위해 노력하는 것뿐이라는 것. 수용은 후회에 대한 더 믿을 만한 해결책이다.

함께 보면 좋은 주제
만약What if, 만족Contentment, 불확실성Uncertainty, 선택Choice, 운Luck, 운명Fate

읽을거리
대니얼 데닛, 『자유는 진화한다』
프리드리히 니체, 『즐거운 학문』

희망 | Hope

> 하나의 사슬에 묶인 죄수와 간수처럼 이 두 가지는
> 완전히 다르지만 함께 움직인다. 희망이 가는 곳에
> 두려움이 따라간다.
>
> — 세네카

희망 없는 삶은 어떻게 견딜 수 있을까? 희망은 사람들에게 힘을 주지만, 희망이 무너지면 아예 희망이 없었을 때보다 더 큰 상처가 남는다. 따라서 희망을 주는 것은 친절이지만 희망 고문은 잔인하다.

문제가 되는 것은 단지 잘못된 희망만이 아니다. 세네카는 희망과 두려움이 모두 '조바심치는 마음, 즉 앞으로 벌어질 일에 대해 걱정하는 마음에 속한다'라고 했다. 우리는 특정한 결과를 원하지만 그것이 불확실하기 때문에 두려움과 희망이 동시에 생겨난다. 원치 않는 결과를 떠올릴 때 공포를 느끼고, 원하는 결과를 떠올릴 때 희망을 느낀다. 따라서 희망과 공포는 긴밀히 연결되어 있다. "하나의 사슬에 묶인 죄수와 간수처럼 이 두 가지는 완전히 다르지만 함께 움직인다. 희망이 가는 곳에 두려움이 따라간다."

세네카는 '희망을 포기하는 순간 두려움도 사라질 것이므로' 우리는 희망을 피해야 한다는 동료 스토아 철학자 헤카톤의 말에 동의했다. 어떤 일이 벌어지기를 희망한다면, 그 일이 벌어지지 않는 것 또한 두려워하게 될 것이다. 세네카는 희망과 두려움을 몰아내는 최선의 방법은 욕망을 완전히 멈추는 것이라고 믿었다. 그렇게까지는 아니더라도, "욕망을 제한하는 것이 두려움을 해결하는 데 유익하다"라는 그의 말에는 동의할 것이다.

쇼펜하우어 역시 희망을 믿지 않았고, 인류의 병폐에 대한 해결책은 욕망을 억제하는 것이라는 데 동의했다. | 욕망Desires, 고통Suffering 참조 | 희망은 우리의 사고를 왜곡하고 진실을 은폐하기 때문에, 그에게 희망이란 '마음의 바보짓'이었다. 또한 우리가 희망하던 바는 우리 예상과 일치하지 않는 경우가 많으므로, 희망이 실현되든 그렇지 않든 어느 정도는 실망이 남을 수밖에 없다. 이 두 가지 측면에서 쇼펜하우어는 인간은 희망에 '속아 넘어가기 쉽다gullible'라고 했던 플라톤의 평가에 동의한 것으로 보인다.

따라서 희망은 소망적 사고와 실망은 물론, 사악한 쌍둥이 형제인 두려움과 함께 찾아온다. 하지만 희망은 자연스럽고 위로가 된다. 희망을 완전히 없애버린다면 의욕과 동기를 상실할 위험이 있다. 그러므로 더 나은 전략은 희망을 이해하는 방식을 바꾸는 것이다.

희망은 보통 (어떤 결과가 나타나기를 바라는) 욕망과 믿음에 기반한다. 이는 최고의 결과가 나타날 것이라는 믿음과는 다르다. 그런 믿음은 낙관주의에 더 가깝다. | 낙관주의Optimism 참조 | 반면, 희망이 요구하는 것은 우리의 바람이 실현 가능하다는 믿음뿐이다.

이런 일련의 생각들을 거쳐 사르트르는 우리가 '희망 없이 행동해야 한다'라는 결론을 내렸다. 우리가 행동에 나설 때, '어떤 일에 착수하기 위해서 꼭 희망이 필요한 건 아니다'라는 이해가 전제되어야 한다. 이러한 구호에는 오해의 소지가 있는데, 사르트르가 말한 '희망'은 아주 구체적이기 때문이다. 그는 우리의 행동이 희망하는 결과를 가져올지에 대한 판단을 완전히 유보한 채 행동에 나서야 한다는 의미에서 이 말을 했다. 우리는 기대하는 결과가 반드시 나타날 것이라는, 혹은 그런 결과가 나타날 것만 같다는 믿음에 기대지 않고서도 동기부여를 받고 헌신할 수 있다. 우리가 믿어야 할 것은 실현 가능성뿐이다.

사르트르에게 이는 희망을 포기하는 것을 의미했다. 과도한 희망, 즉 좋은 결과가 나타날 가능성이 높다고 보는 믿음을 버렸다는 것이 더 정확할지도 모르겠다. 하지만 희망의 의미가 단지 좋은 것을 바라고 그것이 가능하다고 믿는 것이라면, 우리는 여전히 희망을 가질 수 있다. 기대가 없는 희망은 두려움과 실망을 피하면서 우리가 소중히 여기는 것을 추구할 수 있게 해준다.

함께 보면 좋은 주제

낙관주의Optimism, 불확실성Uncertainty, 비관주의Pessimism, 사후세계Afterlife, 신앙Faith, 인내Perseverance

읽을거리

장 폴 사르트르, 『실존주의는 인문주의다 Existentialism Is a Humanism』

옮긴이 신봉아

이화여자대학교 통역번역대학원 한영번역학과를 졸업하고 전문번역가로 활동 중이다. 옮긴 책으로『노인을 위한 나라』,『왜 나는 사람들과 어울리지 못하는 걸까』가 있으며 〈마스터스 오브 로마〉 시리즈를 공역했다.

100년도 못 사는데 1000년의 근심을 안고 사는 인간을 위한

인생 사용자 사전

초판 1쇄 인쇄 2021년 6월 1일 **초판 1쇄 발행** 2021년 6월 9일

지은이 줄리언 바지니, 안토니오 마카로
옮긴이 신봉아
펴낸이 이승현

편집1 본부장 배민수
에세이2 팀장 정낙정
편집 박인애
표지디자인 신나은

펴낸곳 ㈜위즈덤하우스 **출판등록** 2000년 5월 23일 제13-1071호
주소 경기도 고양시 일산동구 정발산로 43-20 센트럴프라자 6층
전화 031)936-4000 **팩스** 031)903-3893 **홈페이지** www.wisdomhouse.co.kr

ISBN 979-11-91583-90-8 03100